Enlightenment, Re-enlightenment

U0720446

启 蒙，
再 启 蒙

张康之 著

江苏人民出版社

图书在版编目(CIP)数据

启蒙,再启蒙 / 张康之著. —南京:江苏人民出版社,2020.4
ISBN 978-7-214-23921-1

Ⅰ. ①启… Ⅱ. ①张… Ⅲ. ①工业社会学—研究
Ⅳ.①F40

中国版本图书馆 CIP 数据核字(2020)第 051331 号

书　　　名	启蒙,再启蒙	
著　　　者	张康之	
责 任 编 辑	汪意云　　魏　冉	
装 帧 设 计	徐立权	
出 版 发 行	江苏人民出版社	
出版社地址	南京市湖南路 1 号 A 楼,邮编:210009	
出版社网址	http://www.jspph.com	
照　　　排	江苏凤凰制版有限公司	
印　　　刷	江苏凤凰通达印刷有限公司	
开　　　本	718 毫米×1000 毫米　1/16	
印　　　张	21.75	
字　　　数	320 千字	
版　　　次	2020 年 5 月第 1 版　2020 年 5 月第 1 次印刷	
标 准 书 号	ISBN 978-7-214-23921-1	
定　　　价	68.00 元	

(江苏人民出版社图书凡印装错误可向承印厂调换)

目 录

导论：启蒙的任务

　　人类经历了农业社会和工业社会两个历史阶段,这两个历史阶段是与两场启蒙运动联系在一起的。在中国的春秋战国时期和西方的古希腊,发生了人类历史上的第一次启蒙运动,启蒙了农业文明;在西方的 18 世纪,发生了人类历史上的第二次启蒙运动,启蒙了工业文明。现在,我们处在全球化、后工业化进程中,也同样需要一场启蒙运动去规划后工业社会和建构工业文明。因为有了 18 世纪的启蒙运动,我们才拥有了今天所见到的伟大工业文明,但是,在全球化、后工业化进程中,工业社会几百年来所建构的一切似乎都在风险社会和危机事件频发中受到怀疑,以至于人类无法在第二次启蒙所开辟的道路上继续前行。在这一条件下,重新审视工业社会并寻求走向未来的道路,是我们这个时代必须肩负起来的一项使命。

　　在从农业社会向工业社会转变的过程中,中世纪的精神重负达到了让人感到无法承受的地步,至少在思想界,人们深深地感受到了这一点。当经院哲学变得日益烦琐的时候,需要用"奥卡姆剃刀"来删除它,但社会的变革并未在应用"奥卡姆剃刀"中实现,而是开始于文艺复兴运动,特别是经历了 18 世纪的启蒙运动,才推动了社会变革,实现了从农业社会向工业社会的转变。在 20 世纪,我们也遇到了后现代主义等诸多要求解构或反思工业文明的思想运动,但历史的经验告诉我们,社会的根本性变革需要通过一场声势浩大的启蒙运动才能实现。因而,在全球化、后工业化进程中,开拓走向未来的道路,需要一场启蒙后工业社会的运动,需要通过这场启蒙,去发现、去建构新的制度和社会治理模式。所以，我们并不因为后现代用"解构"一词置换了"奥卡姆剃刀"就不再怀疑它的简单化的做法。事实上，工业社会后期显现出来的法律的日益繁杂也与经院哲学的烦琐不同。法律的繁杂是由社会的复杂化造成的，而不像经院哲学那样是一种纯粹的主观建构。所以，简单地挥舞"奥卡姆剃刀"是没有用处的。

我们所处的全球化、后工业化运动是人类社会的又一次根本性的历史性社会转型运动，是需要一场启蒙运动去启蒙后工业社会的。从历史上看，"奥卡姆剃刀"没有产生革命性的效果，即便是其后的文艺复兴运动，也仅仅发挥了思想解放的作用，具有革命性意义的思想建构是由 18 世纪的启蒙运动作出的。正是因为有了 18 世纪的启蒙运动，此前的工业革命成果才得以确认，资产阶级革命才有了理论武装，才实现了从农业社会向工业社会的根本性变革。在全球化、后工业化进程中，同样需要一场启蒙运动去开拓走向后工业社会的道路。

一、三次启蒙运动与三个历史阶段

在我们既有的学术语境中，用来描述历史运动的"启蒙"概念往往是特指的，一旦提到启蒙，人们立即就会想到 18 世纪。然而，人类历史上并不仅有 18 世纪那一场启蒙运动。发生在 18 世纪的那场启蒙运动所启蒙的是工业社会，在历史上，还曾经发生过一场启蒙农业社会的运动。中国的春秋战国时期，西方的古希腊，都出现了至今令人记忆犹新的伟大思想运动，那其实就是一场启蒙运动，是启蒙农业社会的运动。当我们指出人类历史上除了有过一场发生在 18 世纪的启蒙运动之外还有另一场启蒙运动，即启蒙农业社会的思想运动，实际上是要表达这样一个意思：既然在历史上，18 世纪的启蒙不是唯一的一次启蒙，那么，我们也就完全有理由认为，在人类走向未来的征程中还会再度发生启蒙运动。也就是说，我们必须确立一种观念，那就是，18 世纪的启蒙运动并不是唯一的，更不是永恒的。

一场启蒙运动总是与人类历史的一个特定阶段联系在一起的，一场启蒙运动并不能解决人类社会发展中的全部问题，一场启蒙运动的成果也不可能适用于人类历史的每一个阶段。当人类历史走进一个新的阶段的时候，就必然会要求一场新的启蒙运动与之相伴随，即需要通过一场新的启蒙运动去开辟人类历史的一个新的阶段。当前,在我们遭遇了全球化、后工业化的时候,掀起一场新的启蒙运动是在情理之中的。而且,我们恰恰需要一场启蒙运动去开拓未来,把人类领进新的历史阶段。甚至,我们需要通过一场启蒙运动去解决当下的问题,让人类的全球化、后工业化进程顺利地前行,不至于屡屡遭受风险与危机事件的困扰。总之,我们把中国的春秋战国时期和西方古希腊的思想运动看作是人类历史上的第一次启蒙运动,把发生在18世纪的思想运动看作是人类历史上的第二次启蒙运动,而现在,我们则需要承担起第三次启蒙运动的使命,需要通过这一场启蒙运动去确立后工业社会的社会以及社会治理模式建构的基本方案。

就第一次启蒙运动而言,古希腊的启蒙成果未能延续下来。与古希腊的启蒙相比,中国春秋战国时期的启蒙运动成具则得以继承,因而,缔造了中国农业社会的辉煌。毫无疑问,中国春秋战国时期的启蒙成果得到了较好的利用,因而,中国建立起了伟大的农业文明。在西方,由于古希腊的启蒙成果遭受了蛮族的破坏而没有得到利用,致使西方的农业文明没有得到充分发育。我们认为,就农业社会这个历史阶段来看,中西方之间之所以存在着巨大的落差,其奥秘就在于农业社会的启蒙成果有没有得到利用。同样,就工业社会的历史阶段来看,西方世界与其他非西方地区在经济社会发展上也存在着巨大反差,其原因也是一个有没有充分地利用18世纪的启蒙成果的问题。

另一方面,如果对古希腊和中国春秋战国时期的启蒙运动本身进行评价的话,还可以看到,之所以中国的农业社会启蒙运动更为成功,其奥秘就在于它是全面的,它围绕着"农业化"的中心议题展开了从技术到社会治理再到精神文化等各个方面,在几乎所有方面都作出了深入的研讨。而且,对诸如灌溉农业、治国本末、乡村秩序、伦理教化等各个方面也都有着具体的方案,特别是有着系统的服务于农业的科学技术规划和设想。所以,它的成功亦如18世纪欧洲的启蒙运动的成功一样。如果说18世纪的欧洲启蒙运动开拓了一个工业化的空间,那么中国春秋战国时期的启蒙运动则开拓出了农业化的空间。不过,归结起来,这两场启蒙运动都可以看作是对社会治理空间的开拓,分别建构起了统治型的和管理型的社会治理模式。

从社会治理的角度看,由于中国先秦成功地进行了一场农业社会的启蒙运动,使农业社会的秩序文明深入到中国人的骨髓之中,成为中国人的灵魂。中国社会因此拥有了一种能够适应农业社会要求的"自然秩序"。这是一种近乎天成的秩序,根据近代以来科学研究的方法,也许可以从中分析出所谓"组织秩序""自发秩序"等,甚至可以将其看作是先秦思想家——特别是儒家——所规划出来的一种"计划秩序"。实际情况并非如此,它其实是一种混元一体的和不可分解的秩序,只能被理解成是一种未分化的社会秩序,是一种"天人感应"而生的混元秩序。

其实,自觉建构的秩序是始于第二次启蒙的。我们看到,工业化、城市化也是社会组织化的过程,"我们现今所熟知的组织形式产生于17—18世纪的欧洲和美国,当时正值欧美政治和经济扩张时期和启蒙运动的过程。在此期间,不仅组织的数量和应用领域激增,而且发生了结构的转变,从先前的基于亲属纽带和个人关系的'公社'形式,转变为基于除了对目标和利益的共同追求外无其他联系的个人之间的契约安排的'合伙'形式"①。有了组织并通过组织去开展社会治理活动,才使得社会治理成为可以规划、可以设计的理性化的活动,因而,所获得的也就是一种创制秩序。创制秩序是可以分析、分解的,在不同的领域有着不同的表现,秩序的获得以及构成等也是可以进行分别考察和研究的。与这种创制秩序相比,农业社会的秩序虽然也是由社会治理体系加以维护的,但始终具有自然秩序的特征。也正是因为这是一种自发的自然秩序,所以,我们也将其称为一种混元秩序。

现在,人类正走在全球化、后工业化进程中,也同样需要通过一场启蒙运动去开拓新的社会治理空间。对两次启蒙进行比较,可以看到,中国春秋战国时期的启蒙运动在进行社会治理方面的安排时,所注重的是社会既有的等级之势,强调顺势而为,所以,其建构性特征并不突出,而是具有明显的自然主义色彩。18世纪的启蒙运动以及其后的理论探索都具有明确的建构色彩,是知识分子承担起了建构社会及其治理模式的任务。正如福柯在人文科学考古中看到的,"考古学分析可以得到的对象,是整个古典知识,或者还不如说,是把我们与古典思想分割开来并构成现代性的那个门槛。正是

---

① [美]W. 理查德・斯科特、杰拉尔德・F. 戴维斯:《组织理论——理性、自然与开放系统的视角》,高俊山译,中国人民大学出版社2011版,第4页。

在这个门槛上,被称为人的那个奇异的知识物种才首次出现,并打开了一个适合于人文科学的空间。因设法揭示最深层的参差不齐的西方文化,我把种种裂缝、不稳定、空隙还给了我们的沉寂的和天然静止的土地;再次在我们脚下显得不安的正是这块土地"①。根据福柯的看法,在古代与现代的分界线上,是因为知识分子这个群体的出现而开拓出了社会发展的空间,造就了现代社会及其社会治理。的确,这一点构成了工业社会与农业社会的根本区别。

在农业社会,有"文人"却没有知识分子群体,更不存在这样一个相对独立的社会阶层。虽然中国古代与西方有所不同,出现了"士"这个阶层,而且魏晋时期的"士"也以狂放不羁著称,但总体看来,"士"无非是统治阶级的构成部分,并没有扮演起批判者的角色。就人类历史上的第一次启蒙运动来看,无论是在古希腊还是在中国的春秋战国时期,都是在社会等级结构已经生成的环境中发生的,担负启蒙使命的人本身就是统治精英,是统治阶级的成员。在18世纪的启蒙运动中,则涌现出了一大批知识精英。这反映了社会分工的状况,正是在社会分工中,产生了这样一个知识分子群体。这个知识分子群体钻研科学、分析历史、观察现实而专事知识生产,创造出了思想,建构起了理论。虽然这个知识分子群体中的绝大多数成员并未直接参与社会实践,但整个社会治理的安排是在他们的思想和理论指引下进行的。所以说,正是他们开拓出了工业社会的社会治理空间。

福柯认为,拥有知识的人并不是人的终极形式,"知识的人"将会消失,在再次降生的时候,除了拥有知识之外,还将获得其他方面的内容。也许拥有知识的人仅仅是现代性的标志物,是在从农业社会向工业社会转变过程中降生到这个世界上来的。现在,人类正处在从工业社会向后工业社会转变的转折点上,福柯所说的"脚下显得不安的这块土地"正在生长出新的奇异物体。其中,人将是最奇异的新生物。正是这些奇异的新生物,将担负起第三次启蒙的使命。

在跨过了后工业社会门槛后,我们在工业社会中已经熟悉了的那种"知

---

① [法]米歇尔·福柯:《词与物——人文科学考古学》,莫伟民译,上海三联书店2001年版,前言,第14页。

识物种"必将以新的形式出现，即成为一种"新物种"。根据我们的看法，在全球化、后工业化进程中开拓未来社会治理空间的将不再仅仅是知识分子，或者说，知识分子这个群体将会消失。因为全体社会成员都将成为拥有知识的人，那样的话，也就不再会有作为一个相对独立的社会阶层的知识分子群体。因而，开拓后工业社会的社会治理空间的，将会是全体社会成员。严格说来，将是一切参与到合作行动之中的行动者。但是，在后工业社会尚未定型之时，也就是说，在全球化、后工业化进程中，拥有知识的人还将发挥着引领作用。就20世纪80年代开始的社会变革和政府改革运动来看，虽然知识分子的概念已经逐渐淡出了人们的视野，但科学技术的新成就、改革方案的设计等，都可以看到原先被称为知识分子的这个群体的贡献。特别是活跃于各类"智库"中的人，虽然他们蜕去了知识分子的外壳而转化成了"社会工程师"，不再把人文关怀当作一回事儿，但还是应当将他们看作是有知识的人的。知识分子向专家的蜕变是社会分工更加精细的结果，却也说明，由于专家不再像知识分子那样拥有人文情结，不再是博学多才的象征，也就不可能独力承担起开拓社会治理空间的工作。合理的理解应是，专家只能在一个广泛的社会合作体系中扮演特定的角色，需要通过与其他社会成员的共同行动去开拓未来的社会治理空间。

从现实来看，知识分子往往以批判现实的行动而为自己涂脂抹粉，以为自己拥有批判现实的勇气而品格高尚。不过，在工业社会后期，或者说，从20世纪的情况看，知识分子所扮演的只是技工的角色，他们在启蒙时期所确立的意识形态之下以技工的眼睛审视社会，以为构成社会的所有方面和要素都是可以拆分的零件，并表达出挑剔的声音。他们其实并未发现这个社会的真正问题所在，也没有在推动历史进步方面发挥什么积极作用，至多只是要求现实合于那个早已过时了的意识形态。所以，在全球化、后工业化进程中，并不能指望这些已经演化成了专家的知识分子去为我们提供有价值的意见，甚至我们需要防范这种异化了的知识分子恪守近代早期的那种陈旧意识形态而倒行逆施。也就是说，在全球化、后工业化的前行快车道上，如果知识分子因维护旧的意识形态而逆行的话，那是十分危险的。

基于一种历史发展观，我们不难想到，人类社会的发展是中断和连续性的统一。从人类历史的一个阶段向更高的历史阶段的转变，可以理解成历史的中断，但这种社会转型决不是人类社会回复到了历史原点后的再发展，而是对前一个历史阶段中社会发展成果的继承，是在继承的前提下发现了一个新的历史起点。因而，就会发现历史的连续性。第三次启蒙作为人类进步的一个新起点，必然是对人类已有文明成就的继承，甚至在某些方面会表现出接过了第二次启蒙的主题而进一步加以探讨的状况。所以，就第三次启蒙是要启蒙后工业社会而言，虽然会表现出对工业文明的否定，但这种否定的目的是要从中发现对后工业文明建构具有积极价值的因素，并加以继承。可以相信，第三次启蒙会比 18 世纪的那场启蒙运动有着更多"扬弃"（黑格尔语）的特征。

当我们的视线转向中国的时候，就会看到一些人表达了这样的意见：中国社会还面临着工业化、城市化的任务，尚未建构起发达的工业社会，因而需要承担起第二次启蒙的使命。对于这种看法，我们不能赞同。其一，从历史上看，直到 18 世纪，西方国家也没有实现对第一次启蒙成果的应用，却掀起了第二次启蒙，直接地把一个在农业文明的意义上十分落后的地区转变为工业社会。在全球化、后工业化进程中，我们也同样没有理由要求地球上的所有地区都必须走完工业社会的发展历程，更不应要求所有地区都在第二次启蒙方面做得尽善尽美。其二，全球化、后工业化本身就意味着一个"地球村"的出现，全球的所有地区都如此密切地联系在一起，在几乎所有方面都有着高度的关联性，那些在工业化、城市化的课题尚未得到完全破题的地区，也同样感受到了后工业化的压力，遭遇了后工业化带来的各种各样的挑战，甚至需要在与西方国家的比较劣势的情况下承担起更多的后工业化压力。所以，我们认为，那些并未建立起发达工业文明的地区，也必须承担起第三次启蒙的使命，甚至需要通过第三次启蒙运动去解决那些本应属于工业化、城市化的课题，实现对工业社会历史阶段的超越。

二、第二次启蒙的得与失

我们认为，发生在中国春秋战国时期和西方古希腊的那场启蒙运动是人类历史上的一场"觉识的启蒙"，标志着人类整体上的自觉，让人类去理解和思考与自然的关系以及在自然中的位置。就思想特征来看，我们也把这场启蒙运动视为"哲学的启蒙"。与之不同，发生在 18 世纪的启蒙是一场"解放的启蒙"，发现了人并试图把人从自然的压迫以及神的阴影中解放出来。在实现这一目标的时候，是以规则以及制度规范体系的建构为导向的，因而，我们也在思想特征的意义上将其称为"法学的启蒙"。如果说在全球化、后工业化进程中我们需要一场启蒙运动的话，那将是一场"生活的启蒙"。在这场启蒙运动中，一方面，我们需要把第一次启蒙运动中的关于人类整体的启蒙之主题接受下来；另一方面，我们也需要把第二次启蒙运动中的关于人的发现以及人的完全解放的课题继承下来。也就是说，我们并不认为第三次启蒙没有解放的任务，反而，在第二次启蒙运动中存在着的一切解放不彻底的地方，都将由第三次启蒙承接起解放的任务。比如，妇女解放的问题将不是按照女性主义的追求去实现，而是通过第三次启蒙去加以根本性的解决。这样的话，我们实际上是要将人类历史上两次启蒙的主题统合到一起，去真正建立起属于人的生活世界。就人的生活中必然不可缺失伦理及其道德的因素来看，我们将在这次启蒙中呼唤伦理精神的回归。因而，在思想特征的意义上，我们也将这场启蒙运动视为"伦理的启蒙"。进而，就这种伦理精神不是自然发生的，而是建构性的，也同时意味着将在伦理精神之下去建构整个社会及其社会治理，而且这场启蒙本身也是一种彻底的建构性行动，所以，我们也将第三次启蒙设定为"建构的启蒙"。

工业社会之所以能够以难以思议的速度迅速发展，是因为从它的行程开始的那一天就伴随着各种各样的批判。或者说，工业社会在其开始的时候，就是以解放为主题的，通过批判而将一切笼罩在人身上的那些压迫人、束缚人的因素剥离。不仅文艺复兴是一场解放的运动，而且18世纪的启蒙运动也是一场解放的启蒙。在解放的逻辑中，不断地从现实的定在中解放出来，是一个必然不能中断的路径。正是这一点，在逻辑上赋予了工业社会不竭的发展动力。当然，人类的解放永无穷期，问题是沿着这一思路所展开的解放历程所带来的问题，却是无法在解放的思路中找到解决方案的。

当我们在全球化、后工业化进程中去审视第二次启蒙时，所看到的是，解放的启蒙必然会把人们引向对个人的关注，把个人的解放看作是社会解放的前提，即认为社会从某种状态下解放出来需要在个人这里和通过个人才能实现。马克思在对理论彻底性的追求中把这一问题表述为"每一个单独的个人的解放的程度是与历史完全转变为世界历史的程度一致的"①。在这里，我们实际上可以看到，第一次启蒙所发现的人类整体被接受了下来，并被作为与个人相对而立的存在物对待。具体地说，第二次启蒙是在社会与个人、集（整）体与个体（人）之间去设计和把握解放进程的。这就是工业社会的逻辑，在几乎所有方面，都是按照这个逻辑去进行理论上的阐释。与之不同，建构的启蒙将不需要在个人与社会、集（整）体与个体（人）之间去确认逻辑顺序，因为建构的过程不分个人的建构与社会的建构。在这里，所有的建构，只要是对个人有价值的，也就同时对社会有价值。反之亦然。

其实，在全球化、后工业化进程中，当我们思考建构的启蒙问题时，是要求把视线落在行动上的。此时，我们不是去静态地观察行动，而是把行动理解成一个持续展开的过程。这样一来，就会发现行动者已经代替了个体与集体。也就是说，在静态的观察中，我们可以分出行动主体是个体还是集体，而在我们把行动视为一个动态的过程时，就不需要也不可能区分出集体与个体，集体与个体在此过程中都是以行动者的面目出现的。另一方面，当我们所观察的行动不是一次性的某一单个行动，而是众多行动者以互动的形式出现的共同行动，从中也就会发现一个行动者网络呈现在了我们面前。那样的话，我们也就无法去确认行动的主体和客体。因而，我们所看到的只是行动者，是处在合作体系中以合作的形式出现的行动者。

在第二次启蒙所造就的工业社会中，我们往往并不确切地知道我们的行为——特别是我们的社会行动——会带来什么样的结果。尽管在微观的领域中，特别是在个人的行动中存在着目的以及目的的实现与否的问题，但在相对宏观的领域中，我们的行动即使有着明确的目标，我们的行动动机也许是由某个明确的目的引发的，也往往会带来许多意想不到的后果。比如，在解放的启蒙中，当我们彻底地从自然拜物教中走出来的时候，开始了征服自然的行动，可是，经历了几百年，却突然发现，自然拜物教在维护我们赖以生存的环境方面有着无比重要的功能。今天看来，自然拜物教是肤浅的，人类不可能向着这个肤浅的观念形态逆转，但是，面对自然，确立起一种关于自然的科学观念，显然是必要的。虽然它不是原始的自然拜物教，却应当有

①《马克思恩格斯选集》第三卷，人民出版社 1972 年版，第 42 页。

着比原始拜物教更强的保护环境的功能。对于这个问题,从理论的逻辑上看,不仅被解放的启蒙忽视了,而且也是解放的启蒙中不可能包含的一项内容。可是,对于第三次启蒙而言,则必须包含着这方面的内容。

我们说第二次启蒙是解放的启蒙、法学的启蒙,但科学则被作为实现解放的必要路径看待的,也被认为是法的精神的最为严格的体现和载体,在某种意义上,科学是最为严格的法学。因为科学揭示的规律也必须作为法则而得到遵从。因此,近代以来,科学的发展成了社会的一个显著特征。正如马克思看到的,"自然科学却通过工业日益在实践上进入人的生活,改造人的生活,并为人的解放作准备,尽管它不得不直接地完成非人化"①。然而,从异化理论的角度看,当自然科学通过工业而"改造人的生活"时,却使人的生活非人化,以至于人的生活也就不再属于人了。即使是人自身,也被当作物来对待的,是"物性化"了的人。因而,造成了这样一种情况:"在历史上没有任何一个时代像当前这样,人对于人自身如此的困惑不解。"②科学的进步显然包含着双重必然性:一方面,自然科学通过工业实现了对人的生活的改造,通过这种改造证明了人类历史的进步,这是人的解放的一个方面显现;另一方面,这种改造了的生活又是非人的,是一种异化了的生活,所加予人的是一种压迫。由此也可以看出,解放的启蒙在自己的行进中进入了一个自反的窘境。所以说,对于人类社会的发展来说,解放的启蒙是积极的,但它又是有局限性的,并不能真正地把人的生活归还于人。

第二次启蒙发现了人,即发现了人作为个体的存在形式,是原子化的个人。正因为有了人,才有了工具,人成了使用工具的主体。根据恩格斯的观点,人是地球上唯一使用工具的动物,能够制造和使用工具是人之为人的标志。恩格斯的这一观点得到了现代人文社会科学的采纳,虽然现代人文社会科学在定义人的时候又增加了许多其他方面的标准,但制造和使用工具一直是被作为人的最基本的方面看待的。人之所以制造和使用工具,是为了达到一定的目的。所以,围绕着人而展开的是两个世界,即"目的的世界"和"工具的世界"。当人们把视线投向了目的的世界时,所关注的是价值;在

① 马克思:《1844年经济学哲学手稿》,人民出版社1985年版,第85页。
② [德]舍勒:《人在宇宙中的位置》,贵州人民出版社1990年版,第2页。

人思考工具世界的建构问题时,则表现出对科学的无限热情。既然工具被作为定义人的标准,也就说明它对于人的存在和发展有着无比重要的意义。但是,如果因此而形成了工具主义的思维和世界观的话,就会导向工具世界的畸形化,从而冲击甚至消除了人的目的世界。实际上,人所应拥有的,却是两个世界的并存。

我们这里所说的工具主义不是指一种理论或学说,而是指一种思维习惯,是一个社会中的人们普遍拥有的一种思维习惯,在某种意义上,也可以视为一种文化。工业社会是人类历史上的一个工具主义时代,这个时代的生成以及工具主义文化的出现,与启蒙时期的思想和学说是联系在一起的。但是,更为根本的是工业社会的社会治理方式形塑出了工具主义的思维习惯和文化。现在,人类已经走上了全球化、后工业化进程,工业社会的衰落和后工业社会的兴起已经成为一个具有历史必然性的发展趋势。这是一场伟大的社会运动,社会治理于其中应当发挥着消除工具主义影响和重建思维习惯的作用。

我们说工业社会是人类历史上的一个工具主义时代,但工具主义的生成却有着一个过程。在近代早期,工业社会的启蒙思想家们在提出"权利"的概念时,所赋予它的是自然属性,显然是将其设定为人的自然权利——天赋人权,包含着自由和平等两项基本内容。这样做,从策略的角度看,是出于反对"神权"的需要。因为那时,在理论上,特别是在意识形态上,反神权的任务是非常艰巨的,使得人们在阐释自由的思想时必须求助于自然的支持。实际上,人的自由追求也只有乞灵于"自然",才会显得有力量。这是因为,自然是无须论证的,是可以与神一较高低的。不过,在求助于自然的时候,也肯定包含了启蒙思想家的某种自然崇拜情结。事实上,权利的这种自然属性也使得财产权获得了自然的神圣性。然而,近代政治的发展却朝着偏离启蒙思想自然主义的方向行进,虽然人们在民主与法治建设的过程中不断地将"权利"一词挂在口头上,但权利的自然属性却逐渐的为人们所忘却。人们记得权利是"天赋的",却仅仅攫取"天赋"一词的"神圣性"而抛弃了自然,即割断了"神圣性"与自然之间的联系,从而成为一种无主的"神圣性"。到了 20 世纪,随着社会治理的一切安排就绪后,不仅自然主义观念中的自然,而且一切让人们能够联想到神圣性的因素,也都被抛弃了,整个社会都陷入了价值失落的状态中,硕果仅存的就是工具意识,不仅是权利成为人们参与政治生活的工具,而且,似乎世界上的一切都可以纳入到工具范畴之中去。这就是工业社会从自然主义向工具主义转变的历史,伦理价值也正是在这个过程中失落了。

在法学的视野中,人权是工业社会得以建构的前提性假设。可是,人权却是一个相对模糊的概念。当然,作为人权的部分内容,或者说,经过了法律制度确认的那部分内容——公民权利——是清晰的。因而,现代政治的几乎所有安排,都是建立在公民权的基础上的。参与政治或通过投票、表决等活动去决定重大的政治事项,也都是行使公民权的过程,以至于人们所说的人权,其实所指的基本上就是公民权。但是,我们必须指出,在人权与公民权之间是不能画等号的,人权的概念包含着更多的内涵。就现实而言,在民族国家的政治框架中,明显可见的是,并不是每一个人都拥有公民权。然而,根据启蒙以来的几乎所有理论,每一个人都被设定拥有人权。这样一来,我们就遇到了一个非常令人尴尬的问题:那些拥有公民权的人可以参与政治生活并被认为可以决定重大的、具有根本性的政治事项,而仅仅拥有人权而没有公民权的人却又必须仰赖政治的及其社会治理的行动去保障他们的人权。也许这部分人在一个社会中所占比例是极小的,却确定无疑地对自由、平等的原则构成了否定,至少证明了现代政治是不周延的。

在工业社会的一个很长的阶段中,也许是因为拥有人权却无公民权的人数很少,政治上的这一缺陷才未引起人们的充分关注。全球化、后工业化却使这一问题凸显了出来,那就是,在民族国家的政治生活框架未变的情况下,由于人的流动,使每一个政治体系中被认为拥有人权却无公民权的人的数量都正在迅速增长。结果,在每个国家中都集结起了仰赖公民的政治活动去保护他们的人权这样一个群体。这无疑意味着他们在身份上是低等级的人群,拥有公民权的人可以在保护他们的人权的名义下行使压迫他们之实。特别是在工业社会这种缺失道德的制度之下,无论是隐性的还是显性的压迫都必然会发生。因而,18世纪启蒙思想中关于自由和平等的追求也就成了泡影。

工业社会的政治生活是以民主的方式开展的,但是,在作为第二次启蒙运动的代表人物卢梭那里,因恐惧民主变异成一种自相矛盾的东西而要求在较小规模的社会中去考虑民主付诸实施的问题。可是，现实中的社会并不总是小国寡民，事实上，那些准备实施民主的国家基本上都是较大规模的社会，或者说，基本上不存在能够实施民主又同时维护民主纯粹性的条件。因而，一种折衷的方案就是"代议制"的出现。的确，代议制使民主的理想转化为了实践，但同时也使卢梭以及启蒙时期其他思想家心目中的民主完全丧失了神圣性。尽管直到今天人们都对民主怀有极度崇尚之情，乃至迷信，但在这种热情和迷信中却丧失了启蒙思想家民主理想的神圣内涵。也许迷信民主的人会拥有一种神圣感，特别是在选举日来临的时候，这种神圣感会导致各种各样令人痴狂的举动。不过，严格说来，这种神圣感与（人类学家所发现的那种）原始部落切除少女阴蒂的神圣感是同样的，那就是把上一次选举出来的某个（些）代表拉下台。

在 18 世纪的启蒙思想家那里，在关于人是不是自私的问题上，是存在着争议的，这说明，那个时代的人并不纯然是自私的。只是因为后来的制度安排恰巧走上了这样一条道路，即证成人的自私，并且走上了路径依赖而强化了人的自私的一面，以至于我们在工业社会后期满眼所见的都是自私的人。而且，这个时期所有的理论和学说也都是由自私的人建构起来的，他们建构了学说并因为其学说被尊奉而建构了我们的社会，他们用他们自己的自私而形塑出了整个工业社会的人。也就是说，自私自利的人是由社会建构所形塑出来的，而不是人的本然状态。就社会建构走上这条道路而言，也许是偶然的，但当人们都成了自私的人之后，又是由他们建构社会。

我们倾向于认为，从农业社会走向工业社会的历史具有必然性，但工业社会是不是资本主义的，却是一个具有偶然性的问题。就工业社会自起始时期就出现了社会主义构想而言，也能够在一定程度（尽管是很不可靠的程度）上证明资本主义的偶然性。如果我们的这一推论能够成立或得到人们认可的话，可以认为，在近代以来的历史上，与资本主义相联系的一切都应理解为一种偶然现象。当然，马克思主义所指出的历史必然性是人类告别资本主义的必然性，它是在对资本主义社会的矛盾分析中形成了这一结论。显然，对于资本主义出现的问题，马克思主义并未确认其必然性。不过，在农业社会、工业社会和后工业社会的历史框架中去看人类社会的演进，我们可以说，人类必然会从工业社会走向后工业社会。在此进程中，尽管我们需要抱持继承工业文明的一切积极成就的态度,却不意味着资本主义以及与资本主义联系在一起的各种因素值得我们深情留恋,特别是形式民主及其总是沦为闹剧的选举制度,并不是必须加以继承的。

上述所要表明的意思是,启蒙思想家们并不仅仅看到了人的自利本性,对于人的利他动机也有着清醒的认识。在第二次启蒙运动发生的时刻,特别是启蒙思想家们,还保有一些来自传统的高贵品质,还没有变得十分自私,所以,他们还不愿意把人与自私的品性相等同。这就是米歇尔·鲍曼所说的,即便是提出了"一切人反对一切人的战争"命题的霍布斯,也设想过权威控制下的合作,"霍布斯在其人本性自私的根本前提之外,至少还以另外两个假设为前提,如此才能想象社会契约意义上的社会秩序问题的解决。第一个假设是,即使对于自私自利的人来说,和平共处及有序合作也比持续的争斗与冲突有利。第二个假设是,人因其理智和认知能力能够认识到和平合作的重要优势,并且采取措施使这种合作成为可能并保护其免遭自爱的危险"①。但是,资本主义早期原子化个人的利益争夺战强化了人们对启蒙思想家们关于人的自利本性的认识,并使社会建构倾斜到了围绕人的竞争行为展开的方面。直到20世纪后期,人们才认识到,"自利当然是一个极端的动机,而且许多经济和社会工作由于对各种基本动机的重视不足而受挫。但是,我们每日每时都看到,人们的一些行动反映了明显具有社会成分的价值观。那些价值观使我们远远超出了纯粹自私行为的狭隘界限"②。不过,在今天,我们所看到的依然是一批自私自利的人把持了话语权。

当工业社会的竞争思维物化为社会结构、制度、生活方式和行为模式时,也使得人的目的几乎完全表现为竞争了,人们是出于竞争的需要而进入社会和开展社会活动的,即便竞争没有成为目的,人的一切生活目的的实现也都无不通过竞争的方式去开展。因而,形成了竞争文化,并渗透到了整个社会的每一个角落。所以说,工业社会实际上就是一个竞争的社会,一切都是为了竞争,而一切也都是通过竞争去加以实现的,社会治理不仅是为了促进竞争、规范竞争,也是通过竞争的方式去开展行动的。特别是自20世纪

---

① [德]米歇尔·鲍曼:《道德的市场》,肖君等译,中国社会科学出版社2003年版,第7页。
② [印度]阿马蒂亚·森:《以自由看待发展》,于真等译,中国人民大学出版社,2002年版,第260—261页。

80 年代开始,政府变革也把竞争引入到了行政过程中,并名之曰"企业家精神"。我们必须承认,竞争为我们的社会注入了活力,使社会呈现出一派繁荣的景象,但是,竞争的消极后果却在不知不觉中积累起来,进而以环境污染、生态链的断裂、风险社会的形式加予我们。要改变这种状况,肯定需要首先改变人的思想、观念和信仰。只有当人的思想、观念和信仰发生了变化,才有可能使新的社会规划付诸行动。然而,与人的一切以及与人相关的一切的改变相比,正是思想、观念和信仰的改变最为困难。如果不是通过一场声势浩大的启蒙运动去解决这一问题的话,是很难收获积极成果的。正是因为我们看到了这一点,才会呼吁一场启蒙后工业社会的运动去承担人的思想、观念和信仰改变的艰巨任务。

总的说来,就第二次启蒙作为一场解放的启蒙而言,是可以在高扬理性的旗帜中得到证明的。哈贝马斯深刻地揭示了这一点,他说:"理性遵循的是解放性的认识兴趣;解放性的认识兴趣的目的就是完成反思本身。"[1]但是,在为第三次启蒙所作的准备工作中,我们也可以从概念的微妙变化中看到端倪,就现代人喜欢使用"解构"一词而不再是"批判"一词来看,它是潜含着建构的愿望的。因而,可以把第三次启蒙看作是一场旨在建构的生活启蒙。对于解放的启蒙来说,批判是必要的,在何种程度上进行了有力的批判,也就意味着在同等意义上实现了解放。然而,现在看来,批判显得过于单薄,可能会导致一种简单化的做法,特别是在"武器的批判"或"物质的批判"中,为了解放的目的而对历史上的成果进行破坏时,也可能不分良莠,以至于造成一些不必要的损失。解构则有着很大的不同,它更多地着重于旧世界的结构,对旧世界结构中的那些有益于新世界建构的要素,特别是那些有生命力的成果,则会予以保护。这在很大程度上是可以用黑格尔的"扬弃"一词来更为准确地描述从解构到建构的过程的。在此,我们愿意接纳后现代主义的这一"解构"概念。

三、第三次启蒙的使命与困难

在全球化、后工业化进程中,正如福克斯和米勒所看到的,马克思主义

---

[1] [德]哈贝马斯:《认识与兴趣》,郭官义等译,学林出版社 1999 年版,第 201 页。

者所寄予无产阶级的解放力量已经不复存在了，"然而，在这些失去希望的地方，仍然存在对被其他人不公正剥削的潜在批评"①。所以，"哈贝马斯的革新就是要构筑这个批评并且提供一个新的解放力量。那驱使我们走向一个更加解放的平等社会的不是无产阶级、第三世界、有色人种、学生或者其他任何革命性转变的代理力量，而是交往本身。交往要求平等的参与者。不平等的交往是矛盾的说法，不平等的主体间的交流或者是命令或者是默许"②。如果说第二次启蒙的主题就是解放的话，那么这个主题从来也没因为资本主义社会以及这个社会的治理体系的确立而走向失落，反而，资本主义基本结构上的压迫性质更加凸显了这一主题。马克思主义正是接下了解放主题接力棒的一个标志性的里程。直到法兰克福学派，这一主题一直被突出到一个显著的位置。只是在工业社会的不同时期，对解放主题的内容以及承担解放使命的主体的确认，表现出了不同。

总的说来，工业社会思想史的主旋律就是解放主题不断扩展和延伸的历史。即使在 20 世纪的科学主义、实证主义思想甚嚣尘上的时候，在欧洲大陆，解放的主题也一直激励着思想家们不懈地探索和思考。但是，也需要指出，工业化以及在工业化过程中得以结构化的这个工业社会孕育和培植了解放的主题，同时它又限定了这个主题，使思想家们关于这一主题的探索注定无法形成最终的解决方案。哈贝马斯也不例外。事实上，能够对解放主题作出客观性回答和诠释的是历史本身的发展，当全球化、后工业化宣布工业社会进程终结的时候，也就同时宣布了解放主题下的一切探索的终结，进而用一种生活的主题来取代它。所以，如果说第二次启蒙是一场解放的启蒙，那么第三次启蒙将是一场关于生活的启蒙，尽管生活之中包含着解放的行动。

我们相信，在第三次启蒙中，辩证法依然会发挥着无比巨大的威力，它依然是理论思维必须遵从的原则。正如马克思在《资本论》第一卷第二版跋中所写到的："辩证法，在其合理形态上，引起资产阶级及其夸夸其谈的代言人的恼怒和恐怖，因为辩证法在对现存事物的肯定理解中同时包含对现存

---

① ② ［美］查尔斯·J. 福克斯、休·T. 米勒：《后现代公共行政——话语指向》，楚艳红等译，中国人民大学出版社 2002 年版，第 113 页。

事物的否定的理解,即对现存事物的必然灭亡的理解;辩证法对每一种既成的形式都是从不断的运动中,因而也是从它的暂时性方面去理解;辩证法不崇拜任何东西,按其本质来说,它是批判的和革命的。"①我们所要遵循的是马克思的具体辩证法而不是黑格尔的抽象辩证法。这种具体辩证法要求我们从现实出发,在现实的历史运动中去把握社会发展的方向,而不是对所有社会现象都作出泛历史主义的理解,更不是就事论事地孤立地看待所有的事物。

全球化、后工业化意味着人类社会正处于一场转型运动中,而且这一点已经为人们广泛认同。但是,我们也看到,在谋划社会治理变革方面,则似有似无地存在着勇气不足的问题。从现实来看,我们所看到的往往是头痛医头、脚痛医脚的调整方案,在解决了某个(些)具体的、局部性的问题时,又总是发现更多、更大的问题向我们袭来。这就是我们当前所遇到的困境。它意味着人类需要在社会治理模式的根本性变革中去谋求出路,这不是对具体辩证法的否定,反而恰恰证明了辩证法的缺失。正是在人们的思维以及观念上存在着辩证法缺失的问题,妨碍了人们根据全球化、后工业化的具体现实去寻求变革出路的努力,而是把所有的力量都用在处理琐屑的单个问题上了。一旦我们提出了社会治理模式根本性变革的要求,就会发现,其一,我们需要系统化的关于当前问题解决的总体性方案;其二,我们需要实现对产生了当前所有具有重要影响的问题的总根源的正确认识;其三,面向未来的社会建构和社会治理模式建构应当具有共同行动的特征。这三个方面都对思维方式提出了要求。也就是说,我们需要一场具有启蒙性质的思想运动去首先建立起一种新的思维方式,然后才能将众多国家、民族、组织和个人的分散的行动汇聚成走向后工业社会的合力,以减少全球化、后工业化进程中的阻碍和干扰。这正是马克思主义的辩证法所能够给予我们的。

就社会治理而言,无论是在农业社会还是工业社会,都是以支配和控制的方式去开展社会治理的。尽管工业社会在支配与控制方面有着完全不同于农业社会的表现,但支配与控制本身就是把某种意志强加于人的做法。当然,我们无意于将所有的支配与控制都说成是恶。我们相信,在社会治理

---

① 马克思:《资本论》第 1 卷,人民出版社 1975 年版,第 24 页。

中也许存在着善意的支配和控制,但就其形式而言,显然都包含着把某种意志强加于人的意蕴。所以,无论出于什么样的善意,一旦以支配和控制的形式出现,就必然会产生某些恶果。哪怕那种恶果不是直接地立即表现出来的,也会以隐蔽的形式存在或过一段时间后显现出来。特别是根据第二次启蒙中关于人权的观念去看支配和控制,就会发现,即便出于善意,支配和控制也确定无疑地剥夺了人的自由。即便对这种剥夺自由进行合理性论证,也改变不了事实,反而会陷入自由的悖论之中。当然,善意是可贵的,但那应仅限于提醒,即依据知识以及洞察力的优势而对施诸善意的对象作出提醒,至于他们的行为选择权,则是不可以剥夺的。所以,在第三次启蒙中,我们应设立一个必须加以追求的主题,那就是,探寻非支配性的和非控制导向的社会治理方式。

我们认为,在第三次启蒙中,第二次启蒙确立起的社会以及社会治理框架将被抛弃,因而,产生于这一框架中的各种理论、学说以及它们之间的所有争议,也都将终结。第三次启蒙将确立起新的社会和社会治理框架,在新的起点上开拓社会发展的新行程。正如福柯所说的,启蒙"是一种历史性的变化,它涉及地球上所有人的政治和社会的存在"①。在每一次历史转型的时刻,原有的社会治理方式都会变得不再适用,以至于人们陷入一种关于"过什么样的生活"的迷茫之中。这时,如果学者不肩负起启蒙的责任,就应受到良心的责备。然而,一切致力于启蒙的学者,又"必须永远有公开运用自己理性的自由,并且唯有它才能带来人类的启蒙"②。宗奉于任何一种既有的理论而惰于思考的做法,都是丧失"理性的自由"的表现,或者说,都是逃避社会责任的表现。然而,在现实中,我们满眼所见的都是既有思想和理论的依附者,他们缺乏"理性的自由",躺在第二次启蒙既有成果的怀抱中寻求安慰,永远做个长不大的哺乳婴儿,去吮吸那一滴不再甘甜的乳汁。

自我是在自我意识生成后才出现的,它是自然的因素与社会的因素复合而成的。黑格尔在他的《精神现象学》中详尽地描述了自我生成的过程。显然,在农业社会,人是从属于共同体的,作为个体的人只是自然意义上的

---

① [法]福柯:《何为启蒙》,载杜小真编选《福柯集》,上海远东出版社2003年版,第531页。
② [德]康德:《历史理性批判文集》,何兆武译,商务印书馆1996年版,第24页。

而不是社会意义上的个体。是在中世纪后期,随着自我意识的逐渐生成,才使人意识到了自我的存在,才生成了社会意义上的个体。这就是米德所指出的,"单单身体还不是自我;只有当它在社会经验背景中发展了心灵,它才成为一个自我"①。所以,我们认为,文艺复兴的伟大思想只不过在于发现了自然意义上的个体,它关于人性的论述也主要是表达人的自然属性。这说明,文艺复兴运动通过对人的自然属性的发现而剔除了笼罩在人身上的神性,对于社会的建构而言,却不具有直接的意义。只是到了启蒙思想那里,随着社会意义上的个体的发现,才找到了社会建构的基础。尽管如此,在整个现代化的过程中,仍然存在着韦伯所说的那种情况,"政治的共同体一般到处都首先唤起人的共同性信念,包括在他的一些哪怕是人为的分支里,而且在它解体之后,仍然留下因这种信念而造成的障碍"②。也就是说,虽然启蒙时期发现了社会的人,把人设定为个体化、原子化的人,但在对人的自我意识的剖析中,则赋予人以更多的社会性因素,比如,文化观念、社会经验等。这样一来,个人主义其实在理论上是不彻底的,没有展示出人的完整性。正是个人主义的这种不彻底性对官僚制的建构产生阻碍作用,使得官僚制无法完全把人形塑为工具,也使得官僚制组织从来也无法达致其理想状态。这可以说是因为第二次启蒙的某些失误而使人在 20 世纪的工具化进程中没有完全异化为工具。

如上所述,在第二次启蒙运动中,许多启蒙思想家有着自然情结,他们崇尚自然,甚至有一些人标榜为自然主义。其实,直到今天,当我们使用"自然"的概念时,也往往是要描述一个无须证明的事实,或者,我们搬出了这个概念是为了表示一种终极性的证明:那是存在的,因而具有毋庸置疑的合理性。这种做法以及其中所反映出的观念其实产生于极其原始的古老时代,一直绵延至今,而且在人文社会科学的叙事中,是以一种独断式判断的形式而得到了广泛应用的。尽管可以归类到自然主义阵列中的学者是非常有限的,但关于"自然"绝对性的观念却存在于几乎每一个学者的头脑中,即便在怀疑论那里,也不敢断然否定自然的绝对性。不过,我们也看到了另一种现

---

① [美]乔治·H. 米德:《心灵、自我与社会》,赵月瑟译,上海世纪出版集团 2005 年版,第 39 页。
② [德]马克斯·韦伯:《经济与社会》上卷,林荣远译,商务印书馆 2006 年版,第 440 页。

象:在我们当下的语境中,那种存在于古老观念中的自然已经消失了,空留下了自然概念中的独断论形式。打个比方,人类站在冰山上,或者说,人类在一座冰山上啃吃冰渣,可是冰山逐渐溶解了,人类却不知道,人类生活在祖祖辈辈排泄的便溺中,却以为依然立于那座冰山之上。虽然这是一个非常粗俗的比喻,却是人类的真实境遇,那就是我们已经失去了那个可以称为自然的东西。如果说人类需要正视这一真实境遇的话,就需要从根本上改变关于自然和社会的全部观念。

客观地说,人类前行的轨迹指向了远离自然的方向,越来越远离自然。对于今天的人类及其社会,已经无法在自然的坐标中定位,而是需要在人的行动中捕捉基准。所以,我们要求终结以往的所有理论和学说,从而开启一场后工业社会的启蒙运动。其实,就社会发展的现实来看,科学的发展比人类社会的总体历史进程先行了一步,这就是20世纪中期发生的所谓"第三次科学革命",用人造的世界彻底地置换了原初的自然界。这是工业社会的伟大成就,也是工业社会所造的孽果。到了20世纪80年代,人类社会的各个领域都开始显现出了全球化、后工业化的迹象。这些新的现象在工业社会的框架中是以异质因素的形式出现的,并不断地积聚起来,向工业社会发起轮番挑战。在这种情况下,提出第三次启蒙的问题,自觉地认识这些新的社会性因素并因势利导,不仅是为了纠正工业社会行进道路上的偏差,而是要对人类社会以及与人类相关的一切都进行重新建构。

对于第二次启蒙运动,卡西尔是这样描述的:"启蒙思想的真正性质,从它的最纯粹、最鲜明的形式上是看不清楚的,因为在这种形式中,启蒙思想被归纳为种种特殊的学说、公理和定理。因此,只有着眼于它的发展过程,着眼于它的怀疑和追求、破坏和建设,才能搞清它的真正性质。"①我们相信,在走向后工业社会的启蒙运动中,也会出现各种各样的学说和理论,旨在打开后工业社会通道的启蒙也许正是诸多学说和理论相互激荡而构成的历史过程。在这些学说和理论中,有价值的因素是那些对后工业社会的社会治理方式加以自觉建构的意见。但是,我们现在所受的羁绊还主要是工业社会的话语。面对工业社会中心-边缘结构中的强势话语体系,能寻求到的对

---

① [德]卡西尔:《启蒙哲学》,顾伟铭等译,山东人民出版社1996年版,第5页。

后发展国家有利的解释就是其中的道德内涵。只有充分地发掘 18 世纪启蒙以来全部思想中的道德内涵，才能为后发展国家以及所有国家的边缘人群在全球化过程中开展政治行动提供有力的支持。撤除道德，后发展国家以及每一个国家和地区的边缘人群在政治建构中就必然处在话语边缘的位置，处处被动，并在任何一个方面都不得不接受那些处于中心地位的国家及其人群的安排。

所以，我们在第三次启蒙中必然无法回避平等的主题。根据昂格尔的意见，"作为去享受某些特定好处的抽象机会，形式平等的语言是一种权利语言，而不是一种关于某种具体或者切实的社会生活经验的语言"①。这一对第二次启蒙的批判，显然是具有启发意义的。考虑到权利是启蒙思想家的设定，而不是在自然演进和社会发展中产生的，那么，形式平等也就是人们所建立起来的一种人际关系模式和生活方式，是近代以来的人们根据启蒙思想建构起来的。这意味着，在社会发展中，如果人们不满足于人与人之间的形式平等的话，那是完全可以理解的。而且，只要人类社会处在进步的进程中，也就应当突破人与人之间的形式平等，最为直接的突破方向就是走向人与人之间的实质平等。

就第二次启蒙的思想准备来看，无疑需要追溯到文艺复兴运动。一般说来，人们认为文艺复兴运动就已经取得了反神学的胜利，为世俗政权提供了意识形态的支持，至少，人们会把启蒙运动看作社会彻底世俗化的界碑。然而，根据桑内特的考察，"有些人认为 18 世纪的自然之神依旧是一位神明，所以世俗社会只能从 19 世纪开始算起"②。这是合乎历史事实的，任何革命运动都不是一蹴而就的，特别是在人们的心灵中，旧世界的阴影会在很长一个时期存在，新世界的形象也是逐渐地在人们的心灵中明晰起来的。在全球化、后工业化的进程中也同样会有着这样的表现，旧世界在人们心灵中留下了根深蒂固的烙印，可以为那些替既存的一切进行辩护的理论说辞提供强有力的支持。事实上，工业社会的话语以及全部社会设置都有着强大的自我维护和自我修复功能，即便它屡屡失败，也不会被人们所放弃。特别是

---

① [美]昂格尔：《知识与政治》，支振锋译，中国政法大学出版社 2009 年版，第 107 页。
② [美]桑内特：《公共人的衰落》，李继宏译，上海译文出版社 2008 年版，第 192 页。

我们时代的学者们是由工业社会的思想和思维方式形塑出来的，他们习惯于以智者的面目出现去做那些愚蠢的事情，会竭尽全力地去替工业社会的一切进行辩护，努力去扼杀一切给人带来希望和指引人类前进方向的新思想。

在直接的意义上，也许我们会遭遇这样的问题，那就是，到了后工业社会还有没有宗教？对于这个问题的回答是可以从马克思的论述中得到启发的。马克思说："当基督教思想在18世纪被启蒙思想击败的时候，封建社会正在同当时革命的资产阶级进行殊死的斗争。信仰自由和宗教自由的思想，不过表明自由竞争在信仰的领域占统治地位罢了。"①宗教会存在于人需要精神信仰的地方，但必然会在不同的时代而具有时代赋予它的特征。人类社会的每一个时代都会有着这个时代所独具的时代精神，宗教也会包含着时代精神。到了后工业社会，如果还存在着宗教的话，那么，这个时代的宗教也不再是我们在工业社会以及此前的社会中所看到的那种宗教了。

当然，在工业社会，由于全球性的发展不平衡的问题，宗教反映时代精神的状况也不平衡，并由此而导致了宗教的冲突。进而，这种冲突以文化以及文明的冲突表现了出来。到了后工业社会，由于经历了全球化运动，这种发展不平衡的状态将会得到矫正。这个时候，虽然不同地区或不同人群在宗教信仰上还会表现出形式上的差别，会拥有多元化的宗教和宗教派别，但在实质上，它们都能够较为充分地包含着共有的时代精神。因而，大规模的、实质性的宗教冲突也都有望消失。这是我们所能预见到的未来，在今天，是以一种理想的形式出现的，却包含在客观趋势之中。对于第三次启蒙而言，不是等待这个未来自动走来，而是需要通过建构行动去赢得这个未来。

在农业社会发生的时期，"巫术的部落制度的崩溃，是和以下内容紧密联系在一起的，即认识到不同的部落里禁忌是各不相同的，认识到不同的禁忌是由人来强加和强制执行的，而且假如一个人只要能够逃避他的同族人强加的惩罚，就可以违反它们，而没有任何不愉快的影响"②。在今天，我们

---

① 《马克思恩格斯选集》第一卷，人民出版社1995年版，292页。
② ［英］卡尔·波普尔：《开放社会及其敌人》，陆衡等译，中国社会科学出版社1999年版，第123页。

面对的是不同的民族国家，尽管所有的民族国家建构都遵循了启蒙时期所确立的一些共同原则，但不同的国家在法律上以及社会治理规范上还是有所不同。特别是有着深厚传统的国家，在现代化的过程中保留了诸多传统因素，因而使得不同的国家在社会治理上有着一定的差异。这样一来，如果人们对他国的生活形态和治理形态抱有更多的向往的话，就会通过流动而去选择自己所期望的生活形态。结果，就会表现出与农业社会生成时的情况的某种相同，那就是离开自己出生的地方。如果这种现象普遍化的话，那么，民族国家的既有社会治理就会遭遇新的情况。一方面，原先作为民族国家治理对象的因素不断地减少；另一方面，在民族国家的地理空间中，流动进来的新因素却不是民族国家根据原先的理念和做法可以施以治理的。这就是流动性对既有社会治理的挑战，而这种挑战只能在第三次启蒙中去寻求应对方案。

　　总之，我们处在一个人类社会历史性转型的时刻，而我们又在第二次启蒙中学习到了"理性"这个词语，使得我们不希望未来自动地展现于我们面前。我们这一代人需要有所作为，那就是接受全球化、后工业化赋予我们的使命，通过一场启蒙去建构未来的社会以及属于这个社会的治理模式。

第一章　终结竞争的社会

　　工业社会是一个竞争的社会,竞争行为渗透到了社会的每一个角落,而且是得到了竞争文化支持的。竞争具有两面性:一方面,它赋予社会以发展活力,我们今天所取得的社会发展成就是得益于竞争的;另一方面,竞争又是一种腐蚀剂,腐蚀了社会关系以及人的生活形态,也增加了社会总体上的资源消耗和运行成本。今天,我们之所以陷入风险社会,在很大程度上拜竞争所赐。在全球化、后工业化进程中,人类获得了从竞争社会转变为合作社会的机遇,而且在现实社会生活中,人们也已经拥有了渴望合作的愿望。自觉地建构合作文化,让每一个人都拥有合作理念,是走向合作社会的必由之路,同时也是出于人的共生共在的客观要求。其实,在社会运行和社会变化加速化的条件下,在社会的高度复杂性和高度不确定性状态中,唯有选择合作,才能为人类开拓出未来。

　　事实上,就 20 世纪后期以来的情况看,人类受到越来越多的全球性问题的困扰,陷入了一种"全球风险社会"之中。之所以人们在高歌社会进步和文明进化成就的时候会突然发现整个人类都陷入了风险和危机之中,是因为个人以及作为个人扩大形态的组织在社会生活和活动中把其运行成本转嫁给了社会。在成本社会化的过程中也实现了成本隐形化,并最终由自然界去加以容纳和消化。其中,最深层的奥秘存在于竞争之中。工业化、城市化是人的利益意识觉醒的过程,随着人的利益意识的觉醒,也造就了普遍化的竞争行为,进而形成了竞争文化,并将竞争活动推广到了社会生活和活动的一切方面。竞争使得一切社会生活和活动的成本都不断地增长，同时，竞争又使得人或组织的社会生活和活动的成本得以转嫁，特别是在人或组织实现了竞争双（多）赢的情况下，是把成本分配给了社会，而且使那些原本不应当承担活动成本的人也被分配了一份。

根据马克思主义的观点，自从人类社会分化出了阶级和有了阶级斗争，也就有了政治。但是，在人类历史的不同阶段中，政治的性质和形式又是不同的。在工业社会这个历史阶段中，所建构起来的是竞争的政治，我们在习惯上也将其称为民主政治。民主政治的"民主"一词是与农业社会的"君主"政治进行比较时而作出的命名。这是因为，在近代早期的语境中，指出新建构起来的这种政治不同于君主政治是非常必要的。实际上，就这种政治的性质和表现形式来看，定义为"竞争政治"才是较为准确的。在近代几百年的发展过程中，竞争政治的各个方面都得到了不断调整，达到了非常完善的地步。但是，在全球化、后工业化进程中，特别是面对着社会所呈现出来的高度复杂性和高度不确定性，竞争政治遭遇了难以为继的问题。如果说全球化、后工业化意味着人类历史的一个新的阶段的开启，也就必然会要求终结竞争政治，并建构起一种新型的政治模式——合作政治。

第一节 从竞争到合作的历史走向

如果我们在宽泛的意义上使用"竞争"与"合作"两个概念并用以考察人类社会发展史，可以认为，整个人类历史包含着竞争和合作两个方面。这两个方面在工业社会到来之前基本上是处于一种自然平衡的状态中的，只是偶尔出现失衡，但很快就会得以恢复。工业社会打破了竞争与合作之间的平衡。一方面，工业社会通过制度、规则体系的建构而实现了对竞争的规范；另一方面，在实现了对竞争加以规范的情况下而使得竞争更加强壮有力，从而战胜了合作，或者说，把合作贬斥到了社会生活的边缘地带，成为一种弱不可察的社会现象。这种状况可以认为是竞争的单向度发展。之所以整个社会没有表现出失衡的状态，是因为在竞争的单一向度中实现了平衡，即让竞争保持在规范之下。然而，到了 20 世纪后期，竞争的畸形发育开始显现出了自我否定的迹象。也正是在这个时候，我们的社会出现了要求合作的呼声日益增强的趋势。之所以出现了这种峰回路转的状况，是因为竞争为我们的社会所带来的消极影响逐渐地被人们认识到了，而且竞争在得到规范的情况下产生了随时突破规范的冲动。在某种意义上，关于竞争的规范已经陷入了失灵的状态。

从工业社会的发展历程来看，一旦竞争的成长积累起了一些能量后，就开始冲决规范的堤坝，只不过19世纪以来人们一直是通过修补制度、体制以及运行机制去重新把竞争圈起来，使之从属于规范。然而，20世纪后期以来的诸多迹象表明，原先使用的这些修补术法开始失灵了。也就是说，这样一种通过调整规范、强化规范去应对竞争挑战和冲击的循环升级，把人类社会引入了高度复杂性和高度不确定性的状态。这个时候，在规范显露出了疲态甚至陷入失灵状态的同时，竞争也走到了自我否定的临界点，并开始显现出了必然要让位于合作的趋势。在某种意义上，可以断言，在全球化、后工业化进程中，一个合作的社会正在迈着轻盈的步伐向我们走来。尽管这个合作的社会在我们的视线中还处在若隐若现、模糊不定的那个距离上，但它却让我们感知到，走向我们的步伐正在明显地加快。

一、工业社会是一个竞争的社会

工业社会是一个竞争的社会，在这个竞争的社会中，"由于在竞争当中的判决与区分原则是成就，因此，时间，甚至是加速逻辑，就直接处于现代性分配模式的核心中。成就被定义为每个时间单位当中的劳动或工作（成就＝工作除以时间，像物理学的公式所做的那样）。所以，提升速度或节省时间就直接与竞争优势的获得有关……社会竞争的逻辑是，必须投入越来越多的资源，以维持竞争力。维持竞争力，不只是一种让人们能更自主地规划人生的手段，而且它本身就是社会生活和个人生活的唯一目的"①。竞争施予人的是一种直接的社会压力，迫使人通过提高速度而节约时间。当每个人都努力加快学习、工作和所有社会活动的速度时，也就汇聚起了一种力量，推动社会运行和社会变化的加速化。所以，对于工业社会启动了社会运

---

① ［德］哈特穆特·罗萨：《新异化的诞生：社会加速批判理论大纲》，郑作彧译，上海人民出版社2018年版，第33—34页。

行和社会变化加速化进程来说,竞争发挥了重要作用,可以说竞争是社会运行和社会变化加速化的基本动力之一。或者说,是一种主要动力。节省时间的技术和社会安排也是在竞争中获取发展动力的,是由竞争引起并由竞争推动的。

在个人这里,竞争造成的压力是无形的,而且是无法摆脱的,除非人们选择了宗教修行的道路,否则,人们就会时时处处都感受到竞争的压力。因为面对竞争,不前进就意味着后退。"在生活所有领域的社会变迁都加速了的竞争社会中,个人会觉得自己站在'滑坡'上:人的经验、知识、设备、穿着,甚至是生活方式和日常用语,只要稍微喘口气,就马上会变得落后过时。"①一步落后就会步步落后,就如从一个斜坡上下滑一样,加速地朝着竞争社会的低处滑去,沉落在社会的底层。因此,对落后的畏惧促使人在时间上争分夺秒,去努力开发出更多的时间。这样一来,更加推动了人的自我异化,使人失去了自我而变成了高速运行的机器。人就是一架机器,受到高速运行的社会驱使,在人自以为是自我的时候却不知道有什么东西是属于自我的。自我实际上早已丧失,只是人们还在背诵着近代早期的那些人文信条,或者受到所谓主体性哲学的欺骗,还以为自我是实存的能动主体。虽然人是竞争的主体,但竞争也不由他所愿,不是在他想退出竞争时就能够退出的。在这个竞争的社会中,他只是不得不被动地将自己投入到竞争过程中。比如,你只有考上大学才能获得生存的某种资格,而你想以不竞争的方式走进大学校门,那是不允许的。

在工业社会的前期,主要是个人之间、企业之间以及其他的社会群集形态之间的竞争推动了社会运行和社会变化的加速化。到了 20 世纪,特别是二战后,随着国际体系的生成,民族国家间的竞争也构成了社会运行和社会变化的加速器。以民族国家为主体的竞争,已把其内部的所有构成要素都裹挟了进来,即把民族国家内部的竞争推向了极其惨烈的地步。因为,如果民族国家不经营起激烈的内部竞争,就不可能在国际竞争中得到它所希望得到的优势。不过,根据罗萨的看法,民族国家间的竞争有可能包含着缓解

---

① [德]哈特穆特·罗萨:《新异化的诞生:社会加速批判理论大纲》,郑作彧译,上海人民出版社 2018 年版,第 40 页。

加速的逻辑。他说："在民族之间的加速器式的竞赛在当今仍然继续进行，但是它主要发生在对经济上的有竞争力的位置这个领域的竞争中，在这个领域当中，由于竞争可能会通过诸如引起税收资源的枯竭而侵蚀自身的基础，最终反而非常矛盾地缩小了竞争优势。在现代性的发展过程中，国家的一体化和中央集权化加快了速度，因而从 20 世纪的后半叶开始，国家中间的差异就显然成为大宗交易的障碍，也成为加速的障碍：加速力量似乎超越了民族国家的边界。"①

我们并不知道罗萨所说的这个"超越了民族国家边界"的加速力量是什么，也许他所指的是"跨国公司"。但是，如果认为民族国家间的竞争已经变得缓和了，那显然不是事实。即便民族国家间的发展差异构成了竞争的障碍，但那是就平等竞争而言的。事实上，由这种发展上的差异而引发的不平等竞争，表现得比以往任何时候都更为惨烈。虽然公开的掠夺、殖民等已经成为历史，但那些处在世界体系边缘位置的国家，在名为竞争实为受剥削和压迫的过程中，唯有在内部通过激烈的竞争去压低劳动力以及其他资源的价格而去"赚取"外汇。也就是说，他们是通过这种方式而参与到国际竞争中的，即通过这种方式在国际竞争中获得某些可以向国民炫耀的东西，以求得政权的合法性。可是，这样做的结果却把整个人类社会都推上了加速化的进程中。当然，民族国家必然会在全球化中走向衰落，个人间的、组织间的、民族国家间的竞争都必将在合作文化的生成中得到消解，但是，社会运行和社会变化的加速化也已经成为不可逆转的趋势了。如果合作文化能够成功地实现对竞争文化的替代，那也仅仅意味着拆除了竞争这样一个社会运行和社会变化的加速器，其他的加速器都将还在运转。

在考察竞争的历史时，我们看到，作为一种游戏的体育竞赛可能比人类历史还要长得多，也许无法确认这种游戏是在生物进化的哪个环节出现的。在体育史知识的描绘中，古希腊的奥林匹克是被作为一个典型而被告知我们的，它给予我们的是竞技体育的形象。但是，我们认为，竞技体育的广泛开展是在工业社会。作为竞技体育代表的"奥林匹克运动会"是在 19 世纪末

---

① ［德］哈尔特穆特·罗萨：《加速：现代社会中时间结构的改变》，董璐译，北京大学出版社 2015 年版，244 页。

才出现,竞争意识及其文化也应当是在这个时候才被引入所谓"奥林匹克精神"之中的。我们其实很难判断古希腊是否已经有了奥林匹克精神,就"奥林匹克运动会"而言,在当时也许是一种祭祀活动,也许是训练士兵的副产品,肯定不具有顾拜旦所确立的奥林匹克精神的性质。我们认为,奥林匹克运动会反映了工业社会的竞争理想,是根植于二业社会竞争文化的深厚土壤之中的。

在工业社会中,现实的竞争——无论是在经济生活还是政治生活中——是低俗的、龌龊的、劣行遍布和充满诡计阴谋的,以至于人们需要通过奥林匹克运动会这样一种仪式化的竞争活动去诠释竞争的理想,去暂时洗刷一下现实生活中竞争的污渍。所以,奥林匹克精神及其运动会本身就是工业社会竞争文化的图腾。在奥林匹克运动会的竞技活动中,我们不难看到,"在其由体育的意识形态所代表的地方,表现为一种危险的、关于争斗的生活方式的浪漫——英雄主义变形"[1]。特别是在足球运动中,这一点暴露无遗。我们知道,在媒体上,"足球流氓"这个带有污蔑性的贬义词经常出现,其实就是指那些进入了如痴如狂境界的球迷们。他们建立起了一种信仰,那就是对通过足球诠释的竞争文化的信仰,尽管他们以为自己所领悟的是一种"美"。

当工业社会的经济组织取代了个体的人而成为竞争者,对社会进步是有积极意义的。或者说,不仅对于利益追求的实现,而且对于社会进步,由经济组织承载的竞争活动都具有积极意义。也许就某项单独的竞争行为或过程来看,是一场零和博弈,某个经济组织的竞争收益恰恰是另一个(些)经济组织的竞争负收益。但是对于社会而言,却在这种竞争中获得了活力,得到了发展动力,从而促进了社会发展。事实上,在 20 世纪中后期,人们已经在观念上、规范上作出了较大调整,力求经济组织能够实现竞争共赢,即把竞争必须付出的代价转移到竞争者所在的系统之外,使得竞争者在直接的意义上实现共赢。然而,与此同时,在历史进步的维度上却出现了问题,即便所有竞争者都在竞争中取得了正收益,但总体环境的恶化也使竞争者甚

---

① [德]卡尔-奥托·阿佩尔:《对话与责任:向后传统道德过渡的问题》,钟汉川、安靖译,浙江大学出版社 2018 年版,第 157 页。

至连带未参与到竞争过程中来的无辜者都陷入了失败的境地。也就是说，包括竞争者在内的所有人都必须面对风险社会和危机事件频发的困扰。可以认为，在全球化、后工业化进程中，由于在社会发展维度中出现了问题，使得竞争者的收益变得微不足道了。虽然竞争者在直接的意义上取得了可观的收益，但环境灾难、危机事件、风险社会等却使得这种收益归零。即便经济组织及其成员短期内陶醉于自己所获得的收益，而长期看来，却是没有意义的。

从社会整体上看，"贾里德·戴蒙德在他的《崩溃》一书中，通过对人类历史的梳理，确认了导致现存社会有可能走向衰亡的 5 个因素：环境破坏、贸易伙伴的失去、以邻为壑、气候变化和社会对环境问题做出的选择。所有这些因素，单独或组合，都可能引发社会的崩溃"①。事实上，这些因素已经组合了起来。由于竞争行为的惯性，特别是人们对竞争合理性的深信不疑，使每一单个的因素都在加速恶化，而且组合的深度也日益增强。在这种情况下，社会的崩溃和人类的衰亡已经成了一种非常现实的威胁，只是因为人们对此怀有恐惧而不愿意去想和不愿意去承认。为了使人类社会走出这种威胁，就必须改变社会存在和发展模式。其中，终结竞争文化并以合作文化取代之，就应当是一个可行的和必行的选项。所以，我们所设想的是，人类社会有着从竞争社会向合作社会转变的必要性，我们希望在合作社会的建构中去从根本上解决当前人类社会所面临的各种各样的危机。

可以认为，任何竞争，哪怕是人们之间围绕荣誉的竞争，都是社会的腐蚀剂。就如阿伦特在雅典城邦那里所看到的，"城邦生活是由一种激烈的、永不中断的一切人与一切人之间，永远追求英勇的人之间的竞争所构成，城邦公民要不断证明自己是所有人中最好的。这种竞赛的精神最终会让希腊城邦走向毁灭，因为它使希腊城邦间的结盟变得几乎不可能，此外还以嫉妒（嫉妒是古希腊的举国之恶）和相互憎恨侵害公民的民主生活，并常常威胁到公共福利"②。其实，关于古希腊历史的真实性一直受到人们的怀疑，与其说阿伦特所描述的是古希腊的竞争状况，毋宁说那是现代社会的真实写照，

---

① ［美］麦克斯·布罗克曼编：《下一步是什么》，王文浩译，湖南科学技术出版社 2018 年版，第 7 页。
② ［美］汉娜·阿伦特：《政治的应许》，张琳译，上海人民出版社 2016 年版，第 33 页。

即便我们并不认为阿伦特是在借古讽今。当然,在工业社会中,人们更多的是在利益方面展开竞争,而不是为了表现英勇而开展竞争。正是这种为了利益的竞争,直接地构成了对人的物质世界的破坏。比如,使得环境、生态成了不再能够持续地对人的生活提供支持的慷慨施惠者。同时,单就社会自身而言,在利益方面的竞争也导致了财富分配和占有上的不平等、不公正、贫富对立等问题。

在雅典,由于存在着奴隶、外部人和妇女这些在人口数量上较大的非公民群体,他们为公民提供了必要的物质生活保障,使得公民无须去计较物质利益。也就是说,公民由于有着强大的外部群体为其提供物质保障而无须在他们之间开展利益之争,从而有了闲暇而把劲使在荣誉之争上。作为雅典公民的荣耀,表面看来为城邦提供了源源不断的政治活力,实际上则腐蚀了人们的灵魂。如阿伦特所说,在公民之间滋生嫉妒、仇恨等,从而导致了希腊文明的衰落。其实,这种被阿伦特说成“古希腊举国之恶”的因素,在中国社会表现得更为典型。如果说嫉妒、憎恨等在古希腊尚能促人奋进,去战胜对手,那么在中国,更多的时候所表现出来的则是一种消极力量,即破坏对手既有的优势,让对手活得不如自己。在中国,这一点似乎是千古不易的国民性,因而,所引发的社会治理成本也无比高昂。应当说,儒家文化中的仁、义、礼、智、信等原始教义以及道教、佛教的不争劝诫都产生了巨大的矫正或缓冲作用,却也一直未能根除国民性中的这一缺陷。改革开放后,随着西方的市场教义引入后,使人的竞争得到了正名,更是把国民性中的这一缺陷激发出来,对秩序构成了严峻挑战,以至于社会治理不得不把重心调整在防范社会失序上来。这就是“维稳”的原因所在。

总体看来,竞争是一种历史选择机制,是在制造优胜劣汰中促进社会发展的。所以,竞争的历史功绩是应当得到肯定的。但是,当社会发展走到了高度复杂性和高度不确定性的地步,由竞争构成的选择机制就会陷入“选择”失灵。而且,这种选择失灵会把整个人类领入死寂状态。正是由于这一原因,我们说全球化、后工业化是人类实现从竞争向合作转型的机遇。在全球化、后工业化进程中,选择了合作而不是竞争,将意味着人类进入一个新的历史起点;延续竞争而放弃合作,则意味着人类有可能如恒星坍塌一样陷入死寂状态。这就是我们面向未来所持的一个看法。

二、竞争成本的溢出效应

竞争必然导致社会运行成本趋向最大化，而合作则会使社会运行成本朝着最小化的方向前进。在每一项实证分析中，我们都可以看到，每一个行动系统都会对自身进行成本核算，进而在各个方面实现节约，并使成本最小化。但是，由于它的外部关系主要是以竞争的形式出现的，即使它对自身的竞争成本作出了严格的控制，而社会却要为所有竞争者付出交易成本以及其他的规范竞争和为了规范竞争需要的行动成本等。根据我们的设想，一旦人类实现了从竞争模式向合作模式的转变，这些由社会承担的运行成本就会节约下来。那样的话，计入整个社会运行中的成本就主要属于行动体承担任务过程中的消耗，至于合作场域中的协调成本，只是极少的一些消耗。也就是说，合作社会中行动体运行成本的总和就是社会运行成本，在此之外，基本上没有额外的成本支出。

在 20 世纪 80 年代开始的全球性改革浪潮中，几乎所有国家都表现出了对政府运行成本问题的关注，或者说，几乎所有国家都在改革中努力去减少政府运行成本。无论这样做的目标能否达成，但都在政府运行成本的问题上投注了很大的注意力。当然，不同国家采取的路径是不同的，有些国家将原先由政府承担的公共服务和社会治理的诸多事项批发给了私人部门，或者说转嫁给了社会；有些国家通过引进新的技术手段、竞争机制和政府流程再造等方式去促进效率的提升，从而达到降低成本的目的。表面看来，这场改革运动的确使政府的运营成本明显下降了，但就社会治理的总成本来看，其实是大幅上升了。因为，当社会承担起了政府转嫁过来的各种各样的社会治理职能时，也是有着成本消耗的，只不过是这些成本被政府转移给了社会，由多元化的社会行动者分散承担了起来，即实现了社会治理成本的隐性化。当人们把视线放在政府上的时候，的确看到的是其运行成本的下降，实际上，如果看到了政府在改革中推动了社会治理主体多元化这个方面的话，就会清楚地看到社会治理总成本的上升。这是因为，在社会治理主体多元化局面生成后，在他们之间所建立起来的却是竞争机制，让他们通过竞争去在社会治理、公共服务方面有着更高质量的业绩表现。在此过程中，成本消耗问题却受到了忽视。尽管每一个参与到社会治理过程中来的组织都会对自身的成本消耗给予高度关注,但它们在竞争口却因为将某些成本转移给了社会而没有将那些消耗计入自己的运行成本之中。

就行动体来看,在竞争的社会中,一个组织必然会处于竞争的环境之中。为了使自己在竞争中能够获得某些优势,就必然会产生资源的组织占有冲动,从而造成社会因组织对资源的占有而运行成本增长的状况。显然,组织对资源的占有不仅会造成大量的资源冗余和闲置,而且资源的时间效应也会受到削弱,一些资源冗余可能在时效期的尽头变成组织必须处理的垃圾。对资源的占有本身就意味着组织需要承担相应的成本。比如,组织对人力资源的占有,就需要承担工资和福利保障方面的负担,而且超出合理限度的这部分人力资源不仅会引发处于合理限度内的人力资源工资和福利保障水平的下降,还会凭空制造出许多其他方面的问题,从而增加了组织的管理事务。这同样也是组织管理需要花费精力和消耗资源的事项,不仅增加了组织运行的成本,也在终极的意义上增加了社会运营的总成本。

在社会低度复杂性和低度不确定性的条件下,组织资源冗余和闲置为组织带来的消耗往往可以忽略不计。因为组织通过这种资源占有带来了竞争优势,从而在竞争优势的获得中使自身的运营成本大大降低,冲淡了资源冗余和闲置造成的那部分成本。但是,对于社会的运行而言,总成本并未减少,因为组织通过竞争优势而获得的运营成本下降其实是一种运营成本转嫁的过程。在直接的意义上,是转嫁给了竞争场域中的相关方;在间接的意义上,则是转嫁给了社会。在社会能够再行将运行成本转嫁给自然界的情况下,我们往往不会刻意关注这一问题。随着社会向自然界转移这种运行成本达到了某个临界点的时候,社会自身就陷入了风险状态,必须承受危机事件频发之苦。

资源的组织占有不仅造成了社会运行成本的增长,而且导致了社会总体上的资源稀缺。在竞争的社会中,资源稀缺对不同的组织所构成的压力是不均等的,而且,恰恰是由于资源的稀缺,激发了组织占有资源的欲望,从而又进一步加剧了资源的稀缺。在这种情况下,强势组织有可能拥有更多的资源,使资源空置,而另一些急需资源的组织却陷入困境,或者选择受强势组织控制的出路。然而,资源的组织占有是工业社会运行成本持续增长的重要原因。在这个社会中,竞争文化促成的是组织本位主义的经营模式,而组织本位主义必然促使组织生成资源占有的冲动。或者说，在竞争社会的基本背景之下，即使组织不是出于竞争制胜的目的而去占有资源，也会过高地估计自己的资源需求量，以至于产生资源冗余。如果对这些冗余资源不作及时处理的话，就会带来浪费的问题。事实上，这种浪费现象比比皆是，几乎所有组织都有这方面的经验。对于这一问题的解决，唯有采取新的资源供给模式，即实现资源的社会化，一方面，要保证组织在任何需要的时候都能够从外部获取其所需的资源；另一方面，组织在获取这些资源时不以占有为目的，而仅仅从属于利用的要求。

在信息流缓慢而又不对称的条件下，上述这一设想是不可能付诸实施的，而在今天这样一个信息技术得到长足发展的条件下，特别是在大数据使得资源供求各方都能主动地评估资源需求和利用状况的条件下，资源社会化而不是组织自我占有是有可能转变为组织的一种经营模式的。这样一来，资源浪费的问题是可以得到避免的，从而使得既有资源存量得到更为有效的利用。这应当说是在竞争导致的资源节约市场机制失灵的情况下而需要作出的替代性安排。但是，如果竞争文化依然发挥作用的话，单靠技术的手段，是无法从根本上改变资源组织占有的现实的。

近代以来数百年的组织资源占有是把社会推入高度复杂性和高度不确定性状态的原因之一。既然人类社会已经走到了这一步，我们也就不得不思考，是否应允许组织资源占有的行为模式继续存在下去。答案应当是否定的。

我们认为，如果希望改变工业社会造成的这种资源稀缺的状况，除了通过科学技术进步去不断地开发出新的替代性的资源，还应作出社会安排。我们的设想是建构起合作的社会来置换竞争的社会。当然，在合作社会中，资源稀缺的状况依然会存在，但社会合作体系将会保证资源稀缺造成的压力均衡地由所需此类资源的组织共同承担起来。合作社会中的行动者是合作制组织。就合作制组织生成于社会高度复杂性和高度不确定性条件下来看，它必然不会产生资源占有的冲动，更不允许资源冗余和闲置的问题发生在组织中。这个时候，一切资源都将存在于合作场域中。在合作场域中开展行动的合作制组织，相互之间的关系主要是以资源供给者的角色出现的。就组织自身而言，仅仅是利用而不是占有资源。

　　我们的这一设想并不是空想，因为我们从现实的社会变动中看到了这种希望。比如，大数据使得交易可以在透明的条件下进行。我们知道，市场经济在交易上的一个严重的心理障碍就是交易各方都必须面对着对方设置的"黑箱"。正是为了解决这一问题，市场经济倡导和鼓励竞争，以求交易者能够在面对竞争各方时进行比价权衡，以消除"黑箱"所造成的交易障碍，从而获得交易中的合理价格。这样一来，人们形成了一种似乎是固有的观念，那就是，市场经济必然伴随着竞争。然而，大数据却冲击了人们的这一观念。因为在大数据将交易过程中的所有要素都清晰地展示在交易各方面前时，也就消除了人为制造的"黑箱"，拆除了交易者的心理障碍，从而使得竞争没有必要。相应地，因为竞争而引起的交易成本也就节省了下来。进而，反射到了组织自身的运营中来，就会因为交易的透明化而缓和了资源占有的冲动。如果说工业社会中的交易总是表现为讨价还价的话，那么，大数据则会把交易变成合作而不是博弈的过程。

　　总体看来，工业社会中的交易是发生在社会总体环境的低度复杂性和低度不确定性条件下的，但是交易中存在的多层面、多维度的竞争往往会增强交易的不确定性。实际上，一切博弈过程中都会包含着不确定性，而不确定性在后果上则会以损益的形式出现。而且，包含在交易过程中的制造和消除不确定性的所有行动，都会造成一定的消耗。这些消耗表面看来是由交易双方或各方承担的，事实上依然会被转移到未曾参与到博弈过程中来的人身上，即让那些无辜者去承担博弈消耗和竞争成本。也就是说，不仅竞争成本可以向第三方转移，交易成本也同样可以转移给第三方。在诸多交易中，表面看来，参与交易过程中的各方都从交易中获益了，达致皆大欢喜的结果，但他们在交易中赢得的也许正是交易过程之外的那些人损失的，除非交易仅仅是各方需求的满足而不是财富价值的增加。

　　归根结底，一切消耗都是需要计入社会总体的运行成本之中的，当大数据促使交易从博弈转为合作后，上述消耗也就从交易成本之中消失了。进而，社会总体的运行成本也就因为这部分消耗的退出而下降。当然，必须指出，包括大数据在内的所有技术都只是促成社会变迁的条件，或者是社会变迁的动力之一，要实现从竞争社会向合作社会的转变，还需要从思想和观念的变革入手。如果我们能够建立起合作的理念并生成合作文化的话，就能够走上终结竞争社会的道路,从而把竞争所引发的一切社会问题都从根本上解决。

三、为了人的共生共在的合作

根据阿克塞尔罗德的考察,"1960 年以前,进化过程的研究都没有对合作现象给予充分的重视。这种忽视来源于对一种理论的误解,这种理论将大多数适应性说成是种群或整个种类水平上的选择。结果,合作总被认为是一种适应"[1]。当然,阿克塞尔罗德的这一说法有些武断,因为恩格斯在《自然辩证法》中已经指出了从猿到人的转变是一个整体进化过程,这其中就包含着进化为人的生物的合作问题。但是,就话语中的"合作"一词得到人们的重视而言,确实是在 20 世纪后期。之所以到了 20 世纪后期人们开始乐意于谈论合作,这说明,一方面,人类社会的发展推展出了合作的主题,使人们意识到了合作之于人类社会的重要意义;另一方面,也是人类生存环境的压力而使人们开始对竞争文化产生怀疑,并试图通过更多地谈论合作而期求化解竞争的消极效应。总之,我们可以把 20 世纪后期看作人类合作意识觉醒的起点,它反映了人类在社会高度复杂性和高度不确定性条件下的要求,是对人类生存条件的回应,也是对未来的某种寄托。可以认为,我们已经进入了这样一个时代,竞争总是制造出那些对人类社会构成威胁的问题,甚至一些具有深度思考能力的人会在竞争为人类带来一个什么样的未来的问题上产生忧虑,从而希望在竞争的对立面上寻找人类社会发展的出路。结果,"合作"一词流行了起来。

既然我们说从竞争向合作的转变是一种历史趋势,那么在世界大势中我们能够看到什么呢? 总体来看,国家间的竞争关系可以朝两个方向演化,一个方向是把国家内部的市场模式推广到国际关系中;另一个是在竞争的演变中互相成为对手,进而成为敌人,并陷入军备竞赛的状态中。从 20 世纪的现实来看,这两种情况并不是分离的,而是并存且相互纠缠在一起的。在政治家们的努力之下,特别是吸取了 20 世纪两次世界大战的教训,也由于建立起了稳定的世界中心-边缘结构,上述两个方面得以维持在基本平衡的状

---

[1] [美]罗伯特·阿克塞尔罗德:《合作的进化》,吴坚忠译,上海人民出版社 2007 年版,第 62 页。

态中。然而,在进入 21 世纪后,随着社会(亦即世界)进入高度复杂性和高度不确定性的状态时,人们突然感到变数增大,维持上述两个方面的平衡变得非常困难,甚至任何一项地域性的危机事件都有可能打破平衡,使全球陷入濒危的边缘。面对这种情况,我们应小心翼翼地把这随时都有可能被打碎的"玻璃瓶"捧在手上吗? 如果这样的话,那么将其打碎的可能性是极大的,也许某个偶然原因就会导致人类的毁灭。显而易见的答案应当是,我们不应把整个人类的命运系于可以摁动核按钮的政治家的理性、智慧和道德之上,而是要将其建立在客观保障的基础上。

人们会说,当前国家间关系的这种格局就是建立在一系列国际条约和机构的基础上的,这些就是国际关系的客观保障。的确如此,所有国际条约、机构都可以被判断为发挥了维护和平与发展的作用。但是,所有这些又都是建立在承认或默认国家间竞争关系的前提下的,是作为调节或补偿机制而被建立起来的,而且其规范作用在很大程度上是一种假象,只是各国在竞争中进行了利益权衡而假称遵守了国际条约和尊重国际机构的管辖或裁决。所以,它依然是"易碎的"。事实上,在今天这样一个高度复杂性和高度不确定性条件下,它(们)的"易碎性"已经变得非常清晰了,是我们每个人都能感受到的。比如,美国随时都会根据自己的利益而宣称退出某个条约,用当下时兴的说法,也就叫"退群"。由此可见,这种附属性的客观保障并不是可以依靠的。我们所设想的"客观保障"是指国际关系的属性,即用国家间真正的合作关系取代既有的竞争关系。

在既有的世界中心-边缘结构中,中心地带的国家所需要的是处在边缘地带的国家在合作名义下对它(们)的依附和顺从,而不是真正的平等合作。这就是建构国家间合作关系的主要障碍,只有克服了这个障碍,才能将人类从危机的边缘中拉回来。然而,恰恰是在这个问题上,目前看来,除了边缘国家的普遍觉醒以外,是没有其他道路可供选择的。正是因为只有这一条道路,才使不确定性超出了可控的阈限。不管现实呈现出来的是如何令人悲观的前景,但在理论上必须指出,把人类导入风险社会的是人们之间的竞争关系。在民族国家成为行动者的情况下,它在国家间竞争关系中的一举一动都会释放出巨大的能量,国家间的贸易纠纷、军备竞赛以及面对生态、环境等问题所采取的态度,都直接影响着人类的命运。

　　然而，在人类进入 21 世纪后，随着民族国家的政治受到民族主义的胁迫而以民粹政治的形式出现时，民族国家不仅不愿意关注人类的命运，反而在人类面对的各种威胁中推波助澜，甚至在已有的创伤处撒盐。这种情况的出现，是与竞争文化相关的，是因为近代社会确立起的竞争文化把人类引入了今天这样一个疯狂的状态中。要走出这种状态，只有从根本上把国家间的关系改造成合作关系。一旦国家间的关系不再是竞争关系，也就可以大大地减少由国家这种行动者生产危及人类生存的风险。

　　即便从个人的角度去看合作，也会发现，"当合作者周围都是其他合作者时，合作者合作得最好。因此，一旦某个物种的个体开始了合作，他们就会积极地沿着合作的方向去影响他们身边的人"①。于此之中，就可以看到合作进化的动力。相反，如果合作者身边遍布竞争者，就会对合作造成破坏，至少会导致合作的衰减。或者，让合作改变属性而从属于互惠互利的利益考量。那样的话，即便合作的形式还被保留了下来，也会陷入博弈的罗网之中。当博弈介入到了合作之中或俘获了合作时，对合作的支援也需要求助于控制，即通过控制而将博弈对合作的破坏降到可以容忍的程度。这样的话，在积极的意义上，还会通过控制而把博弈引导到有利于合作甚至促进合作的方向。但是，在博弈以及对博弈的控制等手段都被作为支援合作的措施而被引入的情况下，合作已经完全失去了其本性，转化为可以操纵的利益实现工具，至多也只是互惠互利的手段。

　　阿克塞尔罗德将此归入"合作进化"的范畴，实际上却是在歧路上的演进。因为在人类走进了高度复杂性和高度不确定性状态时，在提出了真正的合作要求时，所看到的就是，那种异化了的合作并不适用，以至于重新认识和定义合作又成了一项繁重的理论任务。特别是在人们普遍接受了那种异化了的合作的情况下，改变人们的错误观念也将是一项非常繁重的工作。所以，我们是在人类历史的宏观视野中去看合作的，而不是把合作看作与博弈并行和互动的状态。在这一视野中，我们看到的是一个从竞争向合作演进的历史过程，而全球化、后工业化运动则是这个演进过程的起点。

　　全球化、后工业化意味着人类必然要走进合作的社会。也许在合作的

---

① [美]迈克尔·托马塞洛：《人类道德自然史》，王锐俊译，新华出版社 2017 年版，第 27—28 页。

社会中仍然存在着竞争，而且竞争行为也会对人的行动以及人际关系产生非常重要的影响。但是，我们应当予以关注的关键问题是：竞争文化氛围中的竞争与合作文化氛围中的竞争无论在性质还是功能显效方面，都会有着根本性的不同。在工业社会的竞争文化氛围之中，人们也经常谈论合作，并会把竞争与合作联系在一起来认识和考虑。但是，当人们这样做的时候，却是站在竞争的角度去看合作的。与之不同，在合作社会及其合作文化氛围中，即使同样把竞争与合作联系起来认识和考虑，但立场和视角都转移到合作上来了。由于观察视角发生了变化，在认识的前提下开展的行动就会不同，以至于竞争与合作的性质都是不同的。这种不同反映在了社会建构和人的行动中，就会呈现出不同的局面，甚至对于社会的性质产生决定性的影响。也就是说，合作社会中的竞争是从属于合作的竞争，是受到合作文化的规范和定义的，而不再是竞争社会中的竞争。

尼采说："文化也会因为信仰道德而消亡。因为，假如产生文化的必要条件一旦发现，那么，人们也就不再需要什么文化了。"[1]如果尼采所说如实，那么，在合作文化与道德观念重合的时候，人们也就不再有什么文化观念了。倒不是因为产生文化的必要条件都被人们搞清楚了，而是因为道德已经占据了人的生存和行动的全部空间。这样一来，我们说从竞争文化向合作文化的转型，实际上也就是从竞争文化向道德的转型，是合作文化与道德统而为一的状态。我们认为，竞争文化将成为人类历史上最后一种文化类型，在实现了向合作文化的转型之后，人类将行进在由道德铺设的康庄大道上。当然，文化的种类繁多，在不同的视角中可以看到多种文化类型，产生文化的条件也确实是神秘的。在这种意义上，说合作的社会中仍然存在着多样化的文化也仍然是不可否认的事实。但是，我们突出强调的是，产生了竞争文化的物理的、心理的等各个方面的因素，都将因社会的道德化而得以消除。这一点将被历史所证明。事实上，从人们在全球化、后工业化进程中已经形成的那种对合作的渴望来看，这一点已经得到了证明。

也许关于合作社会及其合作文化的构想在今天会受到人们极大的心理排斥，那是因为，"在西方竞争文化的全球影响下，所有社会的成员都内化了

---

① ［德］尼采：《权力意志——重估一切价值的尝试》，张念东等译，商务印书馆 1996 年版，204 页。

各种对抗性规范与行为。这些心理结构特性很容易阻碍我们衡量非对抗模式的真正效用,因为那些预先内化的规范与行为很容易削弱这些模式的真正效用"①。面对这些暂时的困难,我们没有理由怀疑人类将拥有一个作为合作社会的未来。一旦人类进入了合作社会,那些今天不相信自己有道德的人,就会更加强烈地感受到自己的自私是那样的丑陋,就会因为图谋私利的开展竞争而感到羞愧,就会因为曾经拼命捍卫人是自私的理论假设而悔之莫及。总之,那些从"理性经济人"出发去观察社会和思考问题的人就会意识到,他的自私并不是他作为人的全部,而是他的一个方面。而且,他的这个方面也更多地是由工业社会所形塑出来的。一旦他意识到自己曾经用个人那个卑污的一面去揣测他人和度量社会,就会果断地做出抛弃自己自私一面的决定,并产生出一种道德意识和积极地投入合作行动之中,会强烈地要求去通过为了人的共生共在作出贡献而补偿自己曾因主张人是自私的时候所散布的错误言论和消极影响。

当然,人的合作理念以及人的合作技能的形成和发展需要经历一个较长的时期。在近代以来数百年的竞争文化主导下,人们以及这个社会显然出现了合作技能缺失的问题,从而使合作理念无法转化为行动。显然,在竞争文化之下,人们即便有着强烈的合作愿望,也无从着手。相反,关于竞争的技能,一直得到了现代社会科学理论建构的支持,几乎社会科学发展中的每一项新成果,都促进了竞争技能的发展。在竞争的社会中,竞争技能的发展已经达到了无以复加的地步,特别是博弈论的成熟,将人的竞争技能的提升推向了顶峰,以至于合作因其技能的缺失而无法有所表现。但是,随着人的共生共在成为人们必须直面的基本的社会主题后,合作的要求凸显了出来,这是人的合作技能得到成长的契机。不过,也许要经历一个合作成长的过程才能让人们掌握合作技能,并在这种合作技能的呼应和支持下而建构起合作的社会。我们推测,人们起初也许是因为人的共生共在的外在性压力而不得不合作,即表现出被迫合作的情况。但是,在这种似乎是被迫的、偶然的合作中,将会积累起合作经验,并逐渐地形成一些基本的合作技能。

---

① [美]迈克尔·克尔伯格:《超越竞争文化——在相互依存的时代从针锋相对到互利共赢》,成群、雷雨田译,上海社会科学院出版社 2015 年版,第 199 页。

在此过程中,随着合作文化的最终确立和定型,合作也就会表现为一种自然而然的事情。这个时候,竞争反而会显得与整个合作氛围格格不入,更不用说人们还会在合作的氛围中去应用竞争技能了。

总之,在全球化、后工业化进程中,当工业社会的一切思想和理论丧失了合理性时,社会治理实践中的一些技术性的因素可以被保留下来,但它曾经建构起来的各种制度、体制等,都将被全球化、后工业化的脚步踏平。因而,那些在工业社会中通过竞争的方式去创造美好社会的试验,都将被证明失去了历史意义,各种各样以冲突的形式出现的相互指责和论辩,都将成为正在消逝的噪声。全球化、后工业化意味着这样一个未来,它将使所有对立的意识形态、分立的实践以及竞争性的行动归于一点,那就是人的共生共在。为了人的共生共在,人们之间只有合作这样一种关系和行动方式。这就是我们在全球化、后工业化进程中看到的历史走向,我们所应做的就是,顺应这种历史走向而去做出思想、理论和行为选择,而不是捍卫某些正在失去合理性的观念和信条。

第二节　社会运行成本的生成与转移

人对生活和活动成本的关注,在哲学上,可以追溯到人的利益意识的觉醒那一刻。特别是在人们计较收益的时候,必然会考虑成本的问题。总的说来,在农业社会的历史条件下,人们往往不去考虑生活和活动的成本问题,在工业化、城市化的进程中,随着人的利益意识的觉醒,开始关注每一项行动的收益,因而,也就把对成本的考虑放在了重要位置上。特别是对于组织化的经营活动而言,近代早期的"血汗工厂"就是以极其残酷的手段去降低成本的写照。随着政治的发展和文明的进步,近代早期那种不计一切地降低经营成本的做法受到了批评,并被相关立法所取缔。在此过程中,由于社会竞争文化的生成,发展出了成熟的竞争技巧,使得企业以及各种各样的组织在经济学、管理学等科学的指导下发展出了各种各样的降低成本的策略。

可以认为,一个普遍的竞争环境对于所有组织的运营来说都具有很强的促使其降低成本的压力。在某种程度上,一个组织能否在竞争中有效地降低成本，关乎收益的状况，甚至关乎生存与发展的问题。所以，在整个工业社会中，任何一个组织都会把降低运营成本放在非常重要的位置上，即便是政治组织，也必须考虑运营成本的问题。我们发现，处在社会治理前沿地带的政府组织经常性地开展机构改革的行动，多数情况下都是因为运营成本的压力而启动改革的。如果没有运营成本上的压力的话，政府组织必然会无限地扩大其规模。然而，对社会成本的忽视，致使人类整体上的生存环境恶化，以至于我们已经不得不去关注人的行为和组织活动的社会成本问题了。

一、工业社会注重成本考量

在经济学的视野中，人的一切活动都会付出相应的成本，人力、资金、资源、时间的消耗都是需要计入成本的因素。其实，构成人的活动成本的因素是非常复杂的，可以说，人的活动的一切消耗都可以视为成本。有些因素具有迅速繁衍和修复的能力，往往不会引起人们的注意。有些因素则是稀缺的，在获取上比较困难，其修复能力较低，甚至不具有可再生性。人们较为关注的是后者，表现出对这些因素的投入和消耗的计较。在管理活动中，成本管理被看作是非常重要的管理事项，如果说在管理意识初生之时人们较为注重的是那些可以用货币衡量的因素的消耗，那么，到了效率意识变得非常成熟的时候，时间也被归入了人的活动成本之列。在今天，当我们讨论成本的问题时，似乎在可进行货币量化因素的消耗方面已经没有必要去再作阐述了，而是需要把视线放在那些不可以进行货币量化的因素上，其中，时间因素是最具有标志性意义的。

唐斯注意到，就组织运营的时间成本来看，组织规模发挥着决定性的影响。他指出，"对于官僚制组织来说，如果一层组织拥有大批成员，则每一个成员要熟悉其他成员的行为是极为消耗时间的。毫无疑问，非正式过程将大大减少这种时间损耗"[1]。关于时间的消耗状况往往反映在效率上，组织规模的扩大，同一个层级上的人员过多，就会导致时间消耗的增加，因而，效率也就会相应地下降。鉴于官僚制组织不可避免地会在每一个层级上都拥

---

[1] ［美］安东尼·唐斯：《官僚制内幕》，郭小聪等译，中国人民大学出版社 2006 年版，第 60 页。

有大批成员,唐斯的解决方案是鼓励"非正式过程",即通过容许非正式过程的存在而去减少时间消耗。一般说来,官僚制组织是不鼓励"非正式过程"的存在和任其发挥作用的,有时甚至会将其视为干扰因素并加以抑制。与韦伯不同,唐斯看到了"非正式过程"的积极价值。但是,就唐斯将其称作"非正式过程"而言,还是没有打算赋予它在官僚制组织中的合理性地位。其实,正是官僚制组织中的"非正式过程",有着巨大的发展潜力。在我们所构想的合作制组织中,这个"非正式过程"将获得"正式"的名份,并成为组织成员沟通的主要途径之一。这样一来,合作制组织的协调,不仅是在沟通的时间损耗方面,而且在其他各种资源的损耗方面,都会变得最小化。因而,合作制组织在运营成本方面也会由于沟通损耗的降低而降低。

　　从 20 世纪后期的情况看,学者们在思考组织运营成本的问题时,开始有越来越多的人推荐通过合作的方式去降低成本这样一条路径。比如,德国学者米歇尔·鲍曼就认为,"组织内成员的自愿合作将产生降低成本、提高效率及促进稳定的作用"。因此,"每一个希望通过集体行为手段更好实现其利益因而建立组织的行为者,都会优先考虑符合此要求的伙伴和员工"[①]。我们关于合作制组织的构想还不限于此目标。我们认为,合作制组织的观念将不仅仅在行为的意义上来思考如何通过组织的形式造就高效的集体行动,还要把这种新型组织模式的确立作为社会改造的一部分,即希望借合作制组织模式去建构全新的人类社会生活模式和塑造全新的人。所以,合作制组织把组织成员行为层面的自愿合作作为一个通向更高目标的途径。在对这一更高目标的追求中,即便某个组织的运营成本没有显现出明显下降的状况,那么,总的社会成本也会得到极大的压缩。

　　与竞争相比,合作无论在何种意义以及哪个层面上,都会使行动的成本大幅降低。正如贝尔雷等人所指出的,"合作型组织创造了更好、更灵活的组织,剥去了管理层次。层次越少,与高层的沟通越容易改善;与合作型组织领导者就所面临的问题进行沟通,寻求必须的资源和解决问题,这是比较容易的。……整合改进了资深领导者和一线员工的思维,人人置身于同样

---

① ［德］米歇尔·鲍曼:《道德的市场》,中国社会科学出版社 2003 年版,第 371 页。

的方向之下,理解正在进行的工作,同样也就减少了用工成本"①。在成本-收益的原则下,如果合作带来了成本下降的结果,那么,利润也就得到了提高。"将合作视为一种有计划的程序的组织认可成本、奉献以及潜在利润。这些组织使用这些方法,正如他们也使用其他商业方法一样——努力界定最有效的方法和工具,确保这些方法在任何适宜的场所可以被复制;这种组织也努力确认和改善这些对组织短期或长期底线有最明显效果的合作方法。"②

我们所追求的不仅是组织运营成本的下降,还要把更多的注意力放在组织外部,即关注社会成本的下降。唐斯认为:"一些重要的社会职能不能被市场导向的组织充分履行,因为它们包含了外部成本或收益。在市场价格中,外部成本或收益并不能反映出来,但是,却能直接或间接地影响市场以外的利益。"③组织的内部成本是能够非常容易地计算出来的,但组织的外部成本却是无法作出估计的。特别是在社会竞争活动中,组织在相互作用过程中产生了多少社会成本,是无法去作出准确把握的。事实上,人们关注的往往是组织运营的内部成本,对于组织的外部成本——社会成本——却从来也没有人去投上一瞥,更不用说去寻找和发现社会成本管理的技巧了。正是由于这个原因,社会成本在不断地积聚起来,并导致了人类生存环境的恶化。然而,当环境治理的问题被提出来后,发展出来的则是诸如"碳交易"之类的成本转嫁策略,依然借助于市场及其竞争的方式去把社会成本转变成企业等组织运营的成本。这种做法在每一项具体行动中也许都显示出了效益,有可能会被评价为成功的,但是,从现实来看,环境问题的压力不仅没有缓解,反而变得越来越大。

社会成本的下降问题并不属于成本管理的范畴,或者说,我们无法通过成本管理而实现对社会成本的压缩,而是需要在宏观的层面上去建构一种全新的社会行动模式。在这方面,20世纪后期城市规划的新理念中也许包含了一种新的思考,那就是,它对传统的基于成本考虑的规划作出了批评,并提出从人们交往活动的需要出发去进行城市规划。我们看到,在一份阐

①② [美]迈克尔·贝尔雷等:《超越团队:构建合作型组织的十大原则》,王晓玲、李琳莎译,华夏出版社2005年版,第16页。

③ [美]安东尼·唐斯:《官僚制内幕》,郭小聪等译,中国人民大学出版社2006年版,第35—36页。

述城市规划的文献中,努力去揭示那些深深地影响了当代城市规划的理论,认为 20 世纪中的诸多哲学思想应当被运用到城市规划中来。"曼海姆对普遍主义进行了批评,他认为预言家关于过去的事情在新的历史背景下会完全再现的假设是错误的,同时他也摒弃了价值观中立的方法论。因此,理性模型中'有成本-收益方法以定量分析来选择决定'的那些假设就站不住脚,相反,通过原因分析和比较分析而不是形式上的理性方法就值得推荐。就对理性的这一认识而言,曼海姆显然是哈贝马斯的先驱,他与当代联系性规划理论家的不同之处在于他希望由受过教育的精英在自己的'理性反思'框架里代表社会进行规划。他的观点在吉登斯的著作中得到了呼应。吉登斯在解释人们为何信任专家意见,以及他对自反性的描述中都提出:知识既不是相对主义的,也不是实证主义的,而是关系主义的。"①

我们知道,城市规划的功能并不着重于表现思想,而是要基于十分现实的目标去对城市生活作出物理安排。所以,在所有社会性的行动中,再也没有比城市规划更加需要从现实出发和综合怹地考虑各种各样的现实需要了。然而,正是城市规划,从来都表现出了对各种思想和理论的充分关注,在几乎每一个被人们视作经典性的城市规划作品中,我们都能够清晰地触摸到与它关联的或由它所诠释的某种伟大思想。所以,与城市规划相比,许多轻视甚至公开表示反对思想和理论的做法之浅薄是多么让人吃惊啊!城市作为一种社会生活和活动的空间,在规划中必须考虑人们的生活和交往方式,必然会反映出是控制还是促进人的哪些生活、活动和交往方式。在今天,城市规划显然应当服务于人们的合作,即合作应对当前人类所面对的那些迫切性的问题。如果能够把人的合作便利化的设计理念引入到城市规划中来的话,就不会耽于经济成本上的考虑,而是会造成社会成本下降的客观事实。比如,在京津冀一体化的过程中,鉴于雾霾已经成为人的生活的重大威胁因素,如何在空间规划中去解决这一问题并使这一地区的经济社会发展走上健康的轨道,就不应把经济成本的考量放在非常重要的位置上去。

经济学意义上的价值往往被判定为劳动量在商品中的凝结,这在经济

---

① 引自吴维平等编译:《多维尺度下的城市主义和城市规划》,中国建筑工业出版社 2011 年版,第 3 页。

运行所需的自然资源、商品交换的交易成本、运输以及资源获取的空间位差都不甚重要或者无须考虑时，是基本正确的判断。但是，在人的社会生活中发挥作用的并不仅有经济价值。因为人除了经济生活之外还有其他方面的生活，而所有进入人的社会生活并作为人的社会生活资源的因素，又都是有价值的，与人的尊严、情感、审美、交往活动的要求等相联系的所有物品，都包含着特定的价值。这些价值无论是在生成过程、表现方式和存在形态上，都与经济价值大不相同。所以，价值是多样的，会以不同的形式存在于人与物、人与人的关系中，会因社会关系以及人的需求偏好和层次而发生变化，也会因人在社会生活中的各种各样的活动而发生变化。一旦我们在人的生活中解读出多样性的价值，经济视野中的成本也就显得不是那么重要了。而且，在理论上还可以推断出，人的多元化需求的满足以及对生活和谐状态的追求，都会引导人们去大幅地压缩那种经济视野中的成本。

二、竞争带来的社会成本

在农业社会也存在着竞争，但绝大多数情况下的竞争都不是工业社会中人们所看到的那种竞争，农业社会中的那些在今天看来是竞争的行为基本上都是发生在和存在于娱乐性活动中的。近代以来，随着社会实践把竞争从诸如游戏、体育等娱乐性活动引向了生产、生活等所有方面后，也将人置于普遍竞争的氛围之中了，并将人的自私的一面激活了，从而让人显性为自私的存在物。的确，当每个人都表现为自私的存在物并为了私利而开展竞争活动时，汇聚起了极大的社会活力，推动了社会发展。如上所述，竞争的奥秘在于：行动者可以通过竞争而把自己开展活动的成本转嫁给他人。如果说人的竞争成本都必然会向系统之外转嫁的话，当整个社会构成一个巨系统时，也必然会将竞争成本更多地转嫁给自然界。在自然界尚能承受人类转嫁过来的竞争成本时，人们往往不会意识到竞争对自然界可能构成的破坏。只是到了自然界表现出无法继续承受人类转嫁过来的竞争成本时，人们才意识到生态平衡、环境保护等已经成为一个非常迫切的问题。

竞争在整个社会的层面上增加了运行成本。就组织而言，出于竞争的需要，组织发展出了许多辅助性的技术手段，并需要设立相应的部门去承担这些职能。这样一来，不仅造成了组织运营成本的增加，也无形中增加了社会运行成本。比如,为了在竞争中制胜,组织越来越重视公共关系的问题,而且,一些组织理论甚至将公共关系视为组织开放性的标志。其实,组织的开放性是不能归结为组织的公共关系行为的。这是因为,公共关系在实质上仅仅是组织的一种营销策略。应当承认,不仅在私人领域中,而且在公共领域中,公共关系都可以为组织带来更多的生存和发展机遇,使组织能够更多地在环境中获得资源以及其他支持力量。但是,公共关系所反映的是组织本位主义的追求,或者说,属于组织自我中心主义取向下发展出来的一种生存和发展策略。

任何一种组织都有着自己的标志性业务和组织目标,没有组织会把公共关系作为自己的基本目标。即便是专业性的"攻关"组织,也是把"攻关"活动作为它对其他组织提供服务的业务对待的,而不能视同于自己的攻关活动。既然一切组织都不会把公共关系视为组织存在的目标,那么,为什么现代组织还是那样把公共关系看作组织的一项非常重要的活动呢?那是因为,组织处在竞争的环境中,需要把公共关系作为组织在竞争中制胜的手段。在组织自我中心主义的意识形态引领下,组织必须开展公共关系方面的活动。这样一来,公共关系方面的活动就会产生大量的消耗,而这些消耗却是作为生产和经营的辅助性活动产生的。如果组织不再持有自我中心主义的意识形态,那么,公共关系方面的活动也就会显得多余了,也就不会因为公共关系方面的活动造成组织运行成本的增加。

合作制组织将彻底告别组织自我中心主义取向,因而,它是不需要公共关系的。其实,20世纪后期出现的非营利组织已经表现出了对组织自我中心主义和组织本位主义的扬弃。就非营利组织的根本性质而言,并不把自我的存在放在首位,而是把任务以及服务内容放在第一位。至于组织自身,如果不能在社会的运行中发现自己的任务和应当扮演的角色,是不会维系下去的。然而,在许多研究非营利组织的作品中,我们却看到各种各样所谓非营利组织公共关系的议论。这显然是一种不理解什么是非营利组织的表现,是将营利组织的生存和发展策略用于对非营利组织的理解上来了。这在某种意义上是非常荒唐的。显而易见,组织公共关系必然会消耗一定的组织资源,对于营利组织而言,如果把组织自身的存在和发展看得高于一切,就会把公共关系中的消耗打入组织运营成本之中,而且,这会被认为是合理的。

事实上，让非营利组织将部分组织资源用于公共关系，完全是组织目标的异化。比如，如果一个慈善组织不是将募集的善款用于慈善事业，而是首先用于公共关系，尽管可以使组织走上发展壮大之路，却是善款的悲哀。也许善款用于新闻发布会、用于电视广告等可以达成募集更多善款的目的。可是，那样做的话，必然是一种类似于欺骗的行为。也许善款在这里造就了一个成功的组织，却腐蚀了慈善事业。如果某一慈善组织通过这种公共关系而取得了成功，募集的善款滚雪球一样地增长，那么，它无非是利用了公众的善心而营利，邪恶地利用了公众的善。也许人们会说，非营利组织应当宣传自己所取得的成绩，以便得到公众更多的支持。这种想法是正确的，但它决不应成为组织刻意为之的事情，而是因为其成绩被媒体所发现而转告给了公众。非营利组织不以自身的存在与发展为第一要务，它应当将全部组织资源投入非营利的事业中。实际上，非营利组织也无须壮大到一个必须求助于官僚制的组织规模，更不需要成为天空中那颗最明亮的月亮，而应当是满天繁星中的一颗。

近些年来，特别是在新公共管理运动的民营化、市场化主张的感召下，在公共物品的供给问题上，人们强调市场供给途径，甚至达到了迷信的程度。我们知道，新公共管理运动是在 20 世纪 80 年代开始的那场改革运动中出现的。就这场改革来看，直接原因就是政府的财政危机，新公共管理运动所提供的问题解决方案就是为了降低政府以及整个公共部门的运行成本。而且，新公共管理运动的民营化、市场化方案也确实迅速地收获了降低政府以及公共部门运行成本的效果。但是，它在实质上却是一种成本转嫁的策略，即把政府以及公共部门的运行成本转嫁给了社会。在美国、欧洲等西方有着民主传统的国家中，新公共管理运动所代表的仅仅是一种主张，只在一个极其短暂的时期内得到政府的试行，而且很快就引起了各种各样的批评声浪。但是，在一些政府较为强势的国家中，新公共管理运动的主张则得到了全面施行。其中的奥秘就在于，它是政府向社会"甩包袱"的最佳方案。从理论上看，公共物品的供给是不可以采用市场化的方式和路径的。这是因为，市场只能是私人物品社会化的途径，而公共物品本身已经拥有了充分的社会特性，如果通过市场化的途径而再度"社会化"的话，就会使它扭曲变性。

唐斯在谈到这个问题的时候举了一个教育的例子。我们知道,在现代社会,教育由于与人的成长和社会基本要素的塑造联系在了一起而成为一个社会、国家基础性的、综合性的因素,在一定程度上属于公共物品的范畴。如果一个国家的政府选择市场化的途径来提供教育这一公共产品的话,就会发现,"如果为了孩子能够得到教育而将大量的现金交给孩子的父母,并将选择教育权利完全赋予父母,而对私营企业家提供的教育产品缺乏管制,那么,一些人将会把劣等的教育出售给不负责的或无知的父母"①。当然,在一些教育事业刚刚起步的国家中,教育这一公共产品的市场化供给很流行,并以教育事业较为繁荣的景象出现,但这种繁荣完全是一个暂时性的假象。而且,"在这种情况下,向每个孩子提供最低限度教育的社会福利将受到影响"②。所以,在唐斯看来,"为了这种福利的实现,需要创立一个非市场导向的组织,强制制定最低教育质量的标准"③。其实,教育还不是最为典型的公共物品,因为,教育作为公共物品还需要得到诸如教育公平、受教育权等等各项条件的支持。对于那些较为典型的公共物品来说,市场化供给的尝试哪怕只是一时的施行,都会带来较为长久的消极影响。当人们觉察到其消极影响的时候再去加以消除,不仅难度很大,而且花费的成本也是极其高昂的。所以,我们认为,公共物品的民营化、市场化虽然一时带来了公共部门运行成本的下降,却必然在这种成本转嫁的过程中让整个社会承担起更多的成本,尽管在这种成本转化为社会成本时变得无形化了和不可计量了。

近代以来所建构起来的政治行动模式本身就是一种典型的竞争政治。竞争政治花费了高昂的成本,许多资源被用于政治体系的运行,当政治部门围绕着基本养老、医疗卫生保障的预算而争论不休时,无疑构成了一幅极具讽刺意味的图画。因为它在此过程中已经花费了大量可以用于社会保障的资源。显然,个人美好生活的追求和社会的良性运行都必须诉诸政治,但人不是为了政治而生和为了政治而活。对于人而言,政治更多地应被视为社

①②③[美]安东尼·唐斯:《官僚制内幕》,郭小聪等译,中国人民大学出版社 2006 年版,第 41—42 页。

会生活的工具。当竞争政治无限地推高了政治体系的运行成本时,显然挤占了人的社会生活以及个人生存的资源。

从竞争政治发展的逻辑看,结构化的代表制必然存在着利益表达不充分的问题。经过了逐级筛选,许多特殊的、具体的利益诉求被过滤掉了,压力集团的出现及其院外游说活动显然对弥补代表制的不足具有积极意义。但是,"游说和政治筹划是代价高昂的活动,要求有权使用重要的物质资源。在影响党派决策的竞争中,并非所有的利益都能得到同等地位的表述。这样一来,党派集团倾向于臣服经济上强大的利益集团,政治进程通过政治献金这样的机制更加受经济上强大的利益集团的控制。同战争一样,政治战役代价昂贵——'选战基金'应运而生,用来描述党派候选人为准备党派选举而募集的巨额资金。在竞争性的政治体系中,成功选战的发起者要么拥有巨额个人财富,要么有其他富人提供赞助"①。无论支持选战的财富来源于何处,都肯定消耗于选战之中,而不是用来直接增进人的福祉,也不是用于生产等财富的创造和增殖方面。另一方面,游说活动的兴起以及合法化,也许没有增加诸如议会活动的运行成本,但它显然增加了政治运行成本,只不过这些成本被转嫁给了院外集团,以隐性政治运行成本的形式出现。至于院外集团所花费的这些用于政治的资源,最终还是需要被再转嫁出去,即再度分配给社会。

近代以来,随着竞争行为的模式化,随着竞争活动的合法化,也随着竞争渗透到了社会生活和生产的所有领域之后,生成了竞争文化。我们必须承认,竞争文化的积极方面自不待言,特别是在经济活动、生产过程中,对人的勤奋、创新和有效率行为的奖励,可以在激发竞争的同时促进生产力水平的提高,并最终导致生活水平的改善,在更宏观的方面,也促进了社会进步。然而,竞争文化的所有积极方面都只有在社会的低度复杂性和低度不确定性条件下才能成为确凿的事实,一旦人类进入了社会的高度复杂性和高度不确定性状态,这些积极方面也就立马消失了。相反,留下来让我们观看的反而是竞争成本的不断攀升和对各种社会资源、自然资源的巨大消耗,同时

---

① [美]迈克尔·克尔伯格:《超越竞争文化——在相互依存的时代从针锋相对到互利共赢》,成群、雷雨田译,上海社会科学院出版社 2015 年版,第 47 页。

也导致了贫富的两极分化和社会公正问题的严重恶化。在高度复杂性和高度不确定性条件下,竞争成了难以承受之重,让每一个竞争者在看到了竞争制胜的希望和在赢得了竞争的时候成为输家,在深陷于风险社会和危机状态频发的状态时,胜者也许在心理上输得更惨。

三、社会成本向自然界转嫁

人作为社会性生物,即便是在个人主义的视角中,也是处于互动过程中的。在终极的意义上,竞争性互动的结果就是一种恶。只要是存在着竞争的地方,就必然会不断地生产出恶的结果。只不过人们并不能够完全认识到那些恶的结果,或者说,人们不愿去对竞争所导致和所派生的所有恶都加以认识。在工业社会竞争文化的背景下,人们满足于对竞争的直接收益的欣赏,至多也只是看到普遍竞争所实现的社会性优胜劣汰,进而推动了社会进步。其实,人除了可以进行竞争性互动以外,还可以开展合作性互动。也就是说,人的社会交往过程可以展现出两种形象:人们可以在社会交往中开展竞争,也同样可以进行合作。在个人主义的视野中,也许会认为合作互动的缺失并不是一个严重的问题,反而会以为合作互动必然会对个人形成压制,致使社会丧失来自个人的终极动力。关于合作互动是否会对个人形成压制,如果不囿于既往的集体主义认识,其实并不是一个问题。在我们所构想的合作社会中去理解合作互动的问题,就会看到,合作恰恰是出于人的自由发展的需要和达成人的自由发展的境界。即使我们不在这样的理论层面上去进行争论,单就合作行为的现实功能来看,也可以看到,就合作互动并不派生恶的后果而言,哪怕取得很小的成果,也完全是积极的。

我们承认,在以往任何一个历史时期中,合作互动都存在着动力不足的问题,即便存在着大量积极合作互动的事例,也不意味着可以成为一种普遍性的行为模式。然而,我们今天遭遇的社会高度复杂性和高度不确定性意味着人们社会互动的条件发生了根本性的变化,一方面,人类已经无法承受竞争性互动可能引发的消极后果;另一方面,面对高度复杂性和高度不确定性条件下的各种问题,也必须通过合作互动的方式予以回应和解决。随着合作互动成为人的一种习惯,特别是形成了合作互动的行为模式后,竞争文化的退场和合作文化的登台也将是确定无疑的了。那样的话,即使高度复杂性和高度不确定性不出现在人的行动场景中，人们也会自然而然地选择合作行动的方式。特别是这种合作互动不需要刻意加予它的控制和管理，也就省去了诸多资源消耗，从而降低了行动成本。

实际情况是，竞争政治迫使每一个候选人及其政党都把视线紧紧盯在那些能够让选民感到其利益立马得到提升的项目上，至于道义以及选民的长期利益，政治家为了自己的竞争制胜，不会表达一丝一毫的关切，只要自己能够在选举中胜出，一切社会责任都可以被政治家们抛诸脑后。"由于竞选活动和政治党派的关注点通常集中在当代选民身上，这种趋势很容易损害我们对未来子孙利益的承诺。在这些未来子孙的利益中，最显著者莫过于环境的可持续性。可是，在争夺和把持权力这场无休止的竞争中，候选人和政党通常无暇顾及可持续性这些问题——特别是当可持续性需要牺牲当代人利益的时候。"①所以，竞争政治不仅无法提供适当的环境管理方案，反而在竞争中放任环境问题的恶化。正如我们已经指出的，一切竞争在最终结果上都是要由环境承担起消极后果的。竞争的确赋予社会以活力，促进了生产力水平的提高，创造了社会繁荣，但是，竞争是有代价的。这种代价相对于竞争者而言谓之为"成本"。竞争者总是千方百计地降低自己的竞争成本，而最方便、最容易的途径就是将竞争成本转嫁给自然界。而且，根据既有的法律和道德观念，将竞争成本巧妙地转嫁给自然界而不是他人，也能够更少地或完全避免受到道义谴责。然而，这样做却引发了环境问题。

在人与自然的关系问题上，在环境问题上，竞争政治对短期利益的追逐使得人类无法找到促进环境问题得到解决的有效途径，事实上，从20世纪中期以来，环境问题处于持续恶化的状态。也许在某个区域中，通过强有力地推行环境治理而实现了局部性的改善，而就全球来看，人与自然关系的紧张程度，环境问题出现的频率和影响范围，都处在持续恶化的状态。正如克尔伯格所指出的，"从某个层面来说，许多环境问题需要长期的规划与投入，而竞争性的政治系统却经常受制于短期的政治眼光。为了夺取和把持权力，政治活动家（不管他们与正式党派联结与否）通常不得不照顾选民当下的利

---

① ［美］迈克尔·克尔伯格：《超越竞争文化——在相互依存的时代从针锋相对到互利共赢》，成群、雷雨田译，上海社会科学院出版社2015年版，第106页。

益,这样他们才能在较短的任期内取得立竿见影的成效。就算某个候选人或政党出于道义,作出了一些长期的政治承诺。可是,下一届的继任者或政党为了远离他们之前不得不反对的政策(也就是他们在竞选活动中,或者就是为了发出反对的声音而反对的政策),通常会废除或者拒绝执行前任领袖或政党确定的项目,因此,这些政治承诺的连续性很容易被打折扣"①。

　　即便如此,人们也并未对竞争行为模式以及竞争成本转嫁的问题进行深入反思,而是把人的竞争与生态环境的恶化割裂了开来,即把恢复生态平衡和开展环境保护看作是孤立的问题。其实,如果人类的竞争行为模式得不到终结,任何恢复生态平衡和致力于环境保护的做法都不能算作是积极的行动,而仅仅是一种消极的应对。当然,也许会有人天生偏爱竞争,他们基于竞争在工业社会中赋予社会发展以动力的经验而论证竞争的无限好处,他们因为工业社会的意识形态以及竞争文化所形塑出来的那种自私自利意识而希望在竞争中寻求乐趣,他们在看到了我们关于合作的文字时而表达了无限的反感。那样的话,我们的设想是,为他们保留一些可以让他们体验竞争乐趣的地方未尝不可。但是,基于社会的高度复杂性和高度不确定性条件下人的生存需要,出于减少竞争带来的消极后果的要求,我们希望让竞争回复其娱乐的性质,让那些人在竞争的娱乐活动中满足他们特殊的偏好。从全球化、后工业化运动中的现实压力来看,除了娱乐之外,在广泛的社会生活之中终结竞争行为模式是一项势在必行的事,因为人类在整体上的必要生存条件必须得到保护。自然界已经无法再更多地承受人类转嫁过来的竞争成本了,就自然界是人的基本生存条件而言,是不能够再受到因人的竞争成本的转嫁而造成的破坏了。

　　农业社会历史阶段中存在的竞争主要属于娱乐性竞争,可以认为,在娱乐性的竞争中,不会出现作弊的问题,除非这种竞争掺杂进了其他因素,比如,可观的奖金、令人艳羡的荣誉等。如果单纯是娱乐的话,人们于其中获得的是娱乐的乐趣和快感,至多也是满足了自我实现的要求。这个时候,人们会将这种娱乐性竞争中的作弊视为可耻的。在个人这里,做了一件可耻的事,会受到来

---

① [美]迈克尔·克尔伯格:《超越竞争文化——在相互依存的时代从针锋相对到互利共赢》,成群、雷雨田译,上海社会科学院出版社 2015 年版,第 105—106 页。

自内心力量的谴责；在他人那里，他的作弊行为一旦被识破，引发的将是鄙视。那样的话，既没有达到娱乐的目的，也不可能获得自我实现的体验。也就是说，无功利的竞争是包含着健康因子的，一旦竞争与个人利益期待联系在一起，就包含着诱发不健康因素的可能性，也就需要为之制定严密的规则。在人的利益关注较为强烈的情况下，突破规则的冲动也就会变得同样强烈。因为人在所追求的利益得到实现的时候，是不在乎是否显得无耻，甚至会把无耻视为光荣。这个时候，欲使竞争者遵守规则，就必须建立起维护规则、执行规则、对违背规则的行为施以惩罚等构成的完整体系。在某些情况下，这个保证规则运行的体系会变得非常庞大，因而其运行成本也是非常可观的。

事实上，一旦竞争成为利益实现的基本方式和途径，就必须将规则以及规则的执行放在突出位置上。在我们看来，法治的奥秘概源于此。正是人类走进了竞争的社会，对规则提出了要求，随着竞争行为遍布了社会生活的每一个角落，法治的精神也就必须成为普照的阳光。也就是说，竞争的社会也必须是一个法治的社会。这就是法治的逻辑。一旦这一逻辑在社会建构中发挥作用，社会的发展也就表现出了一种路径依赖，规则的生产成了社会治理的一项专门的事业，构成了一个完整的体系。与它并存的，则是一个执行规则的体系。不仅如此，还需要庞大的辅助机构和人员。比如，需要有一大批人专门从事这方面的研究工作，生产出大量的论著。进而，整个社会——无论是进入还是准备进入竞争活动之中的人——也都需要花费大量精力了解并熟悉那些规则，至少应将规则赖以建立的基本精神了然于胸。所以，我们的社会变成了一个围绕着规则而旋转的社会，无数的资源消耗在了规则的运行之中。

总的说来，竞争文化条件下的社会治理必然是法治的，而对于一切因竞争行为引发的冲突，最为可靠的解决途径也是求助于法律，其基本的操作方式就是诉告法庭，得到这一权威机构的调解或判决。然而，通过法律途径解决纠纷往往需要付出高昂的成本。"鉴于法律对立系统的经济成本越来越高，原告和被告双方遭受极大的情感折磨与挫败，法院案件堆积如山，甚至许多律师和法官都出现了幻灭感。"①因此，人们正在努力寻求替代性的纠纷

---

① ［美］迈克尔·克尔伯格：《超越竞争文化——在相互依存的时代从针锋相对到互利共赢》，成群、雷雨田译，上海社会科学院出版社 2015 年版，第 122 页。

解决方式。其实,只要竞争文化依然存在,只要人们的社会交往在竞争的基线中展开,只要我们的社会所拥有的是竞争行为模式,纠纷就会越来越多,而且也只能通过法律途径去解决纠纷。即便找到了某种替代途径,最终也还需要依法而行,不仅不会使法律运行成本下降,反而会因为解决纠纷的途径和样式的多重化而增加法律的运行成本。

与此相反,一旦实现了合作文化对竞争文化的置换,社会纠纷就会实现量上的大幅下降,即使人们在合作行动中因意见不同而产生了纠纷,也会因为目标的一致性而有着很强的自我解决纠纷的愿望。而且,合作行动者也能够自主地发现化解纠纷和解决纠纷的途径。一般情况下,都不会将纠纷提交到某个权威的仲裁机构去作出判决。那样的话,就不再会去承担法治模式中的那些法律诉讼成本。社会运行总成本的下降有赖于所有这些方面的变革,如果我们告别了工业社会的竞争行为模式,如果我们用合作的社会代替了这样一个竞争的社会,巨大的社会运行成本都可以节约下来。那样的话,我们就不需要去把大量社会运行成本倾注到自然界中,就会使自然界得到休养生息,就能从当前不适宜于人生存的状态中走出来。

第三节　从竞争政治走向合作政治

在对"政府改革"进行了反思后,新公共管理运动的改革理论家们提出了这样一个问题,"我们已经变革了激励机制,改变了组织结构,改革了行政体制——可如何进行文化变革呢? 怎样能使政府再造制度呢? 一旦我们离去,如何才能确保组织不会重蹈覆辙呢?"①这显然是具有战略意义的思考。不过,我们也需要指出,以新公共管理运动的形式出现的改革,并未真正实现组织结构等方面的改革。虽然引进了企业家精神和竞争机制,对政府的流程也进行了调整,但在组织结构上,并未实现其"摒弃官僚制"的预期,更不用说行政体制的根本性变革和制度重构了。但是,从奥斯本等人在这里的设问来看,他们是希望制度层面能够发生变革的,只是他们并未找到合适的出发点。现在的情况已经不一样了。进入 21 世纪后,社会的高度复杂性

---

① [美]戴维·奥斯本、彼德·普拉斯特里克:《摒弃官僚制:政府再造的五项战略》,谭功荣译,中国人民大学出版社 2002 年版,第 6 页。

和高度不确定性已经成为一个显著的事实,成了组织活动以及全部社会治理活动的基本环境,以至于人们不得不思考新型的制度模式的问题。这样一来,就把我们的视线引向了行政的政治生态方面——民主政治。其实,社会治理体系是一个整体,对它的小修小补可以在它的某个部分中进行,而在全球化、后工业化这样一场根本性的社会变革运动中,必须从整体上去思考社会治理变革的问题。

就工业社会中所建构起来的社会治理体系而言,其核心地带就是民主政治,其他所有方面都或者直接地建立在民主政治的基础上,或者以民主政治为存在的前提。所以,随着改革的深入,必然会指向政治这个核心地带。这是因为,只有在这个核心地带中发生了变革,才意味着社会治理变革取得了积极进展。民主政治属于竞争政治,它是适应竞争社会的要求而建构起来的。全球化、后工业化是一场从竞争社会向合作社会转型的运动,必然会要求对竞争社会中所有基本的方面进行改革,以求通过这种改革去建构起适应合作社会要求的社会治理模式。所以,从竞争政治向合作政治的转变是全球化、后工业化运动中的一项基本内容。合作政治在根本上不同于竞争政治,比如,它不具有特定的形式和运行方式,也不受场所的限制,而是存在于合作行动之中的,是每一个合作行动者都通过自己的行动去加以诠释的政治,是真正属于这个社会中的每一个成员的政治。

一、民主政治是竞争的政治

在工业社会中,民主政治不仅是政治生活的形式,而且存在于广泛的社会生活之中。因为民主政治是具有管理功能的,在社会生活中,"民主是一种社会管理体制,在该体制中,社会成员大体上能直接或间接地参与影响全体成员的决策"①。也就是说,民主不仅体现在政治生活之中,而且贯穿于整个社会生活之中。在每一个社会群体中,人们都希望和要求按照自己所理解的某种模糊的民主原则去组织行动。如果说在政治生活中"民主政治的

① [美]卡尔·科恩:《论民主》,聂崇信等译,商务印书馆1998年版,第10页。

核心程序是被统治的人民通过竞争性的选举来选择领导人"①的话,那么,在社会生活中,民主则是一种组织方式。也就是说,在民主政治所包含着的管理维度中是没有竞争的,而政治维度则是以竞争的形式出现的,而且在性质上就是竞争性的。在 20 世纪,民主政治的管理维度逐渐地独立了出来,剩下的是由政治维度构成的完整的政治体系及其过程,而且都是以竞争的形式出现的。所以,民主政治实际上就是竞争政治,是竞争政治的同义语。当然,在管理过程中,也会在一定程度上把民主政治的竞争性保留下来,用以解决管理过程中一些具有政治属性的问题。同时,这也是管理系统与其政治生态保持一致性的一些象征性做法,目的是为了满足人们根据政治的观念去认识管理和接受管理的要求。

就民主政治是一种竞争政治而言,必然包含着竞争方式的选择问题。其中,斗争就是一种最为基本的竞争方式。艾丽斯·杨说她一贯反对协商民主的一种假设,那就是认为协商对话这样一种"具有合理性的、开放的公共辩论"一定是"有礼貌的、有秩序的、不带感情色彩的和有绅士风度的论证"②。在她看来,因为"现代社会普遍存在着由于不公正、贪婪、偏见与价值差异而导致的冲突,民主政治是一系列将对他人的纯粹排斥与敌对转化为在各种可以接受的规则范围内进行对抗的制度"③。人们之间的分歧,有一些是可以通过协商对话去加以消除的,而有一些则是不相容的,是需要通过对抗性的行动去进行表达的。对于这些,民主制度应予包容,也正是在这种包容中,把民主政治形塑成了有规范的竞争政治。在民主制度中,政治所要做的是把"敌人"与"对手"区分开来,当对手扮演了坚定的反对者角色时,不是将其消灭,而是要予以宽容,努力理解他们的要求、主张和思想,尊重他们的表达。

所以,艾丽斯·杨认为,"在一种存在着各种社会群体、差异与重大的不公正的社会中,民主政治应当是一种斗争的过程。斗争早已不是处在与敌人对抗过程中的对峙,而是一种公民彼此进行沟通性的接洽的过程。那些具有各种不同社会地位或者利益的人为提出某些议题而进行斗争,其他人

---

① [美]塞缪尔·亨廷顿:《第三波——二十世纪末的民主化浪潮》,刘军宁译,三联书店 1998 年版,第 4 页。

②③ [美]艾丽斯·M. 杨:《包容与民主》,彭斌等译,江苏人民出版社 2013 年版,第 61 页。

可能会由于那些议题而受到威胁,或者,他们可能只是认为那些不同的议题是更加重要的。一旦那些涉及他们的议题被纳入到议程中,那么,公民们必须就那些相关的条款——他们将来要依据这些条款参与到那种议题中——与其他人进行斗争,他们必须斗争,以使他们的观点能够被他人听到,同时也必须通过斗争来说服他人"①。至于斗争方式的选择,只要合乎法治的要求,就应得到包容。一般说来,"由于那些处于不利地位的和被排斥的群体不可能等着那种程序变成公平的,同时也由于通常会存在着很多竞争性的利益与议题,所以,在各种不平等的情况下,那些处于被压迫和不利地位的群体除了为争取实现更大的正义而进行斗争之外,别无选择"②。

"文质彬彬的、有礼貌的、温和的协商对话"只可能发生在封闭性群体成员利益一致的前提下。在这种封闭性群体利益一致的情况下,也许他们之间就某件事如何去做会更好这样一个问题有分歧,但对这类分歧,通过协商对话而不是斗争的方式去解决,显然能够取得良好的效果。然而,社会现实却不是这样的,或者说,其一,封闭性的群体在现代社会并不常见;其二,在封闭性群体的成员之间有着利益一致性的情况下是否需要大张旗鼓地开展民主政治,也是一个可能会存在争议的问题;其三,现代社会的排斥性压迫结构是一个不争的事实,制度性的不平等、不公正决定了民主政治在其制度无法充分提供平等、公正的情况下能够容许被排斥者、受压迫者自由地表达他们的意见,更不用说会容许他们去与排斥者、压迫者开展斗争了。正是在此意义上,应当承认"民主斗争的过程是一种在针对各种社会问题及其被提出来的解决方案的辩论中与他人进行'交战'的努力,也是一种在解释和证明他们观点的正当性的提议中与他人进行'交战'的努力。在诸如此类的和他人就某些议题与结果进行辩论的过程中,那种无序的、混乱的、令人讨厌的或者令人不安的沟通方式通常是必不可少的,或者是有效的因素"③。

在这里,艾丽斯·杨所表达的是一种关于民主的经典性意见。可以认为,自从有了民主政治以来,人们都一直是这样认为的,只不过协商民主理论为了话语功能的最大化之目的,在其所确定的或默认的理想条件下将民主政治中的斗争忽略了。就此而言,艾丽斯·杨在对协商民主理论的反思

---

①②③ [美]艾丽斯·M. 杨:《包容与民主》,彭斌等译,江苏人民出版社 2013 年版,第 62 页。

中重新阐述民主政治的"斗争容许"功能也是必要的,是合乎民主政治的要求的。事实上,民主政治本身在根本性质上就是一种对抗性策略的应用和施展过程,是在社会分化以及存在着不同阶级和多元利益群体的情况下发明出来的一种理性对抗的活动方式。任何关于民主问题的探讨和构想,如果回避了对抗和斗争的话,就不能被看作是在民主政治的主题下所进行的思考。

在政治文明化的进程中,民主政治是迄今为止公认为最好的解决社会对抗的途径。同时,这也说明了民主政治与对抗性社会的相关性。一旦社会对抗由于某种原因而退居到次要的位置,比如,社会的高度复杂性和高度不确定性把人类的共同命运问题推到了更高的位置上,即把社会对抗的问题从那个位置上推了下来,那么,民主政治赖以存在的前提也就消失了。当然,社会的高度复杂性和高度不确定性也可能导致人类对抗的加剧,如果是那样的话,将意味着人类历史的真正终结。在没有了人类的情况下,仅仅属于人类的民主政治也同样不会存在。

就工业社会的情况看,民主政治的常态是,"在政治争论中,由于某些或者所有的竞争者不相信其他人会将他们尊重为政治平等的人,所以,讨论通常会进行不下去。因而,在那里仅仅存在着权力政治"①。正是对这一基本事实的承认,艾丽斯·杨要求协商民主理论也必须在承认民主政治是竞争政治的前提下去设计协商过程。其实,如果溯源现代议会的开端,就会看到,互相对立的两派是分别将对方称为"托利"或"辉格"的。这已经为民主政治做了定格,即必然是以相互辱骂开场和脱帽互为致意离场。告别时的互致问候无非是为了下一次还能够在同一场所见面,以便开始一场新的对骂。所以,当协商民主希望看到一副文质彬彬、相互尊重、自愿承认他人的景象时,不仅是对民主政治的改写,也是表达了一种否定民主政治的愿望。只要存在着利益冲突,只要存在着各种事实上的不平等,就不可能设想人们带着平和礼貌的笑容进行协商对话。即便训练有素的政治家会将其职业假面制作成和善可亲的样子,一旦进入辩论的过程,也会为了自己的职业利益转而扮出凶相毕露的样子,甚至会想出某些刁钻的骂人词语辱骂对方,以便

①［美］艾丽斯·杨:《包容与民主》,彭斌等译,江苏人民出版社2013年版,第74页。

能够通过媒体而在社会中广为流传,求得下一次选举中的高票。总之,协商民主对协商对话过程的温情期望本身就是不切实际的空想,是借了民主之名的反民主做法。"不吵不闹不是民主",而吵闹的背后则是为了利益、权力等所进行的竞争,竞争就是民主政治的本来面目。一切对民主政治的改造,都不可能改变其竞争政治的性质。

竞争政治根源于社会的分化,反过来,竞争政治又在社会分化中发挥了促进作用。社会分化以及由于社会分化而带来的随处可见的边界和区隔是竞争的前提,也是我们的社会成为竞争社会的条件。从工业社会的发生史来看,在公共生活中,处处都存在着"区隔"。区隔成了一种界定新兴精英的方式,一方面,与旧的贵族精英区分开来;另一方面,也与被统治的大众和平民阶层区分开来。"在很多正式场合,受过良好教育的中产阶级白人经常表现得好像只有他们有发言权,他们的话才算数,其他人则往往由于不熟悉辩论的要求和议会程序中的手续和规则而变得沉默,他们即使发言,也会被那些负责人看作是在鼓动'分裂'。在很多现实的话语环境中,文化上存在差异、社会地位不平等的各种群体同居一处,此时强硬、好斗的标准以及按照竞争规则发言的要求就是强有力的消声器和评价机制。"①

也许这种区隔是由于文化的、精神的或心理的原因所致,却又是与近代以来的社会中心-边缘结构联系在一起的,或者说,文化心理结构反映了社会结构的状况。因而,公共领域与私人领域的划分就以性别、种族、民族、肤色、性取向甚至城乡等为轴线而作出,处于社会边缘的妇女、少数民族、同性恋、农民等的表达权就因此而被经常性地忽略了。说穿了,当社会的中心-边缘结构得到了文化上的支持后,社会精英就以把持话语权的方式排斥了差异。社会精英基于自己的话语权而表达出某个意见,并将这个意见强行地说成是全社会的共识,社会精英以代表了和创造了这种共识而把自己说成是公共领域以及公共部门的标志,说自己的一切行为以及产出都具有公共性,时时处处都通过冠以"公共"一词而要求人们接受。

在很大程度上,"公共"一词是具有欺骗性的,是为了掩盖民主政治作为

---

① [美]塞拉·本哈比:《民主与差异:挑战政治的边界》,黄相怀、严海兵等译,中央编译出版社 2009 年版,第 121 页。

竞争政治的实质,更是为了掩盖政治被用来统治和压迫边缘群体的工具。如果边缘群体识破了这种欺骗,也会产生抵抗的要求,但根据法治,他们的抵抗必须通过政治途径进行。因而,民主政治就是他们开展抵抗活动的平台和场所。也就是说,民主政治本来就是供他们以合法竞争的方式去进行抵抗的平台,当边缘群体的抵抗进入了政治过程,就是以竞争的形式出现的。所以,存在着政治过程中的斗争、抵抗等,就政治是民主政治而言,所具有的都是竞争的形式。把所有的斗争和抵抗都转化为竞争,恰恰是民主政治的功能。

二、竞争政治自反中的转型

在政治-行政二分的理论视野中,政府是被作为行政机构看待的,即要求把政府所代表的行政与政治区分开来。这样一来,我们在社会治理体系中就看到了竞争的政治与非竞争的行政(政治)两个构成部分。

虽然行政被看作是执行部门,即对政治部门通过竞争的方式形成的决策的执行,但是,行政所具有的对竞争政治的平衡职能也是一直存在的。也就是说,在民主政治以竞争的形式出现时,是让非竞争性的行政部门发挥平衡作用的。这样一种设计可以说是非常完美的。事实上,作为行政部门的政府,发挥着对民主政治以及整个社会的平衡作用。如果说民主政治与整个社会都是竞争性的,都是通过竞争去证明自身的存在和获得发展动力,那么,把行政部门打造成一种非竞争性的存在,令其在竞争的社会发挥平衡竞争的作用,在设计思路上的确是无比精妙的。但是,这只能说明,作为行政部门的政府只是一个特殊的政治部门,而不能够把它看作政治体系之外的存在物的。正如一架机器的某个平衡设置是这架机器的一部分一样。事实上,在作为行政部门的政府是否属于政治的一个构成部分的问题上,或者说,在政治-行政二分的观点能否成立的问题上,是一直存在着争议的。就实践来看,在处理一些日常性的事务时,政府似乎不具有政治属性,实际上,政府处理这些与政治距离较远的事务,也是从属于政治合法性经营的。根据这种理解,就可以说,政治与行政的区分更多地属于一种策略性安排。也许正是这一原因,才让我们看到,几乎所有对政府的调整和改革,都一直是以直接的政治行动的形式出现的。

　　世界各国在 20 世纪 80 年代开始启动的行政改革就是一项政治活动,可以说,没有人会将其视作脱离了政治的事务性活动。在这场改革运动中产生的所谓新公共管理理论虽然努力在政府机构及其运行机制的微观层面去阐发改革的思路,但实际上,它的诸如"企业家政府""公共服务民营化""引入市场机制"等改革方案都是对政治格局的调整,甚至在一定程度上包含着调整社会结构的要求。所以,我们认为其理论上的政治性质是非常明显的。政府属于政治体系的一个构成部分是不应怀疑的,也正因为如此,才使政治-行政二分被作为一项政治原则提了出来。但是,在这项原则被提出来之后,却把政府打造成了非竞争性的存在。既然作为行政部门的政府在原初的设计原则上是被作为非竞争性存在而建立起来的,是为了在竞争政治和竞争社会中发挥平衡器的作用,那么,新公共管理运动要求在政府中引进竞争机制就变得非常可疑了,其社会后果也就是包含着一种引发社会失衡的可能性。

　　对新公共管理的做法,法默尔曾经作出过质疑,认为把竞争引入"懒散而垄断的政府"中是不合适的。因为政府无论怎么改革,也不可能让政府官员获得"竞争性企业主"的动力和实际财富。所以,政府中根本不可能产生讲究实际的私营部门的执行者。也就是说,在政府中引入竞争机制肯定会失败。如果政府引入竞争机制成功了,那么政府所获得的这种竞争机制对社会将是灾难性的。从逻辑上看,之所以企业间的竞争能够显现出某些积极效应,那是因为有着一个不参与竞争或不开展竞争的政府。一旦政府自身也有了竞争文化,开展竞争活动,整个社会就失去了一直被作为平衡器的政府,而是把政府改造成了竞争的参与者,即把政府转变成了竞争的一方。这样的话,政府无论是参与到了民主政治的竞争中,还是参与到了社会的竞争中,都意味着工业社会的原初建构原则被抛弃了,以至于这个社会不再有一个平衡设置了。

　　如果说新公共管理运动所倡导的政府引入竞争机制不仅是面向社会的功能重塑要求,还是面向民主政治的参与行动的话,就会发现,政府以其所掌握的强大的资源调度能力而投身到民主政治的竞争活动中来,就会把民主政治改写成集权政治,而且它可能不是沃尔多所说的"行政国家"意义上的集权,而是会通过自己在政治活动中的竞争完胜而取缔竞争,就像市场中的垄断者一样凌驾于一切竞争者之上。当然,在政府之中也是存在着某些竞争的,政府中的公务人员由于受到竞争社会的熏陶而拥有竞争的观念和文化,当他们成为公务人员后,仍然会带着这种竞争观念和文化,而且也会反映到行为上,特别是在争夺业绩、争夺晋升机会和争取更多薪水方面,都会与同事开展竞争。但是,这决不意味着政府应当赋予其正当性,更不能去证明其合理性,反而恰恰是应当去加以抑制的。从实践来看,在新公共管理运动的主张得到了认真执行的那些国家中,一般都出现了人文精神的衰落,出现了公务人员对社会、对民众的冷漠,在一切法律容许的地方,公务人员都把个人利益追求放在了优先的位置上。所以,竞争文化天然地就是公共利益的腐蚀剂。

在考察了竞争政治实践所包含的自我否定逻辑后,我们可以再去关注一下政治学家们的理论思考。从中,我们同样可以看到对竞争政治的反思也必然会导向对近代以来民主政治的怀疑。特别是在阿伦特那里,提出了政治消失的看法,即推导出了民主政治走向终结的结论。

阿伦特指出,"目标一向是政治行动所追求的;政治的目标仅仅是我们借以为自己标定方向的标准和指令;政治目标本身从来都不是僵死的,其具体的实现总是不断变化,因为我们面对的他人也有自己的目标"①。工业社会是建立在原子化的个人的基础上的。也就是说,工业社会的建构所遵循的是这样一个逻辑:首先,假设每一个人都是抽象的原子化的个人;其次,每一个人都拥有"天赋人权";第三,人权之中的自由、平等贯彻到为了自我利益实现的一切活动和交往过程之中;第四,民主政治是上述三个方面实现的途径。所以,参与到民主政治中的每一个人以及民主政治应当予以保障的每一个人都有着自己的目标,而且每一个人的目标都具有独特性。

由于工业社会是建立在原子化个人的基础上的,而每一个原子化个人又都有着自己的目标,那么,在目标实现的问题上,如果同时需要满足自由、平等的原则,就只有竞争这样一条途径,即自由地开展平等的竞争。由什么为自由地开展平等竞争提供保障呢?显然是民主政治。这样一来,就出现

---

① [美]汉娜·阿伦特:《政治的应许》,张琳译,上海人民出版社2016年版,第162页。

了个人与民主政治目标的关系问题。因而，每一个人都需要把政治目标作为个人目标的标准，接受政治目标的指令和接受政治目标为个人目标标定的方向。但是，政治目标从哪里来？肯定不像人权那样是由"天赋"的，而是有一个复杂的形成过程。这个过程必然是以竞争的方式展开的。所以，民主政治是通过竞争的方式去确立政治目标的。正是这样，民主政治也与这个社会共享着竞争文化。

一旦将视线放在了政治目标的形成过程上，就会发现这个过程背后包含着目的。其实，这是一个在表述上会显得十分复杂也比较困难的问题。因为每一个人的目标背后都有着特定的目的，目标是从属于目的的。政治目标的形成过程也包含着每一个参与其中的人的目的。在代表制结构中，目的又必须被表述为目标，只有这样，才能取得所代表人群的认同。通过竞争过程而形成了政治目标，或者说，在竞争的过程中把目的转化成了目标。在目标出现后，目的隐藏到了目标的背后。但是，就目的隐藏到了目标背后而言，还不仅是"形"的意义上的隐匿，也是内容的空泛化，或者说，在多数情况下，目的是空泛的而不是具体的。如果这种目的是非常具体的话，就会异化为集权意志，也就不可能成为每一个人去自觉地"借以为自己标定方向的标准和指令"。

正是沿着这个思路，阿伦特意识到一项工作，那就是，需要对"目的"与"目标"进行区分，同时也把"意义"纳入进来，合并到一起进行讨论。或者说，阿伦特是把"意义"作为统一目标与目的的基础或中介因素来看待的。阿伦特说，"在政治上，我们不得不区分目的、目标和意义。一个东西的意义，不同于它的目的，意义总是内在于事物本身之中，而且只要活动在继续，那么这个活动的意义就能够存在。一切活动和行动都是如此，无论它们是否在追求某个目的。目的则恰恰相反，只有等到实现目的的活动结束之后，目的才开始转变为现实……而我们借以标定自己方向的各种目标，则为所有那些被制造出来的东西提供了必需的判断标准。这些标准超出或者优于那些被制造出来的东西，正如每一种衡量标准都优于它所衡量的东西。行动的目标与行动的目的，二者共同之处在于，它们都处于行动之外，独立于所采取的行动而存在；而在行动的目标与行动的意义之间，其共同点在于，它们都比目的更加无形，但与意义不同，目标在任何具体行动完成之后仍可以继续存在"①。

在阿伦特对目标、目的和意义所作出的上述区分中,实际上是要以理论论证的方式去支持一项"政治将在某一刻从人类历史上完全消失"的判断。阿伦特说,"如果说政治行动追求种种目的,而且必须根据行动的权宜与否来对行动作出判断,那么政治所关心的东西本身就并非政治性的,而是优于政治的,正如所有目的必须优于实现目的的手段。此外,一旦目的实现,政治行动也将终止,而且如果政治不过是实现非政治性的目的——政治唯一的存在理由——之恰当、权宜的手段,那么一般而言的政治将在某一刻从人类历史上完全消失"②。如果我们在民主政治中所看到的行动者是利益集团、政客、国家等,那么,阿伦特的这个判断是能够接受的,而且也是必须接受的。因为不同的利益集团、政党、国家等都有着自己的目的,需要通过政治行动去实现它们的目的,而且是以竞争的方式去实现各自的目的的。从现实来看,由于目的是不断生成和不断变动的,致使政治必须被延续,利益集团、政客、国家等也一直是作为竞争的主体而生生不息。

不过,从逻辑上讲,总会有这样的一天,所有的目的都得以实现了,或者是任何目的都不再生成,或者是利益集团、政党、国家等都带着它的目的消失了。这就是阿伦特提出政治将消失的判断时所作出的论证。如果仅仅是在逻辑上提出了这个判断,是不应被列入空想主义之列的,不应以此而对阿伦特提出批评,而且应当接受阿伦特的意见,那就是政治将必然走向消失。然而,如果从现实的角度去看的话,就必须承认:即使政治消失了,而人的目的还将存在,因为人还是要生活和开展各种各样的社会活动。显然,对于这种简单的事实,作为政治哲学家的阿伦特不会看不到,她所说的目的是指社会分化条件下的利益集团、政党等各种在政治远程中必然导致冲突的目的。这一点应当说是非常有见地也是非常深刻的哲学洞见。

如果我们把阿伦特用"政治消失"这种否定形式的表述翻译成肯定性的论述的话,就会形成另一个论断:在社会的高度复杂性和高度不确定性条件下,各种各样的利益集团、政党等为了各自的目的而开展竞争性的政治活动将会遭遇条件不允许的问题,或者说,在这种条件下,整个社会都应当把所

---

① ② ［美］汉娜·阿伦特:《政治的应许》,张琳译,上海人民出版社 2016 年版,第 163 页。

有的目的集中到一点上,那就是人的共生共在将成为全社会的共同目的。在作出这一种表述形式上的翻译后,我们却获得了另一重内容,那就是,不像阿伦特那样武断地认为政治会消失,而是认为政治会得到延续,只不过政治的性质、形式和意义都将不再是竞争政治。所以,所谓政治的消失,其实是指以民主政治面目出现的竞争政治的消失。如果政治不是贯穿着竞争文化,如果政治不是博弈的手段,而是出于人的共生共在之要求,那么,我们在政治活动中与他人相遇时,就会非常看重他人的目标。因为在他人的目标中也许包含着对人的共生共在更有价值的因素。那个时候,也就是在竞争政治消失后,将会生成一种合作的政治,这种合作的政治是从属于和服务于人的共生共在的目的的。

在我们试图理解阿伦特关于目的、目标与意义的论述时,如果同时对行动进行动态的观察,也是可以对目标、目的和意义进行与阿伦特相同的区分的。但是,那必须是立足于同阿伦特相同的社会低度复杂性和低度不确定性条件下。一旦我们站在社会的高度复杂性和高度不确定性条件下,就会看到,合作政治中的行动目标、目的和意义之间的界限将变得模糊了。因为这个时候的所有目标和目的都是指向人的共生共在的,行动者在目的上是一致的,并不是各自有着自己的目的,只是在承担具体任务的行动事项上才会出现目标上的差异。正是因为在具体的事项上会出现行动目标上的差异,才为政治留下了空间,让行动者可以通过政治的方式和途径去就目前正在开展的行动进行交流和探讨。至于行动的意义,或者行动目标的意义,都需要在与人的共生共在的标准的对照中去作出判断。

在这里,人的共生共在是所有行动者共有的目的,也是所有行动共同指向的目标,还是意义的判断标准。在这里,只有目标可以从属于双重理解:在抽象的意义上,是与目的同义的,即一切行为所指向的人的共生共在事实上也就是目的;在具体的意义上,是与具体的任务相关联的,是行动者可以通过政治而进行讨论和交流的。但是这种政治决不是竞争政治,而是合作政治。

三、在社会转型中建构合作政治

人文社会科学的研究已经形成了一种似乎不变的叙事风格:如果所探

讨的是某个地域性的问题，往往首先想到的是域外的情况，与域外进行比较，发现域外成熟的思想和操作经验。比如，威尔逊在提出"行政学"的构想时，就首先把欧洲大陆搬了出来。在中国，如果学者们不是在自己的作品中先绘声绘色地把美国等西方国家的情况吹嘘一通，就显得心里极度不踏实，因为那会让人觉得无知。中国学者一般认为无知比错误更不能容忍。所以，在中国的社会科学研究中，我们经常看到的是，如果社会科学的研究者所要解决的是一个新的问题，就肯定会问道域外或求助历史。即便是到域外的小学课本或小学历史课本中去抄几句话，也能满足炫耀知识、学问的心理需求。这一点对于中国学者来说非常重要，因为中国学者在探求真理方面明显地存在着热情不足的问题，而炫耀学识往往成了第一要务，域外以及历史为中国学者所提供的恰恰是炫耀知识的广袤空间。正是由于这一原因，在中国的学术作品中，几乎在对现实的任何一项思考中都包含着对域外文献和历史经验的梳理。同样，对一切中国问题和全新的世界问题的研究，也都首先要看域外学者或历史上的先贤说了什么，否则，就没有去加以涉猎的信心。我们曾经读到过专门探讨西方国家服务型政府建设经验的论文，也拜读过到18世纪启蒙思想家的作品中去寻找服务型政府建设理论支撑的鸿篇巨制，可以断言，关于合作政治问题的研究也必然会有着同样的遭遇。随着合作的问题成为一个学术话题，或者说，随着合作治理和合作政治思想的传播，将会有一大批学者突然发现人类历史上有着那么丰富的合作经验，也会发现"桃花源"是那么美好的合作社会，而且在北欧也一直有着"合作主义"的思想传统。

　　我们承认，在人类历史上，合作行为亦如竞争行为一样，都是普遍存在的。但是，如果说在历史上已经出现了合作文化的话，那肯定是不实的，更不用说有合作社会的思想了。正如克尔伯格所指出的，"许多传统的亚洲和其他非西方文明，特别强调和谐与集体依存，而非冲突和个人竞争。这种合作与互惠的态度进而促使了更加复杂的艺术、科学和技术的发展，以及精细和广泛性的社会治理体系的诞生。然而，必须再次提醒的是，切不可理想化或夸大这些文化的合作与互惠层面，其实这些文化之中也从来不乏封建军阀战争、压迫妇女和贫富悬殊等问题。因此，在这些社会里，互惠合作与对抗压迫同时存在"①。可以认为,工业社会继承和发展了农业社会中的对抗和压迫的一面,并将其重塑成规范性的竞争,建构起了竞争文化。正是竞争,已经把人类引入全球风险社会和危机事件频发的境地,也正是因为竞争体系变得难以为继了,出现了全球化、后工业化运动。

显然,全球化、后工业化运动意味着人类历史的又一次根本性的社会转型,扬弃和超越工业社会的竞争文化将是一项重要课题。这是否意味着我们需要到曾经被工业社会所否定了的农业社会中去开掘合作资源,并用来建构合作文化和合作社会? 在回答这个问题时,我们想到了北京城市建设曾有的经验。在 20 世纪 50 年代初期,北京为了让"社会主义新人"获得解放了的感受,将封建社会象征物的城墙拆除了。北京人将拆下来的砖石盖起了许多新房,解决了大批从农村征召进城的新市民的住房问题。改革开放后,北京进入了新一波造城运动,"拆迁"一度构成了一道壮观的景观。但是,在这一波造城运动中,拆下来的砖石并未出现再利用的问题。因为对于新建起的建筑物来说,那些拆下来的砖石是无用的废物,是被作为垃圾而运出城外填埋的。由此,我们想到,对于合作社会的建构而言,无论学者们从农业社会的历史发展中发现了什么样的合作经验,也不意味着可以直接地对其加以利用。我们决不能因为农业社会的政治是工业社会民主政治的对立面,就认定工业社会的民主政治出了问题时可以到它的对立面中去寻找替代性的方案。合作社会及其合作政治的建构,需要从社会的高度复杂性和高度不确定性出发,需要充分考虑的是全球性的而不是地域性的人的共生共在。相对于这样一项面向未来的探索,历史可以为我们提供的经验并不具有多大的价值。另一方面,我们也必须看到,为了寻求社会高度复杂性和高度不确定性条件下的政治模式,是不能像工业社会的启蒙运动那样简单地把"君主政治"改写成"民主政治"就开拓出了人类历史的新纪元,合作政治的建构要更为复杂,也是一项更为艰巨的任务。

我们认为,在复杂性和不确定性的观念出现的时候,任何"绝对观念"都将退场。也就是说,一旦我们拥有了复杂性和不确定性的观念,也就不会再

---

① [美]迈克尔·克尔伯格:《超越竞争文化——在相互依存的时代从针锋相对到互利共赢》,成群、雷雨田译,上海社会科学院出版社 2015 年版,第 84 页。

相信任何一种绝对观念。比如，在政治方面，民主、自由、法治；在经济方面，市场、竞争等，都是被作为绝对观念对待的。当它们遭遇了复杂性和不确定性的观念时，立马就会丧失了绝对性。在科学研究中，某些绝对观念也许为科学发展设限，使科学发展到一定程度的时候就走到了尽头。比如，在物理学的领域，引力观念就是一种绝对观念，相对论、量子力学等都是在对某些引力想象的解释中产生的。由于有了作为绝对观念的引力观念，科学家也就不会想象或不敢想象无引力的世界。在宇宙研究中，基于引力去想象黑洞，就会认为那是一种无限致密的天体，或者说，是把黑洞想象为引力无限大的无限致密的天体。对于宇宙，我们所有人都认为它是复杂的，假如在宇宙中旅行的话，任何不确定状况都可能出现，所以宇宙学中也包含着复杂性理论。但是，在这个领域中，尽管存在着复杂性理论，而科学家却没有确立起复杂性和不确定性观念。因为，如果科学家确立了这种观念的话，就会想象宇宙中存在着无引力的区域是合乎复杂性和不确定性的逻辑的。这样的话，也许就不会把黑洞想象为致密天体，就不会判断那是一种超强引力的现象，反而会将黑洞想象为无引力状态。如果我们发明一个概念的话，也许用"引力寂"这样的词去描述我们想象的那种无引力状态是合适的。或者说，如果我们把黑洞设想为无引力的虚空状态，那么，一切有引力的天体进入这个虚空之后，都会被虚空吞蚀而陷入一种"引力寂"的状态。所以，一旦形成了复杂性和不确定性的观念，我们就不会把作为竞争政治的民主政治看作是绝对的和唯一的，就会认为，在高度复杂性和高度不确定性条件下，在人的共生共在成为人类的基本目的时，合作政治是完全可以建构起来的，并能够实现对竞争政治的替代。

之所以我们不像阿伦特那样认为政治会消失，是因为我们认为，在高度复杂性和高度不确定性条件下也有着诸多需要通过政治去解决的问题，也会存在着需要集结大规模力量的行动。比如，面对小行星撞击地球而进行应对的问题，在遭遇了"外星人"入侵而如何去加以应战的问题，就可能是小型的行动体无法承担起来的任务，而是需要集结大规模行动力量，而且在这种集结力量的过程中包含着诸多政治事项。总体看来，在高度复杂性和高度不确定性条件下，单一的行动体是势单力薄的。但是，这个时候的行动体是处于合作场域中的。一方面，合作场域是开放性的和没有边界的，在需要的时候，整个人类就构成一个合作体系；另一方面，合作场域所拥有的是联动性的网络结构，整个场域、整个体系既可以以分散的无数单元行动体独立行动的形式出现，也可以以一个整体而开展合作行动。所以，是不会出现无法集结起大规模行动的问题的。

除了假想的诸如小行星撞地球、与外星人发生战争等之外，就地球自身中发生的事来看，更多的事项是需要小型行动体去应对的。而且，既然一切行动都是发生在合作场域中的，每一个行动体的独立行动也就只是一种表现形式而已。实际上，每一个小型的行动体都是处在更大的合作体系中的，所开展的都是合作行动。应当说，合作场域中的行动是不会受到行动体规模的制约的。因为，是承担任务的需要决定了每一项合作行动都能够随时调动起适当规模的行动者。这与工业社会的情况完全不同。在工业社会中几乎所有社会性的行动都处于竞争环境之中，行动体的大小受到竞争环境的制约，行动体规模上的变更也因为竞争环境而变得非常困难。在某种意义上，可以认为，工业社会是因为受到竞争文化的驱使而产生了无数需要通过大规模行动去加以应对的事项。一旦人类社会实现了合作文化对竞争文化的替代，对大规模行动的需求就会迅速下降，甚至不再有这样的需求。这样一来，合作政治也就会反映出行动体规模的小型化，或者说，行动体并不以规模制胜，而是以开展行动的合作性质制胜。所以，任何竞争政治的经验在这里都将没有发挥作用的场所和机会了。

就人类思想史来看，伟大的思想并不来源于那些在科学研究或学术活动的竞争者那里，而是那些独立于竞争系统之外、弃绝名利的人的创造物。虽然那些竞争者在竞争机制的驱动下也生产出了大量貌似有思想的作品，但距离"伟大"范畴的地标总会有着较为遥远的距离。所以，我们不认为竞争是推动历史进步的根本性动力，更不是唯一性的动力。我们认为，竞争只是在工业社会的历史阶段中成了推动社会发展的动力。在全球化、后工业化所开启的人类历史的新阶段中，竞争不仅不会成为历史进步的动力，反而会成为破坏性的因素。其实，即使在工业社会中，竞争的价值在社会生活的不同领域中也会有所不同。比如，在以家庭为核心的日常生活领域中，竞争是有害的；在基础性的科学研究领域中，特别是对于重大的理论创新而言，竞争也无法起到积极作用。相反，一切能够被纳入到竞争活动中去的科学研究,虽然也可以被定义为科学研究,但只能说是平庸的模仿性质的科学研究活动,至多也是诠释性的工作,根本不可能归入重大理论创新的范畴。关于竞争的社会价值和历史作用,都需要在具体的分析中作出评估,而不应笼统地对竞争作出无条件的肯定性评价。在我们的世界中,只有那些被宗教尊奉为最伟大的神才具有超越一切条件的价值。如果不存在着"竞争拜物教"的话,那么,竞争的价值就需要在具体的条件下去加以认识和定义。无论我们对工业社会这个历史阶段中的竞争政治抱有怎样的感情,在社会的高度复杂性和高度不确定性条件下,也必须将这种感情放置一边,然后去积极地参与到合作政治模式的建构中去。

第二章　走向合作治理（1）

当人类进入新世纪后，我们明显地感受到了社会运行的加快，社会的流动性处在迅速增强的过程中，这对社会治理形成了极大挑战。虽然我们一直在改革的旗帜下去寻求社会治理的适应性，但是，风险社会及其危机事件频发的现实证明我们在改革方面并未找到着力点。也就是说，我们并未给予社会的流动性以充分的关注，更没有基于社会流动性的现实去规划和设计改革方案。其实，对于改革而言，社会的流动性是一个极其重要的关节点，我们必须在社会治理变革以及新型社会体制的建构中充分考虑社会的流动性。如果说所有这些都需要通过社会治理行动去做出自觉安排的话，考虑到近代以来社会发展的另一个维度——社会组织化，改革的重点就应当放在组织模式的重建方面，即根据流动性增强的现实去建构合作制组织，并实现对官僚制组织的替代。

从历史上看，在社会治理中，在组织运行中，都可以看到权力所发挥的作用。在对权力进行考察时，我们应当看到两种权力存在形态：一种是与权力意志相统一的权力；另一种是与权力意志相分离的权力。无论是在表现形式上还是在内在性质上，这两种权力都是根本不同的。在总体社会背景的低度复杂性和低度不确定性条件下，存在着控制、支配和整合集体行动的要求，因而，必须求助于权力。同样，在低度复杂性和低度不确定性条件下，对权力的经营也是政治家以及组织的领导者和管理者经常使用的协调技术。因而，无论是在政治过程中，还是在管理过程中，控制、支配和整合的要求都是以权力意志的形式出现的,并通过权力的应用而将权力意志贯彻到政治和管理过程之中。随着社会呈现出了高度复杂性和高度不确定性,对于集体行动模式提出了根本性变革的要求。事实上,全球化、后工业化的历史性社会转型过程也意味着集体行动模式将从官僚制组织转变为合作制组织。合作制组织中也存在着一定的权力,但那是不再具有权力意志的权力。

在一切存在着权力的地方,都需要有规则与之相伴,在人类历史上的每一个阶段,规则对人的社会生活和社会交往都具有非常重要的意义,在工业社会这个历史时期中,规则的作用被发挥到了极致。现在,人类社会正处在全球化、后工业化进程中,立足于全球化、后工业化时代看未来,我们应当对社会生活、社会交往以及社会治理中的规则进行考察,以便规划未来社会的生活和治理。人类的社会治理是以组织的形式出现的,是通过组织的治理,其实,一切社会生活都需要建立在组织的基础上。组织意味着人们在个体的结构中聚集起来开展共同行动,因而需要规则。规则是人们共同行动中不可缺少的因素。全球化、后工业化呈现给我们的是社会的高度复杂性和高度不确定性,这种条件下的社会生活、社会治理,必然都是以共同行动的形式出现的,因而也需要规则。但是,此时的规则在形式和功能上都将不同于工业社会。高度复杂性和高度不确定性条件下的共同行动更多的是针对危机事件而开展的行动,表现为应急性的行动,从而要求规则必须是灵活的和富有弹性的。

第一节　流动性的迅速增强

20世纪后期,人类社会进入了全球化、后工业化进程,一个标志性的社会现象就是社会流动性的增强。现在,我们似乎处在这样一个社会中:一切都在流动,人和物在高速流动之中,人的观念也发生着迅速的变化,而且,人们赖以交往的语言等媒介和工具也处在迅速变化之中,让我们体会到了古希腊哲人的断言:一切都是变动不居的。然而,人类在长期的历史发展中养成了追求稳定的偏好,面对流动的世界,人们总是希望谋求某种稳定的存在物作为开展社会活动的平台或支撑点。比如,人们可以通过建立起稳定的制度而把一切流动着的社会因素纳入到制度的框架之中来。也就是说,即使人们无法消除流动性,也总是努力实现对流动性的驾驭和控制。比如,确立起某个稳定的坐标而把流动着的事物放置在这个坐标中去观察,形成控制流动性的措施和方案。

全球化、后工业化进程中所呈现出来的社会流动性属于一种高频流动,对人们自古以来就拥有的那种寻求稳定性的偏好构成了挑战,以至于此前所拥有的社会秩序正处在即将瓦解的边缘。总的说来,流动性对社会治理构成了直接的挑战,使原先行之有效的社会治理手段都不再适应,使人们过往的社会治理经验变得那样的粗浅和微不足道,似乎一个失序的社会已经成为我们不得不接受的事实。对此,我们直接感受到的就是风险以及危机事件频发。果真人类社会要重新回归到一种混乱和混沌的状态中吗? 显然,那种情形是不堪设想的。为了防止那种状况的出现,唯有寻求社会治理变革,即建立起适应社会高频流动状态的社会治理模式。这也就是全球性改革运动所应追求的基本目标。

一、流动性对社会治理的挑战

阿明看到,在全球化进程中,社会危机凸显了出来。他说:"如果我们把危机定义为绝大多数人的预期不能为制度逻辑所满足,那么当代社会显然处于危机中。人们需要充分就业,改善社会服务,并拥有社会流动的机会;而资本单边逻辑却导致了失业、贫困和边缘化。国家想独立并获得尊严;而全球资本的单边逻辑却带来了相反的结果。在这个过程中,国家和政府都已经丧失了合法性,正是这种合法性使之能够按照大众阶层的利益要求对社会关系的调整进行干预,并在国际社会维护其国家利益。"[①]的确如此,这些现象都是根源于工业社会的发展逻辑的,是在整个工业社会的历史阶段中一直存在着的,只不过在今天表现得尤为激烈而已,从而以危机的形式表现了出来。不过,我们必须指出,这决不是全球化的后果,反而是全球化所面对的和必须加以解决的问题。所有这些危机,只意味着旧世界以及旧秩序已经超出了其合理性的界限,必须在全球化进程中加以消除,而且也只有

---

① [埃及]萨米尔·阿明:《全球化时代的资本主义——对当代社会的管理》,丁开杰译,中国人民大学出版社 2013 年版,第83—84 页。

在全球化运动的深化中才能得到解决。

就人而言,也许自古就渴望着流动,但是,当人类进入农业社会后,由于土地的束缚而使人放弃了流动的念头,随着人对土地依赖程度的下降,渴望流动的热情又被重新点燃。我们在历史上看到,从农业社会向工业社会的转变,首先是反映在人的流动上的,表现为人们离开了千年耕种的土地而流向了城市。正是这一波人的流动,掀起了工业化、城市化的浪潮,奠定了现代社会得以建构的各项基础。可见,人的流动是一种历史现象,在农业社会出现之前,频繁的、成规模的人口流动曾经是一种非常普遍的现象。当人口流动和迁徙的节奏变得缓慢了的时候,人类也就进入了"农业化"的进程,最后,人的定居也就意味着农业社会完全确立了起来。可是,到了农业社会的后期,人的流动又开始活跃了起来,所带来的却不是游牧生活的重新开张,反而把人类推向了工业化、城市化的进程。

在近代社会早期,这种人的流动的历史现象的重演,只是在某些特征上表现出了回归的性状。实际上,人类是走在进步的征程上的,从来也无暇回眸流连。所以,工业化、城市化进程中的人的流动与前农业社会时期的人的流动有着根本性质上的不同。在前农业社会时期,人的流动并不表现为个体的流动,而是一个氏族或部落整体上的流动,所改变的是人与自然空间的关系,而群体中的社会关系及其结构都没有因为流动而发生变化。我们所考察的人的流动不是指前农业社会时期的人口迁徙,或者说,人口迁徙并不是现代社会学意义上的社会流动,就像游牧部落虽然随时迁移却不存在社会流动一样。一般说来,在任何存在着等级的社会中都不存在社会流动。人口迁徙了,等级关系没有打破,就称不上是社会流动。社会流动不是指人在地理位置上的改变,而是社会位置的变化。或者,我们也可以这样认为,游牧部落与工业社会之间仅有的共同特征表现为人的流动,但两者的实质是不同的,游牧部落的流动是不自由的流动,是逐水草而居,属于自然流动的范畴;工业社会的流动是自由的流动,工人自由到一无所有、无牵无挂地随意迁移,甚至资本家四处周游去寻找投资机遇时也不是背着钱袋。社会的流动性是与这个社会的发展速度联系在一起的,当一个社会处于快速发展的过程中时,社会流动性的程度也就处于较高的水平。因为社会发展的速度意味着人的机遇的增加,在社会处于高速发展的状态中,似乎每个人都有着多种机遇,当这些机遇可以向个人发展转化时,也就表现为社会流动性增强的状况。

回顾工业化、城市化的历程,可以看到,城市化进程不仅使大量人口流入城市,而且使原先的城市居民属性发生了改变。比如,一间开设在居民区的店铺,老板的儿子可能不再愿意像其父亲那样终其一生小本经营,在父亲无力再在店铺中主持营业的时候,儿子将店铺转给他人,而他自己则从事买空卖空的期货交易。虽然他每天都依然在小区中进进出出,但对这个居民区的老住户而言,他因为与他父亲完全不同而变得陌生,成为一个陌生人。其实,熟人向陌生人的转化有无限多条路径,在某种意义上,是社会的一种整体性转化,这也就是我们所说的历史性社会转型的一个方面的内涵。在这种转型的过程中,新的文化开始生成,新的规则体系被制定了出来,从而充分地发挥着既联系又隔离人们的社会整合功能。熟人社会是不具有流动性的,它的一切都似乎是非常稳定的,而陌生人社会则是流动的社会,或者说,人们因为流动而变得陌生,并使整个社会表现为陌生人社会。

社会的流动性对身份造成了冲击,或者说,流动性造成了身份识别的困难,即便可以通过身份证件等解决身份识别的问题,而身份承认的强弱却不是与身份识别必然相对应的。所以,就身份作为社会化存在的人的先验条件或先验规定性而言,不仅受到流动性的冲击,而且对于迅速流动中的人来说,也失去了意义。对于流动中的人来说,他的标识是包含在他的行动之中的,他人对他的认识和承认,都取决于他的行动,视他在行动中的角色扮演状况而定。这就是为什么角色会替代身份而成为人的标识的原因。

我们知道,在政治生活中,人们是较为讲究社会地位的,这是传统观念在现实中的表现。严格说来,社会地位是等级社会的传统观念在工业社会的物化,从另一个角度看,也是由于工业社会依然保留了让社会地位继续存在下去的土壤。就社会的运行而言,工业社会的复杂性和不确定性程度都还比较低,社会的流动性也因此而显得不足,人在社会中的位置也是相对稳定的,所以,能够形成人们之间的社会地位差别。随着社会流动性的增强,社会地位会变得不确定了。一个人不可能在既有的资源支撑下获得稳定的社会地位,一个人是否得到人们的认同和尊重,往往取决于其即时表现,或者在具体领域、具体方面的能力和贡献。所以,在流动性增强的社会中,人文社会科学研究所观察到的事实是,社会地位越来越失去了在政治的、社会的行动以及影响力方面的决定性作用。就实践而言,人们也无法再持有谋求某种社会地位的追求。因为社会地位将会成为某种幻影,对它的追求已经不再具有实际意义了。

根据阿明的体会,随着全球化运动中人的流动性的增强,种族间的边界将会消失,种族问题将得到根本性的解决。"种族问题会被某种行动取代,这种行动可以概括为:尊重多样性并统一起来。尊重多样性意味着抛弃空洞的强权说教。强权通常假装把民族国家的意识形态内在化,假装代表'国家利益'(强权经常背叛国家利益)。尊重多样性就要接受社会现实……对多样性的认可并不意味着无限分裂……相反,多样性应该是号召统一的起点。这是有利于民众力量发展的唯一途径。"[1]我们不同意阿明所倡导的所谓"统一",我们认为,他所说的"统一"显然是工业社会"同一性"的另一种表述,代表了一种陈旧的观念。而且,在全球化所造就的多样性的世界中,"统一"本身也是一个令人费解的词。尽管如此,阿明对"尊重多样性"的强调是正确的。因此,人的流动、种族边界的消失,必然会使差异扩大化和更加普遍化,多样性将不限于宏大体系和巨型人群的多样性,而是微观单元意义上的多样性。在此条件下,唯有承认差异和尊重多样性,才能打破一切将人们隔离开来的围墙,才能将人们带入广泛的合作行动之中。

就社会治理而言,如果我们希望在全球化、后工业化时代评价社会治理的状况,那么,一条最为基本的标准就是看它能否促进社会的流动性。能够促进人、物、财富流动的社会治理措施是积极的和反映了时代要求的措施。相反,就是消极的。正如水的流动会激起泡沫,但那是冲刷污浊之物而激起的泡沫,如果我们不愿意看到水流激起的泡沫而让水静止下来,那么,水就会变成腐臭的死水。在全球化、后工业化的进程中,以往在社会发展中积淀下来的许多消极因素都需要在社会的流动性增强中去加以解决。如果社会治理抵制、控制甚至试图消除社会的流动性,无异于让那些旧的消极的因素变为腐蚀社会的因素。比如,社会的不平等、财富占有的不均衡等问题,如

---

[1] [埃及]萨米尔·阿明:《全球化时代的资本主义——对当代社会的管理》,丁开杰译,中国人民大学出版社2013年版,第68—69页。

果不是通过社会的流动性去加以解决的话,就会愈演愈烈,直至导致社会不可承受的后果。当然,在感性的意义上,每一个政府都会将社会的流动性解读为社会不安定的根源,特别是那些有着集权传统和控制追求较为强烈的政府,总会极力抵制社会的流动性,以求获得社会稳定的暂时假象。事实上,这是阻碍社会发展的做法,是拒绝按照全球化、后工业化的客观要求行事的做法。结果,必然会使其治下的社会失去活力,丧失历史性的发展机遇。

二、反思工业时代的社会治理

在整个工业社会,"目的民主的原则为有机群体提供了一个表达共享价值的途径,并且确保它们相对于社群生活的优越性。通过扩展政治选择的范围,它们将政治变成了日常生活中最为主要的活动,每个普通人的骄傲与希望以及他的爱与其智力的结合。与此同时,它促进了共同目标的发展与对它们的阐明,它为克服支配做出了贡献。它是在一个间接的意味上,也即是通过削弱天赋对权力分配的重要性来这样做的。通过帮助创设一种情形,在这个情形之中所有等级制都越来越清晰地表现为一种政治选择而非技术性的指定,它也是以一种一般性的方式而这样做的。通过对支配的削弱,共享价值可能会变成人类种群性更为可靠的标记"①。在社会的低度复杂性和低度不确定性条件下,在种群稳定的条件下,民主的效应的确表现出了这种积极状况,共识以及共享目标的形成,也可以使社会治理表现出更多自治的内涵,而且会显得较为经济。也就是说,在流动性较弱的情况下,在社会治理的制度安排以及行动中,可以忽略流动性的因素,或者,可以通过建构起稳定的制度而实现对流动性因素的控制。在这一思路中,民主和法治就是最佳选择。然而,在高度复杂性和高度不确定性的条件下,在社会的流动性增强而使得人的种群处在随机变动之中时,对民主效应的任何一种上述预期都不可能转化为现实。在某种意义上,此时的民主恰恰不是服务于谋求共识和形成共享目标的需要,而是辩明差异以便开展合作的基本途径。这将是一种根本不同于近代以来形式民主的民主,而是一种真正的实质民主。

---

① [美]昂格尔:《知识与政治》,支振峰译,中国政法大学出版社 2009 年版,第 385 页。

对于工业社会这个历史阶段的社会特征,我们从产业的角度将其称为"工业社会";在经济体制以及经济运行驱动力的角度,我们通常是使用"资本主义"这一概念来表称它的。的确,在这一社会中,人们更多地把视线投注到了商品上或商品的消费方面。当人们把视线投注到商品上,就需要回答与商品生产和交换相关的一系列问题。从斯密到李嘉图,给予我们的就是这样一个视角,建构起来的就是这样一种政治经济学。因而,我们看到"劳动"概念的引入,商品价值的发现并成为交换的基础。然而,一旦人们把视线投注到消费方面,一种商品的消费如果不具有独占性的话,也就是可供多人同时以同样的质量消费的,那么,这种商品的价值就不是由它所包含的劳动量来决定的,而是由消费者的数量决定的。比如,服务业的兴起,特别是互联网上各种各样的服务,其价值取决于点击率。再以金融产品为例,它的价值来源于流动性,作为产品,金融业中的一项服务如果表现出呆滞的状况,其价值就是极小的;相反,如果呈现出活跃的流动性,其价值就得到了迅速提升。通过这一考察,就可以发现,当人们把视线投注在商品上的时候,在观念中所形成的是弱流动性的实体,或实体性存在(商品)的可控制的、线性的产生过程;当人们把视线投注到了消费方面,作为实体性存在的商品似乎不存在了,代之而起的是一些非实体性的商品,是无法确定边界的和具有包容无限多消费者能力的商品。这种商品的不确定性只能在流动性的视野中来加以把握。

在经济学和社会学、政治学的边界处,人们所占有的诸多社会性的物品以及从自然资源转化而来的社会物品,都是被作为财富来看待的,财富不仅可以得到法的保证而被占有,还可以进入交换过程,而工业社会也基本上被建构成了一个交换体系。根据福柯的观察,"在交换体系中,在允许财富的每个部分都去指称其他部分或被其他部分指称的相互作用中,价值既是名词又是动词,是联结力,是分析、归因和剪切的原则……价值在同一个操作中把两种功能联合在一起,一种是允许一个符号归因于另一个符号、一个表象归因于另一个表象,另一种是允许构成表象总体性的要素或分解这些表象的符号得到明确表达"。[①]物品之所以能够被作为财富来看待,就在于它包

---

① [法]米歇尔·福柯:《词与物——人文科学考古学》,莫伟民译,上海三联书店 2001 年版,第268 页。

含着价值；或者，能够引起人们的价值联想，即是有价值的。也许某些物品原本没有价值，但社会活动可以促使它生成价值和赋予他价值，而且，一旦一个物品进入交换过程，或者在人的社会活动和社会生活中得到了应用、珍视等，也总能成功地实现价值化。就此而言，是不同于那种作为劳动量凝结的静态价值的，而是与人的观念、意识的流动密度联系在一起的动态过程。

当然，无论价值以什么形态出现，一旦与财富联系在一起，就会在财富的交换过程中作为衡量财富的尺度而存在，也总会在交换的过程中被表象出来。比如一件文物，我们无法用科学的方法去估定其价值。一般说来，把一件文物放在某个拍卖会上，通过几轮竞价而以某个价格成交，这个时候，其价值也得以表征，它的成交价格也被确认为它大致拥有的价值。也就是说，物品还是那件物品，而价值却在通过价格来加以表现时而处于流动的状态。更为重要的是，几乎所有得以社会化的物品都是可以用符号来指代的，而符号既可以与物品联系在一起，也可以脱离物品而独立地运行。特别是当符号能够脱离物品而独立运行的时候，便不受物品实体性存在形态的束缚，而是显得更加自由。因而，其流动性也得到了大幅增强。

在工业社会的形成和发展中，经历了一个"资本主义世界化"的过程。在资本主义世界化所造就的世界中心-边缘结构中，"人口的运动的走向与货币背道而驰；货币是从繁荣的国家流向价格低的地区的；而人则是被较高的薪水、因而被拥有充裕货币的国家所吸引。因此，穷国家有居民减少的趋向；穷国家的农业和工业会恶化，贫苦就增加了。相反，在富裕的国家，劳动力的汇聚能开发新的财富，财富的买卖成比例地增加了流通着的金属货币的数量"①。结果，中心与边缘之间的差距变得越来越大。在边缘国家中，贫富两极分化尤其突出，社会治理的功能也就主要体现在极力维护社会的稳定方面。维护社会稳定的基本做法又往往是限制社会流动，设置各种各样的障碍去阻碍人们在空间上的流动。同时，也使社阶层"固化"，以至于人们在不同社会阶层间流动的各条道路都被封死。处在中心地带的国家则处于一种两难选择之中，一方面，它希望促进资本和人力资源的流动，以便通过

---

① ［法］米歇尔·福柯：《词与物——人文科学考古学》，莫伟民译，上海三联书店 2001 年版，第 248—249 页。

这些途径去掠夺边缘国家的财富;另一方面,它又畏惧移民的大量涌入,特别是对难民,往往采取极其不人道的措施。此外,对于边缘国家输入的廉价商品,也往往采取贸易保护措施。

所以,阿明指出,"资本主义所制造的两极世界会变得越来越缺乏人道,并会急速膨胀。面对这个暴行的挑战,社会主义有责任提出一个全球化替代方案,也就是可获得真正全球意义上的全球化并赋予它人道的、世界主义特点的方法"①。无论在何种意义上看,全球化对于边缘地区和边缘国家而言都是一种机遇。阿明认为,在全球化进程中,"资本主义希望维持现状,或多或少地使之屈服于资本单方向流动的可能"②。但是,就全球化是一场具有历史必然性的运动而言,肯定包含着某种突破资本运行逻辑和控制能力的力量,从而使维持现状的做法以及按照既有的逻辑所作出的安排变得不再可能。全球化所呼唤出来的流动性必然会不断地冲刷中心与边缘之间的界限,使当今世界体系的中心-边缘结构发生动摇,直至崩塌。单从近些年来国际关系的状况看,由霸权国家所控制的国际秩序正在瓦解,急速流动的几乎所有因素都对世界秩序形成挑战,而且也使民族国家内的风险度大大地提高,对各个国家内部的社会治理造成了极大的冲击。全球化把国内与国际联为一体,国内的或地区性的动荡对世界经济和政治都产生了巨大影响。反过来,国际上所发生的几乎所有事件,也都有可能对一国内部的治理形成巨大的压力。不仅人与物的流动对社会治理形成挑战,而且信息的流动也可能会在瞬间引爆一场大规模的冲突。

福克斯和米勒指出:"一旦'官僚制'和'制度'被认为是物化的,就是说,一旦我们承认偶然的人类行为被错误地客观化为不可改变的自然力,那么,诸代理机构、官僚制以及与这些公民机制不同的东西之间顽固的边界线就具有渗透性。"③其实,正是流动性的增强,致使我们一切指向未来的实践进程都出现了边界变得越来越模糊的状况,可以相信,它最终将使所有客观化或物化的边界都被取消。在流动性迅速增强的条件下,可以清晰地看到,每一个居留地都是暂时的,不会在居留地营造出属于他(它)自己的场,无法在

———————————

①②③ [埃及]萨米尔·阿明:《全球化时代的资本主义——对当代社会的管理》,丁开杰译,中国人民大学出版社 2013 年版,第 67 页。

行动中得到场的支持,也同样不会有一个制约着他(它)的行动的场。因而,这种行动是独立自主的,体现了自由意志。同时,我们又看到,在流动性的视角中,时间和空间是非常重要的资源。虽然根据动态的观点,资源的意义变得很弱了,但一切行动都需要得到相应的资源支持又可以说是确定无疑的。可是,流动性使原先那些开展社会活动所必需的资源变得越来越失去价值,而新的社会资源是什么,又无法确定。

就工业社会的治理体系来看,经历过"三权分立"到"政治与行政二分"的过程,当行政被推到了社会治理的前沿地带后,建立起了文官制度,并确立起了"功绩制原则"。根据"功绩制"原则而作出的组织设计为组织成员划定了一个确定性的晋升路径。当然,为了更有效地激励出组织成员的预期,肯定会留下一个不确定性空间,以激发组织成员的预期。这在一定程度上是对工业社会流动性的妥协,即为了适应流动性而在组织体系中保留一个不确定性的空间。不过,我们也看到,如果这种不确定性超出了组织领导的控制范围的话,就会引发相反的结果。所以,无论是在公共部门还是私人部门中,驾驭组织都需要相应的领导艺术。

就既有的组织来看,基本上是在低度复杂性和低度不确定性环境下建构起来的,在组织设计中安排一定的不确定性空间是具有积极意义的,能够赋予组织以活力。然而,在高度复杂性和高度不确定性的条件下,组织环境以及组织自身的不确定性都是一种常态现象。在这种情况下,不仅任何安排不确定性空间的做法都不再可能,而且,所有的不确定性问题都无法在控制导向的思维方式中得到驾驭。因而,组织领导者希望利用不确定性去增强自己的权力的做法会变得非常危险,而且,领导者与其他组织成员的权力关系本身就处于流动的过程中,会随时发生变化。总之,高度复杂性和高度不确定性使任何集权的追求都失去了基础,虽然会在组织承担具体的任务中形成权力关系,但那只是一种暂时性的权力关系,是处在流动状态中的。

三、合作制组织与社会治理

关于流动性对社会治理的挑战可以说不胜枚举,我们认为,这种挑战是全方位的和无处不在的。那是因为,人类社会已经走进了全球化、后工业化进程之中,而我们所使用的社会治理模式则是在工业社会中建构起来的,它无法适应全球化、后工业化时代社会治理的要求,甚至是与这个时代中一切新出现的社会现象相冲突的。其中,最为根本的就是工业社会赖以开展社会治理的组织形式已经无法在全球化、后工业化时代的社会高度复杂性和高度不确定性条件下开展有效的行动,反而是因为行动迟缓而总是错失作出正确行动的时机。可以认为,承担着几乎全部社会活动和社会治理任务的官僚制组织是一个机械体系。在工业社会低度复杂性和低度不确定性条件下,社会的流动性是较弱的,社会处于低速运动的状态中,官僚制的组织形式无论是在公共部门还是私人部门都能够作出优异表现。随着社会流动性的增强,即社会进入高速运动的状态时,这一组织形式处处表现出了回应性不足的状况。比如,官僚制组织是把效率追求放在首位的,然而,在复杂性的和高速流动的场境中,就如法默尔所指出的,"效率这个模棱两可的概念不仅仅是没有效率。当在规范的意义上将它阐释为一种管理方法时,它就是粗暴的,是可能误导的,当不按规范意义阐释它时……它便是没有意义的统计资料"①。因而,需要通过组织形式的变革去谋求社会治理的改进。事实上,对于整个社会而言,都需要用一种新型的组织形式替代官僚制组织。

就当前的社会而言,流动性的迅速增强主要是由于信息技术的广泛应用而使得人与物在得到了信息技术的支持时进入了高速流动的状态。从此角度去观察官僚制组织,就会看到,官僚制组织虽然也非常注重信息的应用,但它的效率追求以及行动的有效性是根源于组织的结构以及制度的,信息只有被放置在了组织结构和制度之中时才能达成合目的性的效果。在信息技术得到广泛应用的情况下,官僚制组织的结构和制度都无法容纳和驾驭信息的流动了。特别是在互联网上,官僚制组织控制信息流动的追求总是遭遇一种非常尴尬的收场。这就是芳汀所看到的,信息技术的应用包含着"一种潜质,可以影响组织内或者跨组织的协调、生产和决策过程。理论上,尤其在'官僚机器'的理论框架中,信息技术通过对协调和信息施加影响,可以使广泛层面的效率变得可行。信息技术的进步对官僚机构产生的

---

① [美]戴维·约翰·法默尔:《公共行政的语言——官僚制、现代性和后现代性》,吴琼译,中国人民大学出版社2005年版,第269页。

一个主要的潜在影响是构造信息处理和信息流动的能力，这种构建是通过互联网而实现的，而非通过对角色、组织关系和运行程序进行严格的界定而完成的。但是，在实践中，效率和有效性的增长主要依赖组织的结构和设计，而不是技术的基础设施"①。这里所说的"依赖组织的结构和设计"显然是不能在维护官僚制组织的意义上进行的，而是需要寻求一种不同于官僚制组织的结构和制度，即需要作出全新的设计。如果政府官员，特别是部门的领导者能够认识到这一点，那是非常有益的。因为当他们认识到信息技术的应用并不仅仅意味着购买必要的设备和建立相应的信息系统，而是意味着需要同时对组织结构作出调整，对组织关系进行新的建构，那就会迎来制度变革的结果。认识到了这一点后开始进行这种设计的话，那么，社会流动性迅速增强的事实就是一个出发点。

工业社会是一个组织化的社会，人们一经进入组织，其活动范围就被限制在了组织边界之内。在这里，人在组织不同岗位间的流动是极少发生的，或者说，那只是极少数组织成员才能获得的机遇。从理论上讲，个人并不是命中注定必须在某一组织中活动的，个人如果在组织中不得不忍受某种压抑性力量的话，那只能是在两种情况下才是个人无法选择的：一种情况是组织模式的单一性，个人从一个组织迁出而进入另一个组织，并不能改变他受压抑的状况；另一种情况是组织对于个人的压抑可以在个人利益实现中得到抵消。在工业社会的历史时期中，这两种情况往往交织在了一起，工业社会中的组织模式是单一的，同时，这种单一组织模式中的任何一个组织又必然是个人利益实现的途径。而且，工业社会中的个人利益也主要是物质利益，为了物质利益的实现，个人往往不得不忍受组织对他的压抑。全球化、后工业化必将打破这种状况。我们所说的组织模式变革，就是官僚制组织的衰落和合作制组织的兴起。

随着合作制组织的出现，组织结构、运行机制等都会有着更大的灵活性，从而在合作制的概念下出现了组织模式多样化的局面。另一方面，个人利益的内容也发生了重大变化，物质利益成了利益范畴中的极小一部分内

---

① ［美］简·芳汀：《构建虚拟政府——信息技术与制度创新》，邵国松译，中国人民大学出版社 2010 年版，第 30 页。

容,人的个人价值、尊严以及与他人、与群体的交往关系,都成了个人利益的构成因素。这样一来,个人是否加入某一组织就不再是出于单一目标的考量,个人拥有充分的选择进入还是迁出某一组织的自由。这就迫使组织必须能够满足其成员全面的、完整的利益要求。反过来,由于个人有了更多的进入和迁出组织的自由,也造成了这样一种状况,那就是,不是组织选择个人作为它的成员,而是个人选择组织作为他参与共同体生活的途径。个人的选择,在他成为组织成员之前和之后都维持着与组织以及其组织成员之间的自愿合作关系。正是组织与个人的这种选择性的互动,悄悄地改变了组织的性质,使组织这种社会存在物能够适应后工业社会共同体生活的需要。

合作制组织是具有充分开放性的组织,它的开放性使得组织成员在组织内外的流动变得更加方便了。但是,这不意味着每个具体的组织的存在都是短命的,相反,正是因为这种开放性而使组织在总体上具有更强的持存意义上的稳定性。这不是因为合作制组织的开放性而把一切差异都排除在了组织之外,从而使组织成为一个同质性的群体,而是因为这种开放性更能够增强组织成员的共识,更能够让组织成员学会包容差异,更能够生成合作的组织意识形态,更能够把组织愿景转化为个人的行动指南。当然,合作制组织也可能具有一定的排斥性文化,但它在行动的过程中所排斥的是不利于合作的因素,会让那些不能合作、不愿合作的人流动出组织。所以,合作制组织的开放性不仅不会导致组织成员的流失而使组织陷于解体,反而在组织成员流入流出的过程中,得到淬化而成为强有力的行动系统。

在合作的社会中,具体的某个组织可能会是短命的,那只能是因为它不具有合作制组织应有的基本属性而成为短命的组织,或者说,是因为它不具有合作制组织的属性而选择了结束自己"生命"的结果。这种情况的出现,不仅无损于其他组织的存在,反而使其他组织从它的解体中获得了更多的人力和物质资源。总的说来,合作制组织的开放性决定了它的生命力的状况。因为,如果某一组织不能提供良好的内部合作环境,或者,如果它在社会合作体系中的角色价值不甚重要,组织成员就会在开放性的通道中流动出组织。当组织成员的流失达到某一临界点的时候,它承担社会职能的能力也就下降到了极低的水平,因而意味着组织生命的终止。一般情况下,总是因为出现了替代它承担社会职能的另一组织，它的生命力才终止。这时，它可能被归并到它的替代组织之中，在拥有更优的内部合作环境的组织中被整合和同化了。

合作制组织追求的是广泛开放的社会性合作，这一点根本不同于以往组织中的合作。在以往一切形式的组织中，都或多或少存在着正式的或非正式的合作关系和合作行为，但这些合作都是局部性的和有限的合作利益实现途径。因为"固定群体内稳定的内部道德往往同对外采取敌意及对群体外个体进行压迫相伴而生"①。"如果人们渴望一个没有流动性和匿名性的社会，那么就必须接受封闭社会的情形，合作利益将只局部存在，而它会产生在群体界限外优先考虑权力利益的激励。"②合作社会显然不能容忍这种情况发生，合作社会通过合作制组织这种形式所要实现的是整个社会所要获得的普遍的合作利益，在合作利益的动态实现的累积性过程中，它又是无限的。

合作制组织的开放性和流动性也使组织成员间的平等不再是一个问题。因为从官僚制组织来看，不平等的层级设置正是根源于结构的固化，当合作制组织的开放性和流动性使组织结构的固化变得不再可能时，即使组织成员间出现了不平等的关系，也只会在一时一事中表现出来，而且是在有益于合作行动的情况下才会为组织成员默认和接受，一旦合作行动的一项任务完成后，那种暂时出现的不平等关系也就消解了。也就是说，在此项行动中，你因为拥有了与任务相关的知识、智慧或技能而获得了指挥权，而在承担另一项任务时，我或他也许就会由于同样的原因而获得指挥权。总之，权力不会因组织结构的固化等原因而稳定地与某个（些）组织成员联系在一起。所以，虽然在一时一事表现出了某种组织成员间的不平等关系，而就合作制组织的整体运行而言，或者在多次执行任务的综合衡量中，则不存在所谓平等的问题。

合作制组织的开放性和流动性对于保持创新成果不受误判的挫伤是有益的。因为合作制组织边界的自由开放使每一个人都可以自由地进出组

---

① ［德］米歇尔·鲍曼：《道德的市场》，肖君、黄承业译，中国社会科学出版社 2003 年版，第 601—602 页。

② 同上书，第 161 页。

织,可以选择做这个组织或那个组织的成员。当某个人取得的一项创新成果在这一组织中未能得到承认时,他为了寻求对他的创新成果的承认,就可以离开这一组织而流动到另一组织。在另一组织中,他找到了知音,他的创新成果得到了承认,并付诸实施和转化为行动,从而有益于社会。对此,人们可能将其理解成个人寻求承认的问题,实际上,它对于社会则是有益的,它保证了所有具有正向价值的创新成果都不会因为某个(些)人的忽视而湮灭。一项有价值的创新成果得不到应用,从个人的角度看,创新者可以认定是受到了某些方面的损失,而他的同事、领导等也可能受益于他所遭受的损失。所以,如果不就某个具体的人而言,在创新成果是否得到了承认的问题上是无所谓得失的。然而,从社会整体的角度来看,任何一项创新成果被雪葬了起来都是确定无疑的损失。就此而言,合作制组织的开放性和流动性保证了创新成果在某一组织中受到忽视、漠视的情况下而顺利地转为另一组织所有,对社会来说,总是有益的。

合作制组织的流动性决定了信息沟通和传递都不会出现阻滞、截留或修改,因为结构的流动性意味着信息来源并不是单通道的,而是多元的甚至全方位的,像官僚制组织中的那种希望通过控制信息而获得和增强权力的状况将不再会发生。更为重要的是,合作制组织一般不会建立正规的归属于组织的信息系统,合作制组织的信息支持因素主要是由专业化的外部组织提供的,是组织间合作的一种表现方式和一项内容。专业化的信息处理组织会通过与一切需要其信息服务的行动系统(组织)的密切合作而实现自己的价值,而任何一个行动系统(组织)也都可以在提供信息服务的众多专业化的信息组织间作出选择。结果,信息不再与权力之间有着必然的联系,通过垄断信息去获取权力的行为也就不再发生。

流动性根源于社会的复杂性和不确定性。全球化、后工业化把人类社会推到了高度复杂性和高度不确定性的状态中,在此条件下,无论是开展社会活动还是从事社会治理,摆在行动者面前的都是任务的多变性和岗位的流动性,从而迫使人们(组织成员)必须把学习放在突出位置上。而且,与对具体技能的学习和训练相比,对基础性理论和一般性知识的学习和掌握更显重要。因为人的能力和时间的有限性决定了他不可能学习和掌握所有的技能,而是需要通过基础理论和一般性知识的学习去提升迅速接受某种特殊技能的能力，以便在承担具体任务时能够根据需要而用最短的时间掌握具体的技能。当然，社会流动性的增强也使组织在承担任务时能够非常方便地和高效地从社会中获得拥有相关技能的人力资源。不过，那主要是一些专业性要求较高的技能，对于专业性要求并不很强的技能，则需要着眼于人的素质。一旦考虑到人的素质，唯有在基础理论和一般性知识的学习中才能得到提升。从技术的发展史来看，技能的专业化与技术的"傻瓜"化是同步前进的。绝大多数"傻瓜"化的技术在应用的时候，都更倾向于对使用者的素质而不是技能提出要求。所以，考虑高度复杂性和高度不确定性条件下的人的行动时，首先应给予重视的是帮助人们确立学习的理念，帮助人们养成学习的习惯；其次，则应引导人们重视对基础理论和一般性知识的学习。

总之，合作制组织因为开放性而具有流动性，也因为是一个具有流动性的组织而能够适应"流动社会"的要求，不仅在社会治理方面，而且在广泛的社会活动中都将流动性内化为组织的根本属性。所以，在全球化、后工业化进程中，组织模式的变革应当成为优先事项，我们在何种程度上建立起了合作制组织并实现了对官僚制组织的替代，也就在同等程度上刷新了社会治理。在人类进入 21 世纪后，无论是在一国内部还是在全球空间中，社会治理都陷入了一种令人担忧的困境之中。虽然世界各国都在通过改革而谋求脱离这种困境，而且在国际社会中，也出现了各种各样的探索，但是，似乎并没有取得实质性的进展。根本原因就是，没有找到改革的重心。我们认为，既然人类社会在近代早期就开始了社会组织化的进程，我们的一切社会活动，特别是社会治理，都是通过组织进行的，那么，组织的变革才是改革应当优先选择的事项。因此，我们认为，走出人类当前困境的根本出路，就在于探索终结官僚制组织和建立合作制组织的行动方案。

第二节　权力与权力意志的分离

在存在着社会等级差别的地方，也就会在不同等级间的势差中产生出权力。从历史经验来看，这种作为一种社会力量的权力必然会被用于支配和控制。也许到了这么一天，随着社会去等级化的任务彻底完成，即在无论是经济的或官僚制的原因引发的等级彻底消失的时候,人们便处在了平等的地位上。但是,平等的人之间是存在差异的,而且差异化的程度有可能是人类历史上从来都没有过的。由于人们之间存在着差异,也就会因为这种差异而生成一种社会力量。但是,这种社会力量不会以过往的那种权力的形式出现,而是可以通过整合成为一种重要的社会资源。这种社会资源是不定型的,却又构成了推动社会运行的主要动力。20世纪后期以来,特别是在全球化、后工业化进程中,权力的柔性化已经构成了社会治理历史演进的一个基本趋势,"传统的威胁和控制手段正在被逐步取消或淘汰:权力的行使越来越倾向于依靠各种管理方法、专业化和科学技术"①。这是一个历史性的趋势,它说明,至少在权力的行使方面不再经常性地与暴力或威胁使用暴力相联系。

　　官僚制组织包含着人为设计的成分,比如岗位、职位、部门、层级等,都会反映出设计者或组织领导者的认知以及意志。如果说工业社会的民主政治也需要通过官僚制组织去进行组织的话,那么,就政治体系而言,也有着与官僚制相同或相似的这类结构性设置。所以,虽然在工业社会这个历史阶段中权力的存在和运行不同于农业社会了,不再是渗透到了社会每一个角色的支配力量,而是存在于组织之中的,是根源于组织存在与发展的客观要求的,但是主观因素却仍然发挥着直接的影响作用。比较而言,如果说在合作制组织中依然存在着权力的话,那么,这种权力将是直接受到合作行动及其承担任务的状况决定的,所反映的完全是客观要求,是因承担任务的需要而在权力与人之间建立起了临时性的、一次性的关系。当一项任务得到了解决,那么,适应承担这项任务要求的那种权力与具体的人的联系就解扣了。随着新的任务的出现,就会因为新的任务的需要而使权力与具体的人建立起联系。这一次与权力相联系的人可能与上一次承担任务时掌握和行使权力的人相同,也可能不同。即便是在上一次承担任务时掌握和行使了权力的人这一次又与权力之间建立了联系,他也不会把这种联系看作是稳定的联系,也同样会理解成临时性的和一次性的联系。这种一次性的与人

---

① [英]约翰·基恩:《公共生活与晚期资本主义》,马音等译,社会科学文献出版社1999年版,绪论,第6页。

联系在一起的权力是一种非结构性的权力,它是功能取向的,在集体行动中所发挥的是建议、提示和引导的功能。也就是说,这种权力是与权力意志相分离的权力,与以往所有作为权力意志与权力一体性状态的权力都有着根本性的不同。

一、控制、整合、排斥中的权力

在官僚制组织中,实际上存在着结构性的权力和非结构性的权力。结构性的权力属于"硬权力",是在组织结构中生成的权力,得到组织结构的支撑、规则的规范,并有着相应的责任与之相伴。对于非结构性权力,我们往往称为权威,实际上,不仅是在正式组织意义上的诸如领导的权威、专家的权威和对组织作出突出贡献的"功臣式"权威,而且包含各种各样的非正式的权威。概括起来,如果在功能的意义上去对这些权威作出定义的话,它们实际上就是影响力,在表现上具有"软权力"的特征。之所以具有"软权力"的特征,是因为这种权力背后并不包含权力意志。也正是这个原因,我们往往并不将其称作权力,而是称之为权威。在组织中,权威往往会因组织的官僚制典型化程度而有所不同,典型化程度较高的官僚制组织表现出"硬权力"发挥作用的状况,而在非典型化的意义上,离官僚制越远,以影响力的形式出现的"软权力"在作用力上就越强。

就这种"软权力"是生成于官僚制组织的基本框架下而言,与韦伯所说的"卡里斯玛的权威"和"传统的权威"又是有所不同的。因为在韦伯那里,"卡里斯玛的权威"和"传统的权威"决定了组织类型,建立在这两种权威基础上的组织不被认为是官僚制组织。关键的问题是,"卡里斯玛的"和"传统的"权威本身就合乎"硬权力"的标准,是包含着权力意志的,而且其权力意志也是很强的。我们这里所讲的"硬权力"和"软权力"都是存在于官僚制组织之中的权力,它们仅仅对官僚制的典型化程度有所影响。如果把官僚制组织的生态也纳入到视野之中,就会看到,在政治领域中同样存在着结构性的权力和非结构性的权力。也就是说,无论是政治权力还是管理权力,都包含着结构性权力和非结构性权力两种形态,或者说,既包含着"硬权力",也包含着"软权力"。

在政治与管理实现了分化的形态中,无论是政治权力还是管理权力,在主观上都是出于控制的需要;在客观上,则从属于整合的要求。其实,尽管"硬权力"更多地应用于控制过程中,而"软权力"更多地发挥整合功能,但控制与整合在更多的情况下是联系在一起的,是很难做出严格区分的。所以,从源头上看,权力与权威也是纠缠在一起的,我们很难在它们之间划出严格的界限。在抽象的意义上,人们也把现代社会中的权力主要区分为政治权力和管理权力,而在实践中,这种区分同样是非常困难的。

如果把政治活动中的权力称作政治权力和把组织中运行的权力视为管理权力,可能是不甚合适的。因为它们之间是相互渗透和纠缠在一起的。一般说来,抽象权力更多地可以理解成是属于政治权力范畴的,而具体权力则更多地表现为管理权力。所以,就权力的功能实现而言,要么表现为制度化的控制和整合,要么表现为直接性的行为控制和整合。总之,权力的天然属性就是服务于控制和整合需要的,也正是权力的这种属性,使得所有社会系统——无论是政治的还是组织的——都离不开权力,只要有控制与整合的要求,就会求助于权力。

一切控制和整合都以边界的确立为前提,应用权力去实现控制和整合的目的,首先要做的就是确立边界,而确立边界的行为又主要是以排斥或包容的形式出现的。关于这个问题,艾丽斯·杨在对民主政治的分析中做出了很好的解析。根据她的看法,在民主政治中,"外部排斥"一直是一种非常普遍的现象。"对于那些有权有势的人而言,那种获得他们想要的来源于政治过程的东西的最简单的方式,就是建立各种具有排斥性的自行任命的委员会,在这些委员会中,他们通过秘密协商的方式设定议程,并且达成各种方针政策,然后将这些议程与方针政策作为既定的事实纳入到公共辩论中。诸如此类的行为违背了最基本的关于公共性的民主规范。由于那些受到影响的其他人可能很久以后才会意识到上述行为存在的问题,这些行为很难遭到明确的反对和挑战。"[1]民主政治的这种排斥性的另一面就是可操纵性。一旦少数人成功地把多数人排除在决策过程之外,也就实现了操纵。这种操纵不仅是对民主过程的操纵,而且是通过对民主过程的操纵而实现了对整个社会的操纵。无论这种操纵是以明显的还是隐蔽的形式出现,都能够

---

① [美]艾丽斯·M. 杨:《包容与民主》,彭斌等译,江苏人民出版社 2013 年版,第 66 页。

把自己的意志强加于人，实现对他人以及整个社会的支配和控制，这种意志就是权力意志。所以，这种民主政治其实是反民主的，不管它在形式上怎样被装扮成民主，只要存在着排斥，就必然会偷运反民主的实质。

就一些公共讨论和政策制定过程而言，也许程序的设计者是没有办法防止参与者将偏见带入讨论之中的，但是，只要那些偏见存在于公共讨论和决策过程之中，就必然会生成排斥，哪怕那种排斥是无意识的。不过，更多的外部排斥是根源于社会结构的不平等，正是那些在经济上或者社会上有权有势的行动者，拥有了某种运用政治支配的能力。"如果某些公民有能力购买足够多的媒体时间来支配关于某项议题的公共讨论，那么，其他人则在事实上都受到排斥了。当实业家或金融家威胁道，如果政治决策不按照他们所希望的方式制定的话，他们就会在某个地区缩减投资，他们就实施了具有排斥性的暴政。当政治候选人必须依赖于特定组织或者个人的巨额捐赠来赢得选举的时候，政治影响力就会出现错乱的不平衡。"①由此可见，资本的权力及其权力意志更具有根本性。

应当说，构成外部排斥的形式是多种多样的，民主政治虽然是建立在权利平等以及每个人都拥有参与政治活动的假设之下的，但在民主政治的实际运行中，并不是所有人都有机会进入到公共讨论和决策过程之中，而是被排除在公共讨论和决策过程之外的。因而，基于外部排斥而作出的决策，就无法保证没有排斥性的内容，遭受排斥的人也就是事实上的受支配者，不得不听从权力意志的驱使和权力的安排。所以，艾丽斯·杨批评道，"如果各种政治结果确实来自一种具有排斥性的程序，那么，在那些拥有更大权力或者财富的人能够支配这种程序的情况下，从各种民主规范的观点讲，其结果是不具有正当性的"②。

政治过程中的排斥无非是由利益引起的，总是为了利益实现的目的而去决定是否排斥的行为选择。然而，工业社会的利益冲突必然会通过组织展开，组织之间为了谋求冲突中的优势，又必然会谋求权力的支持。在这些权力中，最强有力的是国家和政府的权力，其次则是资本的权力。当然，有的时候，资本的权力甚至会大于政府的权力，或者说，资本的权力更具有隐

---

①② ［美］艾丽斯·M. 杨：《包容与民主》，彭斌等译，江苏人民出版社 2013 年版，第 67 页。

蔽的基础性,政府权力也是受到资本权力支配的。但是,对于组织的活动而言,人们并不会去思考这类形而上学问题,往往所希望得到的是那些更具有直接性的权力支持。因而,当一个组织希望得到权力支持的时候,会直接地求助于政府的权力或资本的权力,以至于使组织实际上处在一种政治行动的过程之中。一旦获取了某种权力的支持,就会激荡起控制各种资源的冲动,通过对某些资源,特别是对稀有资源的控制,而去将自己置于优势地位上。当资源受到了某个(些)组织控制的时候,就显现出了排他性占有。许多资源也许对控制它的组织而言并不是急需的,甚至不是必需的,但组织为了自身的竞争优势,为了谋求在利益冲突中能够压倒其他组织,往往需要耗费许多人力、物力去控制那些资源。

显然,控制资源本身也会有耗费资源,更不用说那些为了谋求组织优势地位去占有没有用处的资源或虽然有用却闲置的资源而造成的浪费。有些资源也是具有时效性的,时过境迁,那些资源就有可能成为需要再度耗费资源去加以清理的垃圾。所以,竞争以及利益冲突必然会无谓地耗费许多人类生活必需的资源,不仅在社会总体的意义上导致了资源占有不均,也导致了资源的不合理性消耗。也许一个组织造成的资源浪费在量上是很少的,但作为一种资源占有模式而被人们所接受,致令所有的组织都在竞争和利益冲突中去这样做,就会在总体上造成非常惊人的资源浪费。工业社会之所以在几百年的时间内就把地球生成后几十亿年演化而成的自然资源消耗到枯竭的境地,以至于在资源方面我们能够留给子孙的已经少得可怜,显然与资源占有方式有关。正是通过资源占有去获得竞争优势,正是几乎所有组织以及个人都努力追逐的掌握、控制和支配资源权力的行动,成了资源消耗并迅速地走向枯竭境地的原因。所有这些,都说明资本的权力对于人类社会的可持续发展更具破坏性。

资本对自然的破坏是在权力形态转变过程中实现的,也就是说,是在资本的权力转化为组织的权力时把破坏的可能性转化成了现实性。就工业社会的另一面是资本主义而言,给我们展现的是处处弥漫着资本的权力,而且,资本的权力是一种基础性的权力,其他形态的权力都无非是资本权力的具体表现形式。虽然我们说是在从资本的权力向组织的权力转变过程中出现了对自然资源的破坏,但是,就资本的性质而言,是天然地与自然对立的。

资本作为一种社会发明的成果,自产生的那一刻起,就是反自然的。也许我们在保护环境、保护生态时希望引入资本和希望得到资本的支持,但是,只要引来的是资本而不是资金的话,就必然使保护环境、保护生态的行动变成一场闹剧。鉴于资本的反自然性质,也因为资本主义几百年的发展史已经把自然资源消耗到了难以为继的地步,也就说明了工业社会的竞争和利益冲突模式是必须得到改变的。无论是因为竞争和利益冲突导致了资本的产生还是因为资本引发了竞争和利益冲突,都不仅是以人与人对立的形式出现的,也以社会与自然对立的形式出现了。当资本为人对自然的征服和社会对自然的破坏源源不断地提供动力的时候,也就包含了最终把人逼入绝境的逻辑。

18 世纪的启蒙思想家是把权力看作一种必要的恶的,但他们所看到的权力主要是教会所拥有的"神的权力"和王室所拥有的"君主的权力",即使在民主政治的构想中预见到了"政治权力"和"管理权力",但关于这些权力的形象还是较为朦胧的,以为设计出一种权力制约和平衡机制就能大大地削减和抑制权力的恶。其实,如果他们看到了资本的权力,也许就会对抑制权力之恶的效果产生怀疑。因为资本的权力是不可能通过权力之间的制衡去加以抑制的,而是需要放在竞争中去寻求平衡点。从理论上看,如果竞争属于一种完全竞争的话,的确能够通过"看不见的手"而使资本的权力处在一种平衡态中。可惜的是,现实中的竞争都不可能是完全竞争,因而,资本的权力总是呈现出不平衡的状况。在此条件下,当资本的权力通过组织去加以表现的时候,就会对资本权力的恶进行更为夸张的诠释。其中,组织对资源的占有和破坏性消耗,就是由资本的权力驱动的。

当我们提出这个问题时,也许人们恍然意识到需要消除资本权力对组织的支持,或者说,防范资本权力转化为组织权力。应当说,近代以来,在如何限制和防范国家及其政府权力介入到组织的竞争和利益冲突中来的问题上,有过许许多多的探索和难以计数的意见,但在资本权力向组织权力的转化以及对组织的支持的问题上,却很少有人进行思考,更不用说采取行动了。所以,组织占有和浪费资源的问题一直是被作为个案性的问题而交由管理者、经营者去处理的问题,从属于效益方面的考虑,没有被作为对人类整体利益的影响问题去加以关注。其实,即便是有了这方面的思考,也会将问题导向既有的社会治理框架之中去的。因为在工业社会的社会治理结构中,人们往往是把所有社会问题的解决都导入政治过程的。一旦对资本权力提出质疑时,也就必然会要求通过政治过程去控制资本权力,而这又会陷入政治权力的控制和支配的循环之中。

按照政治与管理的领域区分、过程区分或行动类型区分,组织中的权力一直被作为管理权力看待的,它也是管理学关注的重心。可以说,关于权力及其运行一直是管理学研究与政治学研究交叉重叠较多的问题。当我们关注权力时,就会看到,就工业社会中的组织来看,组织技术、环境和任务的不确定性会导致集权模式的出现。这是根源于组织的控制导向的。因为当组织遇到和面对着不确定性的问题时,控制过程会变得复杂起来,难度也会加大,而且需要有一种较为灵活的反应机制。这就使得组织的规章制度和被认为具有合理性的程序显得呆板僵化,以至于需要把权力集中到组织领导者或管理者手中。之所以在民主政治的生态之中会产生官僚制的集权体系,是可以从复杂性和不确定性的角度去加以认识的。应当说,虽然工业社会与我们今天相比所具有的是低度复杂性和低度不确定性的特征,但这对于人的集体行动已经构成了某种压力,要求人们在组织设计中必须把这一条件考虑进来。官僚制组织正是在这一环境下产生的,所以,采用了集权模式。尽管这与民主政治的理念是不相符合的,却又能够为人们所接受,这也说明了它的存在是具有合理性的。合作制组织是产生于社会的高度复杂性和高度不确定性条件下的,正是因为这种条件不同于社会的低度复杂性和低度不确定性,决定了合作制组织从根本上告别了控制导向。事实上,合作制组织将不再有明确而稳定的领导权力、管理权力,也就是说,并无可以集中的权力。

总之,在工业社会中,同社会分化的逻辑相一致,政治与管理被认为是两个不同的领域,或者说,是两类不同的社会过程,政治过程被看作是不同于管理过程的。为了解释这一现象,人们甚至在理论上发明了"价值中立""工具理性""形式合理性"等概念去描述管理行为及其过程。实际上,就一切政治活动都需要通过组织才能成为现实而言,政治过程也是离不开管理的,而且政治的论辩、妥协等也包含着由管理技术所提供的支持。同样,管理过程中的所谓领导艺术等无非就是组织中的政治。尽管如此,在工业社会的历史条件下,人们将政治与管理区分开来还是具有一定的合理性的,特别是对管理实践的科学化、技术化而言,这种区分提供了一个非常宽松的可以开展理论探索的空间。然而,在全球化、后工业化进程中,随着整个社会的领域融合,政治与管理的区分也变得越来越困难,人们甚至很难在政治与管理之间找到边界标记。随着适应于在高度复杂性和高度不确定性条件下开展行动的合作制组织的出现,政治与管理将会融合为一,甚至让人们忘却了历史上曾经有过政治与管理相区分的那个时代。这样的话,首先受到挑战的就是存在于政治系统和管理系统中的权力。

二、作为组织策略的权力

在政治学中,人们往往把更多的自由理解成更少的权力,以至于人们陷入了权力与自由对立的思维中,手中没有权力的都是自由派,辱骂、诅咒、攻讦权力。但是,当这些人幸好掌握了权力,立马就变成了他原先无所不用其极地加以攻击的那类人。这说明人性是变化的,或者说,人性中恶的一面会被权力激发出来。事实上,这是因为人们把权力内化为自我的构成部分所展现出来的状况。可以认为,人在追逐权力的过程中,并不仅仅实现了对权力的占有,而是把权力内化为自我的一个构成部分,让这个部分去支配自我的其他部分。如果说人在追逐权力时仅仅实现了对权力的占有,那么,他所占有的权力还不包含权力意志,只有当他通过把权力内化为自我的一个构成部分时,才是把权力与权力意志一道加以占有的。一旦人完整地占有了权力,在他自身这里,就实现了权力对他的控制,由权力意志对他实现了格式化,使他成为权力意志的载体。此时的所谓自我,已经成了屈服于权力意志的顺从者,或者说,成了权力意志的化身。如果这个时候还把人称作为主体的话,那也是权力主体。在外向的显现过程中,就会表现出对权力的深情崇拜,不放弃任何追逐权力、掌握权力的机会,让自己掌握的权力支持自我的自由而罔顾他人,甚至在压制和支配他人的过程中去体验自我的自由。

对于这种情况,斯洛特戴克嘲笑道:“一个人出于内在的,在观察者看来或多或少不透明的动机而有可能采取某种行动,就呈现出主体的最强的特征:不可预估性。伦理哲学将这种事实情况命名为自由或者叫做行动的不确定性。谁基于主体的自由而一定要他的授权,就必须看清他是如何在有效控制的世界里使被激活的权力点屈服。因此,正是对权力控制的理性要在内部作用。理性又是如何,如果一直不清楚的话,在何种程度上在内部对释放的权力点或者说主体掌舵呢? 与主体发生了关系,就能很容易明白,并从根本上判断它是值得怀疑的。还有:如果谁涉嫌秘密地谋划着什么,作为主体便非常值得注意。因为主体性本身也隐含着不确定的攻击性,所以人们只有以自由漂浮的怀疑的态度来面对它。关于这个叫主体的生成物根本的可疑性来自嫌疑人做出潜在的和当前的行为'是出于自身'还是着了魔又或者是屈从于某个未知名的强权而成为傀儡。主体是个不平凡的,由野心和自省或者能量和奸诈构成的综合体。"①因为主体拥有理性,在猎获自我利益和实施各种各样的阴谋诡计时,都无非显得更为精明,即便是屡屡做出恶行,也总能逃脱责任。这就是主体性哲学形塑出来的主体。

　　当我们的视线从作为自我的主体移开,转向作为组织的行动体系,又会看到,权力作为组织分工-协作体系的整合因素,有着日常性的解决各种各样的分歧的功能,这是权力在组织过程中的必要性的证明。在多数情况下,权力在对分歧的解决中是采取了压制的方式,往往是营造一种当下或未来遭受惩罚的恐惧氛围;或者,直接地通过资源、利益分配等的调整去消除分歧得以产生的原因。但是,正如威廉斯所指出的,"分歧并不一定非要被克服。就我们与他人的关系来说,分歧始终是某种重要的、建构性的因素;也可能,我们对为什么就产生分歧已经有了最好的说明,而这恰恰让我们看到分歧不可避免。如果我们感到分歧关乎要旨,同时又感到能够很好地说明分歧不可避免,那就可能出现一种张力。如果分歧不仅重要,而且它以看来别人必须予以赞同的判断形式表达出来,这种张力就格外紧张"②。

　　人在社会生活和社会交往中难免会产生分歧,这是每个时代都存在着的普遍现象。就组织是一个社会系统而言,组织成员尽管在结构性的体制和运行机制的安排中有着明确的岗位和职位,有着得到了明确规定的沟通渠道和方式,并被要求按照公事公办的原则进行交往,但日常的社会性交往仍然是普遍存在的。在这种交往中,产生分歧也是难以避免的。问题是分

_____

① [德]彼得·斯洛特戴克:《资本的内部:全球化的哲学理论》,常晅译,社会科学文献出版社 2014 年版,第 89—90 页。

② [英] B. 威廉斯:《伦理学与哲学的限度》,陈嘉映译,商务印书馆 2017 年版,第 161 页。

歧让人相向而行还是背道而驰，则取决于各种主客观因素，甚至这些因素是非常复杂的，也有一些因素可能是神秘的。

从总的社会条件来看，农业社会中的人的分歧多属于具体事项上的意见不同，如果双方或各方都有相向而行的意愿，往往是能够找到一个妥协的平衡点的。而且，假若分歧中存在着建设性的意见，那个平衡点也会表现出向建设性意见的倾斜，或最终如此。如果分歧背后包含着价值冲突、欲望实现上的争夺、人的地位变更或权力认同的话，可能会使人背道而驰，或者斗得你死我活，即便一时势均力敌，也会通过时间换空间的方式去最终一决胜负。不过，总体看来，农业社会有着较为发达的道德解决机制，可以借助于道德而实现对人的关系的整合。虽然农业社会是一个权力无处不在的社会，但在人们之间的分歧这个问题上，权力往往并不具有积极介入的热情。一般说来，是在分歧扩大化并造成了某种恶劣后果时，甚至有着引发共同体危机时，权力才会介入到分歧及其解决之中。

在工业社会中，虽然也存在着最终能够归结为价值方面的冲突，特别是在信仰、意识形态等方面表现得尤其明显，但更多的分歧是发生在利益或利益预期上的。由于工业社会这个历史阶段的人们更具有现实主义的精神，在解决那些围绕着利益而产生的分歧方面，也会奇招迭出。可以在政治途径中去说服、妥协和决断，也可以在法律框架下寻求共同点，还可以通过战争去决定胜负。事实上，在 20 世纪，发生在资本主义世界中的分歧就是通过两次世界大战去作出回答的。不过，总体看来，无论是在政治过程中还是在管理过程中，似乎都是把分歧看作一种恶而希望加以消除的。在政治过程中，如果消除分歧而形成共识的过程不能够通过辩论、妥协等途径实现的话，就会诉诸投票、公决等形式，那样的话，就意味着多数对少数的压制。在这种压制背后，就是权力发挥了作用，而且这是标准的制度化的权力，是在程序设计中就已经明确规定了的权力。

与此不同，我们可以想象，当人类走进后工业社会后，分歧仍然会是一个普遍现象，但在面对价值上的或最终可以归结到价值上的分歧时，将会在承认、包容与尊重的理念引导下而使人相向而行，使分歧得以弥合。如果说还存在着利益上的分歧的话，那也主要是在什么样的行动更有益于人的共生共在的问题上所产生的认识上的分歧。在人的共生共在不仅是一种基本理念,而且也是人的自我意识的条件下,是不难找到解决方案的。在后工业社会中,合作制组织将为各种分歧的自行消解提供方便路径,是因为合作制组织的开放性和流动性而具有了这种功能。更为重要的是,合作文化以及合作行动的性质,特别是社会的高度复杂性和高度不确定性、承担任务的迫切性等,也为人们提供了理性地审视分歧和保留分歧的心理基础,甚至会时刻促使人们去捕捉分歧中的所有建设性的因素。这样一来,就不再有对权力的需求。这是宏观社会系统的一种权力要求去势的走向。

就组织这种微观系统的运行来看,在低度复杂性和低度不确定性条件下,即使组织中的不确定性空间是很小的,也会成为组织内各种冲突的根源。在组织的领导者利用这个不确定性空间去增强权力和实施对组织成员的控制时,就有可能引发组织成员反控制的斗争,组织成员就有可能调动其全部智慧与组织领导者开展博弈。这个不确定性空间也促使组织成员之间开展竞争,每个人都希望在这个不确定性空间中获取对自己有利的博弈筹码。所以,作为组织典型形式的官僚制组织极力压缩这个不确定性空间,以求组织的一切方面都被纳入形式合理性之中,让组织运行在可预测的确定性轨道上。

然而,在高度复杂性和高度不确定性的条件下,官僚制组织压缩组织不确定性空间的做法变得不可行了。同时,组织领导者也因组织中的这种不确定性空间的增大而失去了控制不确定性的能力,更不用说对这个不确定性空间加以利用了。所以,官僚制组织在高度复杂性和高度不确定性条件下面临着进退维谷的困境,一方面,无法经营和利用组织中的不确定性空间;另一方面,又无法避免组织中的不确定性增长的趋势。所以,必须用合作制组织代替官僚制组织。合作制组织决不会把对确定性的追求作为组织活动的内容,同时,也决不把不确定性作为可资利用或开展博弈的空间,而是在合作行动中应对不确定性,合作解决一切根源于不确定性的问题。也就是说,在合作制组织这里,利用组织中的不确定性去经营权力的做法不再具有合理性,而且存在着事实上的不可能性。

官僚制组织中的信息封锁也是一种权力经营术。也就是说,官僚制组织中上下双向的信息封锁在很大程度上可以看作是围绕权力而开展的斗争。上层不愿意开放性地、无保留地与下层共享信息,是为了维护权力的某种神秘性,而这种神秘性也意味着权威化,可以从神秘性中生成权威;下层对上层所作的某些信息封锁则是为了限制其权力,让上层的权力行使有时因为得不到某些信息的支持而陷入尴尬境地。当然,下层对上层的封锁以及选择性供给信息,在目的上要更为复杂一些。比如,出于奉迎上司的需要,出于制造业绩假象的需要,报喜不报忧。所有这些,都必然是在信息供给上去做文章的。

在参与式管理的组织设计理念中,必须实现组织的信息分享和组织成员的信息共享,才能够使参与成为可能。否则,所谓参与式管理就是无效的,至多只是形式上参与了,而实际上并未真正参与。不过,在官僚制组织的结构没有发生变化的情况下,当组织根据民主的理念引入了参与式管理的方式时,在某种意义上,包含着向组织原有的权力阶层提出挑战的隐喻,即要求他们"放弃依靠形式上的权威,发展一种以领导者的知识、解决问题的技巧、目的感、魅力和远见为基础的更强有力的个人领导"[1]。如果组织中的领导者能够满足这种要求的话,无疑意味着官僚制组织中的领导者所凭借的那些支持其领导活动的权力和权威因素、运行机制等都不再发挥决定性的作用了。这样的话,参与式管理对官僚制的挑战就构成了改革的动力,经营权力的需求就会降低,甚至消失。结果,就会沿着终结官僚制的方向前进。

总的说来,在所有的权力经营术中,距离是最有效的手段。既有的组织都倾向于制造某些距离,让距离成为管理权力和领导权威的保障因素而存在。即便是在参与式管理风行的时代,领导者、管理者也是把与权力作用对象之间保持距离作为重要的维护权威的手段对待的。事实上,在一切官僚制组织中,对管理者与被管理者所作出的不同的劳动力定价本身,就是制造距离的有效方式。对于在高度复杂性和高度不确定性条件下开展合作行动的合作制组织来说,距离将不再成为有价值的组织要素,合作制组织在行动上的默契意味着把距离视为最大的障碍。所以,合作制组织不仅不会有意识地去设置距离,也不会去将距离应用于管理,而是把合作行动的每一步都看作为同距离的斗争,努力消除一切距离,努力使一切合作都朝着有机性增

---

[1] [美] W. E. 哈拉尔:《新资本主义》,冯韵文等译,社会科学文献出版社 1999 年版,第 223 页。

强的方向运动。一旦人们之间的距离缩小到了一定的程度,"权力依据人们之间的势差而生成"这条原理,也就不再发挥作用。最为重要的是,集体行动的合作属性提出了"去权力化"的要求。所以,合作制组织的出现意味着组织中的权力支配关系丧失了合理性,原先的所有权力支配关系都将被改造为合作关系。没有了支配,也就不需要在支配者与被支配者之间保持一定的距离,而是需要通过消除各种各样的距离去达成有机性的合作。

三、与权力意志相分离的权力

就权力是一种"力"而言,让我们联想到了物理学。这个时候,我们就会发现,牛顿的"力"是没有意志的,但当尼采按照牛顿所想象的空间形态而将"力"定义为"权力"时,便为"力"增添了"意志"因素,从而使"力"在社会的运行中呈现出远比物理世界更富有色彩的景象。比如,在尼采的这样一段话中就可以看到"权力"与物理学上的"力"是不同的,也就是说,权力中包含着意志:"无机界和有机界之间的联系,肯定处在每个力原子产生的排斥力中。'生命'的定义应该这样来下,即它是力的确定过程的永久形式,在这个过程中,不同的、斗争着的力增长不匀。无论处于服从地位的反抗力有多大,它绝不放弃固有的权力。在命令中也同样存在着承认对手的绝对力未被战胜、未被同化、未被消解的问题。'服从'和'命令'乃是对抗游戏的形式。"①

也许尼采因为带着对近代启蒙运动过分激烈的否定态度而从未打算去理解它,特别是忽视了对作为他一直另眼相看的法国人一员的孟德斯鸠的理解,以至于没有看到孟德斯鸠在讨论权力的分工与制衡中包含着一个后来由卢梭作出表述的前提,那就是权力的执掌、行使过程与权力意志是可以分离的,或者说,是可以分开来认识的。那样的话,单就权力的执掌、行使来看,更像物理学上的"力"。然而,实际过程却是受到权力意志的纠缠的,至少没有像体制要求的那样使权力意志淬化为一种纯粹性的存在,所以,才使实际过程变得非常复杂而难以理清。需要指出的是,对于实际过程中权力与权力意志纠缠在一起而呈现出来的复杂状态,是需要在认识到了权力与权力意志可以分开的前提下才能得到正确的理解。尼采在没有认识到这一

---

① [德]尼采:《权力意志——重估一切价值的尝试》,张念东等译,商务印书馆 1996 年版,第 158 页。

点的时候,是不可能真正理解权力过程的。所以,尼采只能在与实体性存在相联的意义上去谈论权力,而不是把这种力与实体分开来看。如果物理学所看到的力是与实体性存在不可分离的,那么权力则不同。在远比物理世界更为复杂的社会世界中,权力是可以与实体性存在相分离的。权力不是稳定地和固定地附着于某个实体上的,而是可以在不同的实体间流动的。既然权力是可以同实体性存在相分离的,也就意味着权力可以脱离权力意志而运行。

事实上,不仅是尼采,几乎所有谈论权力的人,都把权力与某种实体性的存在物混同在一起去进行讨论。正因为如此,权力意志就被认为是一种实体性的因素,或者说是隐含在与权力相联系的实体之中的因素。即便如尼采那样公开地把权力意志展示了出来,也是将之作为一种实体看待的,即把权力看作是权力意志这种实体的功能。由于把权力看作是与实体性存在一体的东西,或者说是实体性存在的一种功能,也就把权力与权力意志这两个可以分开来的因素混同在一起了,视为一体性的存在物。与这些权力观不同,我们认为,如果不是把权力看作稳定地与某个实体性因素联系在一起的话,那么,就会获得一种流动性的观念。在流动性的视野中,权力临时性地与人联系在一起,从而意味着权力将不再包含着权力意志。这是一种权力与权力意志相分离的状况。事实上,权力是可以与权力意志相分离的,尽管我们在历史上所看到的都是权力与权力意志相统一的状态。一旦权力与权力意志分离开来,那么,在权力的功能上,就会表现出与以往任何一种权力与权力意志统一在一起时的表现都不同的状况,即不再是从属于控制、支配的需要。即便发挥着某种整合功能,也要因整合对象的接受程度而定。

在民主政治的思维范式之中,哈贝马斯走向了对人们之间交往关系的关注,并提出了交往伦理规范的问题。其实,与法律规范相比,交往伦理并不是一种可以切实地发挥作用的规范,并不能真正地在竞争社会中发挥规范作用,它至多只是一种理论构想。我们知道,在哈贝马斯看来,"交往行为的目标是导向某种认同。认同归于相互理解、共享知识、彼此信任、两相符合的主观际相互依存"[①]。如果这样的话,那么交往是不是首先出现在小圈

---

① [德]哈贝马斯:《交往与社会进化》,张博树译,重庆出版社1989年版,第3页。

子中,然后才再扩大到了群体间的交往?也许依此类推可以绘制出一个交往世界的图景,但若以为交往就可以实现"主观际相互依存"的话,那就可能是一个值得怀疑的意见。比如,在竞争文化的主导下,特别是以战争的形式去表现竞争行为的时候,也是以交往的形式出现的,却很难说是为了"相互依存"。当然,我们所举的是一种极端的例子。也许哈贝马斯会说,他所说的交往是人们相互亲和的或弥合分歧的交往,而不是竞争、冲突、斗争等之类的交往。但是,人们之间亲和的交往在各自以自我利益为上的谋划中如何可能,难道不是一个问题吗?

交往显然是人类社会中的一种普遍性的行为,但这种行为的发生是有前提的。人们怀着什么样的目的和希望达到什么样的效果,都决定了交往的形式和性质。当然,哈贝马斯在对交往行为的进一步阐释中提出了交往伦理的问题,无疑是要对交往行为的合理性、正当性进行限定。也正是在此意义上,哈贝马斯要求把交往行为确认为是在共同认可的规范之下的平等对话和协商。可是,如果进行逻辑追问的话,就会对共同认可的规范进行审查。事实上,在工业社会的背景下,竞争文化才是人们共享的,诸多规范也都是建立在这一文化基础上的,共同认可的规范也许就是根据你我都是自私自利的人而形成的规范。因而,竞争才是最为基本的和最为主要的交往行为。关于竞争的理性对话和协商,只不过是为了保证交往者的利益都得到最大程度的实现,而不是让其中的某些交往者遭受无法承受的损失。做到了这一点,也就是合乎伦理的,就是哈贝马斯所说的交往伦理的实现。

在社会的低度复杂性和低度不确定性条件下,在交往者都是明确的和稳定的情况下,这也许是可能的。如果交往确实是在平等的基础上所进行的对话和协商,也能够把权力排除在外。这应当说是哈贝马斯在低度复杂性和低度不确定性条件下所提出的一个无法实现的空想。在高度复杂性和高度不确定性条件下,哈贝马斯的这个空想更是丧失了激荡人心的可能性。因为在社会的高度复杂性和高度不确定性条件下,理性的对话与协商往往是无法进行的,也是不可能发生的,从而使交往伦理的适应性大大地降低了,甚至无从谈起交往伦理。其实,我们之所以说哈贝马斯所提出的是一个空想,那是因为,即便是在工业社会的低度复杂性和低度不确定性条件下,也不可能让每一个人都进入对话和协商的过程中来。许多没有进入对话和协商过程中的人,在利益上可能是相互排斥的,可能与那些参与到对话和协商过程中的人相互排斥,但他们在对话与协商中是缺席的,那么,他们是否应当被排除在交往伦理规范的范围之外?如果交往伦理不因人们是否参与到对话和协商过程之中而发挥着普遍性的规范作用,那么,他们在没有参与到对话与协商的过程中来的情况下也享受了对话与协商的成果,是不是成了"搭便车"的人?

在工业社会的普遍伦理观念中,"搭便车"的行为是不道德的行为,"搭便车者"也是不接受伦理规范的人。这就是一种显而易见的悖论。更有甚者,既然那些参与到对话和协商过程中的人是接受了交往伦理规范的人,他们难道就因为这种伦理而让对话与协商的结果惠及搭便车者么?如果他们的对话和协商所形成的是某种关于权力意志的共识,而且是仅仅属于这个小圈子的共识,是否应强行地施予那些没有参与到对话和协商过程中来的人呢?哈贝马斯认为,"只有交往伦理才是唯一能通过有效性要求的话语兑现,来保障得到承认的规范的普遍性和行为主体的自主性,而规范就是有了有效性要求才出现的"①。事实上,即便交往伦理赋予交往行为主体以自主性,而就交往并不是每一个人都必然会参与其中的来看,显然会遇到无法在理论上作出合理交待的问题。我们已经指出,交往行为是人类社会中的一种普遍性行为,而且哈贝马斯所提出的交往伦理也明显地是建立在交往行为普遍性的前提下的。然而,一旦对交往行为作出了理性对话与协商的规定,就会引发诸多问题,以至于交往伦理陷入一种悖论之中,无论是在哪一个维度上,交往伦理都无法摆脱权力的纠缠,反而恰恰会成为权力意志隐蔽地发挥作用的过程,而且也难以避免诉诸权力。

一切权力都是存在于集体行动之中的,而且一切集体行动都不仅是交往互动体系,也包含着行为一致性的追求,即统一行动。但是,农业社会和工业社会在集体行动中所表现出来的行为一致性追求是不同的。到了后工业社会,特别是在合作制组织中,将会表现出两种新的趋势:第一,行为的一致性既不归结为权力意志也不归结为规则体系,而是取决于组织成员对合作理念共有的基本理解,表现为趋近于一致性的追求;第二,出于走向合作

---

① [德]哈贝马斯:《合法化危机》,刘北成、曹卫东译,上海人民出版社2000年版,第113—114页。

目标的要求,组织成员行为的一致性是不需要通过物化的标准来加以确认的,而是由组织成员自我感知和理解了的一致性,是在组织成员理性判断的基础上所把握的实质性的一致性。这种实质性的一致性,主要反映在合作行动及其所指向的人的共生共在的一致性上,而不是在形式上表现出来的一致性。其实,就合作行动而言,在形式上,恰恰是以差异化的形式出现的。

从理论上看,任何以历史的名义做出的宣示,都应被打上一个问号,"无论是黑格尔学派的布尔什维极端主义的合法化论调,还是康德主义的纳粹侵略和种族灭绝政策的实施者,尽管他们的方案差异如此之大,但却以惊人相似的狂想做出了有利于伟大历史的尝试,并通过有着远大预见的非道德论者发号施令。在两者身上都可以清楚地看到,自我迈出行动的步伐作为一种违背更善良知的必须意愿是如何只有通过明确的摆脱束缚的人物才有可能实现"①。"摆脱束缚的人物"也就成了尼采"权力意志"的化身,是历史的真正主体,感应到了历史必然性而带领着人们朝着由他代表历史而指定的目标,然而跟随着他(们)前行的那些在他(们)领导下的人,却湮没在历史中,无论在何种意义上,他们也不能被视为主体。所以,历史主义在付诸行动的时候,也就对自己作出了无情的否定。

在高度复杂性和高度不确定性条件下,置身于合作行动中的人并不是受到具体的规则束缚的人。对他们的行动构成束缚的,是他们所在的和置身于其中的历史条件。而且,这些历史条件是由他们内化而成为内在于他们的道德力量。在这里,不仅权力意志被消解了,而且权力的应用也是具有柔性的,并不服务于控制、支配,而是一种在得到了人的内心的道德响应的情况下发挥着整合作用的力量。也就是说,合作行动是有道德的行动,不再包含着权力意志的权力只对道德负责,是在道德发挥作用的过程中发挥着辅助的作用。

第三节 规则的功能及其表现

人们在康德散步时校对钟表指针,说明人们充分了解他的习惯,也说明

---

① [德]彼得·斯洛特戴克:《资本的内部:全球化的哲学理论》,常晅译,社会科学文献出版社 2014 年版,第 98 页。

康德生活的时代还是一个熟人社会。如果是在陌生人社会，一个人的习惯是很难为周围人知晓的，人们也就无法根据某人的习惯作出某种判断。在陌生人社会中，人们相互之间并不知道他人的习惯是什么。所以，陌生人社会必须依赖权威部门提供的标准而不是自己的判断作出行为选择。虽然陌生人社会总是与民主政治相伴随的，但与熟人社会相比，更倾向于产生对权威的需求，因而，科学与法律等权威被建构了起来，并被认为是不可挑战的权威。如果说在农业社会中农民起义是对君主权威的挑战，而在工业社会中，工人罢工以及各种各样的抗议活动，不仅不会挑战法律的权威，反而会谋求法律权威的支持。即便是对具体法律规范的抗议，也会同时申诉这是自己的权利，希望表明这是基于"法的精神"的权威性而作出的行动，甚至会把宪法抬出来，指出那一法律是违宪的。

钟表本身是工业社会的标志，或者说，钟表意味着人的行为规范。钟表是分散地归属于不同的人所有的，但人们在钟表中读出的却是同一时间，并根据钟表所提供的时间去安排那些需要与他人相配合的协作活动和交往行动。在这里，虽然时间是不可见的，却可以通过钟表的指示而成为可视的标准。事实上，钟表所提供的就是被称作时间的同一个标准，让人们在这个标准的指引下去开展社会活动。在某种意义上，钟表就像写满法律条文的纸质媒介一样，把时间写在表盘上。

对于工业社会的人们来说，时间就是法律，或者说，是像法律一样的行动标准，在人的社会生活和活动中发挥着规范作用。就康德所生活的地区及年代来看，正处在工业化的进程中，人们戴上了钟表并根据康德散步的时点校对钟表的指针。如果关于康德的这一描述是真实的话，那么，意味着人们对同一标准（时间标准）的渴望。当人们心中有了标准时，就会要求按照标准去作出行为选择，或者，要求把行为建立在某个标准上。这样的话，也就意味着那些行为是一种完全属于工业社会的行为。也就是说，在与标准相关的行为背后，包含着一种完全属于工业社会的观念。不过，就康德的这件趣事来看，人们在这个时候尚未完全陌生化，熟人社会的痕迹尚存，才使得人们都认识康德这个人，并以康德的行为为准则。总之，在这个故事中，我们读出的是工业化进程中人们对作为人的行为标准的规则的需求，这可以认为是法律及其法治社会到来的一种主观动力。

一、规则以及规则依赖

近代以来,在无数的理论纷争背后存在着的无非是两种视角或两种思路,那就是,个体主义的和整体主义的社会哲学观。其实,无论是个体主义还是整体主义,一旦涉入社会治理的实践过程中,就会表现出对规则的强调。也许人们会说,农业社会历史阶段中的社会治理并不强调规则,而是任由权力发挥作用。确实如此。但是,我们也应看到,个体主义与整体主义都是现代性的观察视角,也是现代性的理论建构模式。在农业社会,并未出现整体主义,也没有个体主义。现代学术是站在现代性的立场上的,所以才会妄言农业社会存在着整体主义。特别是中国的一些学者,往往把中国农业社会的"家国一体化"解读为整体主义,那是一种不顾历史事实的错误看法。在农业社会的历史阶段,社会尚未分化,个体与整体意识都尚未生成,谈何个体主义或整体主义?当然,在个体主义发展不充分的地方,社会治理实践往往会出现权力滥用而不受规则约束的情况。其实,在这些地区,整体主义理论也未能得到深入阐释。如果整体主义理论得到了深入阐释的话,那么,在这些地区也同样会要求用规则制约权力,也会在社会治理中突出规则的作用。这一点可以从官僚制组织是否得到了充分利用来进行证明。

我们知道,官僚制是典型化的现代组织形式。任何一个国家或地区,只要采纳了官僚制组织,就会走向对规则的重视,官僚制必然会把"按规则行事"放置在很高的位级上。对于官僚制,必须在整体主义的视角中作出解读。官僚制在实现了对组织目的与工具的区分后,建构起了典型化的组织本位主义观念,而这种组织本位主义恰恰是整体主义的一种表现,因为组织整体就是目的。这一点是非常明显的,就官僚制理论产生于德国而不是英美来看,应当说,也是与德国根深蒂固的整体主义理论传统联系在一起的。然而,官僚制却是最为强调规则的一种关于组织体制的理论。

韦伯认为:"现代职务的执行受规则的约束,按其本质可以这样说明理由,即例如现代科学理论认为:通过法令在法律上赋予一个机关拥有处置某些特定问题的权限,并非通过对具体个案发布具体命令授权它去处置,而仅仅是抽象的规定——正如我们将要看到的那样,这同例如世袭制里一般占统治地位的规定方式形成极端的对立,世袭制处理所有未经神圣的传统确定下来的关系时，都是通过个别的授予特权和恩宠的方式。"①正是因为有了规则，职位和岗位上的权力都是明确的，使每一个被填充到具体职位和岗位上的人掌握和行使权力的时候都按照规则行事，不因不同的人而使权力的行使产生显著差异。韦伯所看到的这一点，明显不同于农业社会中的权力应用。不过，随着人类走进后工业社会，在权力的执掌与行使方面，也会完全不同于官僚制。在我们所构想的合作制组织中，如果说存在着权力的话，肯定是不同于官僚制的。至少，合作制组织不会完全接受规则的规约，而是会接受道德的规范。

我们看到，工业社会的资本主义属性决定了在这个社会中，"一无所有的人将无法生存，除非他能忍饥挨饿，或者接受有产者的恩赐。任何人拥有多大的自由，取决于他有多少所有权"②。当一个人没有任何财产的时候，被称为无产者。但是，他拥有对自己所具有的劳动力的所有权，因而可以用自己的劳动力去交换生存必需品，甚至在实现了某些盈余时可能会变得有了一些财产。但是，就工业社会发展的历史来看，存在着两极化的趋势。社会的两极化又必然会引发矛盾和冲突，并导致社会失序。一旦社会失序，可以认为，所有社会成员都会直接或间接地遭受不同程度的伤害甚至灾难，尽管更多时候是反映在利益损益上的。这就决定了工业社会必须通过某种强制性的权威力量去控制矛盾和冲突，必须保证基本的社会秩序不被破坏。其中，法律及其制度所发挥的正是这一功能。法律就是规则，是所有规则中典型化程度最高的规则。工业社会的法治，也就是通过规则的治理。运用规则去规范社会成员的行为，最大可能地遏制社会矛盾和冲突的激化。

到了 20 世纪，当社会两极化的趋势导致社会存续危机的时候，各种各样的规范劳动力交换过程的法律得以出台，以保证无产者在出卖劳动力的时候能够最大限度地获得生存的物质保障。同时，也通过建立健全社会保障体系去努力保证无产阶级一极不遭受毁灭性的破坏，使得劳动力的交换不至于终止。然而，我们也必须认识到，对社会的延续来说，虽然所有这些做法都是积极的，但其背后所包含的终极性的个人主义观念却是有问题的。

---

① ［德］马克斯·韦伯：《经济与社会》下卷，林荣远译，商务印书馆 2006 年版，第 281 页。
② ［美］弗兰克·奈特：《风险、不确定性与利润》，郭武军、刘亮译，华夏出版社 2011 年版，第 261 页。

即便说这种观念如其理论所宣称的那样具有合理性,也必须在合理性之前加上"历史"二字作为定语。走出了工业社会这个历史阶段,或者当我们的社会蜕去了资本主义属性,其合理性就会丧失。最为重要的是,当社会呈现出了高度复杂性与高度不确定性的时候,由法律制度、社会保障体系等所框定和维护的劳动力交换过程以及无产者再生产的社会平衡,都将变得无比脆弱。一旦这种平衡被打破,社会的延续就会成为一个大问题。正是这一原因,迫使我们必须实现观念上的根本性转变,即将个人主义的观念转变为人的共生共在的观念。

在人的社会生活中,规则所发挥的是规范的作用。除了规则,道德也可以发挥规范作用。然而,工业社会放弃了运用道德去规范人的行为的追求,而是表现出了对规则的依赖。在黑格尔看来,"希腊精神的观点,在道德方面,是具有纯朴伦理的特性的。人还没有达到自己对自己进行反思、自己对自己做出规定的境地;我们所谓的良知更没有出现。法律、礼俗等等,不仅存在,而且被坚持,它们是很突出的;从另一方面说,它们是基本上被视为蒙昧地独立发展着的传统。这些法律具有为神灵所批准的神圣的法律外形"①。因而,它所拥有的是一种自然的和自发的自治。而且,就整个社会而言,也是基于这种希腊精神建构起来的,尽管这种建构是不自觉的。

在今天,虽然我们把人的精神存在作为农业社会建构的原点看待,但是,我们不得不承认,农业社会的精神是真正的"神",是客观化(尽管很难确认为"对象化")了的"神"。"从新石器时代到近代的开端,农业一直是人类的经济基础……迅速成长起来的农业社会,有赖于其规律尚未为人所掌握的种种大气、气候和生长因素,而这类常年和不可回避的依赖性便深入到人类生存感的核心里面去。大多数人便在服务和义务的观念被结合到劳动的条件之下,以及在古老的动物崇拜不再对有时威胁到全体人民的水旱提供适当的神性概念的条件之下,而在大地上生活和定居了下来。"②在农业社会服从关系的链条中,最高的主宰也是神。人对人的服从,最终需要从对神的服从中获得正当性。君主是俗世的主宰,但君主若被认为缺乏对神的服从

---

① [德]黑格尔:《哲学史演讲录》,贺麟、王太庆译,商务印书馆1997年版,第86页。
② [德]阿诺德·盖伦:《技术时代的人类心灵——工业社会的社会心理问题》,何兆武、何冰译,上海科技教育出版社2003年版,第87页。

的话，也会被抛弃。历代暴君最大的罪名就是对神的不敬，以至于人们可以以"替天行道"的名义将其推翻。所以，我们可以认为，农业社会的治理体系是基于人的精神存在而建构起来的，或者说，是在人的精神存在的基础上自然生成的。这一点，可以在黑格尔关于城邦的认识上得到证明。

黑格尔说："城邦国家是一个精神的领域，不是一个物质的领域——精神是本质的东西。因为是某些基本准则、原则构成了国家的支柱，它们如果受到了打击，政府是必须干涉的。"①因此，我们不难理解，为什么苏格拉底因为在街头找人辩论而获致重刑。因为城邦所代表的精神是不允许受到破坏的。其实，在一切具有农业社会色彩的社会治理过程中，都不可能有言论自由，都不允许对那个社会信奉的神或意识形态说三道四。否则，就会受到惩罚。在中国农业社会的历史阶段，"文字狱"是经常被加以使用的精神控制工具。我们在对古代社会的观察中，总会惊叹于它自发拥有的文化，每一个有着悠久历史的民族，都有着丰厚的传统文化。其原因就在于，农业社会在世界上的每一个地区都以自发的形式突出强调了人的精神存在的意义。黑格尔所看到的是，"在欧洲，可以说文化是在一种精神宗教的保护之下，以一种精神宗教为前提而开始的……所以在欧洲有一个固定的精神原则作为基础，这个精神原则满足了主观精神的要求；从这个绝对的原则出发，决定了其他一切关系，如义务、法律等等，这一切关系是依靠这个原则的"②。

与农业社会的这种状况不同，在工业社会中，我们看到的是另一幅图景。就社会治理而言，基于个人主义的设计，工业社会的政治部门成了整个社会中的个人的代理。政府虽然是政治部门的执行机构，却被认为是政治部门的代理。作为政府工作人员的个人，又是政府的代理。这样一来，"在传统的行政管理场景中，行政管理者是政府的代理人，在将政府、公民和他们职业联系在一起的系统或结构中开展工作。对于许多公务员而言，首要的职责是维护职业和管理机构的自身规则，以及手足情谊；其次的职责是维护政府或机构的利益；排在第三位的才是公民的利益"③。也就是说，只有在

---

① [德]黑格尔：《哲学史演讲录》，贺麟、王太庆译，商务印书馆1997年版，第125页。
② 同上书，第19页。
③ [美]谢里尔·西姆拉尔·金、卡拉米·斯蒂福斯主编：《民有政府：反政府时代的公共管理》，李学译，中央编译出版社2010年版，第60页。

个人主义的视野中才会有代理的问题,才会作出这种代理制的设计。然而,当这种代理绕了一个大圈子的时候,作为公民的个人利益却被边缘化了,可能会经常性地受到忽视。实际情况也是,总会受到有意无意的忽视,往往是在政治部门以及政府对公民个人利益的忽视导致了合法性危机的时候,才会重新作出调整。

唐斯准确地指出,政府官员为自我利益谋划是近代以来一以贯之的传统,是"遵循自亚当·斯密以来的经济学的思想传统,也与对政治学作出贡献的政治学家西姆内尔、杜鲁门、沙特斯克耐得、布卡南、塔洛克、赖克和西蒙的思想一脉相承"①。显而易见,在原子化的逻辑中,政府被打造成了一个具有独立性的体系,进入一个自我建构、自我发展的进程中。因而,在开展社会治理活动的时候,"政府是一个作用巨大的社会角色,有其自己的运转和发展规则、自己的价值体系和自己的制度逻辑"②。这样一来,政府往往不会轻易地按照公众的要求改变自己,反而是努力按照自己的意志去作用于社会和改造社会,让公众按照政府的要求去开展社会活动。正是因为存在着这样的问题,因为个人在政府面前又是那样微不足道,不可能通过自己的行为去对政府忽视或无视他们的利益的行为直接进行矫正,从而需要求助于强制性的规则。而且,一旦这种规则确立了起来,即以法律的形式出现,无论是多么微不足道的个人,都可以声称以法律的名义作出抗议,甚至依据法律的精神作出抗争。

不需要更多的举例就可以证明,工业社会的发展走向了这样一个方向:"人们热衷于制定规则,着魔于行政管理的控制,迷恋于一切合法但却无力的权威,这一切业已登峰造极,而问题的症结就在于此。"③所以,工业社会的一切社会生活和活动,都被要求遵守法律,是在包括成文法律在内的完整规则体系的规范和控制之下的。特别是这个社会的治理,被要求依法治理,而且事实上也形成了法治模式。然而,20 世纪 80 年代以来的情况却不同了。在人类社会进入全球化、后工业化进程后,特别是在人类社会呈现出的高度

① [美]安东尼·唐斯:《官僚制内幕》,郭小聪等译,中国人民大学出版社 2006 年版,第 2 页。
② [法]皮埃尔·卡蓝默、安德烈·塔尔芒:《心系国家改革——公共管理建构模式》,胡洪庆译,上海人民出版社 2004 年版,第 7 页。
③ [法]克罗齐耶:《法令不能改变社会》,张月译,上海人民出版社 2007 年版,第 34 页。

复杂性和高度不确定性日益加剧的情况下,规则往往在人的行动面前显得僵化,甚至成了束缚人行动的绳索,规则规范下的行动往往表现出一种无力的状况,难以应对迅速涌现的危机事件。

可以认为,在危机事件频发的情况下,人的行动力的下降本身就成了人类所遭遇的最大危机,让人们感受到前景是那样的暗淡。如果对人的行动力的下降进行分析,显而易见,之所以科学技术日新月异的发展没能从根本上提升人们应对突发性危机事件的能力,原因就在于规则束缚了行动者的手脚。

二、组织中的规则

在工业社会与农业社会的比较中,如果我们希望指出那些重大的不同方面的话,是不应忘记"社会组织化"这一社会发展中的重要现象的。虽然作为工业社会基本特征的所有重大方面在农业社会均已出现,但无论是在质上、量上还是在社会意义上,都有着根本性的不同。农业社会中的剩余是可以成为商品的,但专业化或专门的商品生产却没有;农业社会有市场,但没有系统化的市场经济;农业社会有法律,甚至在许多地区——比如罗马——拥有发达的法律体系,但很难说有法治(尽管西塞罗的诸多思想在现代解读中属于法治的范畴)。就组织而言,在农业社会,甚至在人类历史上的更早时期,都已经出现,但社会的组织化历程则是在工业化进程中开始的。直到 20 世纪后期,我们才能说实现了充分的社会组织化。

工业社会这个历史阶段中的社会组织化是人类文明进化的新标志,事实上,它所造就出来的既定现实是"从更广泛的层面上,可以说当代历史发生在组织中,通过组织而演进。经济发展是政府政策(公共组织)与创建并允许私人组织的行动结合的结果。跨国公司和各种国际非政府组织——从世界银行到江河之友——对经济发展和社会现代化途径选择的影响越来越大。虽然历史学家仍通过伟大的男人和伟大的女人的传记讲述历史,但也许那些伟大的(或不怎么伟大的)组织之间发生的故事能告诉我们更多"①。

工业社会的领域分离、专业化以及脱域化的不充分等,决定了组织形式

---

① [美]W. 理查德·斯科特、杰拉尔德·F. 戴维斯:《组织理论——理性、自然与开放系统的视角》,高俊山译,中国人民大学出版社 2015 年版,第 34 页。

的多样化。正如斯科特和戴维斯所指出的："不同的文化、法律和历史造就了不同的国家制度,其中的组织形态自然也各不相同,从日本的经连会到匈牙利和中国改革开放以后的企业,到德国以银行为中心的资本主义体制,都各具特色。美国、中国、德国和日本的经济发展历史过程比较清楚地表明,经济活动来自不同时期与之相适应的组织方式。此外,各种组织形式并非静止不变,日本的终身雇佣制在经济泡沫破灭后的 20 世纪 90 年代曾遭受很大的质疑,而在同一时期,德国的银行大量放弃对企业的股权。在考察组织的多样性时,一定不要忘记时代、地域和文化因素。"①但是,无论组织的形式有多少种,贯穿于其中的都是官僚制的基轴。

不过,我们也发现,20 世纪后期以来,组织多样化呈现出加速的态势。这一方面反映了组织因适应社会高度复杂性和高度不确定性的要求而调整和改变自身;另一方面,也指向了最终突破和告别官僚制的未来发展方向。在组织形式多样化的发展趋势中,必然会促使官僚制的因素日渐消减,至少,官僚制的观念会越来越淡化。也就是说,组织形式的多样化必将引发组织模式的根本性变革。对于这场变革,我们认为,就是合作制组织取代官僚制组织的过程。我们关于合作制组织的构想以及探索,正是要推动这个进程,将其从自然历史进程转化为一个自觉创造的过程。

工业社会的分工-协作是在两个层面上展开的,组织本身是一个分工-协作体系,是通过组织结构以及权力和规则等而实现的一种自觉的分工-协作;在社会的层面上,则是通过市场机制而实现的一种类似于自然的分工-协作。这两个层面上的分工-协作既是相互支持和相互补充的,又是相互矛盾和相互冲突的。比如,在组织管理中对经济手段的应用,可以看作是对市场机制进行了改装后的利用。

组织的形式是多样的,当组织自身感到力量不足,即不足以在竞争的环境特别是在市场中取得绝对性的优势时,往往会形成组织联盟。也就是说,组织为了迎合市场,也为了在市场的不确定性中获得某种确定性,或者为了显示组织的力量,往往会联合起来而组成组织联盟。我们也看到,联盟这个

---

① [美]W. 理查德·斯科特、杰拉尔德·F. 戴维斯:《组织理论——理性、自然与开放系统的视角》,高俊山译,中国人民大学出版社 2015 年版,第 17 页。

概念如果被看作是工业社会的一种普遍形式的话，其实在一定程度上是一个可以用来替代组织的概念。在工业社会中，个体的人在独自开展活动时，已经无法应付复杂的环境和使个人的利益追求得到实现。此时，加入到组织中来，作为组织成员，其实是出于放大个人力量的需要。但是，就它是组织的构成要素而言，就它与其他组织成员同处于一个协作系统而言，它们之间实际上是建立了一种联盟关系。当然，我们往往是在观察巨型系统间的关系时才使用"联盟"一词来指称它们的协作关系的，而不是把它们的协作关系解读成组织。

如果一定要对"组织"与"联盟"进行区分的话，我们所看到的则是：当我们用"联盟"一词来指称某个协作行动体的时候，往往认为这个协作行动体不像组织那样拥有严格的、具有合理性的结构，即结构化程度较低，而是基于暂时性的共同利益要求而走到了一起。可以设想，而且大量事实经验也能够证明，一旦它们的利益重合部分分裂成不同的板块，联盟也就解体了。所以，联盟具有不稳定性和临时性。比如，在西方竞争性的"多党制"政治中，为了在选举中击败共同的对手，几个党派可能结成联盟。然而，他们一旦在选举中胜出之后，从组阁开始，就出现了分歧。接着，在施政的问题上，进一步陷入争执之中。要不了多久，执政联盟就出现了裂痕，甚至解体。

人们从联盟的解体中往往看到的是背信弃义的行为。这说明，联盟虽然也是一种协作体系，但是由于它不具有组织所拥有的科学化和技术化的结构、运行机制以及明确的可操作性规则，因而不具有稳定性和生命力。这也从反面证明了科学化、技术化的结构和明确的规则体系对协作系统是有着至关重要意义的。没有这些，组织就会成为松散的联盟，并总是处在解体和重建的往复之中。联盟之所以会遭遇其成员背信弃义的问题，还在于它不具有单个组织那样的严密结构和规则体系。所以，如果联盟试图避免出现解体的命运，也就会趋向于去建构严密的结构和规则体系。这样的话，联盟就会从"准协作系统"向"协作系统"转化，从而把自己变成单一性的组织。

一般认为，市场中存在着一个不确定性空间，或者说，市场本身就意味着一定的不确定性，而组织则因为部门、职位、岗位等都是相对固定的而排除了不确定性。组织的环境具有不确定性，而组织自身却是具有确定性的。其实，这只是存在于理论推断中的情况，实际情况要复杂得多。在组织之中,也是存在着不确定性空间的。正是组织中的不确定性空间,对增强组织领导者的权威有着极大的助益。因为这个不确定性空间也就是组织领导者与组织成员开展博弈的空间。组织领导者的地位以及能够调动更多组织资源的能力,使他能够在博弈中处于无法动摇的优势地位。所以,组织领导者常常会在组织中营造不确定性空间,并加以利用,以求其权威得到增强。事实也确实是,组织的领导者和管理者可以通过博弈显示出组织成员必须向他妥协的力量,甚至出现组织成员对他产生依赖这样一种情况,从而形成权威和增强权威。但是,组织规则却往往成为隐藏组织领导者权威的因素,在某些情况下,会成为削弱组织领导者权威的因素。

一个组织的规则体系愈是严密,组织领导者的权威就愈小。所以,拥有权威的组织领导者往往极力贬低组织规则的作用,即使他提起组织规则时,也只不过是把规则作为他控制和支配其他组织成员的工具来看待的,又或者是用规则来为他的控制和支配行为进行合法性证明的。由此可见,虽然组织成员在受到组织规则的压抑和束缚时也会希望组织能够拥有一个不确定性空间,但与组织成员相比,组织领导者往往更希望组织拥有这块空间。而且,组织领导者在获得这块空间的时候,总会不失时机地把不确定性转化为一种控制和支配组织成员的力量,对组织戒员实施一种非正式的压迫,收买依附者和排挤异己者。对绝大多数组织成员而言,组织中的不确定性空间往往并不意味着升迁、晋级等利益实现的机会,反而成了一种非正式的压迫力量。

在工业社会的背景下,哈贝马斯试图探讨组织类型的政治合法化功能,认为一种民主化了的组织类型由于"依赖于具体的社会和政治条件,依赖于支配权限,依赖于信息以及其他类似的东西……在每一种情形下,其作用机制都能更好地适用于程序上合法的决策和制度的产生"①。在这里,哈贝马斯显然是把"合法"与"合法性"的问题混淆了,或者说,哈贝马斯试图对韦伯的"合法性"概念作出修正,即试图把"合法"的意层引入"合法性"的概念中。其实,哈贝马斯这样做可能会使"合法性"的概念泛化。或者说,当哈贝马斯把"合法性"概念泛化之后,拓展了这一概念的解释空间,以至于能够把一切

---

① [德]哈贝马斯:《交往与社会进化》,张博树译,重庆出版社 1989 年版。

现代政治问题都纳入"合法性"概念的解释框架中去。结果，绝大多数政治学问题都成了一个合法性的问题。不过，我们认为，关于"合法性"概念解释功能的扩大并不是积极的，因为它容易造成诸多理论上的混乱。

可以确信，由于"合法性"概念的提出以及从合法性的视角来考察现代政治组织，政治组织的存在与发展都会遇到合法性的问题。但是，政治组织的功能并不在于谋求合法性。政治组织的存在，是服务于现实安排各种各样的社会关系以及生产公共的和政治的"产品"的。的确，现代政治组织的存在与发展需要合乎法理甚至合乎法律，但这与韦伯的所谓合法性还不是一回事。当韦伯的"合法性"概念用于考察非官僚制的时候，是以支配对象的认同为前提的，即支配者在被支配者那里获得认同的合法性（其实是一个"正当性"的问题）。但是，在官僚制这里，则是合乎法律的合法性，韦伯所青睐的就是合乎法律的合法性。这时的法律，其实也就是规则的泛称。所以，官僚制无非是一个规则体系，是将规则渗透到组织结构以及岗位、职位等所有方面的组织体系。与非官僚制组织中的支配（韦伯主要指认出卡里斯玛的和传统的两种类型）不同，官僚制组织在等级结构中虽然也存在着权力，但权力必须服从规则和接受规则的调控。所以，我们可以把官僚制直接称为规则体系。也就是说，在组织的意义上，非官僚制组织的合法性（即"正当性"）是不能够完全理解成对规则的倚重的，而官僚制组织的合法性则可以看作是规则运行的效果。

当组织的运行是一个完全的权力支配过程时，会以分配体系的形式出现。一旦组织运行成为非完全的权力支配过程，或者说，组织引入了系统化的规则体系，并将权力支配行为纳入规则的调控之中，就会向交换体系转化。因为规则的至上权威性决定了组织成员的个体性会得到一定程度的承认甚至尊重，从而使组织与组织成员变成了可以分别对待的两种不同因素。而且，组织与组织成员并不必然有着同一目标，以至于组织与组织成员之间建立起交换关系，并将组织形塑为交换体系。当组织主要表现为一个权力支配体系及其过程的时候，会倾向于在意识形态上要求组织成员与组织的一体化。事实上，也会表现出对整体主义观念的强化。如果组织把权力的运行放置在规则的调控之下，甚至要求组织的一切都建立在规则的基础上，那么，这种组织必然会把组织与组织成员加以区分。在组织的意义上通过规则去表现整体主义的追求,而在对组织成员的管理中,则强化和利用组织成员的个体差异,通过唤起组织成员的个体主义意识而从中挖掘出或压榨出取之不尽的活力。比如,通过各种各样的对组织成员的差异化对待,挑起组织成员间的竞争,让一部分人排斥另一部分人,这些都是激发组织成员个体主义意识的有效方式,也能够在组织成员作为个人的竞争中获得组织所需要的各种因素。就此而言,官僚制也呈现出了分裂的状况,它既是整体主义的产物,也是个体主义的实现途径。

除了权力、规则之外,共识也具有组织功能。在一种共识的基础上可以将人们组织起来,从而形成一个集体行动体系。我们认为,这种基于共识的组织是可以被打造成合作制组织的。可以认为,在人类历史上并不缺乏基于共识而形成的组织,但这类组织却未见有发展成为合作制组织的。这是由历史条件决定的。我们之所以说全球化、后工业化是合作制组织兴起的时代,也是基于社会的高度复杂性和高度不确定性作出的判断。因为社会的高度复杂性和高度不确定性所施予人们的压力决定了人们更容易形成行动共识,并在共识的基础上组织起来。此时,人类历史上的所有关于组织的理论和知识,又会作为一笔丰厚的遗产而得到继承,并在这笔遗产中发现和获得组织活动所必要的理性。或者说,在全球化、后工业化进程中的组织转型中,权力、规则等都能得到自觉地应用,从而打造出合作制组织。

合作制组织是建立在共识基础上的行动体系,但不是基于共识的"乌合之众",而是辅之以权力和规则的理性化的行动体系。合作制组织及其合作行动也都必须得到规则的支持,但我们对规则的理解却不能停留在官僚制组织的阈限内,而是需要展开我们的想象力。我们认为,合作制组织中的规则应当是具有灵活性的,或者说,这种规则因其包容性而具有弹性,而不是像工业社会的法律那样具有明显的刚性色彩。同样,在对规则的作用方式以及作用力的理解中,也可以看到合作制组织及其合作行动中的规则是"弱强制性"的,甚至在很大程度上具有"建议"的色彩,对组织成员不具有强制性的约束力。

三、对规则应用的再评估

正如罗森布鲁姆等人所言:"当人类文明从狩猎-采集社会发展到今日

的后工业化、科技化社会，人类越来越依赖组织作为达成社会、经济和政治目的的手段。"①但是，不能把社会归结为个人，反而，应当把个人归结为社会，组织亦然，不能将之归结为构成它的组织成员。因为个人具有他作为自己的特性，个人间的差异不会因为被结构化到社会中而减少，社会可以包容个人间无尽多样的差异，却不能因此而把社会归结为这些差异中的任何一种具体形式。虽然领袖或主宰者的个人特质会对社会有着更大的影响，但社会依然不会因为他的个人特质而消除其他成员的所有差异。所以，人类社会的进步总是体现在对差异的包容程度中，反映在是否承认差异的问题上，表现为在何种程度上承认差异和以什么样的方式承认差异。

在历史的视角中，尽管人的自然差异不会因历史的演变而发生变化，但人的社会差异在内容和性质上都会随着历史的进步而发生改变。由此看来，社会的性质以及文明化的状况决定了人的差异的状况。所以说，个人应当归结为社会。由于个人与社会之间是这样一种关系，人类才在近代走上了一条追求同一性的道路，即把社会看作同一性、普遍性的领域，以为同一性是扬弃了个人差异的形式。在制度设计、法律和政策建构中，都以差异背后的抽象同一性和普遍性为依据，以此表明社会不同于个人。从表面上来看，这确实证明了社会不同于个人，而实际情况并非如此。之所以会形成这种看法，而且被人们广泛接受，依然是因为在这种判断中包含着把社会归结为个人的思路，或者说，是把社会归结为个人的某个部分。这个部分是你、我、他共有的，是通过抽象的方式能够把握的抽象存在，是在抹掉了你、我、他的差异的条件下发现的。然后，基于这种抽象的存在进行社会建构，就产生了我们存在于其中的这个社会。抽象的存在是思维的造物，就其原初的内容而言，是来自于个人的，是个人的一部分，是众多个人或者说全体社会成员都拥有的那部分内容。所以，在逻辑上，它所代表的依然是一个把社会归结为个人的思路。

在农业社会，人们公开地把整个社会归结为君主，声言"朕即国家"，这是一种不加虚饰的把社会归结为个人的状况。现代思想不同，它在个人之

---

① ［美］戴维·H. 罗森布罗姆、罗伯特·S. 克拉夫丘克：《公共行政学：管理、政治和法律的途径》，张成福等校译，中国人民大学出版社2002年版。

间抽象出了同一性,然后把社会归结为这种同一性,从而显得隐蔽多了,可以说是一种对社会的矫饰。不过,它依然属于把社会归结为个人的思路。当我们说不应把社会归结为个人时,也包含着对这种隐蔽的或矫饰的思路的否定。当我们要求把个人归结为社会时,是对个人差异的承认。我们认为,正是在个人的差异的完整性得到尊重的前提下,社会才可能是健全的,个人才能在保持自身差异的条件下与他人一道开展共同行动,以合作的方式构建社会和促进社会发展。这样一来,社会不仅包容了个人的差异,而且是这种差异的聚集形态,是个人用以表现自我和实现自我的舞台。

个人的差异不是来源于个人的肉体等生物性存在。在人的自然生命方面,即使在出生的时候会有强弱之分,会带有遗传特征,会在禀赋上有所不同,但这些先天性的人的自然生命方面的差异,对人的后天的生活和活动的影响并不是根本性的。人的差异是在社会中获得的,是社会把人归类到不同的人群、不同的等级并最终使人成为他自己的那个样子。人的后天的全部社会生活塑造了人,人在社会化的过程中获得了社会生命,也同时获得了属于他自己的那种与他人不同的特性,从而使人与所有的他人不同。既然人的差异是在人的社会化过程中形成的,那么,社会建构就必须以承认人的差异为前提。否则,在逻辑上就属于社会对自己的否定。然而,建立于抽象普遍性和同一性之上的社会,恰恰包含着这样一种逻辑悖论。当然,在工业社会的条件下,在可以对社会以及个人进行静态把握的情况下,我们要求把个人归结为社会。然而,当社会呈现高度复杂性和高度不确定性的时候,当社会的运行已经使一切静态的认识和把握都不再可能的时候,我们对这种把个人归结为社会的主张也表示怀疑。这个时候,我们必须在行动主义的立场上去阐释个人与社会的关系,即在人的行动中去理解社会以及个人。也就是说,把社会以及个人都看作是人们在行动中进行不断建构的过程。

当然,我们现在仍然处在社会转型的过程中,我们直接面对的是来自工业社会的创造物以及工业社会的基本框架。所以,我们看到一些哪怕是最为积极的认识也只能是:"社会结构的延续性取决于人们在其中的行动再生现行模式的程度。社会结构由规则或模式(行为模式)和资源(包括物质和人)构成,后者从适用于它们的模式中获得意义和价值。一方面,行动总是发生在规则和资源的现有结构之内——结构为行动提供背景;另一方面,行动再生或改变现有结构——结构源于人类行动。"①我们知道,根据韦伯的考察,古代社会的家产制"缺乏按照事务规则确定的、固定的'权限';固定的、合理的等级制度;通过自有的契约并按规定任命官员和按规定晋升;专业业务培训(作为准则);(经常性的)固定薪金和(更为经常性的)用货币支付的薪金"②。韦伯的官僚制就是在与古代社会的这种对比中创造出来的,而且也已经被实践所证明,是适应工业社会的要求的。但是,在全球化、后工业化进程中,在高度复杂性和高度不确定性条件下,现有的结构已经无法成为行动的背景。事实上,根本就不可能出现稳定存在的现有结构。所以,我们不应再像斯科特等人那样把关注点放在社会结构的延续性上,而是应当放在行动中再造社会结构。

如果希望从结构的角度去看世界的话,如果说在我们的观念中还有着结构的概念的话,那么,结构也是不断地再生的,是存在于人们的行动之中的。事实上,当我们把社会的高度复杂性和高度不确定性作为认识和思考的前提时,其实是否定一切结构的,不认为人的行动中包含着再造结构的内容。20世纪80年代以来的全球性改革运动已经显现出它是一场在社会转型中发生的自觉变革运动。不过,我们也看到,在这场改革运动的初期,以"新公共管理运动"的名义出现的改革,仍然是在默认法制环境不变的前提下展开的,而且在意识形态上具有明显的管理主义倾向。所以,这场运动所追求的和能够实现的完全是对工业社会治理体系的修补工作,并不意味着在社会治理方面能引发根本性的变革。实际上,在新公共管理运动兴起的时候,人类社会呈现出全球化、后工业化迹象,一场否定工业社会的运动开始悄然发生,从而使得新公共管理运动无法在社会治理变革方面产生积极影响。

人类走向后工业社会的这场根本性社会变革是一场对法治的超越,是走向合作社会的过程。在合作社会规则体系中,法律以及由法律所构成的制度只是一个组成部分,而且对于德治具有从属性。所以,合作社会的治理是在德治框架下展开的。在合作治理中,如果说存在着法律的话,那么,法

---

① [美]W. 理查德·斯科特、杰拉尔德·F. 戴维斯:《组织理论——理性、自然与开放系统的视角》,高俊山译,中国人民大学出版社2015年版,第28页。
② [德]马克斯·韦伯:《经济与社会》上卷,林荣远译,商务印书馆1997年版,第254页。

律所发挥的也应当是引导作用,而不是像在工业社会中那样发挥着控制和支配的作用。如果说法律能够成为一种引导的力量而出现的话,那也必然是在德治的框架下。只有在德治的框架下,法律才会具有引导的性质和功能。

显而易见,在工业社会的低度复杂性和低度不确定性条件下,无论是在公共领域还是在私人领域,重复发生的行为以及事情都无非是一次再一次的复制,会因为形式化而可以还原为一种重复性的事情,也可以依照上一次开展行动的行为进行行为复制。无论是发生的事件和应对事件的行动,都是从属于同一模式的,是在同样的程序和规则之中发生的。在日常生活领域中,重复的行为和事项也每日都发生,不过,在每一次出现时都会有新的内容,比如,会增强人的声望、促进人的友谊、确立起人们之间的信任关系,或者相反。当然,你也可以说这些现象也会偶尔出现在公共领域和私人领域中,但我们必须指出,对公共领域和私人领域的理想形态而言,是不允许类似的现象出现的。如果出现了,那只能说是日常生活领域对公共领域和私人领域殖民的结果。比较工业社会的三个领域,可以看到人们在公共领域和私人领域倾向于生成规则和依据规则去开展行动,而在日常生活领域中,则会表现出对规则的冷淡,而是更倾向于尊重习俗、习惯和道德,并依此去开展交往活动。

在人类学的视角中去看社会,可以看到陌生人与陌生人社会是两个既相关联又不相同的概念。"陌生人"也是一个社会范畴,却包含着自然主义视野中所看到的某些内容。比如,当一个人闯入一个陌生的环境中所看到的或不得不与之打交道的人就是陌生人。相应地,对一个熟人群体而言,这个新闯入者也就是陌生人。在此意义上,陌生人是可以随着他们之间的认识、了解、相互信赖关系的建立而步步深入地向熟人转化的。在有些情况下,也可以通过某种基于共同文化的仪式(如中国的"结义")而加速陌生人向熟人的转化过程。"陌生人社会"一词则有着不同的内涵,它是指一种社会形态。这个社会拥有一种把人隔离开来的文化、规则和规范。这些文化、规则和规范从表面上看来是一些能够把人们联系起来的纽带,是把人们整合在一起的共有生活框架,而在实质上,却是把人隔离开来,使人成为孤立的个人。在这种社会中,每个人相对于他人而言都是陌生的,不因其交往的次数和频率而变。所以，这就是真正的陌生人社会，它拥有一个完整的有效消灭熟人的机制，足以保证所有人都作为陌生人而生活在同一个框架之中。

现在，人类正在走进一个匿名社会，也就是说，陌生人社会即将发生质变，一个匿名社会将要取代陌生人社会。匿名社会中的人是由知识、理论和思想武装起来的人，具有独处的能力，更有行动的能力，特别是在任何需要他的时间和地点，都显得非常适宜于去与他人一道合作行动，而且能够表现出不对外在于人的规则的依赖。事实上，在全球化、后工业化进程中，学者们已经意识到，"全球游戏的结果及其规则都不是预先确定的，没有一个全球政治机构能够全面地限制比赛者的选择范围，强迫或说服他们遵守这些限制"[①]。所以，全球政治的真谛就在于所有的行动者都必须行动和都在行动，而且，这是一种不容置疑的合作行动。

当我们把视线再拉回组织上来时就会看到，在组织变革的意义上，新知识引发组织变革的要求会首先被组织成员感受到。其实，一旦新知识被引入到组织中来，组织成员在运用新知识的过程中，就会立即感受到组织原先的设置以及各种各样的规则和行为方式与运用新知识所需要的行为之间是冲突的，他们会在已经养成的行为习惯与运用新知识的行为之间进行选择。这时，具有自觉意识的组织成员就会在引进新知识方面成为激进的和活跃的因素。如果这些组织成员的工作绩效因运用新知识而有了更好的表现，也就会对组织中已有的行为习惯形成冲击，进而，在组织中形成一种求新的氛围，并最终导向组织变革的结果。如果说组织规则所营造的是组织存在以及运行中的平衡态的话，那么，变革则是要打破这种平衡态，即指向组织的规则体系。我们在组织变革的过程中，首先看到的就是废除一些规则和订立一些新的规则。在新的规则实现了对旧的规则的替代时，原有的组织平衡被打破，而新的平衡则会由新的规则去建构和维护。在全球化、后工业化进程中，我们认为，这种用新的平衡代替旧的平衡的做法也不再适用。对于我们所构想的合作制组织来说，任何时候都不去营造任何一种形式的组织平衡态。所以，在组织治理的意义上，是否必然倚重于规则，就是一个非

---

① [英]齐格蒙特·鲍曼：《被围困的社会》，郇建立译，江苏人民出版社 2006 年版，第 79 页。

常可疑的问题。

　　尽管福山耽于工业社会的思想范式之中,在理论创新方面表现得非常怯懦,但他还是看到了大量新的事实,意识到"从等级制的、泰勒式的组织演变为扁平的网络化的组织,需要卸除正式的、官僚化的规则的协调功能,将之转授给非正式的社会规范。在扁平的、网络化的组织内,权威并没有消失,而是以某种允许自我组织和自我管理的方式内化于组织之中"①。推广到整个社会,福山所描述的这个方向也是富有启发性的。我们相信,在全球化、后工业化即将把我们引入的那个社会中,在需要通过组织去应对高度复杂性和高度不确定性条件下的一切事务的时候,规则依然是共同行动不可缺少的因素。无论是规则的形式和功能,还是规则形成的方式,都将与工业社会有着根本性的不同。概括地说,这种规则应当是灵活的和富于弹性的。在某种意义上,我们更倾向于使用"规范"一词去替代"规则"。

---

① [美]福山:《大断裂:人类本性与社会秩序的重建》,唐磊译,广西师范大学出版社 2015 年版,第20 页。

第三章　走向合作治理（2）

在近代以来的哲学社会科学中，"主体"是一个频繁见诸各类文献的重要概念，它代表了近代科学所拥有的一种思维方式，也是在社会发展的历史进程中产生的一项科学成果。从人的解放到主体的发现，既是思想进步也是社会进步的标志。但是，随着全球化、后工业化这项历史运动的启动，"主体"的概念却构成了一种思维桎梏，不仅陷入了理论上的悖论之中，而且将实践导入了某种困境。从认识论和道德实践论的角度看，将人定义为主体仅仅满足了工业社会这一特定历史阶段科学认识和社会建构的需要。在全球化、后工业化进程中，特别是在合作治理以及合作行动中，我们都需要用"行动者"的概念来重新定义人，进而扬弃主体的以及主体性观念。

与主体的发现一样，近代以来的思想和理论所取得另一项成就是对抽象的人的独立性作出了深入探讨，给了非常有力而且令人信服的证明。但是，人并不是可以进行静态观察的抽象的社会存在物，而是在社会空间中开展行动的行动者。无论是作为个体的人还是以人的群集形式出现的组织，都是在历史的动态发展过程中开展行动的人。特别是在社会治理的领域中，处处都可以看到人的活跃的身形。然而，一旦在社会活动中去观察和认识作为行动者的人，就会发现，每一项行动都是受到各种因素制约的，以至于人丧失了独立性。在迄今为止的人类历史中，如果说存在着人的理想与现实相冲突的问题，根本原因就在于人从来也未真正地获得过独立性。合作治理将是建立在人的独立性得以实现的前提下的，而且，合作治理也将把对人的独立性的维护放在优先位置上。

从现实来看,在工业社会中,人的平等原则与社会的能力本位之间是相冲突的,因而,在社会生活的每一个层面上都存在着无法调和的矛盾。在此情况下,社会治理无非是要在各种各样的矛盾之中寻求平衡,以求矛盾不至于演变成激烈的对立和冲突。在社会发展的维度中,人的能力显得非常重要,正是人的能力,为社会发展提供了不竭的动力。如果说社会发展中的每一项成就都是由人创造的,那么,在这些成就背后,就包含着人的能力问题。然而,工业社会使人的能力畸形化了,得到鼓励和促进的仅仅是人的竞争能力,或者说,让人的其他能力都服从于竞争能力和为人的竞争能力的发挥提供支持。随着人类进入全球化、后工业化进程,随着社会呈现出高度复杂性和高度不确定性,人的竞争能力的片面发展已经不再能够满足社会生活的要求,反而带来了诸多人类无法承受的消极后果。在这种情况下,我们必须寻求人的合作能力对人的竞争能力的替代,在人的合作能力的培育中去实现人的共生共在。

第一节　行动者的非主体化

在人文社会科学的文献中,"主体"一词得到了广泛使用,在涉及认识和行动的几乎一切问题上,都会用"主体"一词来置换"人"的概念,或者说,将人界定为主体。不过,我们也看到,只有在较为简单和相对封闭的系统中,行动者才以主体的形式出现,或者说,只有当组织结构和行动路线具有线性特征时,才需要突出强调行动者的主体性。如果行动系统变得非常复杂、行动目标变得很不确定、组织结构和行动路线呈现随机调整的状况,那么,行动者实际上也就会处在互动中。这个时候,主体与客体的理解框架就不再适用。因为对于处在互动过程中的行动者来说,并不是某(些)人影响、支配另一(些)人,不存在着自我与对象、主动与使动之分。

相对于行动中的一方施加影响于另一方而言,在高度复杂性和高度不确定性条件下,在开放系统中,行动者处在一种时时互动的合作关系之中,他们朝着共同方向的努力和指向共同目标的行动是一种合作行动,他们都是平等的行动者。所以,在高度复杂性和高度不确定性的条件下,行动者实际上应该被定义为合作者,而不应当根据它(他)所施加的影响或加以改造的对象来进行定义,即不应将其看作主体。对于行动者来说,没有必要刻意强调其主体性特征,或者说,行动者作为主体并不是一个值得刻意关注的问题。当然,这并不能像德里达、福柯等人所理解那样,认为那是一种"主体消失"的状况,而是主体的地位不再显得那么重要了,是主体以及主体性在人的视野中退居到了不受重视的角落时的状况。

一、人、主体与非主体化

从费尔巴哈到尼采,都从不同的角度去证明一件事,那就是,走出中世纪的过程是驱逐上帝或者杀死上帝的过程。关于这一问题,可以从两个方面来看,其一,18 世纪的启蒙以及在此前后的资产阶级革命发现了人并实现了人的解放,虽然马克思认为那只是人的"政治解放"而不是人的彻底解放,但人毕竟从神的遮掩下走了出来并屹立在历史的舞台上了;其二,是认识论及其科学的发展驱逐了或者说杀死了上帝,而且,也确如尼采所看到的那样,在杀死上帝之后,时常让"超人"去填补所留下的空缺。这个过程合在一起而留下的历史轨迹,向我们展示了主体崛起的图景。所以,在近代以来的历史中,我们看到的是主体,这是一个主体兴起并无处不在的时代。当然,有的时候,主体也会以尼采所说的"超人"的形式出现,但那无非是膨胀了的主体,可以比喻为细胞中的癌细胞。

在人类历史上的农业社会历史阶段中,社会是以分散着的地域化的形式出现的,即每一个地域性的空间中都存在着一个相对封闭的社会。由于地域化的社会是相对封闭的,因而人们拥有共同的风俗文化和行为习惯等。在此意义上,地域化的社会也被称为熟人社会。严格说来,在熟人社会中是看不到人的,即使我们可以指认出人,那也是共同体的缩影,整个共同体的特性都完整地体现在某一个人身上。所以,与其说我们在熟人社会中看到了人,还不如说我们所看到的只是他所在的共同体。

在从农业社会向工业社会的转变过程中,由于人流动了起来并汇聚到了城市之中,形成了陌生人社会。在陌生人社会中,我们满眼所见的都是人,处处都是原子化的个人。但是,陌生人社会却呈现出分裂的状态:一方面是实存的人;另一方面是外在于人的、作为人的异化形态的共同体——以契约为纽带的"族阀共同体"。人与共同体之间既是对立的又是统一的,相互都是对方获得存在和发展的依据,又相互都受到对方的制约。人的发现是历史进步的一项伟大成就,但是在与神的比较中发现了人,还不意味着可以实现对人的社会生活的理解,更无法确认人在社会建构中的作用。所以,近代早期的思想家们并未驻足于对人的发现,而是对人作出了进一步的思考,结果就在人那里发现了其认识和行动的功能,从而将人确认为主体。

现在,全球化、后工业化运动意味着又一次社会转型,将实现从陌生人社会向匿名社会的转变。经历了这一次转变,也许作为主体的人将游离出人们的视线之外。这个时候,由人所创制的那些外在性因素将不再成为制约人的力量,更不是人必须佩戴的枷锁,反而是人的自由的支撑物,即为人提供支持,并使人感受到自己真正是人,是具有主动性和能动性的行动者。此时,每一个人在共同体中都以匿名的方式开展行动,但作为人却是自由、自主和自立的。

这样一来,我们在历史上也就看到了这样一条人的成长轨迹,在"家元共同体"中,人被消融于共同体之中,缺乏自我意识,或者说未能自觉为人;在"族阀共同体"中,人因为有了自我意识而得以发现、得以自觉,从而成为社会生活的主体。但是,我们也应看到,在人被定义为主体后,与主体相伴随的是人受到外在因素的压迫,不仅受到自然因素施加于他的压迫,而且更多地受到人所创制的社会因素的压迫。随着"族阀共同体"为"合作共同体"所取代,人才真正成长了起来。"合作共同体"中的人的匿名化并不是对人的抹杀,反而是人成熟的标志,让人显得低调并能够务实地开展活动。到了这个时候,人将是行动者而不再明显地以主体的形式出现。或者说,对于"合作共同体"中的人而言,将直接地被定义为行动者,其行动就是人的总体性的体现和实现,而不应在对人进行分析和将人的行动与人自身区分开来的意义上去加以观察。既然不再在行动与行动者之间进行区分,也就不应将行动者说成是主体,即不能把行动看作是主体的功能、获取利益和实现自我的过程。

在社会建构中看近代以来的历史进程,可以看到,法律适应人的原子化的要求而把个人作为法律责任的主体来对待。与此相适应,道德也呈现出个体化的发展趋势,农业社会中那种由家族以及其他类型的生活群体承担道德责任的状况已经销声匿迹了。在后工业化的进程中，随着社会的合作需求日益凸显，也随着组织化的文明成就得以继承，随着社会治理转型为合作治理，个体与组织的密切联系也使得组织越来越愿意为作为组织成员的个体承担道德责任。虽然这在今天还仅仅是不甚普遍的现象，却有可能具有趋势性的意义。在合作的社会中，如果组织为作为组织成员个体承担道德责任成为一种普遍的社会现象的话，那么，在组织中就会产生一种促成组织成员道德化的机制，就会对组织成员的行为形成一种道德压力，从而在组织内向的以及外向的合作行动中表现出道德行为选择优先的情况，使组织成员成为道德行动者。无论是在承担社会治理职能的组织还是在一般性的社会组织那里，我们所看到的都将是有道德的行动者，不仅个人，而且组织本身，都是道德行动者。

这说明，在社会生活的道德方面，经历过一个历史演进过程。

在农业社会，家元共同体中没有明确的道德责任主体。虽然每一个人都通过自己的行为去体现和诠释共同体的道德观念和道德规范，但个人并不承担道德责任。即便个人因为不当行为而受到了惩罚，也不是对道德责任的追究，而是共同体出于消除异质因素的需要而作出的一种自然反映。也就是说，在农业社会，共同体是一种具有自然属性的有机体，有着天然的排异倾向，会对不合乎共同体道德观念和道德规范的行为加以制止和惩罚。

在工业社会中，日常生活中部分地保留了农业社会的这种个人道德责任模糊的状况，而在公共领域和私人领域中，个人行为包含着和反映了个人自己应当承担的道德责任，不会再像在农业社会中那样，一人做出不道德的事而使整个家族或关系密切的人都蒙羞。也就是说，在工业社会中，行为与责任的关系是明确的，"一人做事一人当"被视为天经地义的，个人而且仅仅是个人为自己的行为承担道德责任，个人就是明确的道德责任主体。

在合作的社会中，情况再度发生变化，一方面，个人在合作行动中会有着更强的道德责任意识，会把合作共同体的道德观念、道德规范和道德原则内化为自己需要承担的过程责任，因而是道德主体；另一方面，就后果责任而言，则会变得与个人的关联性很小，个人并不会因为承担过程责任方面的某些失误而受到相应的惩罚，因而，无法认定个人是明确的道德责任主体。在这种情况下，如果说个人在承担过程责任的意义上的行为失误产生了社会影响的话,那也是他所在的组织而不是个人应当承担的后果责任。

主体不仅存在于认识与实践的过程中,在社会的意义上,在一切需要从社会关系中区分出主-从关系的时候,也会要求区分出主体和从属来。一些人或人群被认为是主体,而另一些人或人群则被看作是围绕着主体和附属于主体的社会存在。在扩大的意义上,人们甚至会对事物也作出这种区分。比如,会指认一个社会中某种经济形式处于主体地位。在宏观历史视野中可以看到,当神学家们宣布臣民服从君主、君主服从教皇、王权服从神权、世俗国家服从罗马教廷的主张时,实际上也包含着一个世界"一体化"的愿望,即一切都归结为神在世上的代言机构。既然是处于一体化的空间中的,也就有了主-从关系,或者说,需要作出主-从的区分,以便划定统治以及治理关系。在现代社会,如果一个国家把自己看作真理和正义的代言机构,与中世纪的这种把世俗国家归结为罗马教廷又有什么区别呢? 从事实来看,在逻辑上是完全相同的。所以,也就会要求把一个社会中的某个部分确认为主体,而把其他部分控制在从属的地位上,是供驱使和支配的人群。

在全球化、后工业化的进程中去构想社会建构的问题时,首先需要终结的就是这种逻辑,不允许这种线性思维方式再去复制支配-服从关系。如果说全球化、后工业化意味着全球一体化的前景的话,那么,这个所谓一体化决不会成为任何等级结构的再造,而是在持续的和不断扩大的差异化条件下走向平等合作。我们认为,全球化所指向的一体化应当是一个在合作理念下去实现差异共存的一体化,所要建构起来的是一个合作共同体。在这个合作共同体中,每一个国家以及每一个合作行动者都是平等的,没有主导和附庸的区别。也就是说,在社会学的意义上,随着社会结构上的去中心化,也就不会出现某个(些)人是社会的主体,而另一些人成为被控制、被支配的附属者。

在思想史上,用主体置换利己的个人这样一项理论发展成果应当被视为德国哲学对英国思想的矫正,正是这项理论成果拓展出了一个巨大的思维空间。在思想路线上,它们的一致性远大于差异,因为主体中心主义并未实现对个人中心主义的扬弃。当然,这一思想也在不断地发展之中,到了胡塞尔特别是哈贝马斯那里,以"主体间性"这样一个新的表述出现了。即便如此,作为思维结构的主-客体二分并未被打破,主体的多元化并未终结主体中心主义。如果将其还原为个人主义的话,也无非是让人们看到更多数量的个人,从而要求尊重差异和相互承认。至于人的共生共在,显然不是从个人利益出发的,而是充分关注了人的共同命运。所以,关于人的共生共在的追求和观念,是无法纳入到近代以来的任何一种理论证明的逻辑之中的。

"主体间性"的概念意味着一个理论视角的出现,那就是,不再把主体看作是具有抽象同一性的存在,而是看作有差异的共在。也就是说,承认主体的多元化。在主体多元化的意义上来看近代以来的人的活动的终极追求,就会发现,利益是社会存在和发展的内在根据,而社会又是由"现实的个人"所组成。现实的个人是社会存在的主体,但现实的个人是从事活动的,进行物质生产的,现实的个人活动动机又是由利益所引起的。人类的基本的和直接的利益动机是吃、穿、住、行等,这也构成了人类政治、军事、外交活动的价值基础。社会活力的激发,离不开对不同利益群体正当利益诉求的满足。即便出于激发社会活力的目的,也需要建构起公平的社会整合机制,需要最充分地反映最广大人民的根本利益,需要使广大人民群众享受到应该享受的社会发展成果。这基本上是从公平正义的角度去思考社会治理问题时极力推荐的制定方针政策的基础和出发点。

我们知道,工业社会所拥有的是市场经济的经济和社会运行机制。在市场经济的条件下,无论经济还是社会活动的主体都是多元化的,始于德国古典哲学的同一性主体视角是不适用于对主体多元化状态的描述的,所以,"主体间性"概念可以被看作是理论发展的标志。它能够更好地解释主体多元化条件下不同主体之间的利益矛盾和冲突等问题,进而去寻求解决这些矛盾和冲突的路径。在从工业社会向后工业社会转变的过程中,主体间性的概念可以予人以诸多启发。比如,面对世界的中心-边缘结构,面对美元霸权,边缘国家采取的本币互换业务就可以说是对主体间性的证明。如果这种基于主体间性的设计广泛推展开来,对于促进全球化而言,是有着积极意义的,是能够在对世界中心-边缘结构的解构中产生作用的。

总的说来,当我们回顾从农业社会向工业社会转型的过程时,可以看到,在中世纪,神是对人的否定,因而,文艺复兴以及稍后发生的工业社会的启蒙运动都是对人以及人的主体性地位的确认。特别是启蒙运动,直接地基于人性而进行了制度设计,而德国古典哲学为了在更广泛的意义上去思考社会建构以及人的行动问题时,发现了"人"的概念的局限性,从而要求把人的概念转化为主体。然而,在近代以来的数百年时间里,随着这一源于启蒙运动的制度设计思路不断地伸展开来,随着制度设计的方案得到不断的补充和完善,人以及人的主体性却经常性地被遮蔽了起来。制度获得了类似于中世纪神一样的地位,而人则被从社会的基本结构中剔除了出去。比如,在官僚制的机械系统中,人也成了组织机器的部件,他作为人而存在的一切,都需无情地祛除,作为官僚制组织这架机器的部件,也就不具有主体性了。虽然我们在把视线落脚在官僚制组织成员的行动上的时候也会误以为人是行动者,但在实际上,在官僚制组织中,人并不是自主的行动者,因而也不是主体。人在官僚制组织中的际遇其实是人的异化,是对人的主体性的排斥和压抑,而不是我们所说的"非主体化"。

我们认为,在从工业社会向合作社会转变的过程中,不会像工业社会兴起时那样驱逐上帝而寻找人,进而把人确认为主体,因为这项任务已经解决了。在这一次社会转变过程中,是要消除人的任何一种异化形态,以充分张扬人的主体性。但是,人的主体性得到充分张扬的情况其实也就是对人的主体地位的超越,从而使人成为行动者。在合作行动中,主体转化成为合作行动者。正是在此意义上,我们于正在成为一种主流趋势的合作行动中去观察人,所发现的是主体以及主体意识的弱化,并将这一情况称作为"非主体化"。随着广泛的社会力量进入社会治理过程中来的时候,政府的社会治理垄断地位受到了冲击,其唯一的发展方向就是与各种各样的社会力量一道去开展合作治理。或者说,政府扮演着服务者的角色,以服务的形式去开展行动,去证明自身在合作治理过程中是一个积极的行动者。当前我们致力于服务型政府建设,其目标就是要寻求政府在合作治理体系中的服务者角色,即成为以服务面目出现的行动者。

二、认识论视野中的主体

近代话语体系的确立是从认识论哲学开始的,正是认识论首先区分出了主体与客体,而康德则是关于主-客体哲学的第一位系统阐发者。认识论是一门追求真理的学问,站在主体的角度去探求真理,关注的是"是",即世界是什么样子?认识如何真实地反映世界?进而,人的行为如何合于客观世界的要求？在这里,"是"就是"应当",是社会行为的意义和价值,生活的价值就在于满足"是"的要求,人的主动性和主观能动性就在于应当实现对"是"的追求。

我们也看到,在低度复杂性和低度不确定性条件下,对真理的追求看似可能,实则不然。在社会的高度复杂性和高度不确定性状态中,对"是"的关注也许会失去意义。因为人也许无法通过认识达于"是"。这并不是一个根源于主体或从主观世界出发的"可知论"或"不可知论"的问题,而是社会的高度复杂性和高度不确定性决定了认识论逻辑无法推演下去。这样一来,也就无法从"是"中推导出"应当",反而直接摆在人面前的就是一个"应当"与"不应当"的问题。对于社会高度复杂性和高度不确定性条件下的合作行动而言,首先关注的就是"应当"与"不应当"的问题。尽管这并不意味着放弃了对"是"的追求,而是"是"与"应当"关系的颠倒,但是,当"是"不再在人的认识和实践行动中处于首要地位而是退居到了不甚重要的地位时,也就意味着出于"是"的追求的主体与客体之区分变得不再重要了,不再成为行动必须遵循的逻辑前提。

根据韦尔默的看法,"阿伦特从现代哲学的认识论传统中接受的首先是这样一种模式:一个单称的认识主体(或有机体)与一个外在的世界相遭遇,后者在这个主体的内部表象中留下了它的痕迹,也就是认知之于语言的优先性,以及理性力量或逻辑证明的观念。这些前提的问题在于它们在哲学上是错误的"①。应当说,在认识论的抽象逻辑上,阿伦特并没有错,而且,这也不是阿伦特个人的观点。在康德的时代,当认识论刚刚成为一个哲学话题时,站在所谓唯物主义思想路线中的哲学家基本上已经持这种立场了,它也被称作为"反映论"。只是到了 20 世纪,主体的条件——特别是语言、观念等在思维中的先在性——才被人们提起。这说明,阿伦特所接受的是经典认识论的观念,所持的是经典认识论的立场。

正因为阿伦特所持的是经典认识论的立场,所以,韦尔默所作出的批评是正确的。"正因为阿伦特从哲学传统中接受了关于认知的一种可疑的认

---

① [德]阿尔布莱希特·韦尔默:《后形而上学现代性》,应奇等编译,上海译文出版社 2007 年版,第 148 页。

识论模型,她必定会把人类世界,也就是由语言展示的共同世界,政治和诗歌的世界,思想和判断的世界,置于认知领域之外或之上。"①在某种意义上,可以认为阿伦特简单地搬弄了康德的"彼岸世界",或者说是对康德"彼岸世界"的误植。因为当康德把政治和诗歌的、思想的和判断的世界归入知性甚至理性范畴的时候,恰恰是认为它们已经变成了一种对"彼岸世界"超越了的世界,即"此岸世界"。由于阿伦特误解了康德,所以,"对阿伦特来说,堪称真正的人性活动的那些理性活动就只能用一系列否定来刻画。思想并无确定的结果(正如知识是有确定结果的),它是破坏性的(而不是建设性的);判断并不是非服从不可的(就正如真理是非服从不可的),而且不是通过受规则支配的内部预算达到的(正如逻辑结论是通过这种方式得到的)"②。正因为阿伦特所持的是这样一种否定的立场,致使她对实践理性及其道德价值产生了怀疑。

从哲学上看,大致在 20 世纪中后期,认识论受到了越来越多的质疑,起先人们以为是价值论对认识论的替代,然而,人们很快就发现,价值论也完全可以复制认识论的逻辑。事实上,发生在 20 世纪中后期的哲学转向是对认识论和价值论的双重否定,是要实现世界观的根本转型。显然,在认识论的意义上,当人们的视线从主体与客体、主观与客观、理论与实践转向了符号与表征、能指与所指等之后,关于清楚明白的认识已经不再是一个值得纠缠的问题了,人的思考赖以展开的那个人,所拥有的系统是否准确地反映了那些外在于人的系统及其各个方面,不仅对于人的思维展开、理论建构,而且对于人的社会生活实践,都不构成实质性的影响。即便对于生产,由于人类已经进入了"创造的时代",也无须斤斤计较于主观是否反映了客观的问题。

事实上,在社会高度复杂性和高度不确定性条件下,认识论为我们设定的既有认识和把握客观世界的程式已经无法达致过往曾经给予我们的认识效果。这就决定了我们不能囿于"分析性思维"规划的认识路线,而是需要在符号学既有的探索基础上去发展出一种"相似性思维"。其实,从行动者

---

① [德]阿尔布莱希特·韦尔默:《后形而上学现代性》,应奇等编译,上海译文出版社 2007 年版,第 148 页。
② 同上书,第 149 页。

的角度去看，行为和行动的联系与区别是非常明显的。当我们使用"行为"一词时，肯定包含着对行为主体的判断，即谁的行为？但在使用"行动"一词时并不必然如此。行动是包含着行为的，但在理论上却意味着一种超越了行为的视角，意味着弱化对主体的关注。在观察行动时，所看到的是行动者，而不是主体。如果说行为是一种反应，那么行动则在于创造；如果说行为是指向某个（诸如个人利益）目标的，那么行动则在于创造出人的共生共在的所有条件。在创造的意义上，一切关于人是主体的规定都不再适用，而是需要更加注重人作为行动者的一切品性。

对主-客体关系的关注，其实是一种基于静态的思维观念而开展科学研究时所达致的成果。在低度复杂性和低度不确定性条件下，正如牛顿设置了某种理想状态一样，认识论也能够通过静态观察去宣称对真理的把握。然而，在高度复杂性和高度不确定性条件下，这种追求却显得不再有实现的可能性了，因而，需要用动态的观察去置换静态的观察。在动态的思维观念中，主-客体关系退居到无须刻意关注的位置上。或者说，对于认识和把握研究对象而言，不具有需要加以特别突出的意义。所以，根据动态的思维观念，研究的重心应当放在行动者之间的关系上。正是由于这个原因，哈贝马斯提出了"主体间性"。但是，"主体间性"实际上包含着自我否定的逻辑走向，那就是，一旦进入交往系统和交往过程中的每一个行动者都是主体，这时也就无所谓主体了。在这个时候，如果仍然在近代认识论的话语框架中去沿用主体的概念，那显然已经变得不再有意义了。相反，恰恰需要祛除对行动者所作出的一切抽象，即直接从行动者出发去观察和理解他们之间的关系。也就是说，就对行动者的关注所代表的是另一种研究视角而言，并不适合于用"主体间性"的概念来加以表达。

从近代以来的哲学发展中可以看到，分析性思维为了科学的客观性和纯洁性必然要求通过分析、归纳、演绎、推理去排除多种因素的干扰，尽可能在理想状态中进行。然而，在相似性思维中，想象、类比、比喻等必然包含着主体所在的情境，诸如他们生活的气候、生存条件、情感、心境和感官体验等，所有这些都会发挥非常重要的作用。所以，相似性思维是包含着总体性的思维，它不会刻意剔除那些与人密切联系在一起的因素。由此看来，在高度复杂性和高度不确定条件下，思维及其行动的具体性和总体性都决定了只有相似性思维才是具有适应性的。事实上,在这种条件下,被分析性思维作为前提的理想条件已经无法获得,所以,也就不能适应人们开展行动的需要。

在相似性思维对世界的认识中,人没有被置于中心地位,尽管相似性是由人来把握的,是人根据相似性而将相邻的事物排列起来的,并编纂出了完整的世界秩序图谱,但是,人只是被放置在根据相似性看来合适的位置上,而不是被视作主体。这就是福柯所说的,"对古典思想来说,人并不通过局部的、有限的、特殊的'本性'而在自然中占据一席之地:这个本性就像授予所有其他存在一样,是作为诞生权授予人的。如果人性与自然交织在一起,那是通过知识的机制和它们的功能达到这一点的;或更确切地说,在古典认识型的重大排列中,自然、人性和它们的关系都是确定其功能要素。并且,人,作为初始的和有深度的实在,作为所有可能的认识之难弄的客体和独立自主的主体,在古典认识型中没有一席之地"①。

认识论把人置于主体地位;实践论进一步提升了人的这一地位;人文科学的产生与发展,则全面论证了人在世界中不可置疑的中心地位。因而,世界无非是人的世界,是可以认识的,可以通过实践加以征服的,可以加以改变的,可以在每一处的每一个变化中都朝着合乎人的目的的方向运动的。因而,人似乎获得了走向自然以及历史深处的无限的动力,人们深信,"对生物、需求和词而言,表象作为它们的发源地,或作为它们的真理的场所,不再具有价值;从现在起,就表象与它们的关系而言,表象只是它们的一个效果,只是它们在意识中的多多少少模糊的保证人:这个意识领悟并重构它们。人们作出的物之表象不再在一个独立自主的空间中展开对物作整理的图表;对作为人的经验个体而言,表象目前属于物本身及其规律之秩序的现象——也许至少是显现。存在于表象中显现的,不再是其同一性,而是其与人类之间确立起的外部关系"②。

有了这样的观念或判断,认识论的行程自信而有力地迈出了坚定的步伐,"人类,凭着自己的存在,凭着其与表象携手的能力,出现在一个空穴中:

---

① [法]米歇尔·福柯:《词与物——人文科学考古学》,莫伟民译,上海三联书店 2001 年版,第404页。
② 同上书,第407—408页。

当生物、交换的客体和词抛弃了迄今为止一度成为它们的自然场所的表象，并依据生命、生产和语言的规律而缩回到物之深处并把自己盘绕起来时，它们就精心准备了这个空穴。在它们的中间，因封闭在它们构建的圈子里，人被它们指明了——更是被要求了，因为讲话的正是他，因为我们看到他处于动物中间（并且在一个不仅特许而且作为由它们构建的总体之整理者的位置中：即使他不被视作进化的终结，他也被视作一个漫长系列的末端），最后因为他的需求与他拥有的满足这个需求的方法之间的关系是这样的，以至于他必定是所有生产的原则和手段"①。因而，人成了确定无疑的主体，在所有认识和改造世界的活动中，都是昂着高傲头颅的主体。

　　表面看来，人认识世界和改变世界的前景是光明的，人可以从心所欲。事实上，这也极大地推动了科学技术的进步，而且把所有意识、观念形态的因素都纳入到了科学的范畴之中。不仅自然科学，而且社会科学，甚至人文科学，都因为拥有满足需求的方法而显得科学，并不停歇地去证明自己每日每时都走在进步的征程上。然而，现实也表现出了另一面，正是人的需求，构成了首要的"限定性"。在人的需求面前，我们所看到的是，"人受制于劳动、生命和语言：他的具体存在在它们之中发现了自己的确定性；我们只有通过他的词、他的机体、他所制造的客体，才能靠近他——首先，似乎正是它们（并且也许只是它们）才拥有真理；并且，一旦思考，他只是在自己的眼前在一个存在形式中揭示自身；这个存在，在一个必定隐蔽的深处，在一种不可还原的前后关系中，早已是一个物，一个生产工具，一个词的工具（这个词先于它而存在）。所有这些内容（他的知识把它们作为外在于他本人而揭示给他，它们的诞生要比他早并预料他）把它们所有的协同性都悬在他上面，并跨越了他，似乎他只是自然的一个客体，一张在历史上必定被抹去的面孔"②。这就是主-客体的划分所导致的逻辑悖论。只要人把自己视为主体，他就必然要受制于客体，无论是他发现和确认的客体，还是人所创造出的那种物化了的客体，都对他形成限制。也正是这一原因，在后工业化的进程中，需要实现对主-客体视角的超越，需要在行动者的视角中去重新审视人，

①② ［法］米歇尔·福柯：《词与物——人文科学考古学》，莫伟民译，上海三联书店 2001 年版，第 408 页。

以便从根本上把人全面解放出来。

在全球化、后工业化进程中,我们感受最深的是环境与生态的破坏,特别是当我们被置于雾霾之中的时候,除了佩戴口罩之外,我们无法认定自己在何种意义上是主体。在这种情况下,我们深切地感受到自己是那样的无能为力,我们甚至无法从客观世界中区分出我们可以施加作用的客体。姑且不看人的实践所带来的破坏自然的后果,也不去谈论人的行动引发了社会矛盾的加强和冲突、抗争的经常化,更不去看人的劳动以及行为的普遍异化,单就人的认识而言,也可以清清楚楚地看到,"人的限定性在知识的可能性中得到了预告——并且是以一种迫切的方式作出的;我们知道人的能力是有限的,诚如我们知道大脑的解剖、生产成本机制、印欧语系联合的体系;或者更确切地说,关于所有那些稳固的、确实而充实的形式之水印,我们能看到这些形式加注的限定性和界限,我们似乎在它们的空白处能猜测到所有它们使之成为不可能的东西"①。这并不是不可知论的重新获胜,而是真切的现实,是认识论自身的逻辑决定了它必然会遇到不可超越的限定性,认识论无法突破这个人的限定性的瓶颈,也不可能绕道而行。这样一来,我们为什么还要信奉人是主体的观念呢?

20 世纪后期以来,社会科学的话语实际上正在发生一场从主体中心主义向"他在性"的转变。这一从主体中心主义向尊重他者的转变不仅是伦理立场的根本性位移,也是认识论的彻底终结。我们知道,主体中心主义反映在认识上必然会要求对认识对象加以分析、分解。虽然这种要求会在发现对象的本质的追求中进行,而实际上则是出于剔除对象无用的方面,从而发现对象之于主体有用的价值。但是,尊重他者的主张则提出了完全不同的要求,即不能对对象进行分析、分解,而是要求把他者作为一个完整的整体加以认识并加以尊重。在这一转变过程中,如上所述,出现了一种过渡性的哲学思考,并以主体间性概念的提出为标志。

在理论上,主体间性为导出商谈模式甚至协商民主提供了基础性的论证。但是,正如我们已经指出的,只要人还把自己作为主体看待,就会使主

---

① [法]米歇尔·福柯:《词与物——人文科学考古学》,莫伟民译,上海三联书店 2001 年版,第409 页。

体间性陷入某种悖论。因为主体间性本身在主体那里就是不成立的。或者说,除非在主体之外的旁观者(可以认为是"上帝")那里,才有可能看到不同主体之间存在着交往关系并遵循某种商谈伦理。可是,对于处在交往行动中的主体而言,不可避免地会坚守形而上学的观念:要么是主体,要么是客体,我无论如何也不会承认他人是主体,不会承认他人是与我同样的主体,在我的眼里,他人就是我的客体。从现实来看,协商民主的理论呼唤出了广泛的公众参与,似乎证明了主体间性。可是,在参与过程中,控制和操纵参与的现象则是难以避免的。就参与本身成了社会治理的一种技巧而言,公众虽然是参与主体,却是确定无疑的治理客体。结果,主体间性依然是一种幻觉。

然而,当我们构想合作行动时,"行动者"的概念却能够解决这一问题,即能够消解主体还是客体的一切争论。由此可见,当认识论的逻辑转换为民主方案时,也同样将其悖论携带到了政治生活和社会实践之中了,合作治理的构想就是要从根本上消除这种悖论。事实上,只要我们用"行动者"的概念去替代"主体"的概念,所有悖论也就都会消除。

三、审美和道德的维度

韦尔默对法兰克福学派代表人物阿多诺试图调和马克思与韦伯的做法提出了批评,认为阿多诺用韦伯的工具理性和形式合理性去解释马克思关于人的解放的观点是错误的。尽管技术进步包含着解放的潜能,但技术进步却制造出了压迫,而且这是我们每一个人都能够看到的和感受到的。即便在阿多诺倾注热情的审美问题上,当他在工具理性的意义上去理解审美合理性的时候,事实上也是把艺术生产纳入了提供作为人们审美需求得到满足的工具之中了,而不是把审美作为人的生活和交往的部分内容来看。原因就在于审美本身把审美主体与审美对象隔裂了开来,使审美主体处于一端,而审美对象则处在另一端。结果,审美本身就是一种行为而不是行动。

当然,阿多诺也承认对艺术作品的审美中包含着"幸福的承诺",但艺术作品却是以工具的形式而成为审美对象的,是可以在单个人那里满足审美要求的。一旦审美可以在个人那里进行,也就会产生这样一个问题:如果由某个人在他的密室中去获得审美满足的话,那么,这种审美所获得的幸福怎样才能成为一种社会体验?因此,韦尔默指出,"如果美是幸福的诺言,是与我们的内在和外在本性的调和,那么艺术作品就是超越性体验的媒介,而并不就是调和的模式本身。这是因为,最低限度地说,艺术作品的审美综合只能作为对话关系的'道德'综合的中介而不能把后者呈现出来"①。只要审美之中包含着幸福,那种行为就是社会性的,不仅是在创造了美和进行审美的人之间的交流,而且是综合性意义上的社会交流。这样一来,道德的因素就会介入进来,从而成为定义美的因素,甚至对审美行为产生有可能是决定性的影响。

应当看到,作为"社会批判理论"的代表人物之一,阿多诺并没有忘记"社会",所以,他在论述审美问题时才会使用"我们"一词。对此,韦尔默指出,"即使如阿多诺强调的那样,在艺术作品中发言的主体是'我们'(而不是个别艺术家),这个集体主体也是用一个声音发言的,就好像自言自语一样;这就是说,这种超主体的言说的'综合'规则不可能预示具有多种声音的对话的开放性规则。审美综合并不是摆脱压迫的社会状态的可能模式。相反,人们可以说,自由的观念,不受压迫意义上的自由的观念,正义或相互承认的观念,以及团结的观念,如果按照艺术作品中的成分的非压迫性组合来解释,就只能代表一种超人类的状态,而不是言说和互动个体的生活形式"②。如果审美在社会交往中汇成一种声音,也就证明了通过民主的方式选出一个代表自己发言的人的做法是合乎普遍性要求的。在政治生活中,人们往往区分出集权与民主。可是,当民主通过选举的方式去选出一个人并使其代表自己的时候,或者说,把自己的福祉寄望于那个经自己选举出来的人的时候,是不是反映了人的内心深处的一种集权情结呢?即便人们没有这种集权情结,也只能说明人天生就是懒汉,总想着让别人替自己做事和替自己作主。

当然,艺术作品的创作者可以声明,他表现的是自我而并不去关注他人的感受,他可以不期望别人从对他的作品的审美中获得幸福,反而是有意识

---

① [德]阿尔布莱希特·韦尔默:《后形而上学现代性》,应奇等编译,上海译文出版社2007年版,第77页。
② 同上书,第77—78页。

地用自己的作品去勾起人的丑的联想,让人一看到他的作品就恶心。姑且不论他的作品能否引来观赏者,但当他去这样表现自我的时候,其实已经包含着对某些美学规则的运用,而且深深地植入了言说与交流的愿望。如果有观赏者的话,那么,在观赏者那里激发出的呕吐也许就是这种交流得以实现的状态。这时,创作者预支的那种通过不道德行为激发出自己的快感也就兑现了,观赏者则开始顾念那些他长期熟视无睹的美,并从中找到了幸福感。这样看来,那也许是一次性的一对一的交流,却可以开放性地辐射开去,从而合乎社会交往的追求。当创作者通过自己令人恶心的作品去激发审美者对非作品之美的欣赏,无疑是提升了作品隐喻意义上的社会性。但是,这种社会性是由于创作者的不道德换来的。结果所证明的是,创作者不是一个道德主体。即便撇开道德判断,就审美者不是从作品本身获得美感,而是在与作品的比较中发现了原先受到了忽视的美,创作者在何种意义上是艺术创作的主体? 审美者在何种意义上是审美主体? 显然,都无法确认了。因为创作者的作品没有直接唤起美的感受,他作为创作主体就是可疑的,而审美者接受了被忽视的美,却又是完全被动的,显然在这一审美过程中未能成为主体。

我们并不怀疑审美就是交流,重要的是,这种交流不包含私利方面的考虑,无须保守某种(如商业)秘密。因而,应是一种无条件的开放性交流。然而,在近代以来的社会发展中,"欧洲现代性的功能的、系统的和认知的分化过程……总体上是适合于工具理性的过程"①,以至于包括审美在内的广泛社会生活都具有了工具理性的特征。在政治生活以及整个社会治理体系的运行中,人们的视线中也就仅仅剩下了可以进行工具性解读和工具性操作的合法性问题,肯定无法去解决这种工具性解读和操作的合道德性问题。或者说,人们是否基于道德去开展行动的问题被回避了。一旦我们认识到了审美的社会性,一旦我们于此之中发现了交往、交流、幸福体验等社会生活的多重要素,也就可以从此出发推断出社会生活包含道德性的要求。进而,社会治理无非是社会生活合道德性的保障,甚至需要通过公共产品的供

---

① [德]阿尔布莱希特·韦尔默:《后形而上学现代性》,应奇等编译,上海译文出版社 2007 年版,第78 页。

给去满足社会生活的合道德性要求。在某种意义上,这应成为一个标准。

当社会治理体系能够保障和促进社会生活的合道德性时,它就获得了合法性;否则,就会陷入合法性急剧流失的状态中去。然而,在认识到了这一点的时候,紧接着就会遇到另一个问题,那就是社会治理依靠什么去保障和促进社会的合道德性?它已经完成了的科学建构和稳定地拥有了的工具理性,显然无益于它发挥那样的功能,甚至根本就不会在它的认知系统中产生那种意识和要求。合乎逻辑的结论应当是,我们只有促成社会治理体系在社会生活的合道德性要求面前实现变革,而且只有首先使政治生活乃至整个社会治理体系都具有合道德性,然后,才能将一切合道德性的设置都转化为行动。进一步地说,一旦合道德性的问题得以解决的时候,一旦全部关注点都被置于行动上来的时候,也许对行动作出衡量的标准也就是其是否具有有效性的问题了。

当我们的话题被引到了有效性的问题上来后,就会发现,对于人们的交往关系来说,有效性并不是唯一衡量交往关系健全的标准。比如,在人们交谈的过程中,"命题有效性问题不再是一个有关语言与世界的客观关系问题。言说者依靠有效性要求提出了它的表达的有效性条件,但有效性要求同样也不能只从言说者的视角加以定义。有效性要求的目的是要通过言说者与听众建立起主体间性的承认关系;它们只能用各种理由,即话语来获得兑现,而听众则是用具有合理动机的立场来对它们做出反应"①。如果在这之中存在着欺骗问题的话,那些能言善辩的人也总是能够有力地说服别人相信他的欺骗,道德也就不再存在了。在"言说者"与"听众"之间是存在着主体间性的,这种主体间性也是交往关系有效性的证明。虽然能够证明其有效性,但这种主体间性却是一种不道德的主体间性,它越是具有有效性,也就越是不道德。所以,停留在主体间性的理论设定中,交往关系的有效性依然有着一个是否合道德性的问题。

当然,如果不把人们的交往实践看作为一次性的交往,而是绵续不断的交往过程的话,情况就完全不同了。这个时候,交往关系就需要建立在道德的基础上。只有包含着道德内涵的交往,才会使交往持续下去。而且,交往

---

① ［德］哈贝马斯:《后形而上学思想》,译林出版社 2001 年版,第 123—124 页。

关系中越是包含着道德的内涵，在下一个交往环节开启的时候，越会展现出一种交往成本递减的规律。然而，在高度复杂性和高度不确定性条件下，人们的持续性交往可能是一件可望而不可即的事，当人们处于持续的应急反应过程中时，往往会显得来去匆匆，而不会拥有稳定的持续交往的伙伴，不会处在一个连绵不断的交往过程之中。这是否对人的交往关系和交往活动中的道德形成一种否定呢？不是！我们认为，人们交往关系以及交往活动的非连续性恰恰对道德提出了更加强烈的渴求。我们决不怀疑这样一条基本原理，那就是，人们交往活动的有效性是建立在道德的基础上的，是交往关系中的道德赋予交往活动以有效性。在我们看来，交往的有效性决不是主体间性的证明，而是存在于合作行动之中的，只有当人成为行动者而不是主体的时候，才能开展真实的合作行动，才能保证交往以及行动的有效性。

有道德的行动者将会把人的所有感情都投注到人的共生共在上来，这种感情并不是认识论所贬抑的感情，决不是低级的、粗糙的感情。相反，在某种意义上，可以认为那种感情是康德所说的实践理性。可惜的是，正如韦尔默所指出的，"在一个科学主义当令的时代，试图在一种经验理论的框架内肯定一种强有力的实践理性概念，这必定显得是一种极端悖谬的计划。显然只有理论家是通过对指导理论的实践理性的预期与他的对象（社会）联系在一起时，这种尝试才能免于被指控为以坏的主体性（例如，不科学的为基础）。那时而且只有那时才能说，这种理论的规范预设是适合于对象的，而且并不是外在地归属于它的；只有那时才能坚持道德哲学和政治哲学的统一性是能够在经验的社会科学内部得到维持的"①。依据这种"经验的社会科学"去观察社会过程，从中发现的就是行动者，而不再需要去对人作出额外的定义，不需要去把人分成主体和客体。

显而易见，工业社会将科学主义推上了神坛，在社会生活中，在人的交往进程中，在以组织的形式所开展的集体行动中，只允许工具理性、技术理性发挥作用，而实践理性则遭受了驱逐，以至于谈论实践理性变成了荒唐的事情，被视为空想。正是由于这一原因，道德与政治相分离了。在道德与政

---

① [德]阿尔布莱希特·韦尔默：《后形而上学现代性》，应奇等编译，上海译文出版社 2007 年版，第 3 页。

治相分离的情况下,两者成为互不相干的两种理念和两种社会生活系统,希望让道德介入到只从属于科学关照和以科学的名义开展行动的政治中去,不仅不可能,反而会招致诸多嘲笑。但是,这决不意味着道德与政治的分离是一种理想的社会状态,也不能认定这种社会状态会永远持续下去。如果说社会是由人建构起来的,那么,全球化、后工业化就是这样一次机遇,它让我们可以在谋求道德与政治相统一的设想中去开展理论构想以及实践。事实上,关于德治与德制的构想已经表达了这种追求,那就是让政治归并到道德之中,接受道德的规范。

一旦这一构想在社会发展中取得哪怕很小的成就,也足以证明基于实践理性的理论预期是完全可以与社会实践联系在一起的,进而,使得政治以及一切社会生活中都能体现出实践理性,社会的运行和发展也就会因此而进入一种基于实践理性建构的良性循环之中。这样一来,我们所看到的将是每一个人都成为有道德的行动者。而且,因为他们是有道德的行动者,所开展的就是合作行动,用合作行动建构起了人类社会治理的一种全新的模式——合作治理。在高度复杂性和高度不确定性的条件下,合作治理时时处处都展现了创造品质,人们在合作治理过程中开展行动而成为行动者,关于人的主体以及主体性的定义都仅仅作为一种记忆而被保留下来,并不在社会安排和行动中被刻意地提起。

第二节　行动者的独立性

在全球化、后工业化的历史背景下,合作治理正在成为人们追求和抱以极大期望的社会治理方式。然而,对合作治理的一切有价值的构想,都必然会指向这一治理方式中的行动者。如果行动者依然是传统社会治理体系中的官僚的话,那么,我们就不可能冀望他承担起合作治理的职责。其实,在近代以来的管理型社会治理中,由于政治与行政的分离,特别是在官僚制的"祛魅"要求中,官僚是以价值中立的执行者面目出现的,其角色定位可以比喻为官僚机器上的零部件,无所谓独立性的问题;在命令与服从的权力作用线条中,更不可能拥有独立性。所以,管理型社会治理所追求的是系统结构的功能,而不是从官僚独立性中释放出来的能量。在全球化、后工业化进程中,一种新型的合作治理模式正在生成。在合作治理中,人以及组织,都是以行动者面目出现的。为了适应社会高度复杂性和高度不确定性条件下的社会治理要求,社会治理系统及其结构的功能,都必须让位于行动者的自觉性、主动性和积极性。因而,行动者的独立性就显得非常重要了。

一、追求独立性的历史和逻辑

马克思指出:"人的依赖关系(起初完全是自发的)是最初的社会形态,在这种形态下,人的生产能力只是在狭窄的范围内和孤立的地点上发展着。以物的依赖性为基础的人的独立性,是第二大形态,在这种形态下,才形成普遍的社会物质变换,全面的关系,多方面的需求以及全面的能力的体系。建立在个人全面发展和他们共同的社会生产能力成为他们的社会财富这一基础上的自由个性,是第三个阶段。第二阶段为第三个阶段创造条件。"①也就是说,人类历史的发展所呈现给我们的是,在农业社会的历史阶段中,存在着人对人的依赖,社会的等级结构以及人对人的奴役,使人在直接的意义上丧失了独立性。在从农业社会向工业社会的转变过程中,经历了启蒙运动和资产阶级革命,所要打破的就是人对人的依赖状态。近代社会早期的这场社会变革运动也被看作是人的解放,无论是从神还是从人的剥夺和压迫中解放出来,都是人类历史的巨大进步。然而,在人得以实现了这种"政治解放"后,却出现了人对物的依赖,或者说,出现了人通过物的中介而对人的依赖。只要人还有着某种依赖与之相伴随,就意味着人尚未真正获得独立性。所以,马克思关于人的"全面发展"的构想,应当是人的真正独立性的理想状态。

我们知道,农业社会是一个熟人社会,而工业社会则是陌生人社会。陌生人社会中的人,天然地产生了某种孤独感。为了消除孤独感,就需要寻求慰藉的途径,比如,爱、信仰等都是很好的慰藉途径。黑格尔就特别强调过这一点,他说:"爱的第一个环节,就是我不欲成为独立的、孤单的人,我如果是这样的人,就会觉得自己残缺不全。至于第二个环节是,我在别一个人身上找到了自己,即获得了他人对自己的承认,而别一个人反过来对我亦同。"

---

① 《马克思恩格斯全集》第 46 卷(上),人民出版社 1980 年版,第 104 页。

爱是"精神对自身统一的感觉","是意识到我和另一个人的统一,使人不专为自己而孤立起来,相反地,我只有抛弃我的独立的存在,并且知道自己是同别一个人以及别一个人同自己的统一,才获得我的自我意识"①。但是,爱、信仰等所有可以缓和人的孤独感的因素,都由于工业社会的领域分离而被限定在日常生活领域中了,在私人领域和公共领域中,它们都不再发挥作用。所以,当人活动于私人领域、公共领域中的时候,他是孤独的,是失去了作为人的价值的单一性的工具性存在。既然只有在日常生活领域中才存在着消弭孤独的途径,也就意味着工业社会在整体上并不拥有消除人的孤独感的普遍化途径。而且,在日常生活领域中,当人通过爱、友情、信仰等去消除孤独感的时候,其实也如黑格尔所说的那样,付出了丧失独立性的代价。在这里,人不再是独立的,而是回归到了同质性的群体之中。

　　根据弗雷泽的考察,近代社会在政治层面上对独立性的追求并未从根本上告别依赖,反而存在着对依赖深深的担忧。弗雷泽说:"随着工业资本主义的兴起,依赖的语境发生了很大变化。在 18、19 世纪,'独立'而非'依赖'成为政治和经济话语的核心;其含义完全民主化了。但如果认真解读'独立'这一话语,总的说来,在革命的时代,人们追求的是独立,而到了福利国我们发现对依赖存在着一种深切的担心。"②总的说来,在革命的时代,人们追求的是独立,而到了福利国家生成后,人们对独立的热情日益消减,转而生成了依赖感。即便是独立的追求,也是以依赖为参照系的,是相对依赖而确立起了独立追求。事实上,虽然近代以来在消除人们的等级差异方面取得了革命性的成就,但是,由于社会的中心-边缘结构得到了强化,致使处于边缘地位中的人们必须在社会救助中去获得生存保障。久而久之,形成了福利依赖的问题。

　　就任何一种依赖都是对人的独立性的威胁而言,福利依赖也使人丧失了独立性。所以,在全球化、后工业化的背景下,消除福利依赖也是不可回避的问题。至少,应对福利依赖的问题进行必要的矫正。一旦开展这项行动,除了需要在文化再造中谋求出路,还需要对政治经济结构进行重建。我

---

① [德]黑格尔:《法哲学原理》,范扬等译,商务印书馆 1982 年版,第 175 页。
② [美]南茜·弗雷泽:《正义的中断——对"后社会主义"状况的批判性反思》,于海青译,上海人民出版社 2009 年版,第 134 页。

们认为，只有从根本上打破既存的社会中心-边缘结构，才能消除福利依赖的问题。只要我们去深切地感知现实，就会发现，在全球化、后工业化进程中，由于社会呈现出了高度复杂性和高度不确定性，人对人的依赖已经不再可能存在，而人对制度的依赖也同样失去了发生的基础。在高度复杂性和高度不确定性条件下，独立是一种无可选择的选择，而且，不是相对于任何依赖的独立。同时，独立也是在告别了平等与自由的话语时而重新对人的存在作出规定的范畴。这种独立，在自我这里以自尊的形式出现，而在与他人的关系中，则会表现为对他人的承认和尊重。

中国是一个日常生活领域较为发达的社会，相形之下，公共领域和私人领域都显得脆弱得多。因而，中国人的家庭依赖特征显得较为突出。比如，"啃老族"的称呼就典型地代表了一种家庭依赖的状况。当然，这也是由于社会依赖的基础一直未能得到建立和健全所造成的。由于没有社会依赖机制，所以，还保留了家庭依赖。从今天的情况看，所谓"富二代""官二代"等称呼，也都是对一些典型的依赖群体的标注。但是，随着中国公共服务体系的建立和健全，相信社会依赖的基础很快就会建立起来，"富二代""官二代"等依赖群体也会出现分化的状况。当他们的家庭依赖失去宿主的时候，必然会转向社会依赖。同时，由于贫富分化以及贫富悬殊的扩大化，将会使大批人进入由政府的福利计划去保障他们的生存权的体系之中。这样的话，要不了多久，我们就会发现一个福利依赖阶层在我们的社会中生成。

在人的独立性追求中，自力更生被认为是一条可行的路径。其实，在工业社会的历史背景中，"自力更生"这个词语仅仅表达了一种行为追求，是不可能在现实中真正做到这一点的。或者说，正因为人类个体在现实生活中必然会相互依赖，才会提出突出个体努力之意义的愿望，才会想到自力更生的问题。事实上，自力更生的状态从来都没有出现过，即使在自给自足的农业社会的状态下，自力更生所追求的"生"也是最低限度和最低质量的"生"，而不是理想的、反映了社会繁荣的"生"。历史的进步越来越证明，自力更生的倡导除了能够激起一种精神力量之外，根本没有在现实中加以实现的基础，社会的发展越来越紧密地把人们联系在一起，人们之间的相互依赖和相互支持越来越成为生活的必不可少的内容。但是，在全球化、后工业化的进程中，我们却发现，人们之间的相互依赖并不是一种人们必须去接受的消极状态,反而是需要人们通过积极的行动去创造的生活状态。在社会的高度复杂性和高度不确定性条件下,人的共生共在成为一种必须去建构的生活状态。在人们为了人的共生共在而开展行动的时候,每一个作为个体的和集体的行动者都必须首先获得独立性。我们可以把人的共生共在看作是人的相互依赖的一种状态,但它却不是人类历史上的任何一种形式的相互依赖,而是社会的高度复杂性和高度不确定性对人的存在提出的特定要求。

任何事物在得到充分成长和充分发育的时刻都会受到自反性因素的困扰,社会亦如此。"恰恰在管理革命的顶峰,即当詹姆斯·伯纳姆发现管理革命并视之为另一个必然性时,它就遭遇了它自身的反革命和重建,并走上了反面。"①不过,毕竟管理革命已经把人类引向了推崇管理和神化管理的道路,以至于形成了路径依赖。经历了 20 世纪的管理运动,我们在今天已经习惯于通过管理去解决一切社会性的问题。但是,当频繁爆发的危机事件、突发事件等拒绝管理的时候,人们却意识不到这是放弃管理追求的时刻,反而变本加厉地追求危机管理。而且,在所有危机管理尝试都失败了的情况下,也会臆想自己的行动是成功的,不求欺人,只求自欺。结果是,徒劳无益地付出更多额外的成本。

就人们对管理的认识停留在管理就是控制的水平上而言,说明管理本身就是对人的独立性的剥夺。在人失去了独立性的情况下,也就不可能产生创造性的活动,即失去了创新追求。鲍曼在谈到这一问题时说:"如今,管理艺术日益依赖于拒绝管理,依赖于放弃昔日的管理主题,寻找'它们自身的位置',犹如货币在当前无规律的兑换过程中的做法。"②这可以看作是表达了全球化、后工业化条件下人的独立性的追求,也就是说,鲍曼所期望的是通过告别管理而使人获得独立性。

人之所以在工业社会未能实现启蒙时期的理想,即让人得到解放和获得独立性,是因为这个历史阶段的社会治理依然包含着权力和权威,而且是通过权力的权威去开展社会治理的。罗斯曾试图将权力和权威区分开来,根据他的看法,"权威并不诉诸服从者的利益,而是诉诸某些通常被认为更加'根本'、比起自身需求和利益属于'更高'秩序的人类'本质'即对某种强

---

①②〔英〕齐格蒙特·鲍曼:《被围困的社会》,郇建立译,江苏人民出版社 2006 年版,第 12 页。

有力的信念——它对人的约束傲然独立于他之所喜与所恶,他的利益、恐惧与希望"①。权力不同,通常是以一种强制性力量的形式出现的,虽然并不必然表现为暴力,却显然是一种运用暴力的能力。因为当权力发挥作用的时候,即便没有显现为暴力,也是包含某种暴力暗示的,即向作用对象发出某种暗示:如果不服从,就会受到惩罚。这说明,只要权力背后存在着暴力,就会以支配和控制的形式出现。在人受到支配和控制的时候,不用说有什么独立性了,甚至人身保障都会丧失。就社会治理来看,是权力而不是权威决定了社会治理的控制导向,又是因为社会治理的控制导向使人丧失了独立性。

当人从农业社会的同质性共同体解放出来并成为个体的人时,从理论上看,应当使人获得了独立性。但是,由于社会化大生产以及一切社会活动都是通过人的群集方式开展的,以至于与个体的人并存的是无处不在的群体。而且,群体作为社会活动的主体是人们必须正视的,至于个人主义的理论思考,无非是要人们不要忘记群体在还原论的意义上可以归结为个体。也正是由于这个原因,近代以来的各种理论都纠缠于整体与个体的问题去开展永无终期的争论,并在民主与集权之间持续不断地去开展孰优孰劣的重复论证。个人主义誓言捍卫人的独立性,而整体主义则要求个体从属于整体。正如福克斯和米勒在谈论整体主义变种的社群主义时所指出的:"社群主义具有极权主义的倾向,因为人的生活的各个方面实际上被统摄到了朝着良好秩序的和谐方向发展的目的论方面。情况好的话,人们发现这是不可忍受的。情况糟糕的话,社会就会草率地把怪异解释为与社会目标的不相一致——精神麻木的一致就是成员的代价。由自由的多元主义造成的主权个体与独立空间(如工作、休息、家庭和宗教)所体现的私人性的权利,在社群主义中可能会为了实现社会的完整、道德和一致性而遭到剥夺。"②其实,从近代以来的社会运行看,只有在私人领域中才存在着人的独立性的假象。而且,一旦与社会治理过程相遭遇,这种独立性也就会丧失殆尽,作为一种假象也幻灭了。在社会治理的过程中,没有人可以实现对自己的独立

---

① [丹麦]阿尔夫·罗斯:《指令与规范》,雷磊译,中国法制出版社 2013 年版,第 55 页。
② [美]查尔斯·J. 福克斯、休·T. 米勒:《后现代公共行政——话语指向》,楚艳红译,中国人民大学出版社 2002 年版,第 35 页。

性的有效捍卫,因为社会治理的控制导向必然会剥夺包括治理者自身在内的一切人的独立性。

正是这个原因,在当前正在发生的社会治理变革中,需要终结控制导向。而终结控制导向的第一步,就是需要从权力的消解入手。当然,在人类的社会治理史上,权威总是与权力联系在一起的,往往是权力生成了权威。如果说存在着不与权力相关联的权威,也往往是与个人联系在一起的,而不是属于社会治理体系的权威。只有那些与权力联系在一起的权威,才是属于社会治理体系的。因而,那些由个人承载的、非权力性的权威即便能够对社会治理提供有益的资助,也是非常有限的,甚至是可以忽略不计的。因为那些权威主要存在于人际关系中,能够供给某种人际交往和生活以秩序,而对于社会秩序的获得和维持,并不发挥明显的作用。只有那些与权力联系在一起的、由权力凝结而成的或以权力为后盾的权威,才会在社会秩序的供给中发挥作用。也正是由于这个原因,人们往往很难在权力与权威之间做出区别,而总是将它们相混淆。

尽管如此,在权力与权威之间作出区分,即看到它们性质和功能上的差别,对于我们构想合作治理体系是具有理论意义的。因为在合作治理中,合作行动者的多元化以及他们之间关系的平等和行为选择的充分自主性,使得权力的基础动摇了。即使在一些情况下需要权力,那种权力也具有很大的临时性,而且是与权力意志相分离状态中的权力。但是,权威将会广泛地存在于合作治理的过程中,而且是一些从根本上告别了权力的权威,与权力没有什么关系。在合作治理中,随着权力的消解,权威将会在社会整合中发挥更为重要的作用,这些权威属于规则的权威、知识的权威和道德的权威。在某种意义上,规则的权威所发挥的是辅助性的作用,处在一线的将是知识的权威和道德的权威。一旦知识的权威和道德的权威成为合作行动的基础性资源并为行动者提供有力的支持时,也就会使行动者获得独立性。而且,合作治理过程中的每一个人都将因此而成为独立的人,既是独立的人,又是拥有独立性的行动者。

二、科学发展中的独立性问题

如上所述,阿伦特试图从康德的审美判断中发展出属于她自己的政治的、社会的"判断理论"。然而,在她这么做的时候,却没有处理好她的"判断"在康德用纯粹理性划定了边界的领域之中是如何与其他各种因素加以协调的问题。虽然康德提出了判断力批判的问题,但在康德所作出的三个方面的批判之中,判断力却是独立于理性之外的一种能力。康德所作出的理性安排没有在一个完整的概念体系中为判断留下位置。既然如此,阿伦特又如何在康德体系中去为她的"判断"找到适切的位置呢?如果在康德名之为"纯粹理性"的概念体系中找不到判断的位置,那么,在科学的意义上,也许阿伦特的"判断理论"并无什么价值,反而表现出了一种康德以来的认识论思维路线的脱轨行为。然而,在我们看来,也正是这一点成了阿伦特的可贵之处,它说明阿伦特有着某种不受科学约束的实践取向,能够从康德的"实践理性"引申出政治的、社会的判断,从而为现实社会中的行动寻求可以加以理论证明的出发点。这说明,康德因为在阐释实践理性的时候更多地受到了纯粹理性的羁绊而没能做到的事情,在阿伦特这里却轻易地做到了。

显然,判断是立于行动的起点上的,人的一切行动如果不是盲目的,就都会从某种判断出发。但是,判断具有什么性质,或者说是如何做出的,判断的依据是什么,则是一个非常重要的问题。我们通常偏爱使用"科学判断"一词,意指一种判断的作出是以科学理论为基础的,或者是在某种既有的科学方法、工具的支持下所形成的。如果面对的是可复制性的任务,所开展的是常规性行动,也许可以在不需要判断的情况下行动。那无非是在起始的时候作出了判断,此后的每一次复制也都包含了对判断本身的复制。对于这种情况,是可以这样来加以理解的,那就是,在一个被无数次重复过的判断的前提下行动,会表现出依赖既有的科学理论及其方法、工具等是非常可靠的,因而是名副其实的"科学判断"。这也就意味着,科学判断其实是在不需要判断的情况下显现出了其科学性,成为最为可靠的判断。如果所面临的任务是偶发的、非连续性的、一次性的,即在我们真正需要判断的时候去作出判断,情况显然会大为不同。也许这种判断不被承认是科学判断,却显然是有价值的判断。阿伦特所要确立的就是这种判断,它是一种不受规则、概念羁绊的判断,是非反思性的。正是这种判断,才是我们所需要的科学判断。也只有在作出这种判断的时候,行动者才是独立的和自主的。

当我们思考高度复杂性和高度不确定性条件下的行动时,阿伦特的这一思想更显弥足珍贵。但是,也许是因为受到纳粹伤害之深,她摒弃了康德《实践理性批判》中的基本观点,即否认任何伦理共同体存在的可能性,不相信会出现建立在道德价值基础上的判断,而是将判断视为"自主的个人"的事情。但是,人在何种意义上可以成为自主的个人,无疑又是一个需要再度作出回答的问题。根据韦尔默的评论,阿伦特的"自主判断的理论同时也是关于判断在我们的时代的败坏理论,并从而是与一种悲观的现代性理论内在地联系在一起的。"①那是因为,在阿伦特所追求的判断自主性中,存在着一种消极的抵制情绪,如果转化为行动的话,也仅仅是一种消极的抵抗行动。

韦尔默认为,在阿伦特那里,"判断的自主性表现在那些抵制停止思考,并一方面屈服于意识形态的虚假慰藉,另一方面逃入绝对的顺从主义的诱惑的人身上"②。的确,思考可以使人获得自主性并作出独立判断,但这决不意味着所作出的判断就能够转化为行动。在某种意义上,思考能否予人以独立的判断,也是可疑的。以阿伦特的老师海德格尔为例,不可能有片刻"停止思考"的事发生,可以相信,只要海德格尔不是处在睡眠状态中,就必然会思考,而且会是独立的思考,但他为什么会顺从纳粹?对此,阿伦特应该有着不同于他人的深切体会才是。然而,阿伦特在著述的时候似乎忘却了这种体验。对此,韦尔默看法是,"阿伦特在纳粹德国的体验为她的判断理论提供了消极背景"③。在我们看来,还不仅仅如此。正是近代以来的整个哲学文化背景,使阿伦特否认道德价值在人的判断中能够发挥举足轻重的作用。

总的说来,其一,思考必然会引发和包含着判断,但并不意味着能够作出独立的判断,因为人的判断与意识形态、舆论以及思想文化环境有关;其二,即使做出了独立的判断,也不意味着就能够把判断转化为自主的行动,因为行动是发生在具体环境中的,在很大程度上取决于是否存在着相应的支持系统;其三,如果判断不是基于道德价值做出的(这种道德价值包含着

---

①②③ [德]阿尔布莱希特·韦尔默:《后形而上学现代性》,应奇等编译,上海译文出版社2007年版,第140页。

增进人类福祉和对人类共同命运的关切，而不是仅仅观照那些放大了个人的群体甚或民族国家），就不可能导向合理性的行动，即使以意识形态的强势话语作出了合理性证明，也不意味着就有了合理性。鉴于此，我们认为，一切旨在开展行动的判断都应包含着道德价值，尽管科学认识也发挥着非常重要的作用。

在某种意义上，科学认识属于支持系统的范畴，是从属于道德价值的。如果没有道德价值的话，即使人具有判断能力，能够作出独立的判断，也不会成为独立自主的行动者。在近代以来的科学追求中，虽然作出科学判断是开展行动的前提，但就个人并不是独立自主的行动者而言，一旦进入了行动过程之中，就不再能够保持自己作为人的独立性。因而，也就不是具有完整性的行动者。在这里，判断是与行动相分离的，不仅是某些人在科学的名义下专司判断而另一些人在执行的意义上专司行动。而且，在个人这里，判断也完全可以在心理活动中进行，而开展行动的时候，就会受到各种各样的社会因素所制约。

在近代早期，培根宣称"知识就是力量"，似乎人们有了知识，就可以独立自主，就能够在独立自主的前提下去征服世界和征服他人。显然，培根头脑中的这种知识主要是由科学提供的，在整个近代以来的社会中，科学一直发挥着提供知识的功能。人们从科学所提供的知识中获得了力量，也在某种程度上体验到了独立性和自主性。然而，到了今天，我们却遇到了知识过剩的问题，特别是科学窒息了思想，让人们热衷于微观研究和疯狂地去证实无法穷尽的微不足道的假设。特别是相互进行科学证明的知识出现了极度过剩的状况，而为思想提供支持的知识又极度贫乏。在人们有知识而无思想的时候，不管在何种意义上，也不能说人能够拥有独立性和自主性。福柯说："如果微不足道的类推都得到了检验并最后显得是确实的，那么整个世界就必须被翻个遍。"①事实上，在整个人文社会科学领域中，像雄鸡一样高傲的科学家们把一个粪堆翻了一遍又一遍，我们并不知道他们在寻找什么珍宝，而他们却似乎总有新的发现，至于他们的那些新发现有什么价值，也许只有他们自己知道。他们自诩是在进行独立的科学研究，实际上却在使

---

① ［法］米歇尔·福柯：《词与物——人文科学考古学》，莫伟民译，上海三联书店 2001 年版，第 42 页。

用某种既有的方法和在既有的程序中去作出重复证明。

福柯承认上述科学的相互证明也是在创造知识，认为"这是一种知识，通过相互依赖的所有证实的无限积累，这种知识能够并且必能发展。由于这个原因，就其基础来讲，这种知识将是含沙的。这一知识的各个要素之间的唯一可能的联系形式是添加。"①也就是说，知识正在变得繁复而无法传授，即使大学中的专业划分越来越细，也无法让学生掌握哪怕极其狭窄的某个领域中的全部知识，以至于为了逃避对知识的接受而选取案例教学的方式。即便人们在这些知识中仅仅掌握了很小的一部分，也会为那些知识所累，从而禁锢了自己的思想。科学的这一现状必须改变，必须通过思想的建构去重新梳理知识，以便从中发现那些真正有价值的知识。为此，首先需要唾弃的就是无节制地推导和相互证实的科学研究方法。只有这样，才能跳出科学为我们设定的界限，才能成为独立的行动者。

福柯试图去寻找终结现代思想的可能性，结果，他在尼采那里看到了希望。他说："也许重要的是跨越人类学领域，从它所表达的一切出发摆脱它，重新发现一个纯化的本体论或关于存在的根本思想；也许我们通过不仅排除心理主义和历史主义，而且排除人类学偏见的所有具体形式，我们设法重新质疑思想的界限并这样与一般理性批判的设想恢复联系。"②之所以福柯会把尼采作为榜样，是因为尼采发现了人与神的相互隶属关系，因而在宣布神之死时也等于宣布了人的消失。福柯认为，由于尼采作出了这样的贡献，所以，正如康德开启了一个认识论的时代，在古典与现代之间划分了界限，尼采则意味着另一个时代的开始。"尼采标志着一个界限，从这个界限出发，当代哲学能重新开始思考，他可能将继续长期在当代哲学的渐进中凸现出来。假如返回的发现确是哲学的终结，那么，人之终结就是哲学之开端的返回。在我们今天，我们只有在由人的消失所产生的空档内才能思考。因为这个空档并不挖掘缺陷；它并不规定一个将被填满的空隙。它正是一个空间的展开：在这个空间中，它最终再次能思考。"③能思考也就意味着有思想，有了思想，人就可以追求独立性，而且能够通过思想去发现通向独立性

---

① ［法］米歇尔·福柯：《词与物——人文科学考古学》，莫伟民译，上海三联书店2001年版，第42页。
② 同上书，第446页。
③ 同上书，第446页。

和实现独立性的道路。那样的话，人就不再是以往各种理论和科学视野中的人了。在我们看来，是转变成了行动者的人，或者说，人不再从属于静态的观察和把握，而是处在行动中的行动者。作为行动者，他在行动中所仰仗的就是他自己的判断。

应当看到，整个科学发展史在20世纪60年代所呈现出来的是这样一种状况，在工业社会即将走向其顶峰时，分析性思维获取了独占统治的地位，并以科学和技术的繁荣压抑了思想，让人感到无比苦闷和忧虑。在这种条件下，福柯把全部希望寄托于尼采，并断言哲学终结的地方将是思想开始之处。的确，尼采在现代分析性思维大行其道的时候有着一种与众不同的表现，他没有受到分析性思维的污染，而且，他的"超人"不再是人类学赖以出发的原子化个人，而是这种个人消失后的一种状态。这确实可以给予我们无限的联想，特别是让我们想到作为"类"的人，并把思考的重心投注到人的共生共在的问题上。然而，不仅是尼采，而且福柯都不能看到，甚至不可能想到，后工业时代的社会所呈现出来的是高度复杂性和高度不确定性，也不可能想到风险社会中的人的"类存在"会成为一个必须破解的难题。所以，尼采和福柯的思想至多只能视作对现代思想的反叛，而不是对后工业化境遇的预言。尽管它具有一定的启发意义，或者说，包含着某些天才思想的火花，却不可能成为在后工业化进程中开展行动的理论依据。

我们赞赏福柯的批判精神，我们能够深深地体会到他对现代思想的失望。也就是说，福柯深切地体会到，人们越是研习科学知识，就越是丧失作为思想者的独立性，就越是不能够独立地开展行动。福柯写道："人类学也许构成了一个基本排列，这个排列统治和引导了从康德直到我们今天的哲学思想。这个排列是根本的，因为它是我们的历史的组成部分；它正在我们眼前分崩离析，因为我们开始依据一个批判样式，在它之中既确认和显现那个使它成为可能的开口之遗忘，又确认和显现固执地阻碍一种即将来临的思想之顽固的障碍。对所有那些还想谈论人及其统治或自由的人们，对所有那些还在设问何为人的本质的人们，对所有那些想从人出发来获得真理的人们，相反，对所有那些使全部认识依赖于人本身之真理的人们，对所有那些若不人类学化就不想形式化、若不非神秘化就不想神话学化、若不直接想到正是人在思维就不想思考的人们，对所有这些有偏见和扭曲的反思形式,我们只能付诸哲学的一笑——这就是说,在某种程度上,付诸默默的一笑。"①但是,我们决不能一笑了之,而是需要重建人类学。

我们完全有理由认为,康德所开启的这个人类学其实只是人类学的原始形式,是一种真正的人类学的准备阶段。只有当真正的人类学建立起来,才有可能将其抛弃。对于真正的人类学而言,不再是"人",而是"类",成了核心字眼。随着真正人类学的建立,关于个体与集体的争论,关于人文与科学的冲突,关于技术是否压抑了人性和使人异化的问题,都将终结。真正的人类学将是人的共生共在的科学,是科学、思想、理论融合为一的形态,是真正的人文科学。这种人类学也可以被看作是"行动科学",是一门关于行动者及其行动的科学。在这门科学的视野中,行动者的一切行动都是为了人的共生共在,而人的类存在并不是以同质性共同体的形式出现的,反而是保留和维护着每一个人的独立性。对于行动者,其独立性也是开展每一项行动的前提。

三、行动者的独立性

科学是与技术联系在一起的,事实上,人类历史上的一切科学理论都是通过技术去加以实现的。工程技术是自然科学的延伸,同样,社会科学也是通过社会治理技术去加以体现的。社会发展史越来越清楚地向我们作出证明,技术进步向人们展示了一种能够将过去每个时代的理想都付诸实现的功能。然而,从 20 世纪的技术大变革中,人们所看到的却不是这种希望。可以相信,在既已取得的和未来将要实现的技术进步中,尽管每一项新技术的问世都会挠动人们的神经,让人兴奋不已,但是,也可能会与人们的期望恰恰相反。比如,当"大数据"概念提出后,人们赋予它无限的希望,甚至认为大数据可以改变人的观念和思维方式,进而改变我们的世界。然而,如果大数据从属于工具理性和仅仅被人们当作工具加以应用的话,那么,人们基于大数据的所有社会变革瞻望,也许都会落空。

总体看来,技术进步的确推动了人类社会的变革,但我们也必须看到,

―――――――――――――

① [法]米歇尔·福柯:《词与物——人文科学考古学》,莫伟民译,上海三联书店 2001 年版,第 446—447 页。

正是因为人们对技术寄托了更多的期望,才在技术依赖中形成了一种技术思维。其中,对可操作性的追求大大限制了人的行为边界,约束了人的想象力,甚至把那些对人的共同体生活有巨大价值的因素抛弃了,因为它们不具有可操作性。结果,"整个人类已经不再记得她为了什么目的才让自己承受在努力变成人的道路上的巨大痛苦;虽然如此,人性化是否能够成功最终仍然依赖于记忆的火花是否再次被点燃"①。如果说人是具有人性的,可是,人在受到自己所创造的一切支配的时候,又与动物受到上帝创造的一切支配有什么不同? 在受到外在于人的一切存在支配的意义上,人与动物并无根本性的区别。对此,如果刻意作出区分的话,也无非是一个那种支配力量是谁创造出来的问题,而在受到支配的问题上,则是一样的。所以,在此意义上,人失去了人性,人必须顺从于外在的力量,无论是在个体还是整体上,都受到外在力量的驱使。

在工业社会的观念中,人的独立性是与理性联系在一起的,我们无法设想一个缺乏理性的人能够拥有独立性。虽然近代早期的启蒙运动就高扬理性,也对社会进行了理性建构,但是,真正理性化的组织是在 20 世纪成长起来的。"随着在 20 世纪经济领域和其他社会领域中正式组织日益被制度化,正式组织代替了先前社群性的、以亲属关系为基础的组织形式,以及传统的协会性组织形式。这种制度化体现了社会行动者及其功能的进一步理性化。例如,理性化的协会式社会与正式组织化走到了一起,越来越相互依赖,并获得了更加同等的法律待遇和常设性……把控制权与所有权部分地分离的管理革命,通过'资本代理人'与家族嵌入性或特定阶层嵌入性的进一步分离,而实现了公司的理性化。通过这些方式,社会要素进一步被转化为功能性因素。"②

组织理性化过程中所表现出来的制度变迁也证明,并不存在着超出既有思想观念就无所作为的前景。在私有观念中,所有权与控制权的分离似乎是令人恐惧的一件事情,但组织的理性化却使其成为今天的现实,而且,

---

① [德]阿尔布莱希特·韦尔默:《后形而上学现代性》,应奇等编译,上海译文出版社 2007 年版,第 75 页。

② [美]杰普森·迈耶:《公共秩序与正式组织的建构》,载[美]鲍威尔·迪马吉奥主编《组织分析的新制度主义》,姚伟译,上海人民出版社 2008 年版,第 231 页。

这进一步加速了组织理性化的进程。同样,在国家治理的层面上,显然近代早期的人民主权论者无法想象政治与行政的分离。因为人民主权论仅仅实现了对封建治理体系的颠覆和倒置,不可能去想象对国家拥有主权的人民失去了治权会是什么样子。但是,随着国家制度和治理方式的理性化,政治的代表制结构得以生成,主权与治权部分地分离,政治与行政可以成为相对独立的领域。所有这些都是既有的现实。不过,我们也应看到,组织理性化却走上制度建构和不断强化的道路,而且每前进一步,都是人的自主性和独立性的丧失。

可以认为,官僚制组织是组织理性化的一项成果,但在官僚制组织中,作为组织成员的人却完全丧失了独立性。对于官僚制组织而言,决策与执行是组织内的分工;在国家治理的意义上,即便如古德诺对政治部门与行政部门的功能界定,也只是在系统内作出的区分。也就是说,在行动的意义上,决策与执行构成了行动的两个部分,然而,却是由同一个系统承担的。组织作为相对独立的行动体系,虽然在其内部存在着决策与执行的分工,但在承担组织任务时,则统一为行动,而不是表现出了决策与执行两种不同职能的区分。然而,在政治与行政二分原则下,同一个社会治理系统却是由两种性质不同的组织构成的,决策被交给了政治组织,而执行则被交给了行政组织。尽管政治-行政二分超越和扬弃了孟德斯鸠的三权分立和制衡模式,不再是社会治理各部门因为相互制衡而无法保证自己的独立性的状况。但是,在政治-行政二分原则之下,却形成了一种福克斯和米勒所说的"环式民主",在社会治理的一个循环圈中消解了每一社会治理要素的独立性。

我们在构想官僚制组织的替代形式——合作制组织时,是要求从根本上告别政治-行政二分原则的。我们认为,合作制组织将在决策与执行方面有着完全不同于官僚制组织的表现。在决策方面,合作制组织应当被视为独立的决策者,尽管它很少遇到常规性决策的事项,而是更多地遭遇需要随机性决策的问题,但在将决策付诸实施时,则谋求组织间的合作。可以认为,合作制组织在决策方面所反映出来的是组织间的间接合作,而在决策目标实现方面则以直接合作的方式开展行动。无论是间接的合作还是直接的合作,都要求以组织自身的独立性为前提。正是在独立性的视角中才能够看到,合作制组织的行动特征是具有整体性的,并不存在着严格的决策与执行的分离。在合作制组织中,也不会分化出专门的决策机构或层级,因而,合作制组织并不适用于从决策与执行区分的视角去加以理解。不过,我们也承认,从既有的科学解释框架出发去描述合作制组织,指出它在决策上的独立性和实现决策目标的行动上的开放性互动,又是一个必要的理解路径,能够指示合作制组织建构的方向。

官僚制组织是结构严谨、层级分明的组织形式。我们在对官僚制组织的观察中可以看到,组织的层级结构越明晰、越严格,创新能力就越弱。因为组织成员在严密的层级结构中更愿意接受来自上级的指令,而不是自主地探索解决问题的方案,结果,整个组织是否拥有创新能力,也就完全取决于最高领导层的状况。然而,最高领导层的知识和智慧显然不会总与它的集权相称,它的创新追求有时是组织所需要的,更多的时候,则与组织的客观要求相背离,会表现出某种事与愿违的状况。如果组织的领导层中存在着不是出于组织的存在和发展要求而是出于维护和增强其权威的要求去盗用创新的名义,那就只能是一种瞎折腾了。事实上,这种情况在工业社会的组织中是司空见惯的。不过,我们也看到,即便是在工业社会,组织结构的弹性、组织成员的自主性等也是组织创新的必备条件,只有当组织成员行为选择的空间显得较为自由,只有当组织成员需要更多地通过自己的独立判断去发现问题和通过自己的自主决定去解决问题时,组织才能生成一种创新的氛围。

总之,组织成员的独立性和自主性赋予组织以创新的能力。在组织任务目标多元化、组织环境较为复杂的情况下,一般说来,组织是通过让其成员拥有更大的自主性的方式去促进组织创新的,让组织在这种创新中获得活力和生存的优势。在私人领域中,这类组织是很多的。这种情况给予我们的启示是,当我们的社会呈现出高度复杂性和高度不确定性的状况时,为了让组织获得适应高度复杂性和高度不确定性的要求,必须通过组织的去结构化而使组织成员拥有更大的独立性和自主性,让组织成员能够独立自主地发现问题和解决问题。所以,合作制组织作为高度复杂性和高度不确定性条件下的基础性组织形式,是不会强化组织结构的,而是让组织成员拥有充分的自主性。

在工业社会的历史背景下,如果说组织是一个相对独立且自为的系统,它的各个部门则是系统中的子系统,组织在整体上是相对封闭的,而在对各子系统的管理中,则要求它们具有更多的开放性。事实上,这种情况只有在私人领域才隐约可见,而在社会治理的领域中则不存在这种组织。承担社会治理职能的组织几乎是与国家重合的,国家的边界也就是它的边界。与之不同,合作制组织在整体上就是具有充分开放性的组织形式。合作制组织并无稳定的专属于它的子系统,虽然它也会有着自己的各个部门,但这些部门都必然会根据环境的要求和任务的需要而独立地与组织之外的行动者开展合作。就社会是一个广泛合作体系而言,合作制组织自身是可以被理解成社会巨系统中的子系统的,或者说,合作制组织是可以被看作工业社会中组织系统子系统的社会化的。然而,一旦出现了这种组织社会化的情况,并以合作制组织的形式出现,组织的封闭性也就瓦解了。结果,不仅合作制组织在整体上获得了开放性,而且作为它的部门的子系统也具有同样的开放性。这个时候,组织就是千真万确的行动者,是具有独立性的行动者,无论在何种意义上,都不会仅仅扮演执行者的角色。因此,合作制组织获得了真正的独立性,成为拥有独立性的行动者,它的开放性只是开展合作的证明,而不是对其独立性的否定。

在工业社会这一历史阶段中,组织相对于环境的独立性是由组织的封闭性决定的,但这种封闭性是有限的。完全封闭的组织缺乏与环境之间的交换,无法长期存在下去,因而也就没有什么独立性可言。只有当组织与环境之间有着一定的物质、人员、技术等的交换,同时这种交换又得到了有效控制,才存在着组织的独立性问题。组织的封闭性与其独立性是成正比的,一旦组织具有充分的开放性,也就不再有独立性的问题了。组织独立性的流失又往往会在其组织成员那里显现出独立性得到增强的状况。也就是说,当组织因为其充分的开放性而不再具有独立性的时候,组织成员反而获得了独立性,自主行动的自由度得到极大地增强。

这说明,组织与其成员之间在独立性方面是处于此消彼长的矛盾之中的,一方面,组织的独立性与开放性是不可兼得的;另一方面,组织的独立性与组织成员的独立性也不可并存。合作制组织将使这种情况发生根本性的改变,将实现组织的独立性与开放性、组织的独立性与组织成员的独立性并存。首先,因为合作制组织是相对于组织环境而独立的,所以,这种独立性并不对它的开放性构成约束，反而能够使它成为合作行动者。其次，合作制组织的独立性是建立在其成员独立性的前提下的，组织成员的独立性是其创新的前提和保障，而组织成员的创新产品则使得组织获得了独立性的资本。再次，组织的开放性又是组织成员独立性的保证，使组织成员能够在任何感受到独立性受到威胁的时候而得到组织开放性的支持。总之，在合作制组织这里，贯穿于一切方面的是独立性，正是这种独立性，使得组织及其成员都能够成为独立自主的行动者。

合作制组织是合作治理中的行动者，我们关于行动者的独立性的探讨，是出于合作治理模式建构的需要。如果说以往一切社会治理模式中的人都是处于支配与被支配、命令与服从的关系之中的，那么，合作治理将使这种状况彻底改变。这是因为，在社会高度复杂性和高度不确定性条件下，合作治理是服务于人的共生共在的目的的，需要人们在平等、独立、自主的前提下开展合作行动。就平等、独立和自主都不可能单方面存在而言，无非是对行动者进行定义的不同维度。尽管如此，我们认为，把行动者的独立性提出来并作为一个认识和理解的视角，仍然是一个需要优先考虑的问题。

第三节　合作行动能力的生成

在历史上，常有一些怀才不遇的人，这些人要么归隐山林修仙问道；要么游戏人生诗酒遣怀；要么找个草莽英雄，说服之，使其改打家劫舍为抢夺皇宫龙座。那是一个人不得尽其才的时代，人的能力无法得到发挥。工业社会使这种状况得到改变，有了各行各业，提供了人的能力得以发挥的多种途径，人在不同的领域中都可以展示自己的能力。这是因为，工业社会的启蒙运动设定了人权，赋予人以自由、平等，让人有了依靠自己的能力参与社会生活并作出优异表现的机会。而且，在所有社会活动中，也都倚仗人的能力去创造卓越的业绩。由于表现出了对人的能力的倚仗，也就需要培育人的能力，因而有了完整的教育体系。为了使人愿意将自己的能力发挥出来，就以人的能力为依据以及根据人的能力发挥的状况去确定人的报酬，而且辅之以各种各样的激励措施。所以，工业社会在一定程度上可以看作是一个能力本位的社会。

　　然而,依据人的能力的社会分配机制制造了不平等、非正义的问题,从而走向了启蒙思想的反面。其实,在社会契约论中已经包含了某种与其宣示的平等原则相悖的因素,那就是对人的身份的确认而使人可能被置于不平等的地位,拥有公民身份的人与没有这种身份的人是不平等的。特别是财产权的神圣化,使得人们可能会因为经济的原因而不平等。因而,在工业社会中,我们可以看到这样一个逻辑:由于社会分配上的差异引发了人的经济地位的不平等,而经济地位的不平等又使人的社会地位不平等,进而产生了妨碍人的能力得到充分发挥的社会运行机制,使绝大多数人无法获得发挥其能力的机会。

　　事实上,这个社会无处不见压抑人的能力的社会设置和事项,进而导致了平等和正义问题,从而演变成社会冲突。现在人类正走在告别工业社会的道路上,在思考社会重建的问题时,也应将创造一个让人的能力得到充分发挥的社会空间作为考虑的重要内容对待。一旦我们在这方面的探索有所进展的话,就可以达到消除一切压抑人的能力和妨碍人的能力发挥的社会设置的目的,从而让每一个人都为了人类共同的事业去尽情发挥自己的能力。

一、能力提升与正义问题

　　20 世纪中后期,随着经济全球化进程开始启动,发展中国家出现了一种新的情况,"由外国投资所带来的财富增长,其收益首先会流入精英的口袋,而这并不单纯是因为 GDP 只是一个平均数,未能将分配考虑在内……从外国投资中获取的利润很多时候甚至不能提高国内的平均家庭收入。此类财富增长的收益并不会下渗至穷人家庭,除非是当地的精英致力于推进财富再分配的政策,而且财富增长的收益尤其不可能下渗至贫困妇女,她们的就业机会要远逊于男性。经验研究已经表明,如果没有直接的政府行为,仅有经济增长本身并不会带来健康和教育的改善"[①]。可是,在全球化的条件下,外部投资已经成为常态。事实上,这种投资也是全球化的经济驱动力之一,

---

[①] [美]玛莎·C. 纳斯鲍姆:《寻求有尊严的生活——正义的能力理论》,田雷译,中国人民大学出版社 2016 年版,第 10 页。

而且外部投资也确实对经济发展起到积极的促进作用。不过，在这种条件下，正如纳斯鲍姆所揭示的那样，在财富的分配方面却存在着一个正义的问题。也就是说，上述纳斯鲍姆所说的情况看似由于人的能力方面的原因而导致了收入上的差距，而在实质上，却是源于既有社会结构的不平等而造成了分配上的不平等。正是社会结构的不平等首先造成了人的能力差异，然后才有了根据能力的分配，从而引发了正义问题。

实际上，造成这一不公平问题的原因可以追溯到社会契约论，或者说，在社会契约论那里，就已经存在着某种根本性的缺陷。"出于社会生产力和针对所有不健全的人的花费的理由，契约教义似乎不能满足他们获得特殊社会关注的需要，而且，他们也没有被给予更深层次的公民身份。和非人类动物一样，他们也不被认为能具有那种必要类型的互惠。再一次，和动物一样，他们'当然能获得某种保护'，但是不具有成熟的公民地位。"①所以，他们是人，却没有做人的尊严。其原因就是他们不具有某种能力而能够被作为生产力的构成要素看待，因为不能进入生产过程去对社会作出特定的贡献而被排除在契约论平等原则的适用范围之外。就此来看，社会契约论的平等原则是不周延的，基于社会契约论的正义观念也就在此处出现了一个大大的漏洞。

不同于社会契约论，在全球化、后工业化进程中出现的行动主义理论要求把所有人都纳入公共支付的广义行动范畴中，因而，所看到的也就是完全不同的情景了。无论他是先天的还是后天的残障人，也不管他是否具有生产以及开展经济活动的能力，都在以其独特的方式开展行动，也因此而获得了生存和做人的尊严。就后工业文明将高于工业文明而言，就科学技术发展所展现的无限前景而言，生产以及经济生活在整个社会生活中的重要性将会下降。即便认为它是重要的，也绝不是首要的。进而，基于平等原则的互惠互利考量也会相应地退居到不太重要的位置上。这个时候，人对社会的贡献也就可以从多个视角中去看，而不是计较于生产和经济活动。人们这时即使谈论互惠互利，也是在积极广泛和非常模糊的意义上表达一种看法。在这种情况下，对人的能力就不能够从某个单一的角度去观察和评定，

---

① ［美］玛莎·C.纳斯鲍姆：《正义的前沿》，朱慧玲等译，中国人民大学出版社2016年版，第94页。

而是需要把人的多方面的能力都纳入考察的过程,要看到人的每一种能力对社会都是有价值的。因而,分配也就不会仅仅基于人的某一种能力作出,不再会有单单根据人的某一种能力去进行分配时而造成的不平等、不公正。

在人的能力以及生存条件等方面存在差距的情况下,慈善有着广泛的施展空间,需要有更多的人对处于恶劣处境中的人施以援手。施惠是人的情感健全的最佳路径,在人懂得施惠、愿意施惠和乐于施惠时,不仅他的情感,而且他的整个人格都会获得促使其健康的营养。但是,一旦我们就慈善行为进行思考的时候,就会发现,之所以在我们的社会中会有慈善,会把人们分为施惠者与受惠者,无非是两种情况:一种是由于某种偶然的原因而使得一些人需要帮助而有了施惠者与受惠者;另一种情况是因为人的能力差异而使人们成为施惠者与受惠者。就人的尊严应当得到尊重而言,一般说来,一个社会必须尽可能避免施惠者与受惠者的直接授予,以防止受惠者产生负债感,并因为这种负债感而造成对其尊严的某种潜在的侵害。除非是在极其特殊的情况下,施惠者与受惠者一般都应通过社会的公益机制而去实现各方的需求。

当然,施惠者与受惠者在特殊条件下的直接接触肯定会发生,而社会则应倡导一种原则,即鼓励施惠者不留姓名(如果他们是陌生人的话)去获得高尚的道德体验。我们看到,在中国的某些公益项目中,往往通过媒体去制造一种舆论,要求受惠者怀抱感恩之心。对于个人来说,在受惠后通过回馈社会去实现自我的道德人格是必要的,但营造这种让受惠者终生背负债务意识的氛围,显然是不道德的做法,是整个社会道德匮乏的标志。人的尊严是道德的土壤,一个社会不应侵害它的任何一个成员的尊严。当一个公益行动者去抱怨受惠者未给予社会某种回报时,他实际上已经忘记了对受惠者尊严的尊重。也可以认为,在他的心中没有"尊严"二字,他把公益事业作为一个交易平台来看待了。他出于交易的目的去做所谓公益,他在交易的过程中不仅没有考虑到受惠者的尊严,甚至也丝毫没有考虑到自己的尊严。

正是出于对人的尊严的维护和尊重,需要避免施惠者和受惠者的直接接触。只有这种避免接触的做法,才是应当推荐的公益路径。即便如此,还是没有把人的能力考虑进去。因为无论是直接的施惠与受惠,还是通过社会安排而隐匿施惠者与受惠者的姓名,受惠者都会被置于慈善对象的位置上。从而对他们形成一种心理暗示,即他们是能力很弱的人,需要社会的惠顾。现实情况是,人的能力总是与人的社会地位联系在一起的。当人的社会地位较高的时候,就会显示出较高的能力。当一个人成为慈善的对象时,无疑是将其置于较低的社会地位上了。那样的话,他的能力不仅在得到显示的时候会受到心理制约,而且,他会认同社会为他安排的这样一个较低的社会地位,从而丧失了去发展自我各项能力的追求。当然,在许多领域中,人的能力都是他取得一定社会地位的条件。不过,我们也不能无视社会生活中一直存在的另一种现象,那就是,人的能力并不必然赢得人们对他的尊重。

一般说来,一个人的道德操守反而更能赢得人们的尊重。所谓"德高望重",指的就是这种状况。在历史的维度中,我们发现,在等级制的农业社会中,与其忠诚的德性比较起来,一个人的能力所获得的社会认同状况往往要稍逊一些。不仅人的能力无法成为决定其社会地位的基本条件,而且有能无德的人反而会受到社会的排斥。近代以来,随着社会竞争的普遍化,突出了人的能力,总是让有能力的人在社会竞争中胜出,从而使人类进入一个崇尚能力的历史时期。相应地,道德功能日益式微,用一句俗语说,"道德不能当饭吃"。随着历史的变迁,当竞争的社会被合作的社会取代后,道德之于人的社会地位也就会重新变得重要起来。一个人只有在同时拥有与社会合作相适应的道德的情况下,他的能力才能获得施展的空间。否则,他的能力极有可能成为破坏社会合作的消极力量。在人类进入合作的社会后,一个胜任合作的人会更多地得到社会的承认,而一个有能力却不胜任合作的人,却无法得到社会的承认。因而,合作社会中人的能力应当首先表现为人的合作能力。如果人不具有合作能力的话,那么,他的其他能力都是没有什么意义的。总之,在合作社会中,人的道德与社会合作实现了同构,而人的能力则在这个同构空间中得以发挥和得到放大。

纳斯鲍姆感叹道,"我们生活的这个时代,被利益动机以及对国家经济成就的渴求所支配。然而,经济增长固然是良好公共政策的一部分,但也只是一部分而已,只是一种纯粹的工具。人民才是最重要的,利润不过是人类生活的工具性手段。与良好国内政策的目标一样,全球发展的目标也是民众过上充裕和有创造性的生活,发展他们的潜力,营造一种他们的平等人性尊严所要求的有意义存在。换言之,发展的真正目标是人类的发展,其他的路径和指标充其量是一种对人类生活发展的模拟,而且其中大部分并未能以一种丰富、准确或敏锐的方式反映出人类的当务之急"①。其实,这是一个人人都明白的道理,却行之甚少,更缺乏为了这一目标而进行的切实可行的制度建设和社会治理方案选择,以致人类陷入当今问题丛生的时代,也就是我们已经习惯了的口头禅:风险社会。

显然,如果金钱、荣誉等所有的利益都汇聚到了那些具有竞争能力的人的手中,而竞争能力之外的所有能力都不被承认,那么,这个社会也就缺乏了基本的正义。也许正是因为这一原因,人类社会在今天才呈现出了风险社会的状态。在对 2008 年国际金融危机的审视中,许多学者得出的结论是,这场金融危机实质上是道德危机。这应当被视为一种深刻的洞见。当然,在今天重提纳斯鲍姆所说的那一目标或理念,也已经显得不是那么重要了,因为人的共生共在已经成为一个迫切性很强的课题了。所以,我们的理论探索需要向前看,即围绕着人的共生共在去打开思想前行的通道。那样的话,人的合作能力就会显得远比人的竞争能力更重要。因而,关于社会治理的安排,也应转向对人的合作能力的激励,去促进人的合作能力的发展。

在工业社会中,公民身份只是民族国家范围的广大社会成员共有的身份,是一种基础性的身份,当人们除此身份之外不再有其他身份时,它才会成为重要的身份标识。或者,在诸如选举等特殊节日中,人们才会想起自己拥有这一身份。一旦人拥有了其他身份,往往会在社会活动中将公民身份抛诸脑后。比如,政治家身份是由公民赋予他的,是由公民对他的专业政治活动能力的承认而获得的一种身份。但是,当政治家在政治领域中开展活动的时候,往往很少想起自己的公民身份。至于其他并不直接源于公民赋权的身份持有者,不仅不会想起他人的公民身份,而且经常性地忘记自己的公民身份。公民身份的虚置致使人们社会生活中的身份意识逐渐淡漠,不

---

① [美]玛莎·C.纳斯鲍姆:《寻求有尊严的生活——正义的能力理论》,田雷译,中国人民大学出版社 2016 年版,第 128 页。

启蒙，再启蒙

再刻意地计较身份标识的问题，而是表现出了对角色扮演的关注，即仅仅注重自己角色扮演时的能力训练和培养。这样一来，作为公民所需要的能力就常常被人们所忘却，更不用说人的其他方面的能力了。事实上，人的其他方面的能力都在人的角色扮演习惯化了之后而走向萎缩。

人是复杂的，人在社会生活中应当拥有多方面的能力，但在人仅仅关注和片面发展某个方面的能力时，无疑导致人的异化和片面化。如果说我们的社会中存在着诸多人们明显感受到的正义问题的话，那么，其源头是可以追溯到人的能力的片面化上来的。也就是说，由于人的能力的片面发展而导致各种各样的社会正义问题。由于工业社会促进人的竞争能力的片面发展，以致整个社会乃至自然界都付出极高的代价。单就功利主义自身而言，正如纳斯鲍姆所指出的那样，"功利主义的算计之所以看起来如此代价巨大且浪费时间的一个原因在于，它包含了一些算计，在这些算计中，他人的可能性行为非常不确定；它对个人自由的抹杀看起来尤为极端，其原因之一在于，我们一般认为，一个功利主义的行为者肩负着的是世界上的利益最大化的责任，而在这个世界里，大多数人都非常自私地生活着"①。因而，即使以理论形式出现的功利主义理想，也总是被个人利益最大化的追求所击碎。

在实践中，当功利主义与个人主义联姻后，展现给我们的是一幅以个人为行动者的竞争图景。在竞争中让社会以及自然界付出了什么样的代价？则是无法估量的。功利主义确实对人的竞争能力形成了强大的鼓励，使人在自我利益的追求中不断地去刷新自我的竞争能力。但是，这种竞争能力越强大，社会为之付出的运行成本也就越高。如果说工业社会因为人的竞争能力而获得了活力，并绘出了一条加速发展的轨迹，那其实是以自然界受到破坏为代价的，是自然界因为人的竞争能力的增强而默默地承受了转嫁过来的诸如环境污染、资源过度开采等代价。既然功利主义的算计会面对着他人行为的不确定性，既然竞争所追求的就是出奇制胜，而且取得胜利就是竞争能力的证明，就必然会导致功利主义的算计无法持续地进行下去的结果，而且，极有可能导致行动和交往成本的上升，以至求助于确定性的社会设置被人们视为讲求实际的解决问题的方法。

---

① ［美］玛莎·C.纳斯鲍姆：《正义的前沿》，朱慧玲等译，中国人民大学出版社 2016 年版，第 217 页。

这就是纳斯鲍姆所指出的,"似乎解决这一问题及其相关问题的一个很好的途径在于,将促进他人幸福(或能力)的责任交给各种制度,而让个体去自行判断在组织履行义务的领域之外,该如何过好自己的生活。制度能够以较为公平的方式,给每个人都分配那种在最低限度上、让所有人具有能力的责任。在这之外,人们要能自由地使用自己的钱财、时间以及其他资源,就像他们自己关于善的完备性观念所指示的那样"①。的确如此,在整个工业社会中,制度发挥了其应有的功能,将不确定性转化为确定性。但是,我们也看到,制度这一功能的发挥也是有条件的。在工业社会的低度复杂性和低度不确定性条件下,只有稳定的制度才能发挥稳定器的功能,才使得人的能力显得不那么重要。当人类进入高度复杂性和高度不确定性状态时,制度不仅不再能够发挥这种功能,反而会对人的行动造成不必要的负担。也许人们会仍然坚持辩称制度能够消除不确定性,但是,当不确定性突破制度规范的界限时,当不确定性直接地对制度形成冲击时,而且这种冲击本身也具有很大的不确定性时,制度本身也就会成为进一步强化不确定性的因素。所以,在高度复杂性和高度不确定性条件下,社会生活会更倾向于求助于人的能力而不是制度,是人的能力而不是制度在抗击风险和应对危机事件的行动中发挥着更为重要的作用。

上述所有这些与正义相关的问题,都说明了工业社会这个重视人的能力的社会恰恰破坏了人的能力。这个社会所重视的是人的某个方面的能力,或者说,这个社会片面地发展了人的竞争能力,而不是把人的所有在社会生活中具有积极价值的能力都纳入社会安排的视野中,以致产生了严重的社会正义问题。认识到这一点,在全球化、后工业化进程中,如果我们希望直面所有的正义问题并加以解决之,就需要承认人的社会生活中的各种能力,认识人的各种能力对人的共生共在的价值,并努力去促成人的能力的全面发展。

二、社会变迁与人的能力

社会变迁会让人的某个方面的能力衰落,并向人们提出另一些类型的

———————————

① [美]玛莎·C.纳斯鲍姆:《正义的前沿》,朱慧玲等译,中国人民大学出版社 2016 年版,第 217 页。

能力生成的要求。我们知道,在中世纪,"国家"与"城市"两个概念基本上是重合的,因为欧洲不像中国的农业社会那样有着统一的中央集权,并不是城市在国中,而是一种城市本身就构成了国家的状况。这种情况直到 19 世纪后期才有根本性的改变。正是由于这个原因,蒂利认为,"有无城市群落对某一地区的社会生活有着深刻的影响,而且极大地影响了国家形成的可能性。在 19 世纪前欧洲盛行的生产和运输条件下,大城市在一直延伸到农村的贡赋地区刺激了经济作物农业。接着,商业农业一般地促进了商人、较大的农民和较小的地主的繁荣,同时削弱了大地主统治处于农村环境的人们的能力"①。

其实,在中国的农业社会历史阶段中,城市虽然并不具有统治功能,但在促进商业发展方面也有着举足轻重的地位。在某种意义上,城市是社会繁荣的标志,在每一个朝代的所谓"盛世"中,都可以看到城市的大量涌现,相反,则表现出城市的衰落。所以,即便是在农业社会的历史阶段中,城市也是一个社会繁荣与否的标尺。特别是当城市不仅承担着农业产品集散地的功能而且成为一个生产体系时,它在一个社会的经济发展中也就跃升到了更加重要的位置上。不过,在城市与农村并存的条件下,对人的能力要求是不同的。农村中存在的是人的农业生产能力,而城市则表现出对人的与陌生人相处的能力、开展交易活动的能力的要求。特别是当城市有了生产功能的时候,又对城市中的劳动力提出了一种不同于农业生产的生产能力的要求。

工业化、城市化把人类领进了一个竞争的社会,而竞争的社会将人与自然的关系推向了全面紧张的状态。"过度竞争的价值观引发了地球上我们自身这个物种和大多数其他物种间前所未有的冲突。人类生产能力和人口规模的变化,加上人们对物质私利贪得无厌的追求,导致了一个似乎不可满足的消费社会——它事实上将我们'智人'置于同地球上其他大部分物种直接竞争的境地,正如我们在全球范围内争夺领地、食物、能源和原材料一样。……在这种情况下,由于国家管控和道德自律相对缺乏而导致越来越

---

① [美]查尔斯·蒂利:《强制、资本和欧洲国家》,魏洪钟译,上海世纪出版集团 2007 年版,第 53 页。

多的物种永久灭绝,这种竞争本身的可持续性就令人生疑。"①特别是这个社会确立了以自我利益追求为中心的行为取向,让每一个人都为了自我利益实现的目的而把他人当作工具,使得人们争夺财富和资源的竞争变得越来越激烈。人们如果希望在竞争中取胜的话,就必须发展其竞争能力,竞争能力成了竞争制胜的法宝。

依据人自身能力的竞争取胜并不是恒定的。人的这种成功是建立在社会的低度复杂性和低度不确定性条件下的,随着社会呈现出高度复杂性和高度不确定性的时候,主体自身的强大已经于事无补了。正如克罗齐耶等人所指出的那样,"面对诸种不确定性,人们并非处于平等地位。那些凭借自己的处境、自己的资源抑或自己的能力,能够应对这些不确定性的人们,占据一种优势地位"②,从而在社会竞争中胜出。组织面对不确定性问题时也同样适用于不确定性原理。但是,这是就低度不确定性的问题而言的,而且是在面对具体的、个别的不确定性问题时的表现。一旦面对高度不确定性的问题,而且这种问题不是个别的之时,即构成了一个高度不确定性的环境,无论是在个人的意义上还是在组织的意义上,所具有的优势地位和资源都不再发挥作用。与占有这些地位和资源相关的竞争策略选择就会全面失灵,从而人们不得不选择与他人或他组织携起手来合作的策略。而且,在合作的过程中,如果存在着拖而不决的讨价还价问题的话,就会错失解决问题的时机。那样的话,即使占有优势资源和处于优势地位的人或组织,也会因为不合作的问题而遭受无法承受的损失。

在社会的高度复杂性和高度不确定性条件下,需要发展出一种化解复杂问题的社会技术,那就是对组织进行根本性的改造。合作制组织应当是这样一种社会技术,它所从属的不是征服复杂问题而是化解复杂问题的思路。所以,作为组织,它依然具有集合个体能力和智慧的功能,同时它又通过组织安排的方式而使个体的能力和智慧在应对复杂性问题和不确定性问题方面不是显得微不足道,而是显得非常有效。这是因为,合作行动中不再

① [美]迈克尔·克尔伯格:《超越竞争文化——在相互依存的时代从针锋相对到互利共赢》,成群、雷雨田译,上海社会科学院出版社2015年版,第42页。
② [法]克罗齐耶,费埃德伯格:《行动者与系统——集体行动的政治学》,张月等译,上海人民出版社2007年版,第10页。

有任何一种外在于人的排斥性力量存在。人们是否参与到某个具体行动事项中，完全取决于个人的选择，个人在这个问题上有着充分的自主性。至于外部的影响因素，主要反映在说服、提醒以及必要的信息服务等方面。正是在此意义上，我们把行动者的自主性与合作制组织的开放性看作是直接相关的、相互支持的两种存在形式。在作为个人的行动者这里，自主性意味着他可以自己去决定进入或退出某一合作制组织，而合作制组织的开放性则意味着非排斥性。显然，合作行动者的这种自主性本身就意味着一种能力，同时，这种自主性也是合作行动能力得到充分张扬的前提条件。

自由赋予人以合作的能力，但是，对社会而言，却不能因为自由具有这种功能而把它保持在工具性的地位。即便出于最为现实的需要去看待自由的问题，也只能说，自由首先是目的，其次才是手段。整个工业社会在自由问题上的缺憾恰恰是用作为手段的自由冲击了作为目的的自由。在工业社会，虽然关于自由的意识形态具有神圣的权威性，而具体的制度安排和社会生活结构重建则突出了自由的工具价值。当然，进入后工业社会，在很长的时期，自由作为手段依然是有价值的。但是，这个社会在制度设计和社会生活结构的重建中，则需要突出自由的目的价值。当自由成为目的时，也就能够为人的能力提供保障，可以保证人的能力不受任何外在性的因素约束和限制。当马克思构想自由自觉和全面发展的人时，显然就包含着对人的因为自由而获得的能力的瞻望。

合作行动的效果在很大程度上会表现出与行动者能力相关的状况，但合作行动却不刻意关注行动者的能力。或者说，并不对作为行动者的人的能力进行前提性设定，不对进入合作行动系统的人设定门槛。在工业社会中，录用考试是司空见惯的事情，所有这些考试都无非是要对拟录用者的能力进行鉴定。也许一些高等级人员的录用不采取有伤尊严的考试方式，但对其履历以及过往业绩的审核却是必不可少的。也就是说，仍然要首先对被录用者的能力进行评定，然后才决定是否录用。这其实是要求人在进入某个系统之前就应拥有所需要的能力。合作行动在原则上并不需要这种审查，而是将是否适宜进入某个具体的合作体系的决定权交给行动者自己。因而，那不是他人的选择，而是自己的决定。

对合作行动而言，人的能力是在合作行动中获得的。这是因为，在高度复杂性和高度不确定性条件下,任务的个性决定了人们在采取行动的时候并不能事先明了究竟需要什么样的能力,唯有在行动中才能作出识别。一旦行动者认识到了所需能力的类型,也就会发展出那种能力。可以相信,在信息技术的支持下,获得所需类型的能力并不会表现出时间上的迟滞。当然,在合作行动中,肯定会存在着某人不适应这项行动的问题,但作为行动体系的合作制组织所具有的无边界开放性,则使这样的问题能够轻而易举地得到解决。因为在人的能力不适应的情况下,是否继续参与这项行动的决定依然是由个人作出的,属于个人的自由,而组织的开放性则意味着他随时可以退出,他的自由不会受到组织的限制。在这种情况下,就他是一个有道德的行动者而言,所考虑的也是自己的退出对合作行动构成的是积极影响还是消极影响的问题,而不会计较这种选择所带来的个人利益得失。

一般说来,人们凭着一定的基础性能力和经验能够清楚地知道自己是否适合参与某项具体的合作行动,他的自主选择不会出错。因而,我们这里所说的合作行动过程中的能力不适的问题,基本上是不会在合作行动中出现的,更何况合作行动并不对人的能力提出先定的要求,而是寄望于人在行动中发展出所需的能力。当然,人的能力差距也必然会在行动中表现出来,但人的这种能力上的差距是不会对合作行动产生影响的,反而恰恰是高度复杂性和高度不确定性条件下合作行动所需要的。对能力差距的承认和尊重,将促使行动者不会因自己能力强而产生傲视群芳的优越感。同样,能力弱的行动者也不会受到歧视。人的能力差异并不构成为了人的共生共在而尽自己一份力量的愿望上的差别。更为重要的是,行动者并不因为能力差异而在物质回报上出现分歧,即使不在行动中去追求或实现公平分配,也会在分配中获得公正的感受,更不用说此时的人们是把人的共生共在而不是自我利益放在优先位置上的。即使人们关注个人利益的得失,也会因为技术的进步而能够找到适当的衡量手段和标准。

合作行动对人的能力要求是多样的。就某项具体行动而言,合作行动也许会表现出对某种类型能力的要求,而在整个社会的意义上,人的每一种能力或具有任何一种能力的人,都会被派上用场,都能够被这样一个巨型合作体系所吸纳。其实,社会的高度复杂性和高度不确定性本身就意味着对人的多样性能力的要求,即不会让人的任何一种能力闲置和浪费。当然,工业社会在本质上也包含着对人的多样性能力的要求。在分工的意义上，专业划分得越细，就意味着所需求的能力越具有多样性。但是，在工业社会分工的基础上生成的是协作体系，而且协作是一种人为的刻意安排，因而有着对人的能力识别并加以利用的专门事项。结果，并不是人的所有能力都能体现在社会活动中，人的一些能力以及拥有一些能力的人必然会受到排除，被闲置和浪费掉了。事实上，在人的职业活动中，人的能力发展会呈现出畸形化的状况，即片面地发展了人的某个方面的能力。

随着协作体系向合作体系的转变，人的能力的应用和展现取决于人自己。特别是在人普遍拥有人的共生共在的理念后，在道德意识的驱动下，人们有着积极的应用和展现能力的自主性和自觉性。这个时候，人是能够将自己的各项能力贡献给合作行动的。虽然某个具体的合作行动事项会表现出对特定能力的需求，但人总能找到贡献自己所拥有的那些能力的事项。如果能够锚定某个领域的话，也会使搜寻贡献能力的过程变得极其简便。事实上，在得到信息技术支持的情况下，关于人们进入合作体系并贡献自己的能力的问题，其实是不会存在什么障碍的。最为重要的是，当人能够自由自主地运用和展现自己的能力时，就会突破并超越专业设置而造成的无形障碍，从而不再仅仅用自己的某个方面的能力去迎合专业需要，而是全面地运用和展现自己的各种能力。如果说工业社会的协作体系造成了人的大量能力以及大量有能力的人的能力闲置和浪费的话，那么，当一切有能力的人的一切能力都因合作体系的生成而发挥出来时，那将呼唤出何等巨大的生产力？

中国古人讲"和而不同"，反过来说，也就是在差异的前提下才会有"和"的问题。因为只有当人是有着差异时，他们之间的"和"才会构成一种新的境界。其实，作为"和"的更高境界的"和合"则是创造，意味着具有差异性的个体的"和合"能够创造出大于个体之和的能力和事物，即在"和合"中创造出新的成果。比如，男女"和合"而创造出了新的生命，而同性之间即使结合也不能称为和合。如果说同性的结合也能够运用诸如克隆技术等科学技术手段创造出新的生命，也不是"和合"之结果。同性的结合不可能以自然的形式生育，这可以说是一种"同则不继"。同样，在人们的社会性活动中，同质性因素的结合所带来的只是量的变化，并不具有新质。有着相同观念、相同旨趣、相同技能的人,即使以集合体的形式出现,也不能使创新能力有所提升。正是在此意义上,我们所说的合作不应成为同质性个体间的合作,反而应当是差异性的个体间的合作。其中,人的能力差异也是有着积极意义的。所以,合作社会的建构应当是基于对人的差异的承认和包容而作出的,只有通过完整的社会安排去实现对人的差异的承认和包容,才能使人在合作行动中的各种能力都得到充分发挥。

三、合作制组织中人的能力

在国家的生成问题上,长期以来存在着自然主义的组织观。这是因为人们在进行历史推论的时候,往往注重于描述从原始氏族到国家产生的演进逻辑,忽视了这种演进中的建构活动。这在某种意义上可以说是没有真正理解马克思的人既是历史的"剧中人"又是"剧作者"的论断。其实,根据马克思主义的实践观,我们更应看到组织的建构性特征。特别是在工业社会这个历史阶段,在社会组织化过程中出现的大量组织基本上是由人建构起来的。只是在哲学的意义上,我们才会追问组织建构的前提。即便如此,也不应得出任何组织在生成意义上的自然主义结论。即使对于作为宏观组织的国家,也不应作出自然主义的理解,而是要看到国家这一组织的建构特征。

组织是人的建构物,人必然会根据其社会和历史条件对其进行建构,人必然会将其需求、愿望以及文化价值观念融入组织建构之中。这样去看组织,就会发现,组织建构其实是一个复杂的过程。重要的一点是,凡是自然形成的事物,在自然演进中都拒绝人的介入,一旦人介入自然过程中,它的自然性质也就丧失了,从而转化为人的建构。所以说,一切组织都只能被理解成人的建构物。相应的情况是,凡是由人建构的事物,都不从属于自然演进的规律,都会在人的活动中发生改变。而且,人为了证明自己的自主性和能动性,也总会不停歇地去折腾其建构物,总希望使其建构物更能反映出其理想。

作为人的建构物,组织一直处在发展过程中。在工业社会的低度复杂性和低度不确定性条件下,人们建构起了既存的组织模式。随着人类社会从工业社会向后工业社会过渡,呈现出高度复杂性和高度不确定性的性状,寻求新的组织模式的热情也必然会激荡起来。由此看来，探寻新型组织模式的思想运动随时都可能爆发。为了迎接这场新型组织模式建构的运动，我们应当首先作出的准备就是抛弃任何自然主义的组织观，以便把组织看作人的建构之物。在社会的低度复杂性和低度不确定性条件下，自然主义的组织观如果说还未显现出消极影响的话，那么，在我们进入高度复杂性和高度不确定性的时代，自然主义的组织观就会在人的组织建构中发挥阻碍作用。至少，会麻痹人们面对高度复杂性和高度不确定性环境时进行组织建构的主动性。所以，我们需要建立起一种组织建构观，或者说，确立建构主义的组织观。一旦我们有了这样一种组织建构观，人的能力就是一个不可忽视的关注点。

根据克罗齐耶和费埃德伯格的要求，我们"必须从现在起就把行动系统这个现象看作人为的建构，看作总是不确定的、具有未定型的结构，这一结构是行动领域中人为的组织、合乎理性的方式，是在一个既定的控制范围内支配着人们的集体行动的社会控制方式。这种结构化现象由一个将其特有的限制强加于人的特殊的环境所支持，它需要人的能力和会给它自身的发展可能性造成限制的关系模式的支持。这种结构化现象，从根本上来说，就是权变性的存在，也就是说，它绝对是不确定的，因此是任意的"①。基于建构主义的组织观去塑造新型的组织模式，一种作为官僚制组织替代形式的合作制组织也就呈现在我们面前。不仅如此，建构主义的组织观已经把我们的注意力引向对人在组织建构中的作用的关注。此时，人在建构组织的过程中的能力，也就会成为一个问题。进而，所建构起来的组织应当如何去对待人的能力，应当如何通过各项安排去保证人的能力在转化为行动的过程中不会遭遇任何障碍，就是必须解决的问题。

在官僚制组织占据支配地位的情况下，人们面对它的各种缺陷时往往寄希望于组织底层产生出变革力量，认为"组织的最低层次是最具有适应力的。适应性是在及时的风尚中做出变革以预见环境变革的能力"②。然而，

---

① ［法］克罗齐耶，费埃德伯格：《行动者与系统——集体行动的政治学》，张月等译，上海人民出版社2007年版，第274页。
② ［美］迈克尔·贝尔雷：《超越团队：构建合作型组织的十大原则》，王晓玲、李琳莎译，华夏出版社2005年版，第64页。

当人处于组织的低层时,往往会出现这样一种情况,"因视界太窄所带来的严重后果是重大问题被忽视。当团体变得更大、议题更复杂时,问题将会不断涌现,而且即便是集中个人的全部注意力也是不够的。扩大的团体开始逐渐丧失其长期生存下去的可存性与能力。摆脱困境的唯一方法是这个社会组织实行一种含有责任转移的系统转变,以减少领导人的压力"①。其实,对于打破组织既有的编码和程序来说,这个被贝尔宾视为"唯一方法"的"责任转移"是没有任何意义的。只要组织基于某种不变的"编码"和固定的程序运行,就无法在高度复杂性和高度不确定性的条件下去证明自身的能力,就无法在与多样化的组织互动中显示其能力,更不可能实现组织成员以及组织之间的相互协调。虽然通过程序和规则实现了协作,但那种协作只适应于承担常规性的任务,面对突发事件、紧急情况时,不仅组织成员的能力因为受到压制而无法得到发挥,而且组织在整体上也会显得能力不足。特别是对官僚制组织这种高度结构化的组织形态而言,包含着一定的心理结构和能力结构,这种结构会有着严重的排斥陌生因素的倾向。比如,对进入组织的新成员加以排斥,倾向于接收能力较低的新成员而排斥能力较强的新成员。事实上,这必将使组织变得封闭。组织的封闭首先就会反映在对组织成员能力的压制上,使组织过于迷信客观设置而轻视组织成员的能力。

从工业社会的组织运行来看,由于组织本位主义的观念,愈是处于复杂性和不确定性的环境中,组织愈倾向于封闭,试图通过组织的封闭性而获得整体性,形成统一行动的力量。这对单个组织的存在与发展而言,是一种类似于"生物反应性"特征的做法。事实上,也确实有利于单个组织自身形成应对危机并走出困境的能力。即便如此,也是一时的表现。因为,如果组织是封闭的话,那就必然会形成一种压抑组织成员能力的机制。长远看来,组织的封闭与对组织成员能力的压抑会进入一种循环升级的状态,并最终使组织完全失去活力,从而走向衰亡。如果考虑到环境的高度复杂性和高度不确定性的话,那么,组织的封闭将是致命的。哪怕是刚刚表现出一点点封闭的倾向,就会立马使组织感受到行动能力不足的状况。事实上,组织成员的行动能力也会受到严重的束缚。

---

① [美]梅雷迪思·贝尔宾:《超越团队》,李丽林译,中信出版社 2002 年版,第 151 页。

我们今天所遭遇的社会高度复杂性和高度不确定性，已经不再是某一单个组织偶遇的环境，而是所有组织都必须正视的基本环境。在这种情况下，单个组织不仅不应该而且也根本不可能在自我封闭中形成应对高度复杂性和高度不确定性的能力，不可能在自身应对危机的能力提升中走出困难境地，而是需要与其他组织建立起合作关系，通过合作的方式谋求共生共在。组织间的合作关系无疑是建立在组织开放性基础上的，组织的任何封闭冲动，都必然是对合作关系的破坏。

社会的高度复杂性和高度不确定性意味着组织运行中的任何事先谋划都没有多大价值，组织可以制订计划，但若要达致计划目标，往往是不可能的。因为在行动中会遭遇什么样的新情况，是不可能预先知道的。即便通过诸如大数据技术去进行预测，也只能获得某些支持计划的变量，而组织的未来依然是难以预知的。在高度复杂性和高度不确定性条件下，以组织的形式开展的行动，只能致力于承担当下的任务，并在对当下任务的承担中增益于人的共生共在。至于社会的高度复杂性和高度不确定性将在下一个时点上把什么样的新任务投向我们，是不可能通过制订计划去认识和把握的。在高度复杂性和高度不确定性条件下，通过组织而开展的集体行动具有随机性的特征，所要求的和所反映出来的是应变能力。

组织在预先设计好的行动路线中所获得的仅仅是一种机械性的而不是随机性的应变能力。组织不可能通过稳定的设置去获取应变能力，反而恰恰需要由组织成员为组织提供这种应变能力。欲使组织成员源源不断地提供这种应变能力，就需要组织的设置尽可能简约、富有弹性。这样一来，组织成员的能力状况也就决定了组织的能力状况。只有当组织成员具有较强的随机应变能力时，才能使组织在高度复杂性和高度不确定性条件下获得行动能力。即使组织的随机应变行动构成一个连续的过程，也需要组织成员源源不断地提供这种能力。

在合作制组织中，作为组织成员的行动者也无法选择自己的目标，亦如作为行动系统的组织无法选择自己的目标一样。这是因为，组织是在高度复杂性和高度不确定性的环境中去承担任务和解决问题的，而且，它所承担的任务和所要解决的问题也同样具有复杂性和不确定性，组织没有能力也不被允许去制定自己的战略。所以，关于组织的绩效，是无法找到某个明确的标准来加以评价的。当然,这绝不是说合作制组织已经不再有优劣之分了,只不过在组织间作出区分的标准已经不再是它们所实现的绩效,而是它们在行动过程中的合作有机性。一个优秀的组织,必然是在行动中趋近于理想合作状态的组织。作为组织成员的行动者之间的合作状况以及组织与作为它的环境而存在的其他组织之间的合作状况,就是评价组织的基本标准。如果需要对组织进行科学评价的话,也唯有针对合作而去编制评价指标体系才是合理的。如果打算这样做的话,落脚点就应当放在组织成员的合作能力上。只有当组织能够有效地把组织成员的各种能力转化为合作能力以及从属于合作能力的时候,才能造就出最优异的合作制组织。

总之,合作是合作制组织的生命所在,或者说,合作制组织在形式上和实质上都是以合作为基本内容的。尽管不是每一个行动系统都能够达致理想的合作状态,但每一个具体的组织都会无一例外地把对合作的追求作为组织存在的基本价值看待,并通过这一基本价值赋予行动者以承担任务和解决问题的智慧。无论所承担的任务以及所要解决的问题多么复杂,无论行动者所面对的环境多么不确定,行动者都在合作之中获得了驾驭复杂性和不确定性的智慧,从而在承担任务和解决问题的过程中总能取得优异成绩。就此而言,预先制定组织战略和行动目标的做法反而是不可行的,甚至会严重地束缚行动者的合作创新。所以,合作制组织将抛弃组织运行中的所有预谋性建构,将在行动中实现动态的合作建构。

这是因为,合作制组织成员"所面对的实施层面的问题,并不是在两种可能性中选择一项……如果他首先考虑的是目标合理性,就会导致他立即使自己的具体责任服从一些与其处境和问题不符的原则和政策,甚至还会出现他无法看清选择的可能性及自己的责任范围"①。所以,合作制组织把行动的绩效建立在组织成员的能力之上,而组织成员的能力又表现为在高度复杂性和高度不确定性条件下开展行动的能力,既是应变能力,也是合作能力;既是在随机应变中开展合作的能力,也是在合作中凝聚起来的应变能力。

---

① [法]克罗齐耶、费埃德伯格:《行动者与系统——集体行动的政治学》,张月等译,上海人民出版社2007年版,第393页。

第四章　信息技术与社会治理

从 20 世纪 70、80 年代开始,信息在广泛的社会生活和活动中所发挥的作用日益增强,人们甚至将我们的社会定义为"信息社会"。其实,信息是一种社会资源,或者说,是新近发现的一种重要的社会资源。信息资源加入到了人类社会的资源库中后,改变了我们的社会。但是,这种改变如果能够得到延续和持续展开的话,还需要实现思维方式的改变,即建构起与社会信息化相适应的新的思维方式。在社会的进化中,信息的作用日益彰显,促使感性知识走向前台,取代了工业社会中理性知识的功能。相应地,也对人处理感性知识的能力提出了新要求。反映在社会治理中,就是建构服务政府。正如社会中的专业性信息管理系统一样,政府也需要通过信息服务去开展社会治理,实现对整个社会的引导。

之所以"信息社会"这个判断是成立的,是因为信息及其技术已经渗透了我们的社会整体。总体看来,20 世纪后期以来,我们的社会是在两个维度上包含着急剧变革的要求。一方面,人类社会处在全球化、后工业化的历史转型期中;另一方面,技术进步的成果喷涌而出。其中,在所有新的技术成果背后,都可以看到信息技术的身影。信息技术正在成为我们时代的基础性技术,成了推动社会变革的杠杆。不过,我们也需要指出,虽然技术会对社会的既定形态构成挑战,却永远不可能成为社会变革的直接动力,而是需要人们对技术所造成的挑战作出认识,然后转化为社会变革的观念和要求,并作出实践安排,才能促成社会变革。在此过程中,社会治理方面的变革往往会滞后于社会变革。在信息技术的发展进程中，我们的社会发生了重大变化，使得社会治理方面的变革承受了更大的压力。这就要求我们必须以更加积极主动的姿态去梳理社会治理变革各个方面的要求，并作出安排。

第一节　信息技术的挑战

社会的发展丰富了人的生活内容，促使了社会生活多样化、复杂化。随着一些新的生活内容的出现，也就必然需要新的资源来提供支持。或者说，一些原先被弃置无用的因素就会被纳入到资源库中，甚至成为非常重要的资源。信息就是这样的资源。在历史上，信息虽然也会偶尔得到利用，但不是被作为一种资源看待的，或者说，人们没有认识到信息是一种资源，更没有去自觉地加以开发和利用。然而，在信息社会中，信息却成了一种资源，而且是非常重要的资源。

一种社会因素的资源价值被发现并得到广泛利用，促进了社会发展，甚至使社会发展实现了一次巨大飞跃。不仅社会结构、运行方式以及人的行为模式都会因此而发生重大变化，而且观念、文化以及生活方式等也会随之发生相应的变化，所遇到的社会问题也会是一些新的问题。从历史经验看，在每一次社会变革中，社会治理及其制度所发挥的都是阻碍作用。因为，社会治理任何时候都表现出了维护既有秩序的热情，而不是从善如流地适应社会变革，更不用说主动地为社会变革开启道路了。这就是在每一次人类社会进入变革期的时候总会出现动荡和冲突的总根源，是社会与社会治理间的矛盾和冲突导致了其他各种各样的冲突。

欲求社会治理变革得以自觉地开展，观念必然要首先发生变革，然后才能在社会治理变革中发挥引导作用。在全球化、后工业化进程中，我们看到信息及其技术发挥着举足轻重的作用，但我们是否已经把信息当作重要的社会资源来看待了，则决定了我们如何利用信息，能否在社会治理中自觉地围绕对信息的应用而作出安排。如果我们把信息作为一种重要资源，就会自觉地利用这种资源去开展社会治理，而不是单纯地去引进信息技术去改善社会治理。

一、信息化与思维方式变革

托夫勒用"第三次浪潮"来描述全球化、后工业化运动，这应当说是对这场运动的一个比较准确的定位。因为，如果说人类走出原始状态是第一次浪潮的话，那么，从农业社会向工业社会的转变则是第二次浪潮，现在，人类正走在从工业社会向后工业社会转变的过程中，它的确是宏观历史视野中的第三次浪潮。

如果对三次浪潮的驱动力进行追问的话，就可以看到，人类走出原始状态的运动是在社会等级化进程中进行的。当人类社会有了等级，也就有了权力，并开始了依靠权力的治理，即运用权力去维护社会秩序。在工业化、城市化运动中出现了"社会化大生产"和"市场经济"，而且，社会化大生产和市场经济都需要得到契约的支持。因而，在契约的基础上生成了法治。在全球化、后工业化进程中，是信息及其技术驱动了对社会进行改造的进程，促使社会治理向一种新模式过渡。在托夫勒所说的第三次浪潮中，我们看到的社会是"不仅简单地加速了信息流动，而且还深刻地改变了我们赖以日常行动和处世的信息结构"①。信息及其技术正在改造着我们的社会，甚至可以说已经改造了我们的社会。因而，也就要求社会治理与得到了改造的社会相适应，即发生与社会的变化同等程度的变化。但是，信息及其技术的广泛应用又要求社会治理必须自觉地去作出前瞻性的安排。那样的话，社会治理就不能满足于跟随社会的变化而作出同步变化的选择，而是需要运用信息及其技术去推动社会治理模式变革。

20世纪后期，随着信息的价值逐渐显现了出来，人们用"信息社会"一词来对我们的社会进行命名。应当说，用"信息"为一个社会命名（信息社会）突出了信息的社会价值，可以直观地表达信息之于这个社会的重要性，也可以将这个历史阶段与以往的各个历史阶段区分开来。但是，信息是一种资源，是在20世纪后期才发现了的而且重要性程度正在日益增强的社会资源。在历史上的任何一个阶段中，我们都没有从资源的角度去认识这个社会，没有以资源为依据去为一个社会命名。就此而言，我们实际上是无法在历史

---

① ［美］阿尔温·托夫勒：《第三次浪潮》，朱志焱等译，新华出版社1997年版，第173页。

上去为"信息社会"找到一个相对应的概念的。对于科学而言，一个单独出现的词语是不能作为概念对待的，最多只是一个术语。在为一个社会命名的问题上，只有当名称同时具有概念的属性才能够同时成为科学研究的一个视角，也才有可能从其出发而建构起相应的理论。对于一个社会基本特征的科学把握必然要求助于理论，关于一个社会的建构方案的设计，关于这个社会所应拥有的运行方式以及社会中人的生活和行为模式等方面的规划，需要建立在科学认识的基础上。如果我们为一个社会所作的命名无法被作为一个概念确立起来，也就无法由之建立起理论并开展科学探讨，也就无法在关于这个社会及其各个方面的建构和规划中主动介入。这样的话，即使对这个社会作出了大量描述，也不具有科学和实践意义。所以，尽管我们也经常使用"信息社会"这样一个术语，却不认为这个术语能够胜任对人类业已走进和正在发展中的历史阶段的命名。

我们在谈论信息社会时，往往首先想到的是那些信息技术物化形态的产品，这无疑是传统思维习惯的反映。的确，按照既有的思维习惯，基于产品去判断一个社会的特征仍然是一时无法改变的思维定势，因而，我们才会在实体性的意义上去理解信息，并用信息为我们的社会命名，提出"信息社会"这样一个提法。但是，我们也必须认识到，如果满足于把信息技术物化形态的产品作为信息社会的标志的话，将会妨碍我们对这一社会的实质性层面的认识和把握。在某种意义上，信息及其技术在人的思维方面造成的影响尽管尚未完全显性化，却是一个需要引起关注的问题。只有这样，我们才能理解这个时代的生活方式的改变以及开展社会活动的行为方式的改变。我们认为，根据信息技术产品去界定我们的社会，从而将其称作"信息社会"，其实是不科学的。

当我们去认识我们的社会时，需要更多地去把握人的思维方式在何种意义上因为信息及其技术而得到了改变，或者说，我们需要首先去认识和界定信息的社会价值，然后才是一个如何评价信息及其技术在何种意义上改变了我们的生活方式和行为方式的问题。其实，我们的生活方式和行为方式的改变也许能够证明信息及其技术发挥了直接的作用，但是，如果没有思维方式的改变去为它们提供支持的话，那是没有社会进步意义的，或者说，只是一种暂时的甚至虚假的表象。所以说，在我们的生活方式、行为方式因信息及其技术而发生改变的背后，是包含着思维方式的改变的。只有认识到了这一点，我们才能够充分地理解信息及其技术在社会变革中的意义，才会自觉地去根据信息及其技术发展的要求去变革社会治理模式，也才能够运用信息及其技术去作用于社会建构，从而推动社会的发展走上正确的方向。

信息是我们这个时代最为重要的社会资源，不仅各种生产和经营活动，而且社会治理能否取得令人满意的业绩，都在很大程度上取决于对信息资源的应用。信息及其技术正在成为驱动社会发展的杠杆，比如，对于社会网络的生成而言，信息技术就发挥了基础性的作用。信息技术不仅造就了互联网以及有着无限发展可能性的技术网络，也改变了社会，或者说，赋予我们的社会以网络结构。之所以我们的社会在 20 世纪后期产生了网络结构，就是因为我们进入了所谓"信息社会"。在人们的社会活动更多地得到了信息支持的情况下，人们之间的关系、行为方式、互动模式都基于信息而悄悄地进行了重建。其中，使我们的社会获得了网络结构就是这种重建的基本内容。

在经济学的视角中，人们也把我们的时代称作知识经济时代，的确，经济的增长在某种意义上显现出了知识的价值。在知识经济的背景下，人们越来越认识到了知识、信息的资源价值。但是，需要看到的是，它与传统意义上的资源有着很大的不同，它是一种相对性资源，不具有传统资源的那种绝对性。知识、信息等资源在几乎所有的角度和层面上都呈现出了其相对性，对于利用者来说，具有相对性；在资源量的意义上，具有相对性；在时间意义上，具有相对性。传统的以具体的物质形态出现的资源，却是绝对的，无论是在量上还是质上，都是绝对的。正是信息这种资源的相对性，决定了我们在对信息资源的利用方面需要作出不同于以往的安排，特别是在社会治理中，不能按照传统的思维习惯去应用信息，而是需要根据信息的相对性去创造性地利用信息。

泛泛地说，信息及其技术改变了我们的社会是一个人人都能接受却没有什么意义的判断。因为在全球视野中，各个国家在信息的应用以及对信息技术的重视程度上有着巨大的差异。根本原因就在于人们没有去理解信息及其技术对思维方式变革的意义，而是仅仅关注信息及其技术成果是否对社会生活有用。当然,正如我们所指出的,信息及其技术已经改变了我们社会的结构,或者说,信息及其技术对社会结构的变动产生了非常重要的影响。但是,如果信息及其技术促进思维方式变革的功能没有得到正确认识的话,那么,社会结构的状况还是会制约信息及其技术的发展,人们会要求把信息及其技术应用于对既有社会结构的维护上。

事实上,有或没有一个适宜于信息及其技术发展的社会结构,对于信息及其技术的发展而言,结果是完全不一样的。这种适宜于信息及其技术发展的社会结构,是需要建立在相应的思维方式的基础上去加以认识的。是首先有了与信息及其技术相适应的思维方式,才能有自觉地推动社会结构变革的行动,才会建立起适宜于信息及其技术发展的社会结构。从横向的比较来看,并不是全球的每一个国家和地区都表现出与信息及其技术发展步调一致的状况,这足以说明信息及其技术的发展也是受到其他社会因素约束的。从人类总的历史进程看,当我们深深地陶醉于今日信息及其技术的发展推动社会进步和改变我们的生活的时候,更需要谨慎地省察它的发展对社会结构及其制度提出什么样的要求。比如,在运用信息技术达到什么样的目的的问题上,芳汀就指出了这一点,"如果官僚决策者仅出于提高机构合理化的目的而使用互联网,那么韦伯的逻辑将非常合适。通过标准化、部门化和任务专门化,组织结构的传统功能已经加速了劳动的分工。通过等级制、正式化和社会化,组织机构实现了对工作的协调"①。

我们知道,全球化、后工业化对工业社会的生活模式和治理模式造成了冲击,使得社会治理力不从心,整个社会生活陷入了问题成堆的困境之中。正是这种情况,促使一波改革运动的兴起。在对改革的思考中,卡蓝默表达了他的诊断意见:"国家日常行为赖以存在的制度和观念大多存在了一个世纪之久:这些制度和观念的构思,产生于民族国家只是相互依存的地球体系形成之前,产生于信息革命之前,产生于超级企业出现之前,产生于整体化体系的危机(教会、社团、政党……)之前。"②一句话,与现实要求相去甚远。

①　[美]简·芳汀:《构建虚拟政府——信息技术与制度创新》,邵国松译,中国人民大学出版社 2010 年版,第 47 页。
②　[法]皮埃尔·卡蓝默,安德烈·塔尔芒:《心系国家改革》,胡洪庆译,上海人民出版社 2004 年版,第 26 页。

现在看来，改革得以启动的理由是非常充分的，但改革是否使社会问题减少了？是否使得我们的社会生活更加安定、更加方便？人们却无法给予肯定的回答。也许我们的改革在每一个微观事项上都取得了成功，但在宏观上可能缺乏科学的规划，以至于整个人类在风险社会中陷得越来越深，遭受危机事件频发的困扰变得越来越严重。

事实上，这是因为理论建构的缺失造成的，特别是我们没有在思维方式的层面上去谋求根本性的变革。试图从根本上告别工业社会的理论建构工作没有人认真地去做，反而，充斥于媒体与出版物上的几乎所有文字都表达了对工业社会理论的留恋，用工业社会思维方式去剪裁现实，努力把一切新生的事物纳入到工业社会的理论解释框架之中，在既有的理论范式中去自以为聪明地刷新方法和工具，特别是处在一些危机之中时，往往提出一些饮鸩止渴的对策性方案。就全球化、后工业化是人类社会的一场重大的历史转型而言，正是需要新思想、新理论的时代，需要在思维方式上实现一场根本性的变革。然而，我们时代中的人却沾沾自喜于一些奇技淫巧的发明，轻视甚至仇视一切理论创新。

就信息已经成为我们时代最为重要的社会资源来看，如果我们看到，在信息及其应用的背后，所包含的不仅是生活方式、行为方式的转型，而且包含了思维方式变革的要求，那么，我们就会依此去开展理论活动和作出创新，从而提出新的社会建构思路，并发现社会治理模式变革的方向。那样的话，我们也就有了为这个社会进行命名的充分依据了。

二、信息化与社会进化

信息技术在应用层面上的最大成就就是转化为网络技术，创造了社会生活和活动的一个新平台，使得我们的社会因此而发生了改变。现在，我们不仅有了以互联网为代表的网络，而且我们的社会也正在生成一种网络结构。更为重要的是，一个匿名社会正在逐渐地显露于我们面前。我们知道，农业社会是以熟人社会的形式出现的，在工业化、城市化进程中，随着人们走出千年生活的地域而流动了起来，出现了陌生人社会。20世纪后期以来，随着网络成为社会生活的平台后，匿名社会正在显露出它的雏形。匿名社会显然不同于陌生人社会，在人际关系上，陌生人社会是人际关系的陌生化,而匿名社会则是人际关系的匿名化。在陌生的人际关系中,依然是与实实在在的、可捕捉的关系方打交道,然而,匿名化的人际关系则意味着人们放弃了对关系方的关注。

只要是有关联的存在,就必然有着承载人际关系的关系方。但是,在匿名社会的背景下,人们所关注的往往是人们之间关系的性质,至于这种关系的另一极是谁,却不予关心。在这种人际关系中,也许关系的一方可以呼出关系的另一方的姓名,但那姓名则是偶然的、临时性的符号,并不意味着需要记住那个姓名,也不意味着那个姓名与这种关系有什么实质性的联系。即使那个姓名所代表的和所标示出的人消失了或被替代了,也不意味着这种关系会发生什么变化。在某种关联中断后,一旦需要重建或恢复的时候,也不需要记起曾经由类似关系连结起来的那个由某一姓名标示出来的人。在信息化的条件下,特别是通过专业化的信息服务机构或平台,是非常容易发现一个关系方的。至于关系方是不是原来那个人,是没有什么意义的。所以,人在人际关系中虽然有名,但又是匿名的。

"匿名"这个词容易让人联想起既有的匿名投票、匿名评审以及网络上的匿名行为,应当说这种联想是正确的,却不限于此。或者说,在后工业化进程中,匿名行为会越来越多,但在追究匿名的实质时,则应看到它所代表的是一种新型的人际关系,是一种不同于陌生人关系的匿名关系。如果说陌生人关系需要由契约来确定的话,那么匿名关系的随机性和流动性都是很强的,是无法通过契约去将其凝固起来的。我们倾向于认为,匿名关系是否健全,需要得到道德的支持,特别是匿名关系反映在合作行动中行动者之间的关系时,必然要求关系所联结的双方或各方都是有道德的人,而且也能够赋予关系以道德属性。这样一来,我们就看到了一种演化逻辑:信息及其技术的应用造就了匿名社会,即人们之间的关系匿名化了。之所以在人们之间的关系匿名化之后还能维持这种人与人的关系,是因为匿名人具有道德,是以道德的人的形式出现的。他们的道德维系着他们之间的关系,也使得他们之间的关系获得了道德属性。不过,根据20世纪后期以来我们的社会所显示出来的各种迹象,我们是把这个即将成为现实的社会称作为"合作社会"的。

合作社会中人的匿名化是指,人已经完全转化为合作行动者,即人在合作行动中扮演着特定的角色，可观察的是人的角色扮演情况，以及角色的流动的轨迹。与人在合作行动中的角色相比，人作为人的那些因素遮蔽在了角色背后，并不显得那么重要。但是，这决不是人的消失。在信息技术的支撑下，人的个人特质、受教育状况、成长历程、生活经历、工作表现以及社会关系等，都会得到完整的记录，并可以为合作行动的同事随时调阅。在合作的社会中，信息技术使每一个人都暴露在"阳光"之下，没有什么隐私可言。而且，这个社会中也不再会生成"窥私癖"这样一种心理现象，人们的绝大多数注意力都会放在对合作共事者的合作可能性的关注上。

我们认为，合作社会中也必然拥有一种惩罚机制，会让一切不合作者、搭合作便车者都受到惩罚。但是，这种惩罚也许不是由专门机构做出的，也不是针对某个具体行为而对人的惩罚，而是一种社会机制。在合作社会这一广泛的合作体系中，不合作者、搭合作便车者必然会遭遇社会的淘汰，因为他无法融入也无法生存于合作的氛围之中。在信息技术的作用下，一个人的不合作行为、搭合作便车的行为会使自己背负上一个明显的标记。如果他想抹去这种标记，想重新成为适应这一社会要求的合作者，也许需要通过更多的积极合作行动才能重拾他人的信任，才能得到这个社会的接纳。如果说在陌生人社会中因为人的人权设定而把一切对人权构成侵害或威胁的行为都看作某种罪行，并要求权威机构以主持正义的名义去加以惩罚的话，那么，在合作的社会中，因为社会建构的出发点已经不再是原子化的个人，而是把社会建构放在了合作行动之中，也就会在对罪行认定上实现根本性的转移。在合作的社会中，不合作以及直接或间接地破坏、威胁到合作的行为，才会被认为是某种罪行。

合作社会是一个具有包容性的社会，对人在合作行动中的行为失误会充分包容，但唯一不包容的是不合作、搭合作便车的行为，从而使得一切试图在合作中投机的做法都失去生存下去的土壤。这就是合作社会中的一种惩罚机制。其实，在合作文化深入人心的社会中，人将不再会产生在合作中投机以谋取某种个人利益的动机。如果出现了不合作行为的话，或者说，人的某种行为显现出了搭合作便车的特征，也许是由于某种客观原因造成的。一旦这种行为发生了，立即就会得到识别。对于客观原因造成的合作不作为情况，是会得到宽容的。然而，如果是因为主观原因而搭合作便车的话，就会立即受到制止,因为合作的社会是信息以及信息技术高度发达的社会,会使得人的合作与不合作以及其背后的原因都一目了然地显露在人们面前,一切事务都在阳光之下而无法遁形。所以,不合作或搭合作便车的动机根本就不可能产生。特别是在合作社会的行动者——合作制组织那里,充分的开放性以及信息技术的广泛应用,是有利于及时消除造成不合作、搭合作便车行为产生的原因的。这样一来,虽然我们设想合作社会拥有对不合作、搭合作便车行为的惩罚机制,而实际受到惩罚的事件将是很少发生的。

自古以来,人们之间的交流都无非是信息的传递。在人们出于自利的目的而进行交流时,在人们之间存在着的是一种竞争关系时,有可能传递那些对自己的利益实现有利的和对竞争对手形成误导的信息,目的是要使自己在这种交流中获得相对于竞争对手的优势,并使自我的利益得到更大程度的实现。同样是交流,一旦人们不再面对一个陌生人,而是在与匿名人打交道,特别是当人们之间的竞争关系为合作关系所置换,人们将不再是出于自利的目的去开展竞争,而是出于人的共生共在的需要去开展合作行动。所以,也就不会在交流中传递欺骗性信息。这样一来,交流的实质性意义也就能够显现出来了。

当交流是因自利性追求而发生的,虽然可以通过制定规则而防止传递虚假信息的事情发生,但若这样做了,也就会陷入行为与规则的博弈轮番升级的循环中。而且,为了保证规则得到遵从并发挥作用,就不得不引入和发展出专门防范虚假信息的技术。在竞争中,既然通过交流传递虚假信息能够给自我带来可观的收益,出于竞争制胜的需要,竞争者也就必然会谋求突破规则的各种可能的路径,也包括对技术的应用。这样一来,本来作为沟通路径的交流应当是非常简单的,却因为自利追求和竞争而变得复杂化了,甚至需要为了交流而建立健全制度。结果,相关制度的建立却把人们引上了为了交流而展开博弈的道路上去了,从而使得社会运行成本呈几何倍数增长。

工业社会是一个竞争的社会,也是人的自利追求得到了无数理论证明的社会。虽然尚无理论去对虚假信息的合法性作出系统的论证,但虚假信息得以产生和传播的前提却是合法的,甚至被人们视作神圣的。在这种条件下,人们甚至会出于游戏的目的生产和传播虚假信息,会从中获得某些变态的满足感。虽然这些行为在孤立的意义上可能是无害的,却把我们的社会塑造成了变态的社会。在我们的社会中,虚假的信息往往显得强大有力并受到追捧;真实的信息往往显得脆弱、萎猥和怪诞,因而受到轻视、蔑视。我们社会中的一大批人把生产虚假信息等视为事业,冷落、排挤、压制每一个渴望求真务实的人。所以,谎言遍地,说谎的人总是理直气壮、慷慨激昂。如此一来,人类被引入风险社会也就是自然而然的事了。所以,即使单个的生产虚假信息的游戏和变态行为可能是无害的,但在养成人的造假习惯并塑造出了变态社会后,却对人类的整体处境造成了伤害。事实上,人类已经走到了这个地步,因为虚假信息而致使相互缺乏信任,因为相互缺乏信任而相互防范,因为相互防范而消耗了大量本来可以用于改善人的生活品质的资源。

与此相反,在信息技术即将把我们领进的合作社会中,由于交流中不再出现虚假信息,也就无须围绕交流问题而制定繁复的规则,更没有必要建立相应的制度。随着交流中一切人为地约束因素的解构和消除,人们在合作行动中也就能够实现无障碍的沟通,而且这种沟通是低成本的。当然,我们这里所说的是出于实践需要的沟通,是协调社会关系、开展集体行动而进行的交流。事实上,在人的社会生活中,存在各种形式的交流,也存在着出于各种动机的交流。比如,无论以文本的还是以口头表达形式出现的"灰姑娘""白雪公主"的故事,还是关于"三体"世界的描述,我们都不会要求对其真值信息进行审查。但是,对于社会实践而言,真值信息的意义就变得非常重要,即便是在个人利益被视为非常神圣的条件下,也不允许用虚假信息去欺骗他人。从上市公司的每一项公告都首先做出格式化的无虚假信息的声明中,我们就可以看到提供真值信息是被作为一项规范而要求人们遵从的。因为虚假信息在使某个人的自我利益得到实现的同时,也必然意味着相关的他人的利益受到破坏和被剥夺,属于对个人利益神圣性的亵渎。

正如我们一再指出的,在人的自我利益追求中,个人利益往往被解读成了自我利益,出于自我利益实现的需求,利用交流而传递虚假信息的问题往往无法得到禁止。无论为此制定了何等繁复的规则体系,也不管相关制度何等完善,都不能够做到防范虚假信息。事实情况总是,利用虚假信息谋利往往成为人们惯用的手法,似乎是人的一种天生的本能。在我们的社会走向高度复杂性和高度不确定性的道路上,是包含着这种相互欺骗、尔虞我诈的一份"贡献"的。正因为每个人都习惯于和善于通过交流传递虚假信息,正因为发展出了生产和传播虚假信息的专业机构,正因为我们每个人都处在虚假信息的包围之中,才让我们的社会表现出了风险社会的特征,或者说,走到了风险社会这一步。

所以,当我们渴望走出风险社会时,就必须从根本上消除虚假信息得以生产和传播的条件,需要让人们在交流中愿意提供真值信息。不仅不去通过交流传递虚假信息,而且在心灵深处就有着对虚假信息的厌恶感,会深深地感觉到传递虚假信息是非常没有意义和极其无聊的事。实际上,当人们不是从自我利益而是从人的共生共在出发;当人们之间不是竞争的而是合作的关系,虚假信息得以产生的人性基础也就从根本上消失了。这个时候,如果说还有关于信息的真值程度问题会引起人们的关注的话,那也就主要是由认识的原因造成的,是可以通过技术路径去加以解决的。即便无法避免非真值信息的频繁出现,由于它并不服务于人的自利追求,人们也会在认识到那些信息的非真值性的时候自觉地阻断其传播路径。

三、信息资源与社会治理重构

自从中国人把聊天的场所从胡同口、村头的大树下搬到了微信朋友圈,不仅聊天的内容变得更加广泛,而且参与的人群也大幅提升,有着千千万万的人每日每时在刷屏。更为重要的是,一些人从中发现了商机,也确实赚了不少,"安利"的直销员也不再需要去骚扰街舞的大妈了。可见,信息技术改变了人们的行为方式,而且也在悄悄地改变着人们的观念乃至世界观。但是,如果社会制度不加改变的话,就不能说聊天的性质发生了根本性的变化。事实上,人们并未因为微信聊天而使幸福感得到增强,反而在聊天中受到更多消极信息的冲击而变得忧心忡忡。特别是人们因为沉浸在微信朋友圈而消耗了大量宝贵时间,也使得为了社会进步作出贡献的可能性降低了,即便微信阅读可以实现对自我的提升,也可能会错失诸多良机。与胡同口或村头大树下的聊天不同,微信朋友圈中挤满了匿名人。在微信朋友圈中,人名更多的是个符号或标识,许多微信朋友圈中的人很难被断定是不是熟悉的朋友。微信朋友圈还主要是一个闲聊的地方,是创建这个平台的机构获得的地方,不像阿里巴巴、亚马逊等那样专门开展商务服务,但是,在微信朋友圈里,有些人却寻找和发现了商机,并以朋友的身份相互转告商品的信息。

应当说,一种可以用信息来命名的经济形式已经成为事实,也确实有人提出"信息经济"的概念,但是,当前较为流行的是"知识经济"这个概念,而"信息经济"作为概念并未得到人们的广泛认同和使用。对于这种情况,我们的推测是,由于人们对经济的认识还停留在旧的观念支配下,以至于只能接受"知识经济"的概念而不愿意接受"信息经济"的概念。因为按照人们对经济的传统理解,包含着实物形态的商品,知识是可以注入商品之中的,而关于商品的信息总是外在于商品的。另一方面,知识是具有确定性的和可以度量、可以把握的因素,而信息具有很大的不确定性和相对性。所以,人们能够接受"知识经济"的概念却不愿意接受"信息经济"的概念。虽然我们不主张用"信息"来为我们的社会命名,但是,作为一种经济形式的信息经济却已经形成。其实,自 20 世纪中期起,商品的形态就开始发生了变化,许多不以实物形态出现的因素成了事实上的商品。这就是服务业的兴起带来的变化。一旦我们把服务看作是商品的话,那么,像阿里巴巴、亚马逊所从事的活动就必须被承认为商业活动,它们所提供的商业活动方面的服务也恰恰是以信息为基本内容的。所以,"信息经济"这个概念是可以成立的,只不过人们受到了已经过时了的经济学的影响而不愿意承认它。

当然,就"知识经济"概念的提出而言,已经是经济学史上的一大进步。而且,把我们的时代认定为知识经济时代,也确实反映了我们时代的一个方面的特征,那就是知识成了新的创造经济业绩的引擎。或者说,知识成了生产以及广泛的经济活动中的一种重要资源。我们在谈论信息的时候,也把信息称作资源。在这一点上,知识与信息是相同的,都具有资源的属性,是不同于自然资源的社会资源。20 世纪后期以来,经常有人惊呼信息爆炸,也有人将此称作知识爆炸。由于科学家群体规模的持续扩大和力量的不断壮大,也由于新的媒介迅速涌现和信息技术的广泛应用,特别是媒体的多样化,使整个人类陷入了信息爆炸的状态中,但这是不能看作知识爆炸的。知识包含着信息,也能够转化为信息,还会通过信息传播的方式在人们之间传递和交换,但知识又不等于信息,也不能归结为信息。信息爆炸可能恰恰是知识相对匮乏的一种表现,或者说,是因为人运用知识去驾驭信息的能力显得相对弱了一些。

与信息相比,知识更具有稳定性。当然,在知识的经验可理解性的意义上,与信息是相同的。知识的生成不仅仅受到经验可理解性的制约,也得益于经验理性。一些信息可以实现向知识的转化,那是因为它经受了经验理性的检验,是由经验理性筛选出来的。经验理性是知识的"门神",哪些信息能够进入知识的殿堂而成为知识,是需要得到经验理性的准许的。同样,思维创造物也是在得到经验理性的准许后才能转化为知识的。我们知道,分析性思维是严格地按照科学理性去开展活动的,而且具有极强的思维创造能力,能够大量地生产出思维创造物。这些思维创造物都是合乎科学理性的,但只有那些同时能为经验理性所接受的部分,才能转化为知识。所以,对于知识生产、知识增殖而言,经验可理解性和经验理性是两把必要的尺度,所有的思维创造物都需要满足这两把尺度后才能成为知识。

信息不同于知识,任何一种可以在人与人之间进行传播的因素都可以被看作信息或包含着信息。知识包含着信息,在传播的过程中也是以信息的形式出现的。在这个时候,也会让人感觉到信息之中包含知识,是知识的载体。但是,在接收方那里,信息与知识的差别却清楚地显现了出来:其一,接收方对信息的接收、处理、应用取决于他所拥有的知识;其二,信息所包含的知识只有在接收方作出了确认后才是现实的知识,也许在信息的发出者(信源)那里赋予信息以知识,但若信息的接收者不认可信息中的知识,这一信息中也就根本没有那些知识;其三,信息的接收者也可以无中生有地赋予信息以知识,比如,信息的发出者没有赋予信息以某种知识,或者,信息的发出者也不知道信息中包含着某种知识,而信息的接收者却可能从中读出那种知识。

信息技术改变了知识运载工具,使知识传播和扩散变得十分容易。因而,对于理性知识而言,人们可以随取随用,甚至使得个人的知识学习和储备变得不那么重要了。但是,信息本身并不是知识,以信息而不是知识的形式出现的那些因素既能激活理性知识,也需要信息接受者通过对信息的解读而形成属于自己的感性知识。在某种意义上,解读信息的能力并不纯然是理性的,反而更多地表现为人的感性能力。事实上,信息接受者在对信息的解读中所直接获得的是感性知识。即便是激活理性知识的过程，也需要通过感性知识的桥梁。因此，在社会信息化的过程中，或者说，在信息成为最基本和最重要的社会构成要素的条件下，对人的感性能力提出了更高的要求，而人的感性能力又是在感性知识的熏染中形成的。这说明，对人的要求也不同了。如果说在工业社会中对人的理性能力有着较高的要求的话，那么，在走向后工业社会的进程中，在这个所谓"信息社会"中，则对人的感性能力提出了较高的要求。

从历史上看，在知识扩散主要依赖文字、印刷品等途径时，由于人的交流受到了物理上的、地理上的以及社会性的原因所区隔，直接的经验交流和感性体验都非常匮乏，在感性知识的默会方面也显得较为困难。然而，以概念等形式出现的知识却较为容易地以较小的失真度而得到扩散。因此，理性知识成了显性知识，感性知识则因扩散困难而一直是以隐性知识的形式存在的。尽管如此，以文学、艺术等为载体的感性知识也通过文字、印刷品等而得到广泛扩散，只不过这些感性知识需要通过接受者的再解读才能以知识的形式出现，才可以称为知识。不过，这种感性知识往往被更多地限制在了人的日常生活领域，只是在间接的意义上对社会实践产生影响。也许是这个原因，致使感性知识受到人们的轻视。相反，理性知识则能够直接地在社会实践中发挥作用，对公共领域和私人领域中的广泛的社会生活产生直接影响。随着信息技术的发展，开拓出了一重匿名人直接互动的空间，感性知识扩散的障碍消失了，使得人们能够非常方便地获得感性知识。这样一来，感性知识也会实现显性化，而且能够在人们的合作行动中发挥更大的作用。

所有这些，都对社会治理的安排形成了一种新的要求。我们发现，一些器官移植的医学案例证明，人体器官具有复杂的记忆能力，大脑并不是唯一的专司记忆的器官。这种记忆是一种植物记忆还是精神记忆，可能需要神经认知科学来作出回答。不过，我们相信，在进化论的原理中，可以给出这样的结论：在形成人类的进化谱系中，可能在很早的时期就有了记忆能力。到了人的大脑出现后，这种记忆能力被大脑所继承和发展，或者说，受到大脑的控制。也可能是，大脑把一些经验性的记忆因素交给其他器官来负责，而自己专门去处理较为复杂的和需要理解的知识方面的记忆。人类社会的发展会不会也表现出这种状况呢？答案应当是肯定的。在人类社会发展到相对高级的阶段后，早期人类社会中的许多东西会被保留下来。但是，如果我们根据被保留下来的那些东西去思考社会治理模式及其体系建设问题的话，如果我们要求把人类社会低级阶段中形成的文化等因素作为不可移易的因素而加以继承的话，就等于我们所重视的是"器官"的记忆能力而不是承认"大脑"的作用，那无疑意味着，在信息处理的问题上，人类还处于较为低级的阶段。事实上，随着社会的信息化，专门的信息系统出现了，让我们看到了一个由专门的机构或部门去处理类似于人的经验、知识、智慧、思考等方面的问题，并为整个社会的行动提供支持。这就要求，我们需要像对待人的大脑一样对待这些专门化的信息处理机构。

当信息技术越来越多地渗透进社会生活的各个方面后，严格意义上的从属于管理系统的管理信息系统将不再存在。20 世纪后期管理信息系统的出现还是在信息技术刚刚被应用于管理之中时的必要设置，它的存在前提是：信息技术依然被专家所掌握；管理者缺乏信息技术应用的必备知识和能力；管理模式以及组织结构尚未发生变化，仅仅是增加了信息技术专业构成因素。今天看来，这种管理信息系统正在朝着这样一个方向运动：管理信息系统与管理系统相分离，成为专门化的独立的社会设置。专业性的管理信息系统向所有可以提供服务的管理系统提供专门的信息服务，而每一个管理系统中的管理者以及被管理者也都掌握了基本的信息技术，都能够通过专业性的管理信息系统的服务或帮助而随时获取和占有必要的与管理相关的信息。这样一来，使得从属于某个具体的管理系统的专业性管理信息系统设置变得不再有价值。明确地说，就是一个组织不再有设立自己的管理信息系统的必要，而是从社会中去获得专业性的信息服务组织的支持。

在总结中国改革开放的经验时，我们提出了"引导型政府职能"这个概念，并认为它是服务型政府的基本职能模式。现在看来，引导型政府职能向政府所提出的要求将更多地体现在信息的供给方面。毫无疑问，政府在获取那些与社会治理相关的信息方面有着无与伦比的优势。以往，政府要么利用这些信息去直接地控制社会，要么把这种信息获取方面的优势转化为成熟的政策而输出给社会。在政府通过政策治理社会的情况下，社会成了政策调控的对象，仅仅被要求在这些政策指引的方向上去作出行为选择。

虽然这种做法可以在政策的性质和内容的改造中使政府转化为社会的引导者，但政府长期以来的实践则表现为利用信息而对社会的控制。所以，欲求政府职能真正获得引导的属性，则需要增强政府信息服务方面的内容，即要求政府把信息获取的优势应用于直接向社会提供信息服务方面，让社会中的行动者根据政府所提供的信息去自主决策和自主地作出行为选择。按照这一设想，服务型政府的服务，首先就反映在提供信息服务方面。

第二节　重塑社会治理的信息技术维度

面对全球化，鲍曼希望人们关注社会正在日益显现出来的"网络"特征，甚至认为这是对社会本身的一种否定。鲍曼说："社会学曾经使用了许多概念去揭示神秘的人类经历，有些概念正在失去作用，有些概念似乎一开始就不合适，'社会'是社会学词汇中受到质疑的第一个术语，并逐渐被'网络'所替代。"[①]虽然我们不同意鲍曼如此武断地宣布社会学这门学科赖以立足的根基消失了，但是，社会所获得的网络特征、社会的网络结构以及所有需要用"网络"的概念来把握的因素，都是我们寻求社会治理策略时必须给予充分关注的现实。

就鲍曼所察觉到的这种社会变化来看，是信息技术得到应用的结果，特别是当信息技术以互联网这一社会交往和生活平台的形式出现后，意味着我们的社会不仅增添了新的构成因素，而且获得了新质。在 20 世纪后期，许多学者把我们正在走进的社会命名为信息社会，这本身就说明，我们的社会呈现出了新的特征。因而，也必然会要求新的社会治理与之相伴随。在今天，虽然在信息以及信息技术的应用改变了我们的社会这一点上已经是人们不再怀疑的显著历史事实，但是，对于这种现象进行持续的观察和再阐释，却仍然是非常有意义的工作。

一、信息技术与全球化、后工业化

历史经验呈现给我们的是，"新技术总是能够激发人们的热情，分化人

---

① ［英］齐格蒙特·鲍曼：《被围困的社会》，郇建立译，江苏人民出版社 2006 年版，第 21 页。

们的立场,派生出关于新技术对社会、对个人的影响的许多问题。从本质上讲,新技术通过破坏性创造,深刻影响社会和政府的运行方式以及人们的互动方式。新技术的拥护者总是罗列一大堆好处,而批评家们总是担心、顾虑新技术对政治制度、社会生活、个人价值等方面的负面影响"①。在全球化、后工业化进程中,新技术也引起过人们的诸多担忧。比如,面对克隆技术,就曾经引发一片惊呼。但是,我们的时代有那么多层出不穷的新问题需要在技术进步中去加以解决,以至于我们无法拒绝去热烈拥抱每一项新的技术进步成果。

我们已经陷入了这样一个循环之中,一方面,技术进步推动了人类社会走上复杂化和不确定化的进程,越来越显现出把我们置于高度复杂性和高度不确定性状态之中;另一方面,我们又需要通过技术进步去为我们如何在高度复杂性和高度不确定性条件下开展行动提供支持。这就是韦伯斯特所看到的,"信息社会的意义其实是矛盾的根源。仁者见仁、智者见智,对有的人来说,信息社会将会成为一个真正的专业化和爱心洋溢的社会,但是对另一部分人来说,它表征着对公民的紧密监控;而对有的人来说,它预示着社会将会涌现一大批受过高等教育的公众,但对另一部分人来说,它不过意味着琐细之事、轰动煽情和误导宣传的泛滥"②。不过,我们认为,所有这些都是反映在社会表象上的一种情况。在社会的深层,却正在凝聚起一种人们必须接受的新要求,那就是人的共生共在。人的共生共在的实现本身又意味着人类社会的一场根本性的变革,意味着人类社会的发展在新的起点上前行的一个历史性契机的出现。

在经济的维度中,我们看到,从市场的出现到市场经济的形成,是人类花了几千年的时间一步一步地丈量出来的一段并不长的距离,也许就是一步之遥。然而,这一步却是重大的一步,意味着人类走进了一个新的历史阶段——工业社会、资本主义社会。可惜的是,工业社会的人们对市场经济做了狭隘的理解,那就是将它与竞争联系在了一起,甚至在它们之间画上了等号。因而,关于市场经济的体制安排都放在了竞争之上,集中于促进竞争和

---

① 〔美〕达雷尔·M. 韦斯特:《下一次浪潮:信息通信技术驱动的社会与政治创新》,廖毅敏译,上海远东出版社 2012 年版,第 2 页。

② 〔英〕弗兰克·韦伯斯特:《信息社会理论》,曹晋等译,北京大学出版社 2011 年版,第 2 页。

规范竞争间的平衡。关于这一问题，也许我们完全可以做出另一种设想，那就是市场经济与竞争是两种不同的社会现象。市场经济是人的经济活动空间和活动方式，而竞争则是一种行为方式，是广泛地存在于那些为了个人荣誉和利益的社会生活领域中的。也就是说，市场经济可以包含竞争和以竞争的方式展开，也可以通过合作的方式展开。

如果仔细观察的话，市场经济中最为重要的环节是交换，只有当交换与个人的利益要求联系在一起的时候，才能够通过竞争去获得交换的公平、公正。如果交换并不以个人利益要求为原点或逻辑出发点的话，那么，竞争就是没有必要的。在我们提出了人的共生共在的问题后，也就能够充分地认识到，当人们在交换过程中将人的共生共在这一根本性的社会价值注入到商品的价值中之后，或者说，实现了这两种价值的融合后，就能够在不求助于竞争的情况下实现公平、公正。而且，这种公平、公正不是由竞争压力催化出来的，而是由人自觉供给的。当然，这决不意味着我们完全排斥竞争。关键的问题是，如果我们不让竞争从属于个人利益追求而是从属于人的共生共在，也许竞争的性质和功能都会完全不同。

目前来看，在人类文明的一切伟大成就中，市场经济应是最具生命力的。在全球化、后工业化开辟的未来社会中，人类也许不仅不会废止市场经济，反而会更加充分地发挥市场经济所包含的一切潜能。虽然信息技术、大数据工具等似乎表现出了可以复活计划经济的可能性，但市场经济在调节人类生活方面的优势依然是非常明显的。如果说市场经济在工业社会中表现出了资源浪费、消费泛滥无度的话，那是因为市场经济总是与以个人为中心的和为了个人利益追求的竞争联系在一起造成的。一旦我们在市场经济与既有的从属于个人利益追求的竞争之间做出区隔，让市场经济的运行从属于人的共生共在的价值，其所有致恶的表现都能得到消除。所以，在全球化、后工业化进程中，我们应当思考的不是废除市场经济的问题，而应承担起如何从根本上改造市场经济的任务。其一，我们应让市场经济服务于人的共生共在；其二，如果说在市场经济中存在着竞争的话，那么，竞争也应体现人的共生共在的价值，而且从属于这种价值。

在关于市场经济的思考中，阿明认为，"市场经济"与"资本主义经济"是两个不同的概念，"'市场'这个概念本质上指的是竞争，而不是'资本主义'，

'资本主义'的内涵恰恰是由私人财产垄断对竞争的限制性规定（一些人拥有财产而另一些人没有财产）。"①在这里，阿明肯定了市场经济必然包含着竞争，但认为市场经济不应等同于资本主义。应当说，在"市场经济"与"资本主义经济"两个概念间进行区分已经是一种流行的做法，许多学者都持有与阿明相同的看法。这是因为，在全球化进程中瞻望未来时，实在找不到一种替代性的经济形式，特别是在"计划经济"变得声名狼藉的情况下，只能从工业社会中的经济模式中抽离出"市场经济"的概念，并把走向未来的希望赋予它。也许这样做是可取的，但是，即便我们可以无视近代以来市场经济与资本主义之间的关系，也不应该让"市场经济"这个概念束缚了人们的理论创造力。我们相信市场经济有着恒久的生命力，但是，在信息技术得到了广泛应用的条件下，我们也认为，即便市场经济依然发挥着无可替代的作用，也需要改变其形式，甚至要求市场经济出现一次根本性的转型。

可以断言，除了市场经济之外，还会有其他的形式出现，会出现多种经济形式并存的局面。只要我们相信人类在体制创新方面是能够有所作为的，就不排除在未来继承了市场经济的同时也创造出了其他形式。事实上，全球化、后工业化进程中所体现出来的社会的多元化也肯定包含着经济形式的多元化。我们的世界正在发生变化，特别是网络这种新的因素，必将改变我们赖以生存的世界，而且可以断言，网络将重塑我们的世界。当我们进入一个全新的世界时，是否可以超越市场经济和计划经济的所有设计思路？是否可以让经济的运行遵循一种全新的逻辑？我们认为，这种可能性是存在的。那个时候，不仅自由主义，而且与它框对应的各种思想，都不再有丝毫的价值。

如果我们在经济中所看到的是人们之间的交换、交往、生产和消费等方式的话，那么，在信息技术的应用中，所有这些方面都得到了或能够得到根本性的改变。既然信息技术的应用有着改变所有经济要素和经济环节的无限潜力，那么，市场经济又怎能不发生改变呢？所以，我们认为，在信息技术的驱动下，人类的经济生活将发生根本性的变革，所采用的经济形式也会由

---

① ［埃及］萨米尔·阿明：《全球化时代的资本主义——对当代社会的管理》，丁开杰等译，中国人民大学出版社2013年版，第14页。

信息技术的应用来定。那个时候，真正的思想是产生于对信息技术的解读中的，是关于应用信息开展经济活动的思想。不限于"信息经济"的设想，而是在信息技术的支持一点点创造出全新的经济体制和经济生活方式。

欧洲近代早期的情况是，"随着市场经济关系的扩张，'社会'领域出现了。它冲破了等级统治的桎梏，要求建立公共权力机关的管理方式。生产以交换为中介，于是，生产就从公共权威的职能范围中解放了出来，与此同时，公共权力也从生产劳动中摆脱了出来"①。这就是一个"脱域化"的过程，是吉登斯所说的脱离地域后的持续展开过程，也可以说是脱离地域的直接结果，在总体特征上，是脱离地域后的领域分离。从历史过程来看，脱离地域的运动是与社会领域分离的运动同时发生的，或者说，它们是同时发生的一场脱域化运动的两个方面。在全球化、后工业化进程中，人类历史再一次出现了脱域化，全球化意味着人们脱离由民族国家构成的地域，而后工业化则意味着领域融合。其中，网络以及其他交往平台则使得人际关系中的各种各样的界限消融，这也是脱域化的一重内容或一种表现。如果说发生在中世纪后期和近代早期的脱域化运动是由利益追求所驱动的话，那么，发生在全球化、后工业化进程中的这场脱域化运动则是由信息技术及其网络驱动的。

近代早期的脱域化造就了低度复杂性和低度不确定性的社会，使得这个社会中的一切存在都可以通过哲学抽象去把握其内在的同一性。然而，在再度脱域化的进程中，所造就的则是一个高度复杂性和高度不确定性的社会。这个社会中的一切存在都是具体的、特殊的，以至于无法在它们之中找到同一性的因素。对此，哈贝马斯通过自己的观察而给予了证实，指出哲学的同一性追求在"后形而上学"时期已经受到怀疑，相应地，出现了非同一性的迹象。"尽管非同一性是脆弱的，并且还不断受到客观化的歪曲，因而在形而上学的基本概念网络中捉摸不定，但是，它在交往的日常实践中一般还是能够把捉到的。不过，我们只有放弃理论对实践的经典优先地位，并同时克服掉逻各斯中心论的狭隘理性化，才能确定非同一性这条世俗的拯救

---

① ［德］哈贝马斯：《公共领域的结构转型》，曹卫东等译，学林出版社 1999 年版，第 170 页。

途径的有效范围"①。当然,哈贝马斯对非同一性的这种谨慎态度是可以理解的,因为他毕竟是在现代语境中成长和开展理论活动的,后工业化的现实在他发现非同一性时还没有显性出来,但是,他的这一发现是有价值的。在今天这样一个全球化、后工业化时代,在高度复杂性和高度不确定性的社会背景下,"非同一性"不再局限于交往的日常实践中,也不再是"世俗的拯救途径",而是认识、把握世界的基本原则。如果说货币是包含在一切可交换因素之中的同一性的符号,那么规则就标志着社会治理体系中的同一性。既然全球化、后工业化意味着社会的非同一化,那么,把社会治理建立在同一性的规则之下,要求人们遵从同一性的规则,用同一性的行为模式去框定人们的政治生活和社会生活,也就变得不再可能。

在全球化、后工业化进程中,韦尔默的一项意见是积极的:"只要我们摒弃民主和自由主义原则的终极基础——也就是这样一种基础,它并不在某种意义上预先利用民主和自由主义政治的诘法——的观念,而且如果我们允许经验、历史和其他的因素进入论证,那么似乎就有一种丰富的论证网络来支持和批判地发展民主自由的原则和制度。这些论证也许并不能说服狂热的民族主义或宗教的原教旨主义者;但是我们的论证并未说服每个人,这个单纯的事实并不意味着它们就不是好的论证——我认为,不管这种平凡的观点是否以一种可错论的方式提出是如何的重要,这一点本身都不应忘记。"②在全球化、后工业化这样一场伟大的历史性社会变革运动中,我们太需要通过一场思想解放运动去开辟走向未来的道路了。因为工业社会所建构起来的那些理论,特别是"民主和自由主义"等基础性观念,已经禁锢了我们的思维,使我们束缚在旧的思想观念之中,以至于我们面对着新的社会问题时总是从那个旧的思想库中去寻找可用的工具。

其实,全球化、后工业化本身说明,由于信息技术的广泛应用,正在各个方面每日每时地展现令人惊诧的新事物,使得我们所在的思想语境以及我们在这种思想语境中所采取的行动不仅无法去让工业社会变得更加健全,也无法维护工业社会的生命力,即无法通过延续工业社会的生命而让全球

---

① [德]哈贝马斯:《后形而上学思想》,曹卫东等译,译林出版社 2001 年版,第 47 页。

② [德]阿尔布莱希特·韦尔默:《后形而上学现代性》,应奇等编译,上海译文出版社 2007 年版,第 336 页。

化、后工业化运动发生的时刻再拖后一些。既然如此，我们何必眷恋工业社会的那些理论、意识形态不放，为什么还要反复强调"民主和自由主义"的观念？如果我们不是一个正在日渐衰老的妇人，那种着魔一般的念念叨叨就不应发生在我们这里。既然工业社会最为辉煌的时刻已经过去，把对现实的不满转化为对那个辉煌时刻的回味，甚至要求回到那个时刻，都肯定是不理智的。

在今天，我们必须正视这场必须面对的全球化、后工业化运动，必须看到信息技术正在改变我们的社会，必须像韦尔默所要求的那样"摒弃民主和自由主义原则的终极基础的观念"，从而在全球化、后工业化的现实基础上面向一个正在伸展开来的未来去重新审视人类文明，去发现人类历史上的一切对重建我们的社会依然具有积极价值的因素，并用于我们的理论论证和新观念的建立。我们处在高度复杂性和高度不确定性的社会中，危机事件频发以及随处都有的风险，威胁到了人们的安全甚至生存，这决定了我们的思维不应受到任何框框的束缚。也就是说，思想解放之于我们的时代比以往任何时候都显得更为重要。如果我们的思想像技术进步那样日新月异的话，也许我们会更少地受到风险与危机事件的困扰。

二、网络与匿名社会

今天，信息技术最为成功的应用反映在了网络上，网络扩大了人们的交往范围，原先受到地理以及物理空间限制的交往被网络交往所取代。通过网络，人们在虚拟空间中直接交往和交换意见，思想和感受也能够更多地突破心理防线，从而建立起虚拟性的关系，在相互塑造的过程中也塑造了生活的世界。"网络的形态似乎能够良好适应日趋复杂的互动，以及源自这种互动的创造性力量的不可预料发展。这种形态学上的构造，也就是网络，现在可以在所有种类的组织与过程中，借由新近可用的信息技术而实际运作。若没有这些信息技术，网络化逻辑会过于麻烦而难以执行。"[1]但是，当我们谈论网络的时候，应当不限于互联网所代表的网络形态，而是应当将其理解

---

[1]［美］曼纽尔·卡斯特：《网络社会的崛起》，夏铸九等译，社会科学文献出版社2001年版，第83—84页。

成广泛的网络。在高度复杂性和高度不确定性的条件下,只有社会的每一个方面都实现了网络化,只有把行动安置在整个社会的网络结构的基础上,才能应对各种危机。事实上,信息技术不仅造就了互联网,也改变了我们的社会,使我们的社会呈现出了网络结构。当然,社会的网络结构因为既有的社会治理方式而受到抑制,尚未得到充分发展,或者说尚未定型,但互联网却已经是一个几乎人人都不能不加以使用的生活和交往平台。

从时间上去比较互联网得到广泛应用的前后区别,可以看到,互联网使人们之间的联系更加广泛,每一个人都可以把更多的人拉入自己的朋友圈,与每个人相联系着的也是更多的人,人们的联系不再是单向的或线性的,而是构成了网络关系。但是,建立在互联网平台上的人们之间的联系却是弱联系,"互联网特别适于发展多重的弱纽带。弱纽带在以低成本供应信息和开启机会上相当有用。互联网的优点是容许和陌生人形成弱纽带,因为平等的互动模式使得社会特征在框限甚至阻碍沟通上没有什么影响"①。这种弱联系是匿名人间的联系。一方面,是匿名人通过网络而建立起了弱联系;另一方面,也正是因为人们之间是一种弱联系的关系而使得人们成为匿名人,接受并愿意成为匿名人。

不难想象的是,当一个社会中的人们之间的关系属于弱联系的范畴,那么,人就会拥有更大的自由空间,人的自主判断和自主行动就会成为一种习惯。同时,弱联系的广泛性和多维度发生,会使得规范人的行为的规则必须变得更有弹性。如果规则缺乏灵活性的话,就无法发挥规范作用,甚至会成为人人都逃避的东西。这样一来,人们在广泛的联系中去作出行为选择的时候,就会更多地遵从道德的规范。或者说,在广泛而又弱联系的社会中,人们必须拥有道德规范,依据道德去开展行动和与他人开展交往。所以,"弱联系的作用不仅仅体现在为更多的人提供获得信息的途径,而是通过它们可以实现跨越时间、地点、组织中的等级和子单位整合来传递信息"②。随着信息能够非常方便地为人们所获取,不道德的人及其行为立即就会传遍无限扩展开来的朋友圈,以至于做了不道德的事的人,也许需要花费数倍的

---

① [美]卡斯特:《网络社会的崛起》,夏铸九等译,社会科学文献出版社2001年版,第444页。
② [美]乔伊森:《网络行为心理学——虚拟世界与真实生活》,任衍具等译,商务印书馆2010年版,第150页。

努力才能改变自己在他人心中的印象。就此而言,我们认为,弱联系的社会关系将使得道德力量变得更强,以至于人们不得不遵从道德的规范。

如果说网络造就了一个匿名社会的话,那么,在这个社会中,"匿名性是完全彻底的。身份在这种交流结构中被虚构化了"①。或者说,身份已经不再是人的标识,人在开展社会活动时所扮演的是具体的角色。而且,角色是处在不断的流动之中的,在此时此地所扮演的是这个角色,而在彼时彼地又会扮演另一个角色。更为重要的是,每一个人都会同时扮演多重角色,是以一个角色集的形式出现的。我们知道,在工业化、城市化进程中,"前现代条件下地点的首要意义在很大程度上被脱域机制与时-空伸延消解掉了,地点变得令人捉摸不定,因为使地点得以建构起来的结构本身再也不是在地域意义上组织起来的了"②。在近代以来的社会发展中,这一脱域化进程持续地展开,所实现的量的积累已经达到了发生质变的程度。特别是在网络技术渗入了社会生活中之后,全球被编织到了一个共时体系之中,地点也具有了不确定性,时空的概念都发生了变化,以至于近代以来的那种从一个地点出发而形成的中心-边缘结构正在得到消解。结果,以地域为基础的组织人们开展经济和社会活动的方式,正在被诸如虚拟组织和随机性组合的集体行动体系所替代。或者说,组织形式呈现了多样化的趋势,致使人们的观念和行动都在一个新的历史起点上重新开始了进化过程。

如果说近代早期发生的是地理空间上的脱域化,那么,发生在全球化、后工业化进程中的再次脱域化则以匿名化的形式出现。不仅是人们脱离了原先所在的地域和领域,而且是人们在高度流动性、高度开放性的基础上建立起广泛的匿名关系的过程。在网络中,人虽然是匿名的,却又是透明的,人的一切不合作和不利于合作的行为,都会立即被人们所觉察,并会受到制止。如果产生了消极影响的话,将会受到惩罚。最为重要的是,人将会因为不合作和不利于合作的行为而为自己打上印记,需要在其后更多的优异合作表现中逐渐抹去那种印记。

在政治生活中,互联网打开了新世界之门,它让几个世纪的民主理想看

---

① [美]马克·波斯特:《信息方式:后结构主义与社会语境》,范静哗译,商务印书馆2014年版,第164页。

② [英]安东尼·吉登斯:《现代性的后果》,田禾译,译林出版社2000年版,第95页。

到了转化为现实的希望,因而也引发了独裁者的恐惧不安,让他们有着强烈的扼杀网络自由的冲动。而且,这种冲动驱使下的行动,必将在独裁者的歇斯底里中变得极其残酷,甚至会在根据法治的惯常行动治理网络时复制中世纪宗教裁判所的行为。当然,在表现方式上会有不同。但是,就互联网是一个新生事物而言,任何试图阻碍其发展和任何企求扼杀网络民主的做法,都不会如其所愿。从另一个角度看,我们发现,畏惧互联网这个自由空间的是独裁者、贪官和做恶的人,而对网络民主抱持欢迎态度并愿意积极投身其中的是朝气蓬勃和代表人类未来的新力量。当然,互联网作为一项新生事物也必然带有不成熟的一面,而且这些不成熟的方面会成为独裁者扼杀它的借口。总体看来,互联网在今天还只能说是一个原始社会,由所谓"网络大V"及其"粉丝"构成的生态弥漫着邪恶,他们在互联网上的行为亦如乡野中的犬吠那样,表现出"一犬吠形,百犬吠声"的状况,我们也将这种现象称作"犬吠效应"。但是,随着互联网的成熟和网络空间的自我完善,必将把人类引入一个全新的生活世界。这就是在更早的时期麦克卢汉从大众媒介中解读出来的,"大众媒介所显示的,并不是受众的规模,而是人人同时参与的事实"①。随着自媒体在网络平台上涌现了出来,广义上的大众媒介所表现出来的恰恰是人人同时参与的事实。人人同时参与本身意味着"参与"一词已经不再是由某个"中心"主持下的参与,而是平等的参与。而且可以认为,这种"参与"已经是由完全自主的行动所构成的共同行动。

就现代组织而言,之所以能够以一个整体的面目出现,是依赖于它所拥有的整合机制的。迄今,组织的整合机制基本上是由权威整合与价格整合两条路径构成的。所谓权威整合,是发生在组织的层级结构之中的;所谓价格整合,则是市场经济的交换原则在组织中的反映,即对组织中的一切都进行定价,并以价格的方式实现组织整合。在社会的低度复杂性和低度不确定性条件下,组织的官僚制等级使得权威整合成为可能,而组织的市场经济生态在组织中的回射,则形成了价格整合机制,可以通过对人以及人的工作进行定价而实现组织整合。鉴于权威整合和价格整合在高度复杂性和高度不确定性条件下都显现出失灵的状况,我们提出了信任整合机制这一设想。

---

① [加]麦克卢汉:《理解媒介——论人的延伸》,何道宽译,商务印书馆 2000 年版,第 429 页。

而且,这一设想在组织发展的现实中也得到了充分支持,越来越多的组织开始获得不同于传统组织线性结构的网络结构。

在全球化、后工业化进程中,越来越多的实例显示出组织的网络结构正在生成。网络结构打破了组织结构上的"中心"与"边缘"、"上"与"下"以及"左"与"右"的一一对应关系,使得全部组织要素都被置于多向度的互动关系之中,以至于权威的和价格的整合机制都无法实现对组织要素的有效整合,因而必须让位于信任整合去发挥作用。其实,在组织的视角中,一旦我们把视线落在网络上,立马就会发现,"这些网络系统将制定出指引其行动的非正式或正式的规则以及一套套规范,系统中的成员也会彼此分享一些价值观和义务"①。在社会的网络结构之中开展合作行动,意味着"正式"或"非正式"等概念都失去了意义。合作行动中的规则更多地根源于行动者的临时性选择,或者说,是一些能够引发道德联想的原则性规范,而不是在行动之前或行动之外由外在于行动者的人所制定的。因而,也就不存在"正式"与"非正式"之分。

在互联网上,我们看到,"这种网络化逻辑必须去建构那没有结构的部分,同时又要保留弹性,因为这些没有结构的部分正是人类活动创新的驱动力"②。同样,我们的社会亦如此,也会在没有结构的地方,或者说,在线性结构被打破的地方,建立起网络结构。当我们的社会拥有了网络结构后,人们的活动在来自无限维度的作用力的作用下,在朝着无限维度展开的时候,就会表现出自由和自主。而且,这种自由和自主充分地反映了人的创新能力和创新追求。一个浅显的道理是人人都明白的,那就是,"一个社会中另一种结构的出现,意味着社会成分之间的关系正在改变,在网络社会中,个人、群体和组织之间所有抽象的关系和具体联系都发生了改变"③。在工业社会线性展开的中心-边缘结构之外,出现了社会的网络结构,这一点是具有革命性意义的,它不仅意味着人际关系的变化,而且正在形塑着新型的社会生活模式,并对社会治理提出全新的要求,让工业社会建构起来的制度等所有社会治理设置都变得只有在得到了根本性变革后才能适应新的社会治理要

---

① [美]彼得斯:《政府未来的治理模式》,吴爱明等译,中国人民大学出版社 2012 年版,第 67 页。
② [美]曼纽尔·卡斯特:《网络社会的崛起》,夏铸九等译,社会科学文献出版社 2001 年版,第 84 页。
③ [荷]迪克:《网络社会——新媒体的社会层面》,蔡静译,清华大学出版社 2014 年版,第 36 页。

求的状况。

当中心-边缘结构逐渐地被网络结构所置换之后，人类长期以来通过对人的控制而控制物、事的控制模式也就得以废止了。这个时候，如果还存在着控制的话，也主要集中在直接对物、事的控制方面，而不是对人的控制，也不会通过对人的控制而去控制物、事。从控制方式和手段来看，也是人通过网络技术而实现的对物、事的控制，而不是人借助于物化的手段（如制度、规则等）对人的控制。因为此时的制度是按照非控制导向而设计和建构起来的，是人的自由发展的空间，而不是对人进行控制的框架。

在社会的线性结构中，许多资源是以分配的方式而在社会中加以配置的，线性结构使资源配置有着固定的方向和稳定的分配方式，而且分配权总是明确地与相对固定的主体联系在一起，从而使腐败问题得以滋生。当社会的线性结构被网络结构取代后，所有上述滋生腐败的土壤都不再存在。因为网络结构使社会资源的配置不再以分配的方式进行，而是由需求者自主地去获取其所需之资源。可以通过交换的方式，也可以通过我们今天还难以判断或预测的其他方式，去获取所需之社会资源。而且，会以资源需求者在网络结构中的平等和自由为前提。更为重要的是，获取所需之社会资源是从属于向他者提供服务的目的，是开展合作的条件。这就保证了资源的使用具有充分的社会效益。也许在网络的具体环节中看资源的利用，所看到的是这种对资源的利用并不严格遵从经济和效率的原则，但在网络系统中，资源的使用其实总能达到效益最大化的境界。

在全球视野中去看互联网在今天的表现，可以看到，它还或多或少地复制了既有的世界格局，尚未反映出全球化的精神实质。应当说，信息技术的应用和互联网的发展是与人类社会的全球化、后工业化进程在同一个时间序列中行进的。就全球化而言，对民族国家已经构成了冲击，"全球化意味着媒体据以增强国家认同的潜力发生了变化。全球化也意味着似乎曾经处于国家控制之中的文化纽带和忠诚却打了折扣。全球化还可以解释为一个主权国家防范不利信号和信息的能力越来越差"[①]。在今天，作为网络初级

[①] ［美］门罗·E. 普莱斯：《媒介与主权：全球信息革命及其对国家权力的挑战》，麻争旗译，中国传媒大学出版社 2008 年版，第 29 页。

形态的互联网还需要通过服务器去实现互联，因而，使得技术意义上的部落化成为可能，对网络的管理也可以设置网关等进行控制和限制，把互联网割裂成一个个局域网。随着网络的发展，一旦服务器被废止，一个真正互联的网络也就不再接受网关审查等控制，民族国家在网络上的所有关口都将消失。那样的话，网络才显现出了自己的真实面目。也就是说，一个真正的网络时代到来了。与此相适应，无论是在全球还是在一个地域，人们都处在一个无边界的开放世界中，人们之间的互联互通使人们之间的关系呈现出全新的形态，社会治理也因此而发生了根本性的改变。

总的说来，"网络社会里网络连接的发展有社会和技术上的双重原因。社会原因是指现代社会中社会关系的规模扩张，而这种规模型扩张伴随着越来越多或强或弱的跨距离的联系。技术的原因是交通的发达、大众传媒数量和速度的增长以及电话和电子邮件的爆炸式的应用。这些增长的直接结果就是一个联系的世界，这个世界从原则上将会变得更加有序、联合和协调"①。但是，如果我们已经指出的，网络的发展还处于非常初级的阶段，它在当前所表现出的无序是可以理解的。在某种意义上，这种无序恰恰是对旧秩序的挑战。一旦作为一种新秩序的网络秩序建立了起来，呈现给我们的就会是一种完全不同于历史上曾经有过的一种秩序。

三、信息技术支持下的社会治理

哈拉尔认为，"在这种关于社会现实的共生概念中，世界不是由分离的单位构成的，而是一个由相互联系在一起、彼此从对方获得生命的社会系统组成的无缝的网络"②。事实的确如此。在历史演进的趋势中，我们所看到的是，人们之间的联系正在以新的形式出现。在社会高度复杂性和高度不确定性的基本环境中，人的命运是如此紧密地联系在一起的，以至于人们无法独自生存。虽然在人的交往的意义上所发生的是弱联系，但人的命运则是如此紧密的关联在一起。我们已经进入这样一个社会，每一个人都需要在与他人的共生共在中去获得自我的生存资源、生存条件和发展的可能性。

---

① ［荷］迪克：《网络社会——新媒体的社会层面》，蔡静译，清华大学出版社 2014 年版，第 38 页。
② ［美］W. E. 哈拉尔：《新资本主义》，冯韵文等译，社会科学文献出版社 1999 年版，第 314 页。

如果人们以自我为中心和把自我的利益看得高于他人的利益，要求自我的利益得到优先实现的话，就会对人的共生共在的基础造成致命的破坏。正是信息技术的应用，使我们走进了这种状态，不得不面对一个人与人之间相互联系的世界，让我们必须通过合作的方式去赢得人的共生共在。只有在人的共生共在中，我们自己的存在才是具有合理性的，也才是可能的。进而，人的共生共在也只能在人们的合作行动中才具有现实性。

可是，人的合作是建立在人们之间相互信任的前提下的。工业社会是一个陌生人社会，这个社会中的每一个人都是原子化的个人，以自我为中心，把他人当作自我利益实现的工具。因而，要想在工业社会中的人们之间寻找信任和发现信任，是非常困难的。当我们说工业社会中的人们所建立起来的是一种契约型信任关系的时候，其实是指人们之间如果不通过某种中介是无法实现相互信任的。也许正是由于这一原因，关于信任问题的研究才成为一个长盛不衰的主题。不过，我们发现，信息技术的应用至少可以为人们所向往的合作提供某种低度的保障，特别是在信息技术以"大数据"的形式出现时，可以使人的各个方面的情况都完全对所有相关者开放。比如，在合作行动中，如果让行动者独自去作出识别并判断合作者是否值得信任的话，显然是非常繁重的事项，会给行动者带来额外的负担。因而，合作的社会必须建立起必要的信任识别机制，它不是法律，不对诚信不足的人作出惩处，但是，会使每一个人的诚信都记录在案，让每一个行动者都能够非常方便地获得合作者的信任信息。事实上，在大数据得到了普遍应用的条件下，这一点是可以通过技术手段去完成的。

从人类社会的发展来看，是在工业化、城市化的过程中发现了个人，而且也希望个人是自由的。围绕着个人自由的问题，产生了一大批思想家，持续不断地就这个问题进行探讨，并希望将其关于自由的理论转化为制度方案和社会设置。可以认为，正是托克维尔、密尔等伟大思想家对自由的追求，缔造了工业社会政治的和社会治理的文明。因为他们的思想不仅使个体的自由得到了全社会的认同，而且通过制度安排而为个体自由提供了保障。但是，在工业社会进入了成熟状态后，职业政治家和技术精英把持了国家，并对社会实施着无所不在的控制，以至于对个体自由的侵犯成了一种常态。虽然形式民主的设置对职业政治家和技术精英能够形成某些表面上的制约,而在这些设置的背后,各种各样的阴谋诡计依然层出不穷。从 20 世纪后期的情况看,特别是进入了 21 世纪后,在诸如"反恐"和花样迭出的公共项目的名义下,对个体自由的公开侵犯不仅显得非常合理,也总能变得合法。特别是网络、大数据等成为控制工具之后,个体自由已经成为一种不可企及的奢望。然而,当一段历史走到尽头的时候,峰回路转应有路。

在全球化、后工业化进程中构想人的合作行动时,关于自由的追求必将得到超越,即用合作行动中的自主替代自由。事实上,自主高于自由,也包含着自由,而且是真正自觉的自由。一旦这种真正的自由得以实现,近代以来关于人的自由的一切讨论都会显得迂腐不堪。也就是说,当人的行动中获得了充分的自主性的时候,人们也应当不会再计较任何形式上的自由了。但是,这应当是社会治理变革的成果,同时,也是社会发展趋势使然。克罗齐耶的观察发现,20 世纪的社会发展趋势已经显示出一种迹象,那就是个人选择的自主性得到了扩大,"不仅仅是选择消费的可能性增加了,人们在认识世界,结交朋友,选择配偶、事业、居住地等方面的可能性同样增加了。也许,选择可能性的增加,并没有让生活质量发生改变,然而,这类可能性毕竟让生活的世界变得更为宽广,让生活变得更为舒适便利"[1]。实际上,这一趋势在 20 世纪后期显露得更加清晰,而且呈现出加速化的状况。进入 21 世纪后,在网络平台得到了一定程度的发育后,个人的选择已经能够超越空间的限制。而且,网络以及社会的发展还显示出个人选择能力以及机会的提升有着无限的发展空间,在某些方面,也许还包含着超越时空的可能性。

个体选择自由是与社会的发展联系在一起的,一方面,社会的发展使得个体选择自由成为可能,因为社会的发展为个体的选择提供了更大的空间和机遇,使过往看来似乎是梦想的东西变成现实;另一方面,个体的选择自由又作用于社会,促进社会的发展。克罗齐耶认为,"个体选择的自由,与人们之间的交流领域和彼此之间互动领域的极度扩展联系在一起。然而,与此同时,这种选择的自由又是引发诸种紧张关系、导致传统权威关系解体的首要根源。经过仔细观察,我们发现,选择的自由会自然而然地导致诸种权威关系的逆转:一旦下级在其现有的层次上能够进行明智合理的选择,那么

[1] [法]克罗齐耶:《法令不能改变社会》,张月译,上海人民出版社 2007 年版,第 8 页。

他也就不再会以同样的方式依赖其上级领导了"①。事实上,在社会呈现出高度复杂性和高度不确定性的条件下,这种组织意义上的下级自主活动也是必要的,是作为行动者的个体在高度复杂性和高度不确定性条件下开展活动必须具有的自由和自主性。

互联网的发展让我们看到这种自主性既是必须的又是可能的。"由于新技术扩大或降低了市民参与国内事务的'公共领域范围'(public sphere)和实际状态,代议制和制度性商议的过程不断受到削弱,考虑到直接民主的愿景和前述过程的不断削弱,许多关于政治变迁和转型的推断很快就出现了。"②这说明,技术已经促成了政治运行机制上的变化。不过,根据宾伯的考察,互联网并没有提高公众政治参与的热情。"从整体上看,美国大众并没有随着新技术的发展而更多地参与到政治中。从总体上来说,对此前传媒领域变革给予最多关注的群体同样也给予了现在的新媒体最多的关注,同样,在早期信息掌控时代,在民主进程中最活跃的群体,同样也对信息掌握中显现的新组织结构参与更多"③。这只能说美国既有的结构依然束缚着人们的脚步,使这个社会告别旧的政治模式变得非常艰难。也就是说,美国社会已经习惯于既有的政治运作模式,即便发现了互联网带来了新的政治变革机遇,也不愿意轻易地去接受互联网给予的恩惠。但是,美国社会不愿意去做的事情,毕竟会在另外的地方发生。可以相信,总会在美国之外的其他某个地方造就出一种能够反映出人的自主性的互联网政治形态。这就是波斯特所说的那种挑战,"面对全球的传播网络,民族—国家手足无措。技术已经走到了公然蔑视现代政府权力特性这一步"④。如果不是背负既有的包袱,就会积极地应对这种挑战,就能够顺势而为,建构起互联网政治。

基于既有社会治理模式去对待新的技术往往会将其纳入工具范畴之中,而不是从新技术中解读出社会治理模式变革的要求。正如韦斯特所指出的,"因为政府官员强调的是电子政府模式是基于服务传递的而不是用以

---

① [法]克罗齐耶:《法令不能改变社会》,张月译,上海人民出版社 2007 年版,第 13 页。
② [美]布鲁斯·宾伯:《信息与美国民主:技术在政治权力演化中的作用》,刘钢等译,科学出版社 2010 年版,第 1 页。
③ 同上书,第 220 页。
④ [美]马克·波斯特:《第二媒介时代》,范静哗译,南京大学出版社 2005 年版,第 40 页。

体制改革的。公共部门无意将互联网视为基础体制改革的工具，只将它视为给商人和中产阶级提供特殊服务的工具"①。但是，从 20 世纪后期的情况看，"在许多公共政策网络中，真实对话的原则是非常明显的。公共行政管理人员、来自产业群体的政策专家、相关利益群体、法律专家以及其他各种各样的公民都想弄清楚一种状况，进一步来说，他们想尽量弄清楚这种状况来作为行动的先导的理由——这是一个开放性的问题，这个问题是：下一步该做什么——来使参与者充满活力，使他们能够互动，创造出奇迹和可能的变化"②。沿着这个逻辑前行，也就能够清晰地看到政策过程中的合作行动，而不是单纯地由政府主导而由公众参与。

当然，我们正处在社会治理变革的过程之中，即处在社会治理转型的过渡期中，于此之中，肯定会存在着前后两种治理模式的协调问题。正如登哈特所说的，"现在网络治理的主要挑战来自如何协调传统的自上而下科层制政府模式与基于平行结构的网络模式的需要"③。我们强调社会治理变革的革命性，要求实现社会治理模式的根本性变革，但是，我们又要求这场变革必须是渐进的和平稳的，不允许出现剧烈的震荡。所以，对既有社会治理模式的替代过程必须建立在与新生成的社会治理模式之间的协调的基础上，是一个逐步实现的过程。我们也在这场变革的现实中看到，"由于可以提高技术能力的工具没有被整合到电子政府的图景中去，政治上的进步也被减缓了。政府官员们没有利用技术去改善回应性和提高问责制，而是更多地将目光集中在将服务传递给商人和中产阶级用户上。这损害了互联网的革命性潜力，而且限制了技术改善民主运行的能力"④。不过，只要我们拥有的是社会治理模式变革的视角，就会看到，我们的社会治理模式正处在变革过程中，也就会对未来充满信心，对于社会治理变革过程中出现的这些问题就不会表达悲观。

在人们的观念没有实现变革的时候，对新技术的接受并愿意运用，已经

---

① ［美］韦斯特：《数字政府：技术与公共领域绩效》，郑钟扬译，科学出版社 2010 年版，第 13 页。
② ［美］查尔斯・J. 福克斯、休・T. 米勒：《后现代公共行政——话语指向》，楚艳红等译，中国人民大学出版社 2002 年版，第 12 页。
③ ［美］登哈特：《公共组织理论》，扶松茂等译，中国人民大学出版社 2011 年版，第 105 页。
④ ［美］韦斯特：《数字政府：技术与公共领域绩效》，郑钟扬译，科学出版社 2010 年版，第 207—208 页。

反映出了一种包容精神,即便是把新技术作为工具对待,也是积极的。只要新技术能够得到应用,就能够获得累积效应,直至突破既有的社会治理模式。如果从更加积极的意义上去看问题的话,就会明显地感受到,一旦在社会治理变革的过程中出现了系统化的观念变革,就必将使得社会治理模式变革的路径更加便捷,即花费更少的时间收获更大的变革成果。

面对电子政府工具化的问题,韦斯特提出:"我们现在迫切需要做的是切实推动公共部门的创新,以期能够充分利用数字技术所带来的重大机遇并有效消除随之产生的不良影响。这些创新包括了公共政策变革、组织再造和日常事务性工作的自动化。"①其实,假如人们缺乏社会治理变革的意识,是不可能实现这一点的,只有人们的观念实现了改变,有着根据社会的现实要求去变革社会治理模式的追求,才能主动地去发现新技术之中所包含的社会治理模式变革的要求,并将其转化为社会治理变革的实践。从某种程度上看,电子化政府的特点在于它是服务型政府的技术特征,即透过电子媒体创新政府的服务。电子政府期望达成这样一个理想的服务形态:公民不必走进政府机关即可获取丰富的信息;公民只需在单一机关办事,任何问题皆可随问随答,所办事情立等可取;若公民申办事情涉及多个机关,则政府机关可在一处办理,全程服务;公民无须进入政府机关,即可经过电脑连线申办。政府服务将朝"单一窗口""跨机关""24 小时""自助式"服务的方向发展。简言之,电子化政府要求政府创新其服务的方式,使政府服务更为快捷、更为方便、更为畅通、更为直接、更为公平、具有更高的附加值。对这些情况的准确理解,也许会把我们的视线引向"他在性"实现的方向。

事实上,在既有的电子政府建设的过程中,人们也看到,"鉴于电子政府的运行与传统的政府官僚制存在差异,将技术向公共部门整合需要在官僚这方面采用一种崭新的思维方式。官僚们要打破以单独部门为单位的建制或建立的仅属于自己的信息与服务传递基础设施,电子政府的建立必须要求官僚们跨越部门的界限一起工作,并建立一个不属于哪一个部门的基础

---

① [美]韦斯特:《下一次浪潮:信息通信技术驱动的社会与政治创新》,廖毅敏译,上海远东出版社2012 年版,第 26 页。

设施"①。在今天,我们可能会认为互联网平台就是这样的基础设施。其实,我们不会仅仅停留在这一点上的,而是会要求网络乃至整个信息技术都扩展到几乎所有对社会治理形成支持的基础设施上。既然我们的社会已经呈现出这样一种迹象,那就是,"在社会的所有领域中,可以观察到一种从提供方到需求方,从制作者到消费者,从设计者到使用者的转移"②。也就可以认为,一个拥有"他在性"原则的未来是可以期望的。如果说我们在"他在性"的原则下去建构后工业社会的话,这种从提供方到需求方、从制作者到消费者、从设计者到使用者的转移的进程也就终结了。那个时候,"他在性"将保留在行动者的心中,将成为合作行动得以遵循的原则,而不再仅仅是社会建构的原则。对于社会而言,也就是一切构成要素都成为平等的共在。

① [美]达雷尔·韦斯特:《数字政府:技术与公共领域绩效》,郑钟扬译,科学出版社 2011 年版,第 36—37 页。
② [荷]迪克:《网络社会——新媒体的社会层面》,蔡静译,清华大学出版社 2014 年版,第 40 页。

第五章　政治问题

在工业社会得以建构的时代,时间尚未成为显著的影响因素,所以,人们是在某种静止的世界观念之下去开展社会建构的。20 世纪后期以来,随着社会运行和社会变化的加速化,也因为社会呈现出了高度复杂性和高度不确定性,时间对社会生活的影响越来越大,以至于我们必须对时间约束问题给予充分的重视。民主政治是工业社会最伟大的发明,但在这一政治模式建构起来的时候,人们基本上没有考虑到时间对它的约束问题。现在,这种约束不仅让人们意识到了,而且其带来的冲击也许是致命的。应当说,在民主政治模式的运行和进一步完善的过程中,时间因素已经在某种程度上被引入了进来。尽管如此,面对 20 世纪后期以来的社会运行和社会变化加速化,在时间的约束性迅速增强的条件下,我们还是需要对民主政治的时间约束问题进行研究,并通过这种思考去寻求走出时间困境的社会治理重建之路。

显然,与时间因素相关,我们已经进入一个流动性迅速增强的社会历史阶段。流动性的增强,把人类社会领进了高度复杂性和高度不确定性的状态中,而基于工业社会稳固性而建立起来的一切社会设置,都受到了流动性的冲击,正在丧失其合理性。这对社会治理也同样构成了挑战。工业社会的社会治理模式是建立在人的公民身份的基础上的,流动性首先表现出消解人的公民身份的要求,这显然对建立在公民身份基础上的民主政治、法治等整个社会治理构成了致命的冲击,以至于我们必须开展社会治理创新,寻求社会治理重构的基础。这样一来，就把我们引向了对人的角色扮演的关注，即以角色去置换身份而作为社会治理建构的基础。身份隐含着排斥性，而角色却隐含着亲和性。当社会治理建构的基础从身份转移到角色上来，也就意味着真正的合作治理建立了起来。

当我们的视线转向人们之间的关系时，就会看到，人与人的关系可以以多种形态呈现给我们。在人类社会的进化中，如果说人们在选择进化方向的问题上具有能动性的话，或者说，如果人们能够在多种人际关系形态中去做出选择的话，也就表现在对社会发展客观规律的把握为前提的。这对我们提出的要求就是，需要在回顾历史、认识现实中去把握未来的社会发展走向。在20世纪后期，关于人的互惠互利、相互依存的主张显性化为一种社会追求和理论思潮，而在全球化、后工业化进程中，我们则提出了人的共生共在的理念。如果对"互惠互利""相互依存"和"共生共在"三个概念进行历史性定位的话，就会发现，它们代表了不同历史阶段中的社会建构逻辑，人的互惠互利和相互依存反映了工业社会的个人主义社会建构逻辑，都是从原子化的个人出发而提出的主张。人的共生共在所代表的是一种社会整体性的观念，也是人际关系的一种客观形态，却又意味着人们之间相互包容和相互承认的社会建构逻辑。这是人的"共生共在"的概念不同于"互惠互利"和"相互依存"两个概念的地方。

第一节 民主政治与时间问题

从社会发展的总趋势看，时间对人的社会活动的意义越来越突出。如果说在人类社会的早期，人们更倾向于以空间为依据去安排社会生活事项的话，那么，在历史进步的过程中，逐渐地增加了按时间去安排社会生活事项的比重。比如，在工业社会，对囚犯的量刑基本上是按对其进行空间隔离的时间长短来实施的，这与农业社会的流放有所不同，因为流放更多的是通过空间移动去实施惩罚的。在我们今天所生活的社会中，由于社会运行和社会变化的加速化，使得时间在社会生活中的作用已经达到了非常强的地步。在这种情况下，我们的社会科学必须重视对时间及其社会影响的研究，并在研究的基础上去形成社会建构的方案，即改造我们的社会。也就是说，社会科学研究已经不再能够忽视时间的因素了。

如果在社会科学兴起的 19 世纪人们可以假定作为社会科学研究对象的一切都是静止地立于研究者面前的存在,那么,在今天这样一种社会高速运行的状况下,在作为社会科学研究对象的一切中,都应看到时间因素的存在,并给予充分的重视。因为只有这样做,才能够把作为研究对象的那些存在物的真实面目还给它(他)们,而不是为了研究的方便而把时间抽离出来并抛弃掉。正如罗萨所说,"时间是社会生活中无所不在的要素。事实上,所有的社会制度、社会结构和社会互动,都具有过程的特质,是通过时间加以整合起来的。时间并非一个特殊的社会领域,而是所有社会领域的核心构成要素。所以,以时间作为分析社会的切入点,是一个分析的诀窍,它可以为分析、批判不同的社会行动领域提供一个稳定且一贯的焦点"①。在某种意义上,一旦时间的因素进入了社会科学研究的视野,马克思主义的社会发展观在方法论上的意义也就更加清楚了。事实上,我们只有看到了社会生活中的时间约束和时间支持,才能实现对对象世界的正确认识并开展正确的行动。在这里,我们以民主政治这一最伟大的现代性造物为例来说明时间约束问题的客观存在以及正在发生的影响。

一、社会生活的时间维度

在工业社会中,时间构成了社会生活的轴心,这个社会的多样化、人的流动等,都通过时间的线索串了起来。"巨大规模的人口非间断性地或混乱地以很快的速度运动,但是,在一个分化非常大的社会中,不同群体和地区的运动相互适应,彼此和谐。准时、可计算、精确是复杂和膨胀的现代工业社会迫切需要的,它使得人们的生活在很大程度上进入到一种刻意精确和不混乱的常规过程之中。在这样一种机械的常规中,社会的不同组成部分中出现的快的运行速度,就以时间为基础不知不觉进入到彼此和谐的状态。这就使得人的交往成为短暂的、碎片化的以及非个人的,甚至是可以根据时

---

① [德]哈特穆特·罗萨:《新异化的诞生:社会加速批判理论大纲》,郑作彧译,上海人民出版社 2018 年版,第 88 页。

间来测量的。"①如果说"社会"这个概念在 18 世纪中期开始流行了起来，并获得了现代性的内涵，那么，与时间在其中发挥的作用是联系在一起的。虽然很多学者并未意识到这一点，但时间确实为社会带来了秩序，使看起来是碎片化的东西按照时序而被安排得井然有序。

在某种意义上，可以说人的几乎所有建构性的安排和行动，都需要充分地考虑到时间，甚至需要把时间当作基轴，应当认识到它们是在时间的基轴中展开的。在此意义上，我们首先看到的是时钟的重要性。因为有了时钟，人们有了统一行动的基本依据，可以根据时钟的某个指针去协调人们的行动。但是，工业社会的这种状况好景不长，在全球化、后工业化进程中，也就是在我们体验到社会的高度复杂性和高度不确定性的时候，根据时间去开展的建构性安排也遭遇了高度复杂性和高度不确定性。一方面，我们无法再把某种（比如时钟）时间作为基轴，或者说，时间的多样性使得我们无法去把某一种时间作为社会生活和活动的基轴；另一方面，不是我们根据时间去安排社会生活和活动的事项，而是我们遭遇的偶然性事项向我们提出了时间要求。

在对农民和工人进行比较时，显而易见，"农民有他的定期的时间，但是，这些时间很少有什么固定性。在亚洲东南部的雨季，农民从早到晚在地里苦干，突然，大雨来临或几个星期的干旱，就改变了与农业联系在一起的任何人的时间表。在工业社会，没有工人被期望一天超六小时或八小时的劳动，如果他的确在劳动，那么，他会得到加班费。他也不会在周末以及星期天上班。不仅劳动时间，吃饭、娱乐甚至休息的时间也都是由城市时间表的严格要求所准确地确定的。钟表和日历调节、计算和定量地评价一种高度机械化文明的大多数有组织的活动"②。通过这种比较就会看到，工业社会的时间是有规律可循的，而农业社会的时间则没有这种规律。就此而言，后工业社会的时间在表现上也似乎是向农业社会的回归。的确如此，后工业社会的时间不会像在工业社会中那样有规律可循，但在时间的质上，后工业社会与农业社会的时间又是根本不同的。农业社会的时间没有规律可循，仅仅是简单时间受到偶然性的冲击，而后工业社会的时间则是具有复杂

---

① ② ［英］约翰·哈萨德编：《时间社会学》，朱红文等译，北京师范大学出版社 2009 年版，第 37 页。

性的,所遭遇的偶然性也更大更频繁。最为重要的是,后工业社会因为时间的复杂性而使得时间自身也有着破坏任何规律的属性。在后工业社会中,时间自身似乎获得了"自由意志",要求突破"一切束缚"。

其实,当人们使用计时系统来标识自然时间时,也就实现了自然时间社会化,并使时间获得了组织生产以及其他社会活动的功能。"时间计算基本上依赖于集体的组织和功能。生活的方式决定着哪些现象将代表季、月或其他时间单位的开端和结束。即使在那些自然现象被用来固定时间周期的范围的例子中,那些现象的选择也是取决于它们对于那些集体的影响和有用性……时间的体制是伴随着社会结构而变化的。"①事实上,社会时间的一个重要功能就是发挥组织活动的功能,特别是在工业社会的历史阶段中,它比所谓市场经济中的市场所发挥的组织功能更强和更加无孔不入。如果说市场的组织功能需要借助于残酷的竞争等去获得最佳的组织效果,即在竞争压力之下而不得不接受市场的组织活动,那么,时间的组织功能则是更多地根源于人对时间机制的响应。当然,建立在时间基础上的某些纪律也予人以规则和规范上的压力,但遵守时间往往被认为是人的一种美德。在此意义上,当时间发挥组织作用时,会让接受时间的组织和人获得一种道德上的高尚感觉,因而,更愿意接受时间所发挥的组织作用。在工业社会的发展中,或者说,在工业化、城市化的过程中,实现飞跃性进化的正是时间的组织功能,并在社会持续的和迅速的分化中表现出了组织功能的多样化。

罗萨认为,"我们与时间和空间的关系的变化,或者社会的时间—空间—制度的变化,并不是通过技术加速所引起的这样或那样的变革的唯一的形式,在这些变革当中,主体将'在世界中确立'……正如我们与空间的关系主要通过运输的加速而发生了变化,我们与人的关系通过通讯的加速也发生了很大程度的变化,同样我们与物品的关系通过(再)生产的加速也发生了变革。而之后,所有三种加速都推动了我们与时间的关系本身发生了变化"②。应当说,无论是在交通运输的加速、通讯的加速还是生产的加速中,都包含着人与空间的关系、人与人的关系和人与物品的关系发生改变的

---

① [英]约翰·哈萨德编:《时间社会学》,朱红文等译,北京师范大学出版社2009年版,第46页。
② [德]哈尔特穆特·罗萨:《加速:现代社会中时间结构的改变》,董璐译,北京大学出版社2015年版,第122—123页。

内容。事实上，这三个方面既是密切联系在一起的，又是相互推动的，只不过在技术表现形式上有所不同。就社会影响来看，这三个方面对社会生活和活动的方方面面都产生了巨大的影响，也引发了各个活动领域的制度变革。但是，我们也看到，业已发生的制度变革主要还停留在微观层面上，分散地存在于各个领域之中。比如，零售业从实体店铺搬到了互联网上，不仅催生了物流业的繁荣，而且改变了人的购物方式，甚至在一定程度上改变了人的生活模式。然而，在社会基本制度方面，却未见明显的改变迹象。在政治生活和社会治理中，也仅仅停留在新技术的引进层面上，而组织结构、权力运行方式等，都未将时间、空间的变动性特征作为一个现实问题而认真对待，更不用说引入到制度变革的考量之中了。

　　然而，20世纪后期开始，由于社会运行的加速化，历史前进脚步挪移的频率加快了，使得我们的社会"由于审核和文化的不断加快的'过时的速度'，或者说不断增大的社会文化的'革新密度'，正在经历持续的现在的萎缩"①。时尚在迅速地转移，刚刚发生的就过时了，在改革的名义下提出的新主张和做出的新设计令人目不暇接地变换着，似乎人们根本不愿意将任何创新和发明积淀到制度和社会结构中去。虽然黑格尔的名言"存在的就是合理的"尚可用来解释既存的事物，但我们也不得不为之加上一句，"存在着的是如此之快地丧失了合理性"。所以，在社会运行加速所引发的社会变化加速化的问题上，我们需要看到的是，"社会变化的加速可以定义为指导行为的经验和期待的失效的速度的提高，以及分别在功能领域、价值领域和行为领域将某个特定的时间段确定为现在的缩短"②。在时间上是现在的缩短，而在空间上则表现出了现在的坍缩。

　　速度本身就是一个时间问题。根据相对性的原理，如果把社会运行和社会变化的加速化比喻为一个实体性物体运动的加速，而时间是个常量，随着物体运动的加速，所耗费的时间就少了，剩余下来的时间就会增多。那样的话，社会运行和社会变化的速度越大，我们所拥有的时间也就越多。然而，经验所提供的恰恰是相反的事实。我们在此过程中所感受到的，恰恰是

①②［德］哈尔特穆特·罗萨：《加速：现代社会中时间结构的改变》，董璐译，北京大学出版社2015年版，第92页。

时间越来越少,甚至会经常性地感受到时间的紧张对我们构成了巨大压力。对于这个问题,可以从两个角度来看:

其一,我们处在社会之中,而不是处在社会之外去观察社会的运动,而且社会是不能被视作一种实体性的存在物的。即便把社会作为一个实体性存在,运动速度的加大也会引发其致密度的增强,从而对处在社会之中的人构成更大的压力,即每个要素所承受的压力都会随着运动着的物体致密度的增大而变大。在表现上,由这种致密度引起的压力首先反映为时间体验,感受为时间资源变得越来越稀缺。这就是狭义相对论给我们提供的一种解释思路。但是,社会并不是一种实体性的存在,而是所有社会构成因素联动的表现形式。虽然在社会整体上的运行速度和变化速度中可以将自然时间作为参照系,但在社会构成因素的联动、互动等之中,所包含的却是社会时间,或者说,从社会构成因素的联动、互动中产生了社会时间。所谓时间资源的稀缺,也就是社会时间的稀缺,而不是自然时间的稀缺。就自然时间并不是资源来看,也无所谓稀缺的问题。

其二,自然时间没有归属者,而社会时间是归属于人的,人所拥有、利用和支配的是社会时间。人们在支配和利用社会时间时,是以其他社会构成要素为参照的。表面看来,人对所消耗的时间进行计量时是对自然时间的度量,实际上,在这种计量中不仅包含着社会参照物,而且隐含着各种各样的价值。一方面,由于比较的原因;另一方面,时间计量以及时间意识中所包含和隐含的价值,对人的行为选择产生了重要影响。有的时候,这甚至是决定性的影响,促使人对时间进行开发和利用,并发现和感受到了时间资源的稀缺性。也就是说,在人们对时间资源的开发利用中,不是感觉到时间增多了,反而是感觉到时间更少了,以至于人人都觉得自己很忙,深深地感受到时间不够用。反映到社会宏观的层面,则表现为时间干扰与日俱增,整个社会都在时间动力的激荡下走向疯狂的方向。同时,时间又构成了约束和限制,让人们的许多期望落空,让人们心中的一些根源于传统的狂热信念遭遇了时间的冷却。

总之,自然时间的客观性意味着它是独立于人的世界之外的,不受人的行为的影响,也不接受人的支配。所以,人们无法对自然时间作出丰裕还是稀缺的评估。我们所说的时间资源稀缺,实质上是指由人所创造和建构的社会时间的稀缺。社会时间是属于人的,既是人所创造出来的产品,也是人开展所有活动的资源,更是人们需要遵守的法则。

二、民主政治的时间条件

民主政治是人类在工业社会中所做出的一项最伟大的发明,与之相比,其他任何一项发明都要逊色得多。然而,20世纪后期以来,特别是进入新世纪后,民主政治一方面受到了"民粹"的侵蚀,另一方面则受到了社会运行和社会变化加速化的挑战。如果说民粹是因为民主政治的免疫力方面出了问题的话,那还是可以医治的,而社会运行和社会变化加速化的挑战则可能是致命的。如果把"民粹"与社会运行和社会变化加速化联系在一起的话,也许正是社会运行和社会变化加速化引发了民粹运动,至少是在人的心理上普遍地造成了一种紧张感,让人变得浮躁,不愿意理性地参与政治生活,而是利用民主政治既有的框架以及设置去进行非理性的宣泄。

就社会运行和社会变化加速化对民主政治的直接影响来看,不难发现,社会运行和社会变化的加速化使得民主政治必需的一项条件——时间——出了问题。在民主政治得到发明时,人们并没有意识到时间会成为问题。正如人的生存那样,自从有了人类以来一直没有意识到空气与水会成为问题。然而,在社会运行和社会变化加速化达到了一定程度后,时间这项默认的条件却有可能奏响民主政治的挽歌。果若这个问题具有现实性的话,那么,我们所遭遇的将不仅是政治生活恐慌时刻的到来,而且是整个社会治理都必须重建问题,也意味着人类的全部社会生活都面临着转型的问题。

博克斯说:"公共政策是一项重要事业,它需要时间、审慎的思考,需要公民有表达自己意见及使自己的意见被听取的机会,以及尊重他人观点的态度。"[1]对此,可以说谁也不会表达怀疑。"需要时间"显然是最为重要的方面,因为所有合乎民主要求的程序都需要得到时间的支持。对于类似的问题,我们过去一直是在空间形态上去加以认识并提出意见的。比如,从空间形态来看,在社会治理的中心-边缘结构中,公众的意见在政策制定过程中

---

[1] [美]理查德·C. 博克斯:《公民治理——引领21世纪的美国社区》,孙柏英等译,中国人民大学出版社2005年版,第19页。

至多也只是作为参考来对待的。即便深入到空间表象的背后去进行质的把握，我们所看到的不尽人意之处也是：在社会治理专业化的条件下，公众很难提供具有专业化水平的意见，只要政策主体是专业化的政府官员，公众就很难插得上话。正是这种基于空间形态的思考，学者们会表达这种意见："作为一个基本规则，将公共政策制定与执行过程尽可能放在贴近那些被政策影响的民众的位置上，应该是更好的选择。这样既可以保证公民的直接参与，创造富有意义的自主治理，同时，也可以保证政府的公共项目的富有弹性，能够回应变化，即时、理性地达成项目创立的目的。"①也就是说，在精英与公众的空间位置明确之后，如果希望公众在政策制定中发挥更大的影响，就需要让公众的空间位置发生变化，即更接近政策过程。

在公众参与理论得以流行的时代，这种意见成了一些尽人皆知的道理，并被作为民主政治的基本原则对待。然而，在时间多样化和时间资源稀缺化的条件下，除了需要考虑政策过程中主体的空间位置，还需要考虑他们所拥有的时间的多寡，特别是需要对他们所拥有的时间的性质进行识别。因为，有些人在政策过程中的时间是职业性的时间，有些人的时间则是业余时间。这种时间性质上的不同，就会反映在他们在政策过程中的地位不平等方面。一般说来，利用业余时间参与到政策过程中来的人所占有的时间资源也是较少的，他们往往没有时间去围绕着一项政策议题去开展深入的讨论。如果专业人员以自己拿薪水的时间去与那些不付酬的业余时间进行博弈，对时间进行操控，情况就会变得更糟。

另外，民主与法治往往是被看作一体性的。如果在法治上有了"民告官"的允许性规定，必然会被视为民主政治所取得的一项重大胜利。但是，当你兴讼而把警察局长告上了法庭，在出庭的时候，你花费的时间与作为被告人的那位警察局长所花费的时间是同一性质的吗？你为了出庭而请了事假，失去了那个时间段中的奖金甚至工资，而警察局长却可以心安理得地拿着那个时间段的工资出庭。然而，时间性质的不同在我们的社会治理中却很少得到考虑，特别是民主理论家们，几乎没有人去关注这个问题。也就是

---

① ［美］理查德·C. 博克斯：《公民治理——引领 21 世纪的美国社区》，孙柏英等译，中国人民大学出版社 2005 年版，第 18 页。

说,在公众参与被作为民主政治方向"校准器"而加以运用的时候,很少有人考虑过那些参与者与职业政治家们在同一时间内所开展的活动在时间性质上的区别。

柯兰等人把工业社会的民主政治称作为制度性政治,用以区分不同于这种政治的其他的"社会运动"。在柯兰等人看来,"制度性政治(institutional politics)和社会运动的区别是:制度性政治是官僚体制,以代表的委派为基础;社会运动以参与和直接民主为基础。这促使我们告别自由主义的协商性民主(liberal deliberative democracy)只有一条实现路径的观念:只有通过民族国家的传统政治结构,自由主义的协商民主才能实现"①。互联网的开放性开拓出了不是一条政治实现的路径,而是无限多的政治实现路径,因而,柯兰等人将互联网政治称作为"社会运动"。其实,就"社会运动"这个词而言,还是旧式民主政治的一种表现形式,互联网政治已经不再适合用这个词来加以描述了。在互联网上,即使汇聚起了一场运动,也是呈现了"散布状"的,不会以官僚制组织的形式出现,甚至不具有萨特所说的"融合集团"的特征。至此,我们看到柯兰等人仍然是在空间的意义上去考察政治的,即使看到了互联网为政治开拓出了新的实现路径而使政治获得了新的形式,也没有去考虑时间的因素,而是对互联网作出了空间释义。

其实,互联网不仅是一种空间形态,也是一种时间形态,是社会时间的典型化了的表现形态。一旦我们对互联网作出时间释义,就会看到,互联网政治所拥有的不仅是一种全新的形式,而且其非稳定性、非连续性、间断性等造成了议题迅速涌现又迅速消失的状况。正是这一点,决定了人们再去对政治作出空间联想的话,将会变得越来越困难。相反,如果从时间的角度去看,这种政治在外在性特征方面已经构成了"潮汐政治"的特点,是在时间的维度上表现出了潮涨潮落的状况。

艾丽斯·杨认为,在协商民主的模式中,"只有当所有受其影响的人都被包括在讨论与决策制定的过程中时,某项民主决策从规范上讲才是正当

---

① [英]詹姆斯·柯兰、娜塔莉·芬顿,德斯·弗里德曼:《互联网的误读》,何道宽译,中国人民大学出版社2014年版,第187页。

的"①。当然,在有限的范围内,如果受到决策影响的人数也是有限的,那么,让所有受到影响和潜在受到影响的人参与到协商过程中来是可能的。但是,当一项决策是全国性的和受到影响的是全体国民,协商如何开展？在这种规模中,除了由传统的代议体制在议会中协商之外,是很难在协商民主的设计中展开的。比如,当总统做出与另一国开展贸易战的决策,按照传统体制,根据总统的权限设定,并不需要得到议会的审查和再协商,更不用说要与受之影响的全体国民协商。如果按照协商民主的要求,对这项决策进行协商的话,的确突破了传统体制。但是,如果不加协商的话,那么在可操作性的意义上,则是可疑的。这说明,即使看民主政治的空间形态,也会陷入诸多困惑之中。

经历了将近三个世纪的努力,人们基本上解决了民主政治的空间困难问题,议题、权力等的分类去获得差异化的行动而保证了民主政治的精神得以贯彻,从而使民主政治体现出了极大的优越性。但是,这种基于空间所开展的民主政治很少考虑到时间的紧迫性问题,如果因为时间的流逝而导致了某个政治问题的消失,也许政治家们会无比庆幸。当我们把时间意识引入到民主政治中来后,就会看到,当一项决策并无时限要求时,让所有受到影响的公众参与到协商过程中来,通过充分的对话协商而达成一致意见,不仅具有正当性,而且能够取得最大可能地让各方满意的结果。如果一项决策在时间上具有紧迫性,长时间的协商对话过程无疑是灾难性的。

可以认为,协商民主是一种在民主演进逻辑中做出的理论构思,它把工业社会的低度复杂性和低度不确定性作为一种默认的事实对待,或者说,并未把社会状况作为决策环境纳入到协商民主的理论建构中。应当说,在社会的低度复杂性和低度不确定性条件下,协商民主理论作为传统的形式民主的修正方案是具有一定程度的合理性的,而且,在微观的社会生活领域中也是可以予以实施的。但是,当社会呈现出高度复杂性与高度不确定性的时候,特别是在社会运行和社会变化加速化的条件下,作为形式民主修正方案的协商民主就不再具有予以考虑的价值了。事实上,在协商民主理论提出的几乎同一个时间点上,人类社会就开启了全球化、后工业化进程,社会

---

① [美]艾丽斯·M. 杨:《包容与民主》,彭斌等译,江苏人民出版社 2013 年版,第 27 页。

也很快地呈现出了高度复杂性与高度不确定性，以至于协商民主赖以成立的条件丧失了。也就是说，存在着一个可以被称作"时间不允许"的问题，是在时间的方面，否定了协商民主付诸实施的可能性。

协商民主理论有一个假设，那就是"人们彼此都会在同样的地方出席某种场合，进行直接面对面的交谈"①。但是，正是这一点，在现代社会生活中变得非常困难。因为要做到这一点，需要以社会的确定性为前提，需要以参与到协商过程中来的人都有相应的时间为前提。而且，即便是从空间形态来看，也应当是社会被圈定为无数区域性的封闭体系。不难想象，农业社会中的村落是合乎这种条件的，而现代社会中的社区就很难达到这种要求。因为现代社区居民不仅在时间上难以保持一致，而且每一个人都有着广泛的社会关系和交往需求，基本上无法做到让全体社区成员在同一时间出席同一场合。人的流动性使得在同一时间出席同一场合成为空想。也许人们会想到互联网上的虚拟社区。的确，这种虚拟社区要比物理社区更便于讨论，然而，同时也会遭遇参与的随意性无法控制的问题。在网络社区中，即便人们均用实名而不是匿名的形式参与到讨论过程中来，这种虚拟社区中的意见和主张在严肃性、严谨性方面也要比物理社区逊色得多。所以，协商民主为自己开出的条件是无法得到满足的。或者说，在能够满足这一条件的——农业社会的村落——地方，却是不需要民主的，而且那里的人也不知道政治为何物。

就时间而言，在现代社会的早期，由于社会尚处于低速运行的状态中，"政治方面的形成决议、找到和执行决策决议的、包含着典型性的——民主的系统的、多样化的和机制化的时间结构，是与社会发展的节奏、速度、期限和顺序兼容的；换言之，这种时间结构与社会发展的过程在很大程度上是同步的。因而政治系统有时间去作出基础的决定，并且能够组织形成决议的民主协商的程序"②。这说明政治是包含着时间维度的。或者说，当君主政体为历史所终结后，政治就开始把时间纳入其运行中来了。但是，政治中的时间一直被作为一种从容不迫的时间，"无论是约翰·洛克还是孟德斯鸠都

---

① ［美］艾丽斯·M. 杨：《包容与民主》，彭斌等译，江苏人民出版社 2013 年版，第 151 页。

② ［德］哈尔特穆特·罗萨：《加速：现代社会中时间结构的改变》，董璐译，北京大学出版社 2015 年版，第 296 页。

特别强调了立法方面的从容不迫的方式和执行上的灵活且迅速的行动可能性之间的时间上的差异,并且因此勾勒出后来……的政治上的决策能力在加速的背景下从立法机构转移到行政机构"①。这说明,启蒙思想家们的头脑中已经有了时间意识,但与空间意识以及要求深入到空间表象背后去把握诸如合法性、合理性、公平、正义等相比较,时间意识显得要弱多了。

 总体看来,近代以来的民主政治是在社会运行和社会变化速度都较低的情况下建构起来的,适应于在社会的低度复杂性和低度不确定性条件下达成政治目标。虽然近代以来的民主政治包含着某种程度上的对时间因素的考虑,但在时间的回应性方面是很弱的。"作为民主政治的时间方面特有的主要困难,体现在这样的事实当中,有多人参与式和个体协商讨论的决策过程在纳入广泛的民主公开性的情况下,只能在特定的社会条件下才具有而且是非常有限的加速能力。集体利益被收集起来和被表达出来是而且一直是时间集约型的,因此民主政治在面对具有强大的加速能力的社会的和经济的发展时,会在很大程度上置身于不同步化的危险中。"②

 事实上,到了20世纪后期,民主政治对社会迅速变动着的要求的回应,往往显得非常迟缓。这是因为,一方面,社会运行和社会变化进入了一个更快的加速过程中;另一方面,政治在改革中左顾右盼的小步前进,使政治与社会进步之间的差距拉得越来越大,甚至使政治经常性地表现为社会发展的阻力。当然,人们可能会说,民主政治本来就是一种类似"电阻"的设置,它可以使电器得以正常运转。可是,在社会运行和社会变化加速化的今天,民主政治已经不再发挥这种类似于"电阻"的功能,而是经常性地表现为社会发展的障碍。之所以会有这种表现,并不是因为民主政治发生了性质上的改变——从社会治理中的"善"而变成了"恶",而是因为社会运行和社会变化的加速化把时间约束的问题强加给了民主政治,从而造成的一种功能性障碍,这正如人在水下无法呼吸不是因为他的肺出了问题一样。

---

① [德]哈尔特穆特·罗萨:《加速:现代社会中时间结构的改变》,董璐译,北京大学出版社2015年版,第297—298页。
② 同上书,第298—299页。

三、时间构成了挑战

启蒙思想家为工业社会规划和建构起来的制度、实践模式等包含了适应变动社会要求的内涵,但与从社会加速化所产生出来的要求相比,还是远远不够。"加速的动态力量根据它的进一步发展的要求要自己创造它所需要的制度和实践形式,并且在实现这个目标后,又会通过它自己使之成为可能的速度极限去毁掉这些制度和实践形式。"①就形式而言,制度和实践也都具有了不确定性。也就是说,在社会加速化持续展开的条件下,我们无法去考虑已有的和既存的哪一种制度、实践形式是好的,甚至那种用"民主的"或"集权的"标识性概念去命名制度和实践形式的做法本身,都会变得荒诞起来,更不用说宣称"民主的是好的"了。同样,对集权制度所作出的巧舌如簧的辩解也将变得毫无意义。在社会运行和社会变化加速化的条件下,"建设"与"拆迁"都是随时发生的事情,一切都会因为行动的需要而"随建随拆"。因而,不存在某种一经命名就长期存在的制度和实践形式。

当然,你可能会争辩说,民主制度也正处在不断变化之中,从历史上看,也产生出了代议制民主、精英民主、协商民主、参与式民主等多种民主形式。但是,这种变化实际上都属于修缮的范畴,正如你可以把"太和殿"的木柱木梁换成钢筋水泥制品一样,所实现的改变依然是其基本结构得到维护,它无论怎样,也不能与奔驰在高速公路上的"房车"放在一起进行比较。总之,社会运行和社会变化的加速化使一切试图维护某种制度和实践形式稳定的做法都变成了白费力气的行为,所收获的不仅不是积极的结果,反而会让人陷入灾难性的危机之中。

时间的复杂化使工业社会中的各种意识形态失去了其曾经拥有的价值和功能,"政治方面的各种主义(共和主义、社会主义、自由主义、保守主义等)都失去了它们的动态力量,并且可能不再会有不可逆转的发展了,而只显示出可逆的相互交替……"②"在当今的超级加速的社会中,对完全的偶然

---

① [德]哈尔特穆特·罗萨:《加速:现代社会中时间结构的改变》,董璐译,北京大学出版社 2015 年版,第 111 页。

② [德]哈尔特穆特·罗萨:《加速:现代社会中时间结构的改变》,董璐译,北京大学出版社 2015 年版,第 318 页。

性和对历史的发展的完全的开放性的感知,以及对静止状态和所有的发展的终结的体验,很可能同时都占主导地位。"①在社会网络结构的任何一个节点上,向任何一个方位看去,无论是在空间的意义上还是时间的意义上,满眼所见的都是高度复杂性和高度不确定性,致使我们必须根据这种状态去重建社会生活模式。

总的说来,社会运行和社会变化的加速化对工业社会的民主政治模式构成了严峻挑战。在罗萨看来,"民主的意愿形成过程和决策过程本身不仅要花费大量的时间,而且由于公共领域和社团结构在晚期现代的变化,甚至发展出更大的时间要求"②。也就是说,人们没有办法参与到民主政治之中去了。对于政治而言,如果不经充分讨论,而是在一切政治事项中简单粗暴地诉诸票决而去获得强制性"共识"和进行决策,那显然是对民主声誉的败坏,而且根本就不能将之视为民主。但是,在时间的紧迫性面前,充分的讨论、协商等又是不可能的,以至于民主政治因为时间的约束而难以为继。特别如协商民主理论所设想的,让无所事事的人们围绕一个微不足道的问题去你一句、我一句地讨论直至形成令所有人都满意的结论,那简直就是天方夜谭。

关于现代性的民主政治的功能,罗萨认为,经历了从早期的社会发展的"加速器"到今天的"制动器"的转变。罗萨说:"由于晚期现代的政治的时间地平线的和工作速度落后于在经济中和在社会里的变化,因而晚期现代的政治不再能够发挥社会发展的(一直被认为的在文化方面的)开路先锋的功能,也不再发挥历史的塑造者的功能。在政治确定它的控制要求的地方,也显得不再是能够不断地推动历史的发展的了,而是完全作为'现代化的制动器',而这正是为什么政治位列于经典现代的加速器的名单中,却又属于晚期现代的制动器的原因。"③当民主政治在现代早期为经济和社会发展加速的时候,创造了大量的财富和社会的、公共的资源,使得今天的人们依然能够在这种余荫蔽护之下去过社会生活。正是由于这个原因,虽然 20 世纪后

---

① [德]哈尔特穆特·罗萨:《加速:现代社会中时间结构的改变》,董璐译,北京大学出版社 2015 版,第 319 页。
② 同上书,第 243 页。
③ 同上书,第 315 页。

期民主政治发挥了社会、经济发展的制动器的作用，短时期内，人们也尚未明显地感受到，更不用说对民主政治表达怀疑了。但是，这些社会的、公共的资源也正在迅速地消耗，如果待它们耗尽之日人们才意识到的话，那会是非常危险的。

在社会运行和社会变化加速化的过程中，政治的运行却仍然在历史给定的模式中，"现代的代表性的表面民主和大众民主是在动态的历史理解的背景中发展起来的，因而特别是制定法规并不是适合每个正在展开的行为的，也似乎不是永远固定的，而是在历史进程中逐渐随着社会的发展而可以调节的、持续进行的任务"①。应当承认，与似乎是静止的农业社会相比，工业化、城市化把社会推上了运行和变化加速化的轨道。我们一再地指出，在这种背景下建构起来的民主政治，感知到了社会的动态性，也反映了这种动态性的要求。但是，在社会运行和社会变化加速化已经从量的增长达到了质的飞跃的情况下，这种基于历史而缓慢的变革而不是面向未来积极建构的政治，还是表现出了不适应。在今天，公众对民主政治的态度已经不再像过去那样严肃了，而是更多地带有游戏心态。特别是在民粹主义运动兴起的过程中，民主政治的游戏也成了随兴而玩的东西，只有那些深受历史知识影响的学者们，还有着对民主政治的坚定信仰。

从现实来看，由于人们恪守民主政治的模式而不愿将之抛弃，引发了越来越多的社会问题。显而易见，20世纪后期，我们的社会变得更加多元化，所有的社会事项，在付诸于民主过程后，都需要更多的时间，"如果社会团体变得更异质且更动态，而且如果背景条件又以很高的步调来转变，那么形成民意的过程会需要更久的时间。如果背景条件较不稳固，计划和计算就必须耗费更多时间。如果社会变迁、文化变迁、经济变迁的加速过程是一样的，那么民主的民意形塑和决策就会被减慢下来，而且最终会导致政治和社会经济生活演化之间的去同步化"②。这就构成了民主政治与社会发展的基本矛盾。面对这种矛盾，如果民主政治无法实施对社会的有效控制，无法扭

---

① ［德］哈尔特穆特·罗萨：《加速：现代社会中时间结构的改变》，董璐译，北京大学出版社2015版，第295页。

② ［德］哈特穆特·罗萨：《新异化的诞生：社会加速批判理论大纲》，郑作彧译，上海人民出版社2018年版，第95—96页。

转社会各个方面的加速化趋势,即让社会发展停下脚步以适应民主政治的要求,那就只有一途:改变自身。而且,这种改变决不是对民主政治的再行修缮,而是用新的政治模式来置换既有的民主政治。

显然,吉登斯是在低度复杂性和低度不确定性的社会背景下进行思考和理论阐释活动的,或者说,作为他观察和思考对象的社会所表现出来的就是低度复杂性和低度不确定性特征。即便如此,他也因为观察入微而提出了富有创建的深刻见解。在谈到社会变迁的问题时,吉登斯写道:"所有社会再生产都建立在行动者在特定社会背景下对规则和资源的有见地性的应用和再应用上,因此,不论在何种条件下,所有社会互动都必须由参与互动的各方随机地'完成'。不论从基本意义还是从一般意义而言,社会变迁在原则上都以极为随机的方式与社会再生产联系在一起,也就是说,社会系统通过作为其组成部分的参与者而长期得到生产和再生产。因此,变迁及其潜在可能性内在于社会再生产的所有时刻。重要的是必须认识到社会系统中的所有变迁在逻辑上都暗示了总体性和意味着结构的改变,不论这些变迁可能表现得多么微小和琐碎。这一点可以通过语言的变化来得到解释。单词在音素、句法和语义特性方面的改变是在语言的使用中得到实现的,也就是说,通过语言的再生产得到实现的。既然语言只存在于再生产的过程中,并且只有通过再生产才能够存在,单词的这些改变也就暗示了作为总体的语言。"①

虽然在宏观的意义上我们都看到了社会发展有一个总的和基本的趋势,但构成这个总趋势的许许多多具体事件是如何发生的? 显而易见,在时间和空间的意义上,都具有很大的不确定性。对于人而言,很大程度上是在行动中无意触发了某个促进社会发展的机钮。当然,这些随机性的事件在分析性思维的逻辑中是可以理解成包含了可抽象的社会发展总趋势,因而才与其他同样随机性的事件汇流到了一起,形成历史进步的洪流。吉登斯所持的就是这种根源于黑格尔的看法,所以他说:"所有变迁在逻辑上都暗示了总体性和意味着结构的改变,不论这些变

---

① 〔英〕安东尼・吉登斯:《社会理论的核心问题》,郭忠华等译,上海译文出版社 2015 年版,第 125 页。

迁可能表现得多么微小和琐碎。"①不管这是不是工业社会变迁的实质性的和真实的机制，但在表象上看，可以说是与我们所理解的那个样子一致的。特别是得到工业社会的科学和理论的解释后，我们更加深信具体中包含着一般、特殊中存在着普遍。不过，在吉登斯的这段论述中，最有价值的是要求我们关注社会变迁中的随机性事件。于此之中，是可以打开我们的诸多联想的。

其实，在西方哲学中，从伊壁鸠鲁关注原子的偏斜运动（马克思是这样认为的）开始，就一直存在着这样一条热衷于讨论随机性的哲学传统，而更多的哲学家所希望的是（特别是近代以来的哲学家）从随机性中发现"自由意志"。在吉登斯这里，所谈论的只是随机性事件与社会变迁的关系，并未打算在哲学的层面去探源。但是，他等于再次提醒我们重视随机性。正是这一点让我们想到，在高度复杂性和高度不确定性的社会中，人随时随处所遭遇的都可能是随机性。果若如此，我们实际上在人的能力建构、社会建构、行动模式的建构等各个方面，都需要把随机性作为一个重要的因素考虑进来。这样一来，制度化的、结构化的、模式化的活动就应当抛弃。所以，民主政治的命运在吉登斯的思路中也就只有终结一途。这可能是一个令人不寒而栗的结论，因为近代所开拓出来的这一政治传统已经如此深入我们的骨髓，不允许我们对它作出任何怀疑。但是，社会运行和社会变化的加速化、社会的高度复杂性和高度不确定性等，都已经表现在了我们必须面对的和所要处理的各种各样的社会事项中了，致使我们手里只有可怜的一点时间。时间对我们的行动所形成的支持是那样的微弱，构成的约束却又是那样的强硬，迫使我们不得不去根据时间资源的有限性重新构想一种政治生活模式。这种政治生活模式对随机性、偶然性是开放的，或者说，必须包容随机性和偶然性。

第二节　人的身份的消解

梅因在描述从古代社会向现代社会的转变过程时，认为那是一场"从身

---

① ［英］安东尼·吉登斯：《社会理论的核心问题》，郭忠华等译，上海译文出版社 2015 年版，第125 页。

份到契约"的转型运动。但是,就民族国家的社会治理而言,却是建立在公民身份得以确立的前提下的。因为有了公民身份,才使得契约成为可能。所以,现代社会在某种意义上也依然可以被认为是一个身份制的社会。它与古代社会的不同仅仅在于,实现了身份的"同一化",即全体国民都拥有了同一个"公民身份",而不是按照等级把身份非列起来。在民族国家的框架下,公民身份是参与政治的门槛,全部法律和政策都是拥有公民身份的人开展社会生活的平台,一个国家中所存在着的那些没有公民身份的居留者,至多只是接受了被作为"客人"的礼遇。

然而,随着社会流动性的不断增强,公民身份开始动摇了,呈现出了某种被消解的迹象。事实上,在全球化、后工业化进程中,身份的消解已经显现为一个必将到来的趋势。如果公民身份被消解了的话,那么,现代性的社会治理的基础也就消失了。尽管这一点尚未引起人们的充分关注,却又是一个现实性很强的问题。其实,社会治理已经无法再回避这个问题了,而是人们应当对政治的、行政的等社会治理的各个方面进行审视,尽可能地去做出前瞻性的安排。如果耽于社会治理的传统惯性之中,仍然以为公民身份是一个坚实的社会治理基础,那么,就会遭遇越来越多更为棘手的问题。反之,如果不是从公民身份出发去安排社会治理的问题,就可以获得更多的社会治理创新思路,解决所遭遇的问题的方案也就会越来越多和越来越有效。

一、流动性的社会映像

20世纪80年代,人类开始走进全球化、后工业化时代。在此过程中,社会的流动性迅速增强,而且这是一个非常显著的社会现象。可以认为,正是流动性带来了社会的高度复杂性和高度不确定性。总体上看,社会运行和社会变化的加速化达到了一个新的量级,社会生活的各个具体领域中都出现了人流、物流、资本流、信息流等流动性的不断增强。当然,这种流动性的增强是由人的需要驱动的,是因为人的社会生活中的各种各样的需要,促使社会构成的所有要素都流动了起来,并在相互增强、相互激荡中把整个社会带入急速流动的进程中,以至于流动性成了我们时代的社会基本属性。

人流、物流、资本流、信息流等首先表现出来的是方便了人的社会生活和社会生产,使人们的生活更加便利化,也在满足人们的利益实现方面更加高效。但是，流动性改变了社会，也改变了人的存在状态。从社会治理的角度去看，所看到的则是，流动性动摇了民族国家框架下的社会治理基础，那就是，保证民主政治以及全部社会治理得以成立的公民身份受到了冲击。

在物理的意义上，我们所看到的是，流动性的直观表现是以空间的缩小或被时间所替代的形式出现的，也可以认为是空间丧失了稳固性。但是，流动性的这种物理属性把对我们得之于工业社会传统的几乎所有遗产都加以消解了。比如，它会使政治学家们热衷于谈论的民主、法治等变成某种不可理解的臆语。政治学长期以来在探讨任何一个问题时都包含着某种空间隐喻，而这种空间隐喻在流动性面前消失了，而政治学家们却没有意识到这一点，他们坚持背诵着启蒙以来那些先贤们留下的教条，以为这样做就可以使他们成为伟大的"国师"。

显然，在民族国家的框架下，绝大多数的政治设置都是建立在一定的空间中的，有着空间特性，或者说是在默认空间不变的前提下做出的。比如，人的政治身份往往包含着地域标签。而且，对民族国家的地理空间进行行政区划的界定，也大大地方便了社会治理。同样，法律也非常讲究属地管辖。然而，在人的流动性增强的条件下，被作为政治身份内容的地域标签正在失去意义，甚至在人的社会活动、政治活动等方面起到的是消极性的限制和排斥作用。从流动性的角度去看，地缘政治学的许多囿于传统观念的主张和建议，可能都会对处理国家间关系的政治实践造成严重的误导。

就科学研究来看，不只是政治学，而且在几乎所有社会科学的门类中，都包含着某种程度的不变空间的假设，或者说，都在默认空间不变的前提下进行思考和开展研究的。在认为空间具有稳固性的假设之下，往往会倾向于要求把某个地点的东西移植到另一地，会认为某种制度、体制、生活方式是可以从一地移植到另一地的。正是这种思维上的缺陷，令那些试图超越经验事实而显示自己更为深刻的人，可以在空间稳固性的假设下提出某些错误的主张和观点。随着社会流动性的增强，空间显现出了变动性，特别是面对着时间与空间可以相互转换的现实时，社会科学中那些建立在空间稳固性前提下的研究，都成了输出错误认识的渊薮。正是这些错误认识，对时间与空间可以相互置换和相互替代时代的社会建构以及社会治理，形成了误导。比如，当人们流动而不是固定居住一地时，社会科学家如果根据人们过往的那种居所固定一处而计算出房屋空置率，显然就是错误的认识，以此为据而提出的关于对空置房屋的整治措施，就是一种误导。也就是说，在人们可以用时间去置换空间的条件下，也就有可能不在一地建立固定居所，而是更倾向于开辟更多的居所。这样的话，某人在北京与杭州两地都建立了自己的居所，可能就是必要的，而且并不意味着其中的一套房屋空置了。

流动性改变了人们之间的社会关系，特别是改变了在工业社会中具有基础性意义的生产关系。雇佣关系是具有资本主义性质的一种生产关系，是人类在工业社会的历史阶段中最为基本的关系。在马克思主义理论中，这种关于是被比喻于"经济基础"的，是被作为工业社会经济基础的一部分看待的。当然，在近代以来的社会发展行程中，雇佣关系也不断地发生变化，大致出现了三种雇佣关系模式。根据罗萨的看法，在早期现代，"往往工作是由父亲传给儿子的，因此职业结构和雇佣结构也似乎表现出在几代之间都是稳定的。而后，自由地，并且通常是一次性地选择一个自己、一生的和促成身份确认的职业，这是'经典的'现代的根本标志，在职业结构中呈现出'一代之内的'稳定性……在正在现代化进程中的社会里……在职业生涯之内，多次更换职业或者换工作（而且往往伴随着或长期或短期的失业阶段），也从绝大多数不符合这种情况到变成为常规情况"[1]。其实，所有这些变化都是由社会流动性增长引发的。同时，也可以说这种职业雇佣关系的不稳定趋向反过来推动了社会流动性的增长，至少在社会流动性增长方面起到了推波助澜的作用。

发生在 20 世纪后期以来的新的变化，即流动性的迅速增强和雇佣关系的不稳定性，产生了更为明显的社会影响，这些影响主要表现在，"不仅是雇佣关系，而且雇佣形式和职业领域的宽度自身也发生了迅速的改变。劳动关系的去批判化形成了新的雇佣形式，诸如临时工作和不同形式的兼职；而且与此同时主要是信息技术也带来了新的职业分支，这也是与大量传统职业的消失相伴而行的。这也涉及社会内生的特性再一次成为变化的动力；通过自身的或外在的决定将能够带来变化，以及对偶然性的意识，也就是说

---

① ［德］哈尔特穆特·罗萨：《加速：现代社会中时间结构的改变》，董璐译，北京大学出版社 2015 年版，第 132 页。

对于短期、中期和长期的就业形势的不确定性，在职业和雇佣关系没有发生更换的地方，也出现了"①。对于社会而言，正是个人通过自己的工作和职业的频繁更换而诠释了流动性的含义。同时，社会也因为这种流动性而增加了复杂性和不确定性的矢量。

流动性在生活领域中的直接体现就是稳定的家庭结构被打破。在19世纪以及20世纪80年代之前的这段"经典的现代"时期，"最理性的方式往往是，在一代中建立家庭替代了原来的大家庭和与之相关的代际的家庭联合体以及相应的保持长期稳定性的结构，以夫妻为中心的核心家庭，它的结构随着这对夫妇的死亡而瓦解。现代的普通市民（包括不断增加的无产阶级）的个体身份构成的和自我管理的任务以及作为经济单位所建立的自己的家庭，这些都随着夫妻两人的去世而完全终止了存在。"②然而，在20世纪80年代或者更早一些时期的这个"晚期的现代"中，"家庭周期显示出明白无误的趋势，世代内的寿命长度在增加，而升高的离婚率和再婚率，以及家庭的重新组织或家庭的解体是这方面的清晰的证明。在今天，人生阶段性伴侣代替了人生伴侣……这种生活方式甚至是在不断增加的范围内成为社会的理想，以及个体在今天毫不气馁地倾向于进入的（新的）家庭关系。因而，终其一生的一夫一妻制度被新形势的'按序一夫一妻制'，'有期限的情侣'所代替了"③。

如果不是受到财产、既有的婚姻法规等方面考虑的约束，也许"按序一夫一妻制"都会受到冲击，那么，人们就有可能把"有期限的情侣"当做一种婚姻制度而加以接受。从家庭结构以及家庭关系的这种变动中可以看到，18世纪作为启蒙主题而提出的解放追求产生了影响作用，存在于那种从农业社会传统的大家庭中解放出来的要求背后，最初所包含的是为了生产力在全社会范围内的合理配置，当然，也包括政治上的自由、平等的追求不受家庭的羁绊。但是，随着社会流动性的增长，虽然从家庭中走出来仍然具有解放的意涵，但也同时是接受流动性现实的一种表现。当家庭都不再能够成为具有

---

① ［德］哈尔特穆特·罗萨：《加速：现代社会中时间结构的改变》，董璐译，北京大学出版社2015年版，第133页。
② 同上书，第130页。
③ 同上书，第130—131页。

稳固性的存在时,那么,我们的社会中还有什么因素可以稳固地存在? 事实上,一切社会存在都失去了稳固性,开始流动了起来,而且流动的速度与日俱增。

总的说来,近代以来的社会处在流动性不断增强的过程中,到了 20 世纪80 年代,随着全球化、后工业化运动的兴起,社会流动性的增强进入了一个新的量级,使人类在现代化进程中建构起来的一切稳固的设置都变得不再稳固,甚至整个社会都像流沙一样流动了起来。今天,我们生活于其中的是一个流动的社会,而且是高速流动的社会。我们原先在低流动性条件下建构起来的一切对我们而言是非常有用的设置,我们已经习惯了的那种在低流动性条件下的生活方式和思维方式,都在现实的高流动性面前变得不再适用。这对于我们每个人来说,都是一种新的挑战,也意味着我们的社会治理必须作出回应。

中国被认为是"后发现代化"国家,改革开放后,国民有着强烈的向率先实现了现代化的国家学习已有经验的追求,要求引进它们已经被历史证明非常成功的制度和社会治理模式。这种愿望是良好的,却是非常幼稚的。因为中国社会也同样处在人类社会发展史上的全球化、后工业化进程中,在许多方面,中国社会的流动性特征已经远比发达地区更加明显。如果我们不是根据现实去进行社会治理方面的探索和安排,而是把发达国家在低流动性条件下建构起来的那些社会治理方式搬过来,不仅不会获得它们在发达国家历史上曾经表现出来的成功,反而是个陷阱。从这个角度看,许多中国学者所做的工作,可以认为是一种带着救国救民的急切愿望去为国家和社会发展布设陷阱的做法。

二、从身份向角色的转移

全球化、后工业化进程中的流动性迅速增强,首先对人的身份构成的冲击。当人的流动使得民族国家边界显现出被消解的状况时,公民身份也开始变得模糊,甚至会逐渐地让人无法确认身份了。即使某些人因为诸如出生地而被确认为某个国家的公民,却可能是与他的生活事实不符的。某些人因为父母的国籍而获得了其祖国公民的身份,而整个人生历程可能都与授予其公民身份的国家没有什么关系。在今天,这部分人在量的意义上还是很少的一部分,但随着流动性的增强,有着类似情况的人在统计学的意义上将会变得越来越多。公民身份受到消解的路径有可能有许多种，但流动性的增强是根本原因。上述事例还是在空间稳固性的前提下所看到的情况，在流动性的进一步增强中，民族国家的边界逐渐变得模糊了，公民身份的价值也就会不断地受到削弱，以至于人们不再关注自己的公民身份，也不在乎自己应当拥有的那些与公民身份联系在一起的权利。那样的话，公民身份也就失去了意义，基于公民身份的政治及其整个社会治理的一切安排，也都将失去合理性。

社会流动性的增强也把我们领进了高度复杂性和高度不确定性状态，我们的行动基本上是在社会的高度复杂性和高度不确定性条件下展开的，这使既有的格式化的行为受到了冲击，以至于既有行为模式的惯性已经严重束缚了行动。近代社会是在工业化、城市化进程中得以形塑的，特别是经历了启蒙运动，形成了适应工业社会要求的文化，这种文化通过社会治理的各个方面的设置而成为稳固的生活和交往模式。显然，一旦一种文化转化为人们稳定的观念，一旦社会设置被人们内在化，就会产生稳定的行为模式，人的行为也就表现为某种格式化的行为。这也就是盖伦所说的，"我们在我们的社会身份中，常常'格式化地'在行动着，也就是我们是在实现那些'自行'展示的、习惯化的、老掉牙的行为模式。非但对属于实践的、外在性质的行为，而且（同时也是主要地）对行为的内在结构部分，也都可以这样说。思想和判断的形成、评价性的情绪和决定的呈现——所有这一切东西大部分都自动化了。正是由于这一原因，它们就往往无法有意义地去指称以其个性而为人所见到的人，倒不如说是指在一种既定的格局之内他作为角色占有者的地位，而每一个个人的这种地位相对来说都是可以和别人互换的"[①]。然而，当所有的社会构成因素在全球化、后工业化进程中流动了起来时，也就对人的既有行为模式形成挑战，要求终结工业社会中生成的行为模式，并去形塑一种新的行为模式。

从文化的角度去看，在社会流动性迅速增强的条件下，如我们已经指出的，人的公民观念受到了社会流动性的冲击，或者说，人因为处在流动中而

---

① ［德］阿诺德·盖伦：《技术时代的人类心灵——工业社会的社会心理问题》，何兆武，何冰译，上海科技教育出版社 2003 年版，第 129 页。

逐渐地对其所应担负的公民义务丧失热情,对国家政治生活抱持冷漠态度,甚至会时常忘记自己的国籍及其意义。总之,全球化所呈现出的流动性意味着,"民族国家既不再能够抑制那些生活在它的疆土之上的人们的抱负,也不能独占他们的注意力了。民族国家与其他公民的社会关系之间的分离,还绝没有达到完全彻底的程度,但的确已经推进得很远了"①。在这种情况下,近代以来基于地理空间而建构起来的社会治理体系很快就会发现它正在失去治理对象,以出生地去确认公民身份的做法变得困难起来。在这种情况下,如果仍然希望基于民族国家的框架去开展社会治理的话,那么,原先作为特例处理的那种对移民授予公民身份的做法,可能就不再是特例了。事实上,公民身份也许会变得没有意义,人们所关注的是在社会生活中扮演什么样的角色,而不是像往常那样非常在意自己的身份。

身份是一种特权,无论在什么时代,也不管是什么身份,都意味着与之相伴的某种特权。比如,某个贵族身份必然意味着相应的特权,同样,公民身份也意味着某些特权。就公民身份生成的历史条件来看,人们被设定为平等的,似乎不再有特权。然而,人们是否拥有公民身份,在许多方面都会遭遇差别对待。比如,你可能长期生活在美国,但你没有公民身份,不仅你不可能作为候选人而去参与竞选美国总统,而且你连去参与投票都会遭致拒绝。与之不同,角色不再与特权相联系,反而是与责任联系在一起的,一个角色必然意味着相应的责任。因而,角色对扮演者有着较强的限定性。但是,由于角色是可以选择的,从而使得角色对扮演者的限定并不表现为人的被动接受。这就是克罗齐耶等人所说的,"人们也不只是被动地让自己适应环境……某种规则或者某种事先的程序,它们猛一看去仿佛首先作为某些限制出现,但人能够让其背离原意,并将之作为一种抵御上级的保护性手段来使用"②。

人们在角色扮演中获得了责任时会有诸多不同的表现。人们在角色扮演中采取了多大的主动性,不是外在设置所能够决定的,而是在很大程度上

---

① [英]马丁·阿尔布劳:《全球时代:超越现代性之外的国家和社会》,高湘泽等译,商务印书馆2001年版,第269页。

② [法]克罗齐耶,费埃德伯格:《行动者与系统——集体行动的政治学》,张月等译,上海人民出版社2007年版,第29页。

取决于自己的责任意识。或者说，外在性的设置能够保证人们在角色扮演过程中是否承担起相应的责任，却不能保证他以什么样的方式和态度承担责任。比如，你扮演白毛女这个角色，一出场就需要让人看得出你是白毛女，但你是否使尽浑身解数来扮演这个角色，却是无法用诸如演员守则等规则性设置来决定的。这说明，人们在角色扮演中既受到角色的限定，又拥有一定的主动性、灵活性和可选择性。其实，角色和身份都是人的社会规定，如果从个人的角度去看它们所代表的社会规定，会看到角色具有选择性，是主体所选择的社会规定，并以责任等形式出现，而身份则是一种被动的由社会来定义的规定，身份载体并不是主体。

如果不是从个人的角度而是从社会的角度去看角色和身份，还会看到一些它们不同于此的面目。首先，角色具有流动性，是处于变动中的；身份则是稳定的，基本上一经赋予就不再发生变化。其次，角色因情景、场景和需要而定，人不可能凭着自己天马行空的想象去扮演角色；身份的获得则是依据传统和既定的因素，不会因情景、场景和个人偏好而发生变化，除非发生了社会结构的调整或打乱重组的过程。第三，角色扮演在最为根本的层面所追求的是差异性，即不同于既有的和他人所扮演的角色，尽管角色可以模仿，但只有在创新中才能使角色的价值得到诠释；身份则要求其载体把身份的维持放在首位，把身份作为一种约定俗成或获得性认识的标准，让一切行为合乎身份而不是因情势对身份做出灵活变更。也就是说，身份杜绝差异性，而角色却呼唤差异性。所以，虽然角色和身份都是人的社会规定，但其性质及其表现都不同。相应地，社会治理是以角色为依据还是以身份为依据，也会有着根本性的不同。

总之，人的角色选择和扮演是发生在具体的场景中的，本身受到时空的规定，而不像身份那样，在特定的区域或时间段中是与时空分离的，或者说超越了时空。所以，由身份对人作出的定位可以使人静止地存在于既定的社会结构之中，而角色则处在与其他角色的互动之中，使人既在某个点上又同时不在那个点上。而且，角色互动中产生的任何冲击力，都又有可能反过来对角色扮演产生影响。吉登斯甚至将角色互动看作是社会互动的原因或基本形式。在吉登斯看来，"所有社会互动都是定位情景中的互动，就是说互动是发生在具体时空情景中的"①。当然,吉登斯根据其结构化理论的逻辑,也"把社会互动理解为断断续续但却是例行发生的日常接触,会逐渐消逝在时空之中,又能在不同的时空领域里持续不断地重新构成。日常接触在时间上和空间上的规律性或例行性正体现出社会系统的制度化特征"②。也就是说,社会互动会走向结构化的方向。

我们认为,吉登斯所说的这种情况在现代性的低流动性的社会中是很真实的,但在高流动性的今天,特别是在社会网络结构已经生成的条件下,虽然角色扮演是在具体的合作行动中发生的,面对的是具体的任务,但社会网络结构则是给定的,角色互动就是在这种网络中的互动。如果行动者的角色互动引起了合作行动体系之间的互动,也依然是在这个网络中进行的。实际上,无论是作为角色扮演者的个体,还是合作行动体系——合作制组织,都是在社会网络结构中开展活动的。两相比较,最大的不同在于,在社会的网络结构中,人的角色扮演不再受到身份的制约,角色互动既不需要得到身份的支持,也没有身份屏障,而是一种完全的角色互动。同时,角色互动也不像哈贝马斯所说的那样存在于主体间,而是发生在主体匿名化的条件下的,人们在角色互动中并不去努力识别角色背后的主体,而是把注意力放在了角色的功能上了。这就是社会治理所面对的一种全新的情况,意味着社会治理的基础发生了变化,既有的建立在身份基础上的社会治理,必须在新的探索中得到置换。

三、基于角色的社会治理

我们在社会构成的意义上将人的社会存在形态区分为身份和角色,认为人类历史包含着一个从身份向角色转化的历史过程。我们的总体判断是:农业社会是一个身份制的社会,全体社会成员都被安置在身份系列之中。工业社会是身份与角色并存的社会,人往往同时既拥有身份又扮演角色,身份是抽象的,而角色扮演才是人参与到社会生活和活动中的现实状况。全球化、后工业化意味着一个新的时代的到来,其中,身份日益式微,而

---

① ② [英]安东尼·吉登斯:《社会的构成:结构化理论纲要》,李康等译,中国人民大学出版社 2016 年版,第 80 页。

角色的成长则呈现出繁茂兴旺的景象。在后工业社会中，身份将移出人们的视线，在社会生活和活动中实际发挥作用的，都是角色。

在全球化、后工业化进程中，首先受到冲击的就是公民身份，或者说，一场消解公民身份的运动正在发生。公民身份的消解，意味着人的身份认同失去了方向。艾丽斯·杨认为，长期以来，一些民主理论家坚持一种错误的看法，那就是认为，"一种发挥正常功能的民主讨论应当以共同善或者共同利益为参考标准。他的假设，政治活动要么是一种在各种私人的或者冲突着的利益之间的竞争，要么则要求政治参与者必须将他们的特殊利益和亲密关系搁置在一边，因而形成一种审慎的、深思熟虑的公共群体"①。公共群体也是被作为身份群体看待的，至少是因为人们都拥有同一个公民身份，才会形成所谓公共群体。进而，"共同善"也必须在公民身份的前提下才是可以理解的某种伦理设定。艾丽斯·杨认为这是"一种错误的两分法"，是建立在排斥的基础上的。应当说，一切身份都具有排斥功能，拥有一种身份也就意味着某些权利，甚至是特权，就会对那些不拥有这种身份的人作出排斥。即便公民身份看似是一种人人都拥有的身份，但其包含的逻辑也必然会导向排斥，或者说，身份往往成了排斥性行为的逻辑起点。

为了解决身份的排斥性问题，艾丽斯·杨希望把"民主讨论与决策制定在更大程度上被理论化为一种过程；在这种过程中，各种具有差异的社会群体应当关注到其他群体的特殊情况，并且愿意设计出各种公正的解决方案，以处理由于遇到它的情况化的地位而引起的冲突和集体问题"②。所以，艾丽斯·杨激烈地反对将"以群体为基础的公共表达完全排他性地错误理解为关于某种群体'身份认同'的主张"③。在她看来，一旦把公共表达理解成基于"身份认同"的主张得以接受，就会合乎逻辑地认为，"那种由在结构或文化上具有差异的社会群体中的人们的经验所形成的公共主张，仅仅是利己主义的利益要求"④。

艾丽斯·杨认为，各种各样的主张和利益要求并不能被看作是属于那些提出了它们的群体或个人的，而是属于能够产生这些主张和利益要求的社会及其政治。"在当代民主国家中，大多数以群体为基础的运动和主张都

---

①②③④ ［美］艾丽斯·M. 杨：《包容与民主》，彭斌等译，江苏人民出版社 2013 年版，第 9 页。

来源于各种相关的被建构出来的结构性差异。当我们做出诸如此类的理解的时候,下述问题就变得清晰了:那些在社会中被情境化的利益、提议、主张与经历表达对于民主讨论与决策制定而言通常是一种重要的资源。诸如此类的情境化的知识既能够使各种支配性的话语多样化与相对化,同时也能够提供否则不会被说出来的知识,因而有助于做出各种明智的决策。"①也就是说,你提出一项主张与我所提出的主张完全不同,但你我的主张都不应仅仅是各自属于你我以及你我所代表的群体,而是属于你我共在于其中的这个社会的。正是因为这个社会拥有了可以让你我提出不同主张的条件,也正是这个社会产生了你我主张中都涉及的共同问题,所以,你我的主张虽然有着巨大的差异,却不应相互排斥,而是应当相互包容。一旦你我的主张实现了相互包容,也就会做出明智的决策。

应当说,艾丽斯·杨在这里展现的是一种具有雄辩色彩的论证,虽然没有深入到作为民主政治赖以发生的前提的身份层面,却在表象层面领悟到了传统的民主政治关于公民以及公民权设定所引发的悖论,即在民主政治的源头上受到了利己主义的污染,以至于在民主政治的实践中总会出现反民主的问题。对于建立在身份基础上的民主政治而言,这一点是自然而然的,并未被作为一个问题提出来。即使被提了出来,也会被一种观点所反驳,那就是,民主政治所解决的是"每个人关注自己的利益,政治关注每个人的利益"这样一个问题。艾丽斯·杨认为这是一个民主政治理论上的错误,要求民主不应建立在你我个人的以及你我所代表的群体的利益和主张的前提下,而是应当建立在你我个人的以及你我所代表的群体的利益和主张之中的共同问题上。这涉及的是民主政治的基础的转移,其中的隐喻就是要求民主政治的基础应当实现从身份向角色的转移。

如上所说,艾丽斯·杨尚未深入到身份和角色这样的理论层面,但她实际上也已经触及到了这个问题。从我们所指出的身份与角色的不同中可以看到,身份是具有排斥性的,而角色却是具有亲和性的,用艾丽斯·杨的说法,这种亲和性也就是"包容性",至少在政治行为的层面上会表现为包容性。这样一来,我们就看到,如果说民主政治理论中所存在着的那些被艾丽

---

① [美]艾丽斯·M. 杨:《包容与民主》,彭斌等译,江苏人民出版社 2013 年版,第 9—10 页。

斯·杨斥之为错误的观点和看法是现实经验的反映，那么，艾丽斯·杨在看到了这些理论为之辩护的民主模式中所存在的大量非民主问题后，所要开出的是另一种药方，那就是，提出一种具有包容性的协商民主方案。让民主获得包容性而不是排斥性，即不仅是发挥在排斥性中去寻求平衡的作用，那么，就必须在排斥性和包容性得以生成的源头去解决问题。

显然，从身份中生成的是排斥性，而从角色中生成的则是包容性。当艾丽斯·杨思考民主政治的改造方案时，抓住了排斥性与包容性的问题，因而，沿着她所揭示这个问题的思路继续前行，就必须解决排斥性与包容性从哪里产生的问题。所以，问题就转化成了，如果身份是具有排斥性的，那么什么因素是具有包容性的呢？如此追问，也就把我们引向了角色。角色不同于身份，它意味着付诸扮演的过程是在相互配合中成为现实的，角色是以簇的形式出现的，任何单一角色都不具有现实性，也是根本不可能出现的。如果理论思考走到了这一步的话，那无疑又是对艾丽斯·杨的"包容性协商民主"的否定了。这是因为，就包容民主仍然是一种民主理论而言，又必须建立在身份的前提下。一旦社会治理将其基础从身份转移到了角色上来，也就会表现出告别民主模式的趋势，或者说，会包含着告别民主政治模式的要求。当然，从理论上去论证民主政治的可行性与否是没有意义的，这是一个需要从现实性的时间允许的角度去看的问题，如果民主政治在行动上存在着时间不允许的问题的话，那么，合理的答案就应当是否定的。不过，那是一个需要我们去再行探讨的论题了。

虽然艾丽斯·杨在理论思考中达到了远比其他民主理论家都要更接近于全球化、后工业化现实的地步，但是，我们并不认为她所提出的"包容性协商民主"是一个可行的方案，更不认为它可以成为社会治理变革的一个选项。因为这个所谓包容性协商民主没有充分考虑到当前社会流动性迅速增强的现实。事实上，如我们一再指出的，人类已经走进了一个流动的社会。可以想见，在流动的社会中，社会并不是一个既已写就的剧本，也不可能有导演去为人指派角色，更不允许对人在这出戏中的角色进行定位。流动的社会上演的是一出没有既定剧本的戏。因而，人于其中有着角色选择的自主性，人通过角色选择和扮演，去为自己确定一个社会位置，又在角色选择和扮演中更换自己的位置。所以，角色并不意味着稳定的定位，而是像当前我们使用的移动终端的那个定位功能一样,随时显示着人的位置的变动。所以,角色对人的定位在这一情况下本身就是一个动态的过程,并不将人指定在某个不变的位置上。

当然,在全球化、后工业化运动甫一兴起的时候,人的社会定位显现出来的是吉登斯所描述的那种情况,"行动者在他们日常时空路径各区域中进行的定位过程,同时也是更为广泛的社会总体中的区域化过程以及跨社会系统中的定位过程。跨社会系统具有广泛的跨度,与各社会系统的全球性地缘政治分布相融汇。这种最基本意义上的定位过程,其重要性显然与社会总体时空延伸的层面密切相关。在某些社会里,社会整合与系统整合几近重叠,社会中定位过程的'层化'程度就不很发达。而当代社会里的个体则被定位于纷繁多样的层面上,包括家庭、工作场所、邻里、城市、民族国家以及一个世界性系统,所有这些都展现出某些系统整合的特征,将日常生活的琐碎细节与大规模时空延展的社会现象日益紧密地联系在一起"[①]。一旦全球化、后工业化造就出了社会网络结构而把全球纳入到一个联动体系中,在行动者定位上的系统整合就不再会成为表露于外的社会现象,而是隐藏在网络化的联动之中的。虽然这是一种客观性的力量,但与传统的社会整合和系统整合都不同,甚至无法通过作出稳定的社会安排来回应这种力量,唯有寄托于人的角色扮演活动去呼应这种隐蔽的却又强有力的力量。当然,年龄、性别等身份也许会构成角色选择和角色扮演最后的阻碍因素,虽然技术进步能够舒缓这种约束、限制,却不能最终消除其构成的约束、限制,但是,对于一个总体上需要通过人的角色去为人定位的社会来说,这种约束、限制并不对社会的总体运行产生根本性的影响,不会决定社会的特征。

在我们的社会已经充分地实现了组织化的条件下,关于社会治理的所有思考也都无法绕开组织,必须在组织的问题上去形成某些认识。在身份与角色这两个不同的维度上去看组织,就会看到,全球化、后工业化也正在改变工业社会组织中的角色扮演状况。我们知道,工业社会中的组织无论有多少种类型,都是建立在官僚制的轴心之上的,属于官僚制组织的具体表

---

① [英]安东尼·吉登斯:《社会的构成:结构化理论纲要》,李康等译,中国人民大学出版社 2016 年版,第 79 页。

现形式。对于官僚制组织而言，组织成员是以角色扮演的方式去开展活动的。但是，官僚制组织中的所有角色扮演都是以身份为前提的。也就是说，工业社会中的组织在组织成员的意义上所获得的就是一种身份，而在组织成员被安置到了岗位和职位上的时候，才开展角色扮演的活动。在全球化、后工业化进程中，在合作制组织显露出的诸多可以想象的特征中，首先呈现给我们的是有角色而无身份的状况。一方面，人在合作行动中必然扮演着具体的角色；另一方面，合作行动的开放性又决定了参与到合作过程中来的人并不获得身份。易言之，人时时处处都是处在合作体系之中的，合作者就是人们共有的一种身份，没有人可以获得不合作者这样一种身份。事实上，这是一种身份完全得到了消解的状况。或者说，随着流动性把一切身份赖以存在的条件完全洗涮净尽，我们也就进入了一个无身份的社会。所以，我们需要谋求一种适应这样一个无身份时代的社会治理——合作治理。

第三节　人的三种共生形态

我们身边的许多种类的动物是经人驯化了的，即由人驯化而成为家畜，它们不是自然意义上的进化结果。从进化的角度看，人显然不是受到更为高等的智慧生物驯化的，而且人也不对自己使用"驯化"一词，而是称作"文明化"。如果我们将文明化也看作驯化的话，即便人们想象和创造了神，也应当将此理解成人的自我驯化，是人在进化中将自己驯化成了文明的生物。也是因为人成了文明的生物，才会去实施对自身这一物种的驯化，才会有今天这样一种建立起了先进和发达的民主制度的国家去努力"驯化"后进的、欠发达国家的热情。也就是说，人的驯化行动是首先建立在自己已经得到了驯化的前提下的，而自我驯化又被看作是进化的过程。

个人在进化中发挥了什么样的作用？恩格斯显然思考过这个问题，他给出的答案是，"人猿揖别"是一个整体进化而不是个体进化的过程。对于"整体进化"再进行追问的话，显然是要从社会发展的角度去进行理解的。即便在人类出现之前尚未形成社会，也需要在群体中的那种模糊意义上的个体互动中去寻求理解的门径。就个人、个体成为思想和理论的出发点而言，是由已经得到了"驯化"的人确立起来的，而不是人在认识和理解世界时必然要立足于其上的一种具有必然性的视角。事实上,作为一个视角的个人主义或个体主义立场,也是在实现了人的原子化的近代历史中确立起来的。即便反过来说,如果我们把近代以来的历史和整个工业文明史看作是个人主义的物化形态的话,那么,就会看到,是因为我们拥有了个人主义的视角,并按照个人主义的理论去进行社会建构,才建立起了我们今天一切生活和活动的这样一个基本的社会框架,才创造了辉煌的工业文明。这样一来,也就包含着一个潜台词:如果有了一个不同于个人主义的视角并形成了对世界的不同认识和理解的话,那么,我们就可以创造出不同于工业文明的另一种文明形态。

假设这样思考问题是合理的,那么,在全球化、后工业化进程中,在构想后工业文明时,就必须提出视角转变的问题,即告别个人主义视角而去寻求新的视角。此时,在进化论所揭示的生物进化以及从中引申出来的人的自我驯化过程中,是可以获得启发的。所以,在面对后工业社会的高度复杂性和高度不确定性的客观条件时,我们把关注点放在了人的共生共在和合作行动上,而不是从个人出发去形成关于社会以及社会治理建构的各种意见。人的共生共在代表了一种全新的观念,它是把人类作为一个整体看待而提出的要求,与以往从个人出发而形成的关于人的互惠互利、相互依存的看法或观念是有着根本性的不同的。从人的互惠互利、相互依存的主张转向人的共生共在的要求,将是人类在全球化、后工业化进程中实现的人类进化史的一次伟大的飞跃。

一、人与人的关系

在近代哲学史上,黑格尔以及马克思所揭示的是人与人之间的普遍矛盾,萨特则以更为激进的方式将这种普遍矛盾表达了出来。在萨特的"互主体性"分析中,人们所看到的是,因为普遍矛盾的存在而造成了一种人的内在的否定性。正是这种存在于"互主体性"之中和由互主体性造成的人的内在的否定性,决定了相互关联的主体之间只有一种关系,那就是冲突。这就出现了一个问题,主体为什么没有因为那种内在的否定性而分离开来成为互不关联的主体? 答案应当是,因为每一个主体的存在必须在相互征服和相互工具化中实现。所以,"互主体性"无非是主体间进行策略性的相互利用的属性。这也可以看作是对矛盾论"对立统一"规律的一种社会意义上的阐释，但只是一种消极性的阐释。

的确，萨特所看到的是工业社会的基本现实，这也是几乎所有具有批判意识的思想家一直进行思考和不懈地致力于批判的问题。就对工业社会现实的理解来说，萨特的这一激进哲学观可能并不像普遍矛盾观在黑格尔和马克思那里一样，具有超然于人类所面对的整个世界的属性，而是对人际关系的一种较为狭义的理解，而且仅仅看到了人际关系中"对立"的一面，而"统一"只不过是支持对立的附属形态。对于萨特，霍耐特在还原黑格尔的承认哲学的意义上作出了批评。霍耐特说："对于黑格尔来说，互动是与冲突相对应的积极要素，它包含了对于自我要求和自我理解的合法性的体验。因此，对于他来说，有意义的互动过程也会超越自身，这是因为，当主体知道自己被认识的同时，也会要求对自己有更加苛刻的自我理解。于是，为承认而进行的斗争也包含了同样的历史潜能，这种潜能超越了已经确立起来的认同关系的形式。相反，萨特却使黑格尔的洞见返回到霍布斯的根源上：为承认而进行的惯常斗争又重新变成了纯粹的为了自我持存的斗争，而按照存在主义的重新理解，这种自我持存被看作是自为（存在）的空洞的开放性。"①

其实，存在于工业社会中的几乎所有批判性的意见都忽视了一个问题，那就是，人们的相互利用是由这个社会的建构起点带来的和引发的。不仅萨特，而且包括霍耐特在内，都没有看到，作为人的共生关系一种表现形式的相互利用是由建构工业社会这项工程的逻辑起点决定的，更不用说较早时期的思想家们了。也就是说，工业社会的建构是从原子化的个人出发的，原子化的个人构成了这个社会的"基因"，以至于生活在这个社会中的每一个人的所有追求和所有行动，也都受到这个基因的支配，表现为以自我为中心而去利用他人，把他人当作工具。既然他人是自我存在以及利益实现的工具，那么他人的存在也就是必要的。否则，自我就失去了可以使自我利益得到实现以及使自我持存成为现实的工具。这是工业社会的一个面相。

①［德］阿克塞尔·霍耐特：《分裂的社会世界》，王晓升译，社会科学文献出版社 2011 年版，第 161 页。

不过,工业社会还有着另一个面相,这"另一个面相"在20世纪中后期才逐渐地揭开了面纱。首先在理论上,这个时期出现了一些思想家,他们希望去矫正工业社会中的那种人人以自我为中心而去利用他人的恶性循环,或者说要求终结这一局面。因而,他们提出了互惠互利的构想,要求人们通过互惠互利的行为去使自我与他人的利益都能得到实现。为了让人们接受这一观点,他们努力去论证人们之间是存在着相互依存的关系的。到了20世纪后期,随着人类走进了风险社会,特别是在危机事件频发的背景下,越来越多的人呼吁人们关注人的相互依存的问题。因而,关于人的互惠互利的倡言也越来越多地出现在了理论著述中。这是人类社会进化即文明化的一个积极信号。

在社会建构从个人这个原点出发的逻辑中,可以基于个人而提出两种相反的主张:一种主张是以个人主义、利己主义的形式出现;另一种主张就是提出人的互惠互利并进而发展为人的相互依存说。虽然迄今尚未见到后一种主张在社会建构方面取得进展,但作为一种意识形态,已经广泛地为人们的所接受,只是没有或很少被落实到行动上去而已。其实,这两种主张拥有同一种思维基因,那就是,都是从个人的角度去思考问题的。如果在形而上学的意义上去看的话,这两种主张在理论原点上都是可以还原为或追溯到原子化个人的。所谓互惠互利、相互依存,仍然是从个人即自我出发而提出的关于人与人的关系以及人的存在形态的理想。实际上,在这种理想背后,所能看到的仍然是人们优先考虑到自我,即把他人看作是自我存在、发展以及利益实现的条件。这种理想与个人主义、利己主义的现实性原则的区别只在于,个人主义的、利己主义的主张要求把他人看作自我的工具,而关于人的互惠互利、相互依存的主张则以更加温和的方式表述了他人是自我存在、发展和利益实现的条件。

可以认为,在关于人的互惠互利、相互依存的主张中包含了某种战略性的考虑,而不是一次性地将他人利用一把。所以,无论是个人主义、利己主义的功利主张,还是主张人的互惠互利、相互依存,在思维原点上,都是从原子化的个人出发的,它们是在同一个出发点上启动了脚步而走上了不同的方向。其实,当我们说它们所表现出来的是从同一个出发点出发而走上了不同的方向时,还是夸大了它们之间的区别。因为在实质上,它们只是在如何对待他人的问题上有着一定的差别，而在以自我为中心这个问题上则是一致的。或者说，个人主义、利己主义的功利主张更注重一次性的利益实现，更注重即时得利的问题，而关于人的互惠互利、相互依存的主张则显得目光更为长远一些。

在近代早期，个人主义、利己主义的功利主张得到了广泛传播，也为更多的人所接受，而且也在近代以来的社会建构中发挥了基础性的指导作用。我们既有的这个社会，正是基于这种理论主张而去谋求具体的"规范-促进"方案的，也确实形成了我们既已拥有的整个社会制度、行为方式和生活框架。一方面，人们在个人主义、利己主义的原则下制定了完备的规范人的自利行为和如何利用他人的规则体系；另一方面，人们在促进制度框架下的一切以遵守规则为前提的相互利用行动也是从激励个人着手的，即让人们充分地表达自我的利益诉求，并努力去发现使之实现的路径，从而赋予社会发展以某种似乎永不枯竭的动力。

在此同时，对人际关系的道德思考也一直存在着。这种思考提出的要求是，在强调社会整体性的思路中去处理人们如何相处的问题。在这一思路中，起初提出的是与个人主义针锋相对的集体主义主张，后来，随着集体主义在实践上的去势，则退回到了人的互惠互利的主张，其根据则是认为人们之间存在着相互依存的客观关系。从思想论点和交锋的情况来看，持有这种主张的人几乎构成了每一次论点的挑战者，特别是作为这一主张前身的集体主义主张，总显现出某种战斗精神，始终摆出与个人主义、利己主义展开论战的姿态。应当说，集体主义的主张现在已经不再怎么流行了，但关于人的互惠互利、相互依存的主张正显现为一种时尚。不过，这种理论主张主要反映在激荡人的人文情怀方面，而在制度等社会安排上，如我们所说，是不成功的。即使做出了一些安排，也往往陷入失败。

无论是个人主义、利己主义的还是人的互惠互利、相互依存这两种主张，都忽视了一个问题，那就是没有把基本的历史条件考虑进来，即没有考虑历史条件的约束性问题。我们知道，在整个工业社会的历史阶段中，社会所呈现的是低度复杂性和低度不确定性。在都没有去考虑这个历史条件的情况下，个人主义、利己主义的社会建构思路显然适应了这一历史条件的要求。也许它并不是自觉的，而是误打误撞地适应了社会低度复杂性和低度不确定性条件下的社会建构需求,但它却在社会安排上表现出了巨大的成功。然而,关于人的互惠互利、相互依存的主张,在同样没有考虑到这一历史条件的情况下,所提出的希望是要在人的道德的基础上去实现人的互惠互利和相互依存。这其实是把社会建构放置在了人的道德的基础上,而在这样做的时候,显然在操作性上是不甚可靠的。

在理论上,从早期的集体主义到当下正在流行的互惠互利、相互依存的主张及其实践,往往被人们归结到了义务论原则上。人们认为,义务论的伦理原则必然会要求以个人利益的牺牲为前提,即要求人们无私地奉献。因为义务论伦理学中的"义务是一种行为方式,它要求最妥善地使用个人的地位以谋求集体的利益"①。由于存在着这种看法,所以,人们也创设出了"集体主义"这样一个概念,从而把人们引向了对集体与个人关系的纠结上了。这是因为,从个人出发去思考社会的道德建构问题,即使突出强调集体的意义,也必然会在理论上走到自反的地步。这是因为,如果我们追问集体从哪里来的话,又会回到个人那里。如果集体压抑了个人的话,那是反对马克思"自由自觉的个人"之主张的;如果把集体归结为个人的话,那无疑又回到了个人主义。回归到理论源头,所谓"义务论",也无非是把个人作为义务主体看待的。

到此,我们看到近代以来在人际关系以及社会建构方面存在着三种主张,它们分别是个人主义、集体主义和相互依存观。这三种主张在出发点上,其实都是从个人出发的。个人主义是在单线的逻辑中展开的,即把个人贯彻到底;集体主义则把个人看作集体的构成要素,并主张个人在集体中实现其一切;相互依存的观点在要求保留个人的前提下去极力证明个人相互构成了存在的前提。从同一个出发点出发,无论是走上了个人主义、利己主义的道路,还是要求与之相对立而提出集体主义主张,或者,谋求在这两种主张之间走一条折衷的人的互惠互利、相互依存的道路,都只是社会建构枝节上的区别。与之不同,我们认为,在人类社会走上了全球化、后工业化进程时,向我们提出的则是社会建构出发点的转移,要求我们从"人的共生共在"出发去重新思考社会建构的方案。在人的共生共在的问题成为我们关

---

① ［英］威廉·葛德文:《政治正义论》卷1,何慕李译,商务印书馆1980年版,第12页。

注的基本问题后，所有纠结于个人与集体的关系而作出的思考，都将不再有意义，即使在个人优先还是集体优先的问题上作出妥协，形成折衷的方案，也是不可取的。

在历史的维度上，我们是能够看到某种思想嬗递的迹象的。那就是，在近代早期，个人主义、利己主义的主张大获全胜。在此同时，与个人主义、利己主义相对立的集体主义主张也发出了激烈的批判性的声音。自20世纪中期开始，关于人的互惠互利、相互依存的主张越来越为更多的人所接受。虽然它是从集体主义演化过来的，表现为集体主义在理论上的一种退缩，但它实际上又构成了"第三条道路"。尽管基于个人主义、利己主义的社会安排仍然有着很强的运行惯性，有着足够的自我维护能力，但也时常受到各种各样的困扰，遭遇了社会复杂化、不确定化带来的压力。这种目前看来尚未得到人们充分关注的变化迹象是具有重要的历史意义的。因为它意味着近代以来的社会建构原则以及出发点都有可能遭到否定。如果从原子化个人出发的个人主义、利己主义的社会建构遭到了否定，那么，以这种社会建构方案的批判者面目出现的另一种同样是从个人出发的社会建构主张也将失去意义，即便是作为"第三条道路"的关于人的互惠互利、相互依存的理想，也不再具有重复申述的价值了。在我们看来，随着工业社会的终结，上述主张及其社会建构思路都将不再是人们必须关注的问题了。因为人的共生共在的压力将会迫使人们将个人主义、集体主义和人的相互依存等主张从人的意识深层中驱逐出去。

总之，在互惠互利主张背后，所包含着的其实也是个人主义的哲学理念。站在个人的立场上，就会如尼采所说的那样，在人的相处中要求"互惠，期望酬谢"。在尼采看来，"互惠，期望酬谢，这是用来贬低人的价值的、令人最不放心的形式。它带来了那种会把距离感的鸿沟贬低为非道德的所谓'平等'……"①与之不同，我们认为，高度复杂性和高度不确定性条件下的合作行动是为了人的共生共在，合作者是不应关注个人在合作行动中能否达成互惠互利的结果的，每个作为行动者的人也不会抱着期望酬谢等回报的心理去开展行动。关于互惠性的商业化算计实际上是一种交换意识的体

---

① ［德］尼采：《权力意志——重估一切价值的尝试》，张念东等译，商务印书馆1996年版，第402页。

现,不管所谋求的是即时的互惠还是预期的报偿,都没有丝毫的道德考量。许多人将非即时性的回报硬塞进道德范畴中去,那是非常错误的。因为,如果非即时性的回报具有道德的属性,那么发行信用卡的银行家也就成了最伟大的道德圣人了。

就互惠而言,无论是即时的还是预期未来的报偿,都是非道德的,道德决不生成债务关系。在这个问题上,尼采的批评虽然是过激的,却又不无道理。尼采说:"在这里,我与你之间,行为的等值变成了前提;在这里,等于取消了行为的人格价值(而人格价值是根本无法偿还和抵消的——),'互惠性'就是卑鄙性;因为我之所为,乃是他人不得干、也不能干的,是抵消不掉的(——除了在精心安排的'同等身份'的范围内——)。"①在做出了善事或善的行为选择时,如果预期在未来某个时刻得到等值的回报,那就是中国人常说的"有心为善"。其实,那是不带善念的善,而且其预期落空的概率也是非常大的。有心为善者作为有预期目的的擅谋划者,是不可能去真正地做出善的行为选择的。所以,善的行为与道德行动应当是无目的的,即不把个人目的放在行为选择和行动之中去。

二、互惠互利与相互依存

互惠互利首先是一个经济交往原则,然后才是以社会效用的形式出现的人际关系原则。或者,只要在经济交往中能够按照互惠互利的原则去开展行动,就能够实现"互惠互利"的社会目的。但是,这必须建立在"普遍立法"的前提下。也就是说,每一次经济交往都必须遵循互惠互利的原则。如果有人在经济交往中不遵循互惠互利的原则,甚至出现了破坏这一原则的行为,那么,以社会效用出现的互惠互利就无法实现,即无法实现作为社会目的的互惠互利。所以,无论是作为交往原则还是作为人际关系形态,互惠互利都必须成为每一个人在经济交往中遵循的原则,首先是作为必须遵循的原则,而且具有"普遍立法"的性质,然后,才有可能成为一种人际关系形态。就我们一再地使用康德的"普遍立法"一词而言,实际上是将互惠互利作为一种道德信条看待的。

① [德]尼采:《权力意志——重估一切价值的尝试》,张念东等译,商务印书馆1996年版,第417页。

在罗尔斯的正义理论中，一开始并未对互惠互利的问题给予关注，而是着力去阐述"最少受惠者的最大利益"问题，强调落实"差异原则"的重要性，认为"最少受惠者的最大利益"应当成为正义的基础。但是，如何去实现"最少受惠者的最大利益"？这可能是罗尔斯百思而无法求得其解的问题，即没有找到一个切实可行的操作性方案。可能是这个原因，让罗尔斯不得不放弃对"最少受惠者的最大利益"的实现去做出具体实践性设计的努力，而是转向了对社会合作体系中的互惠互利问题的探讨。从罗尔斯提供给我们的文本来看，他谈论社会合作体系中的互惠互利的文字要比对"差异原则"的论述多得多。由此可见，在工业社会的理论和实践背景下，即在个人主义的思路中，互惠互利的主张要远比考虑"最少受惠者的最大利益"这样一项"差异原则"更具有可期待性。

罗尔斯受到传统的物质主义的影响是很深的，虽然他强烈地感受到最少受惠者人群的存在是正义的缺憾，却因为物质主义的束缚而无法找到解决的方案，更不敢对社会契约论的平等原则作出突破，而是接受了社会契约论平等原则去思考互惠互利的问题。正因为罗尔斯受制于社会契约论的平等原则，以至于他无法在"差异原则"的阐释中走得更远。当罗尔斯回过头来再行走在了社会契约论的平等原则的道路上的时候，也就自然而然地对互惠互利的问题表现出了热情。罗尔斯认为，人们在互惠互利的合作中能够达致社会正义。如果泛泛地谈论社会正义包含在互惠互利的合作之中，我们也许是能够接受罗尔斯的这一判断的，但是，社会正义如果不仅仅是一种观念，而是要反映在互惠互利的社会效应上，是一种能够得到切实实现的社会效用，就会引发各种各样的问题。比如，"互惠互利"这个概念立马就会让我们联想到人们在合作去实现它的时候是否有量化标准？人们之间所达成的互惠互利是否等值？在社会契约论的逻辑中，对这类问题其实是必须作出回答的，就像一次商业上的交易契约履行一样，否则，在契约中就会包含着不平等或必然导致不平等。然而，人们是有差异的，在多样性和多元化的社会中，差异会表现在人的各个方面。这样一来，如何保证人们间的合作具有平等的互惠互利性质，其实是一个无解的问题。

尽管我们有时也会泛泛地谈到人的互惠互利问题，但那是就人的合作行动的表现而言的，而不是我们认识问题的角度，更不是社会目标。对于行动主义而言,一旦把人的共生共在确立为理论目标,也就实现了对理论上的利益视角的超越,因而不再围绕着利益问题去对人们之间的互惠互利作出更多的关注。事实上,在工业社会中,人的互惠互利是一种无法实现的追求,至多也只能在一些具体的项目中达成某种互惠互利。对于整个社会而言,即使实现了罗尔斯的设想而成为"广泛的合作体系",也不能保证在所有成员间建立起互惠互利的关系。因为人的差别是如此巨大,我们不能要求比如残疾人与身体健康的人的互惠互利达致平等的结果。就此而言,可能罗尔斯提出的"差异原则"要比他的"互惠互利原则"更具有理论价值。其实,在全球化、后工业化进程中,人的差异性程度在提升,社会各方面的差异化也在不断扩大,以至于谈论人的互惠互利已经不再具有影响社会实践的意义了。在某种意义上,如果理论思考过多地关注人的互惠互利的问题,对于社会建构而言,可能是有害的。

关于人的互惠互利,一直是被作为一种伦理主张对待的,而且是希望通过政治安排去加以实现的伦理主张。艾丽斯·杨在讨论协商民主时就极力地渲染协商民主的正义功能。在她看来,人们在协商的过程中有着"平等表达的机会和免于支配的自由",所以,"那种平等的境况也要求具有一种互惠性,以便每个人都知道为了达成某项判断与意见,必须考虑到其他人的利益。懂得他们是对他人负有责任的并且他们是共同致力于达成协议的,就意味着,每个人都懂得,只有致力于获得某种公正的结果,才能最大程度地实现他或者她的利益。每个人因而都被鼓励依据下述措辞来表达他的利益或者偏好,即那些旨在说服其他人相信他们在这种情况下合乎正义的措辞。这也就是说,他们不会试图忽视或消除其他人的正当利益"①。

既然每个人都理解和尊重他人的利益要求和偏好,在协商对话中也就能够达成某种结果,那就是,让所有的利益和偏好都在正义的原则上得到了公正的实现。根据这项描述,协商对话是达到某种公正结果的途径,也是正义得到实现的过程。这个过程之所以通向正义,是因为参与到协商对话中的每一个人都遵循着正义的原则,把对正义的追求当作自己必备的道德素养。这样一来,形成一项理论论证:是因为参与到协商对话过程中的每一个

---

① [美]艾丽斯·M. 杨:《包容与民主》,彭斌等译,江苏人民出版社2013,第36页。

人都遵循着正义的原则，所以能够实现正义。但是，用什么来保证每个人都无差等地遵循正义原则呢？协商民主理论如果去对这个问题做出回答的话，会否重新陷入传统民主理论的窠臼之中？答案显然是肯定的。

从实践来看，人的互惠互利主张反映在了"福利国家"的实践中，它是国民互惠性规范得到实施的最为典型的表现。显然，基于公平正义的原则，特别是考虑到了人的相互依存，人们会非常合乎逻辑地提出增强互惠性社会规范的要求，而且现实中的福利国家实践也为此提供了强有力的证明。但是，我们需要指出的是，福利国家的互惠性规范主要体现在分配过程中，主要是围绕着社会的经济方面去实施调节的。也许人们会认为福利国家的实践诠释了公平正义的理想主义，但是，就它能够得以推行而言，却是有着现实基础和现实条件的。因为在近代史上，那些能够推行福利国家政策的地区，要么是在国家率先发展中积累起来了很强的经济实力，要么有着丰厚的自然资源。

事实上，那些有着丰厚自然资源的国家一般来说都未建立起福利国家，而是那些在民族国家建构中率先进入了工业化进程的国家，而且在世界的中心-边缘结构中能够持续获益的国家，有着推行福利国家政策的强大动力。也就是说，这些国家作为整体，在与外部的竞争中拥有较强的优势；或者，由于历史积累的原因，国内的资源相对于人口而言非常丰裕。这是对福利国家形成支持的两个方面的重要因素。因为只有具备了这两个方面的条件，才能够生产出更多的互惠性规范并加以落实。可见，民族国家中的这种互惠互利、相互依存实践是在相对封闭条件下实施的，而不是扩展到全球。超出了民族国家的边界，它不仅不再是互惠互利的，反而是在世界的中心-边缘结构中通过对边缘地区的资源、财富的剥夺和占有等去维护其内部所实施的福利政策的。

这说明了福利国家代表了一种地方性的互惠互利和相互依存，而不是全球性意义上的互惠互利和相互依存。或者说，在全球意义上，它恰恰是反互惠互利的，是以排斥他人的生存而获得自我生存的机会的。不过，全球化、后工业化正在使单一国家所拥有的可以支持福利政策的优越条件丧失，以至于那种仅仅在民族国家内部去实施福利政策的国家正在遭遇致命的挑战。至少，这些国家在全球化、后工业化中丧失了对部分开放、部分封闭进行选择的能力,特别是一种"去中心化"运动对世界中心-边缘结构造成的冲击,使得这些国家无法持续地在外部获得支持其福利做法的资源和财富。另一方面,全球化带来的"移民潮"也对这些国家的福利政策造成了冲击。因而,这些国家已经不再可能通过互惠性规范的增强去提升人的相互依存性,这也意味着福利国家的实践正在演变成一种空想。

罗萨认为,始于近代早期的社会分化呈现出了"两个矛盾的发展趋势:一方面是伴随着平行增长的(今天全球的)相互依赖性和依赖链条越来越精细的分化过程;另一方面则是在(社会)整体的(越来越稳定的和越来越高效的)分化进程中,其中的单元和内聚性的消失。……现代社会将变成没有顶端、没有中心或没有'中心的视角'的样子——分化的对立面从这个意义上来说就是社会的解体"①。其实,这并不能说是一种矛盾,社会的"去中心化"以及人的相互依赖的增强并不是一个层面的问题。人的相互依赖度的增强是一种生存模式的问题,是因为社会的高度复杂性和高度不确定性条件下的人必须在共生共在中去获得生存机遇和条件,而社会的"去中心化"甚至"部落化"则是社会结构上的问题,是在形式上使社会分化为"碎片"。但是,在其背后,却正在生成一种网络结构,而且这种网络结构把"部落化"的"碎片"重新整合到了互动和联动的网络之中。

如果看到了社会网络结构的话,实际上也就理解了人们之间的依赖度增强是与之相一致的。之所以罗萨眼中所看到的是一种矛盾的现象,那是因为他的观察视角受到了工业社会既定模式所限。工业社会面对社会分化时,是通过强化控制导向的整合机制来加以应对的。无论这种控制导向的整合机制是以民主体制下的法治为手段,还是直接以政府的行政集权的方式进行,都必须把社会分化控制在不发生裂变的状态之中。在全球化、后工业化进程中,社会分化与对分化后的社会进行整合之间的平衡正在被打破,因而呈现出工业社会中心-边缘结构的瓦解,在形式上表现为社会"部落化"的状况,使社会整体被打碎成"碎片"。而且,这种状况与人们之间相互依赖的需求之间似乎是矛盾的。但是,如果看到全球化、后工业进程中出现的一

---

① [德]哈尔特穆特·罗萨:《加速:现代社会中时间结构的改变》,董璐译,北京大学出版社2015年版,第74页。

些新的现象的话，就不会因这种矛盾而困惑。

　　首先，持续展开的社会分化不再需要控制导向的整合机制去进行平衡，从而获得了社会的整体性，而在对社会网络结构的整合中，也使社会分化更为有序、合理。在面对社会的高度复杂性和高度不确定性时，人类社会是一个整体；而在人的共生共在的问题上，整个人类社会则是具有总体性的。当我们沉湎于工业社会的实体性思维时，面对着可以静态观察和把握的社会，针对局部而形成了整体的认识，我们以为那是具有总体性的，实际上，那个整体在很多情况下是不具有总体性的整体，更多的时候是通过强制性整合而获得的整体。在某个角度上看是整体，而在另一个角度上看，则是随时有可能被矛盾撕裂的整体。然而，在社会的高度复杂性和高度不确定性条件下，当人的共生共在显性为基本的社会及其行动主题时，社会不仅是一个整体，而且在互动和联动中获得了总体性，是具有总体性的整体。因为社会具有总体性，所以，所有的矛盾都是即时产生又即时得到消解的。

　　其次，全球化、后工业化所开启的是人类社会发展的一个新的历史阶段。以人际关系来定义社会的话，工业社会是陌生人社会，全球化、后工业化正在把我们的社会转变成匿名社会。人际关系的这种变化，也影响到了社会的运行逻辑，进而使得表面性的、形式化的社会化整体转变为流动性的、开放性的动态社会，以至于静态意义上的中心-边缘结构消失了，这也就是所谓的"去中心化"。"去中心化"的社会所拥有的是一种网络结构。

　　第三，在全球化、后工业化进程中正在生成一种与持续的社会分化并行的新现象，那就是，诸多社会构成要素呈现出了融合的迹象。虽然这种迹象当前还较弱，却是非常明确的。比如，在社会治理领域中，非营利性的、非政府的组织以及其他社会治理力量的出现，逐渐地打破公共领域与私人领域的边界，进入融合进程；在科学研究领域中，从20世纪中后期开始就出现了学科融合的趋势，进入新世纪后，社会科学与自然科学的边界也开始变得模糊，诸多新技术（如人工智能）不仅需要在社会科学和自然科学的融合中，而且需要把人文科学也整合于其中，才能得到实质性的进展。事实上，一种融合趋势正在我们社会的各个方面、各个层面展开，它将改变工业社会单向分化的历史，并进入一个分化与融合并进的行程中。

　　第四，近代以来的社会分化也是历史走进社会高度复杂性和高度不确定性状态的根源之一,但是,社会的高度复杂性和高度不确定性却将人的共生共在的主题推展了出来。在当前,它也就是人们业已感受到的人的相互依存度的增长。就人的相互依存而言,本来就是社会分工和社会分化的结果。我们知道,在尚未实现分化的农业社会中,自然经济本身就意味着人们可以在"万事不求人"之中独自生存。在进入持续分化的工业社会后,人们的衣食住行等,都需要求助于他人,只不过是通过交换或交流等方式而把求助于他人转化为现实。如果说全球化、后工业化即将把我们领进新的历史阶段中,而且这个新的历史阶段中也存在着越来越精细的社会分化,那么,也同样意味着人们的依赖度的增强,更不用说高度复杂性和高度不确定性条件下的人们必须谋求共生共在。

三、人的共生共在的新理念

上述可见,摆在我们面前的是三个概念,它们分别是"互惠互利""相互依存"和"共生共在"。这三个概念所标示的都是人的共生关系。也就是说,人的共生关系是有多种类型的。在广义上,甚至包含着寄生关系。就社会而言,只要构成了共同体,无论是什么类型的共同体,都意味着共同体成员之间有着共生关系。

在工业社会中,我们看到,处于主导地位的是一种"对抗性共生"。比如,资本家阶级与工人阶级之间显然是一种共生关系,但这两个阶级又是对抗的。19世纪以来,关于这个问题的理论思考往往表现为在突出强调对抗性和共生性之间展开争论,而谋求这种对抗性共生关系改变的思考,最多是以调和论的形式出现的。所以,总也无法找到终结这种关系的出路。然而,在社会呈现出高度复杂性与高度不确定性的情况下,出现了对抗性共生关系难以维系下去的压力,以至于我们不得不去构想人的共生共在,也就是说,不得不去寻求非对抗性共生关系能够得到建立的可能性。

具体地看,这三个概念代表了人际关系的三种形态:互惠互利默认了人的平等之前提,虽然是从自我出发,以自我利益实现为目的,但也把他人作为平等的主体看待,希望在平等的基础上达成互惠互利;相互依存是一种客观形态,要求以人们间的差异为前提,人们之间可以是平等的,也可以是不平等的,在自我的立场上去看,他人就是自我的存在以及利益实现的生态要素；人的共生共在肯定是建立在人们之间的互惠互利的基础上的，也在形式上表现为人们之间的相互依存，却不是从个人出发的，不是以自我为中心的，而是一种社会的整体性存在形态，是一切人针对一切人的共生共在形态。

在农业社会的历史条件下，由于自然经济的因素，人们可以实现自给自足，因而，人们之间的交往是非常有限的。所以，在这个时期，互惠互利、相互依存并不是一个可以在理论上去加以思考的问题。即使做出思考，在内容上也是较为空泛的。人的互惠互利、相互依存程度的迅速提升是在工业化进程中展现出来的，正是在工业社会的发展行程中，越来越使得工业、交通、通讯、市场都像纽带一样把人们紧紧地捆绑在了一起。这些方面的每一次升级换代，都会把人们的互惠互利和相互依存的要求推到一个新的水平。然而，绝大多数人在人们需要互惠互利和相互依存的地方所看到的都是相互冲撞，为了自我的利益而开展竞争、斗争，而不是去自觉地促进共同体意识的成长。以公平正义的问题为例，正如休谟所揭示的，在人能够实现自给自足的时候，不存在什么社会公平、正义的问题，只是在人需要互惠互利和相互依存的情况下，才会产生公平、正义的问题。从历史上看，公平、正义的问题引起人们的广泛关注也正是在工业社会中。特别是在 20 世纪，随着人的相互依存程度的提升，关于公平、正义问题的探讨也成了热门话题。但是，当我们看到工业社会中的那种从个人出发而认识到人的相互依存需求为人的共生共在要求所超越的时候，当人不再从个人的角度看世界的时候，也许公平、正义的问题又会移出人们的视野。也就是说，在公平、正义等成为一种已经实现了的状态时，人们不再会去讨论它了。

对互惠互利、相互依存的理性觉识会呼唤出利他的行为，但这也同样会受到人的互惠互利、相互依存的需求状况的影响，而且是决定性的影响。从历史上看，在生产力水平达到一定程度的情况下，当个人能够独立于他人或能够开展从属于自我利益实现的行动时，就不再会依据相互依存而做出利他的行为选择，也不会追求交往过程中的互惠互利，反而会为了自我的利益实现而与他人开展竞争。在人的理性能力提高到一定程度时，也就学会了运用策略和计谋，从而会把他人纳入到自我利益实现的工具之中，去决定如何与他人结盟和如何对他人进行安排。即便有些行为看上去具有"利他"的形式,而在实质上,也是从属于自我利益实现的预期的。因而,并不具有道德属性。在这种情况下,即便也在客观上存在着相互依存的需要,同时也在主观上有着互惠互利的追求,那也同样会异化成各自为了自我而利用他人的策略。所以,我们并不认为人的相互依存意识必然会带来道德行为。实际上,就互惠互利、相互依存是在个人主义的视角中所看到的人们之间的特定社会关系而言,在出发点上已经包含了非道德化的可能性。如果说互惠互利、相互依存意识引发了道德行为的话,那也应当将其理解成偶然性的而不是必然性的结果。所以,我们并不把人的共生共在仅仅理解成人的相互依存状态,尽管人的共生共在包含着人的相互依存方面的内容,但不从属于基于个人主义视角所做出的理解。

对于人的互惠互利、相互依存而言,是可以有多种路径供选择的,因为认识到了人的相互依存的客观现实,就会构思和建立起适应相互依存的各种方案,这就是我们曾经看到的,地主与佃农、资本家与雇佣工人之间也达到了相互依存的要求。同样,在把人的互惠互利作为目的的时候,也有许多工具可以加以利用,使用工具的方式方法(即达致互惠互利的路径)也可以是多样的。但是,对于人的共生共在而言,只有合作行动这样一条道路可行。其实,在总体上看,是不能把人的共生共在与合作行动区分开来的。人的共生共在并不是独立于合作行动之外的目标,而是包含在合作行动之中的目的。或者说,是以合作行动的形式出现的人的生活状态。实际上,人的共生共在正在成为超越了人的互惠互利、相互依存的新型人际关系形态。

在工业社会中的伦理生活之外,是存在着诸多选项的,一个人可以终生不讲道德,但他在社会生活中能够得到法律的保护,他甚至能够在某些方面成为人们羡慕的成功人士。因为他的不讲道德被维持在某种道德底线之上,没有做出直接侵害他人的行为,因而他既得到了法律的保护又得到了社会的宽容,而且在自我利益的追寻中取得了非凡的成功。也许他在自我利益追寻的整个过程中造成了对诸多他人的间接伤害,但他却无须为那些间接伤害承担任何责任。就他是一个从不讲道德的人而言,也不会受到自我良心的谴责,因为他根本就没有良心,他的道德存在一直处于蛰伏状态,或者早已被他扼杀。总之,他的成功是建立在伦理生活之外存在着诸选项的前提之下的，表现出了在伦理生活之外的其他社会生活方面的成功。然而，在社会的高度复杂性和高度不确定性条件下，人的社会生活将以不可分解的整体形式出现，伦理生活、经济生活、政治生活等等都将统一为一个整体。也就是说，在人的共生共在这一主题之中，人的社会生活虽然在理解中具有多重属性，却无法分解开来而构成独立的生活领域，因而也就不可能出现伦理生活以外的选项。这样一来，伦理生活之于人就是一种具有必然性的生活形态，而不是人可否作出选择的问题。

"互惠互利""相互依存""共生共在"三个概念呈现给我们的是这样的情况：

第一，人的互惠互利是一种主观要求，是寄托于伦理精神以及道德实践去加以实现的，但在工业社会的历史条件下，却是无法实现的。因为不仅工业社会的建构逻辑起点是个人，而且互惠互利的道德追求本身也是从个人出发的，都从属于个人主义的理解，而个人主义又是无法摆脱利己主义的纠缠的。

第二，人的相互依存是一种对人际关系客观状态的认识，或者说，是一种关于人际关系的主张，却被理解为人际关系的客观形态。从这种理解之中，可以发展出对人的互惠互利要求的理论证明，但在实践上，则是以等级间互动的形式出现的，不仅在个体的人那里以资本家与雇佣工人相互依存的形式出现，而且在普遍的意义上，无论是在人与人之间还是在组织与组织之间以及国家与国家之间，都无非是中心与边缘间的相互依存。没有边缘也就没有中心，反过来，没有中心也就无所谓边缘。

第三，人的共生共在既包含着互惠互利和相互依存的全部的和完整的内涵，又是对互惠互利和相互依存的超越，它在思维展开的过程中不从个人出发，却又把整个人类的存在作为个人存在的前提对待。人的共生共在肯定是人与人之间互惠互利得以实现的状态，但不把人的互惠互利作为思考问题、处理问题的出发点和观察视角。同样，人的共生共在也是人的相互依存得以实现的状态，或者说，包含着人的相互依存的内容，不过，人的共生共在只是人的相互依存的一种特定形态，要求人们之间的关系是平等的，也要求人们之间做到相互包容和相互承认。

总的说来，人的共生共在必须建立在人的平等的基础上，而且这种平等是真实的平等而不是形式平等。这是因为，关于人的共生共在的问题，是在社会的高度复杂性和高度不确定性的背景下提出的。人的共生共在与人类曾有的任何共生模式都不一样，人们不可能在统治、压迫、剥削等社会体制中实现共生共在。简单的和确定的社会中的那种地主与佃农的共生关系，低度复杂性和低度不确定性条件下的资本家和雇佣工人的共生关系，都是可以从容地容纳他们间的冲突和斗争的。然而，在高度复杂性和高度不确定性条件下，冲突和斗争的后果却是不堪承受的，不可能有胜利者，即便是暂时的胜利也不可能出现。此时，一旦出现了冲突和斗争，唯一的结果就是共生关系受到威胁。如果说地主与佃农、资本家与雇佣工人之间也存在着相互依存的共生关系，那么，这种关系与人的共生共在的追求是不一致的。所以，我们不同意去把"人的相互依存"与"人的共生共在"看作是同质性人际关系的两种表述。我们认为，如果混淆了"人的相互依存"与"人的共生共在"这两种形态的话，那是非常错误的认识。因为当我们说"人的相互依存"时，隐含着个人主义视角，是从个人出发去看人的共生状态的。这往往会把思想导向对共生的理想状态的憧憬中去。

当我们思考"人的共生共在"的问题时，是基于对社会客观状况的认识而揭示出的一种现实要求。虽然在人的共生共在的主题中包含着人的相互依存方面的内涵，却从根本上实现了对相互依存的超越，或者说，它们属于不同的境界。最为重要的是，当我们从社会客观状况中感知到了人的共生共在时，完全告别了从个人出发所展开的思维行程，因而，既不需要进行逻辑论证，也不会逻辑地导向理想状态，更不需要通过说服教育的方式去让人接受人的共生共在的观念。人的共生共在是社会的高度复杂性和高度不确定性条件下的人的本真状态，要么是人的共生共在，要么是人类历史的终结。对于人的共生共在问题，施加于人的，除了行动之外，别无选择，不需要通过任何方式去谋取共识，也不允许人们在是否行动的问题上去进行协商。当然，人们会表达对以往的社会生活方式、政治游戏中的某些乐趣等的留恋，而且希望将诸多传统保留下来。那是没有问题的，不会受到任何质疑，只要不偏离人的共生共在的主题，任何要求、任何愿望、任何偏好都具有存在的合理性，都会因为其个性化而丰富了世界的多样性，并因此而受到尊重和鼓励。总之，人的共生共在主题中包含着人的相互依存这项内容，却又是人的相互依存的更高境界。事实上,人的相互依存与人的共生共在是从属于不同的理解和观察视角的。

从伦理学的视角去看,我们所看到的是,当自我需要通过他人来证明的时候,他人无非是自我的镜子,让自我面对镜子顾影自怜。在高度复杂性和高度不确定性条件下,当自我走失了的时候,又意味着自我将他人内化,是在把他人内化到了自我之中而超脱了自我,可以在对自我的反思中认识和理解他人,并与他人一起开展合作行动,使人的共生共在成为自我存在的现实状态。所以,在高度复杂性和高度不确定性条件下,人们更需要"通过某种道德的方式或范畴来接触世界,从道德的角度来观察世界,给事物打上道德的印记"①。进一步地说,人们以道德去感染合作行动者,为合作行动注入道德的内容。这种道德根源于人的共生共在的理念,在合作行动中具有规范的权威性。

其实,对于高度复杂性和高度不确定性条件下的合作行动而言,除了道德和知识(包括经验和智慧等)的权威之外,不再有其他的权威存在。而且,道德和知识的权威是统而为一的,而不是分离的。我们可以断定,在高度复杂性和高度不确定性条件下,人的实践意识中处于主导地位的将是人的共生共在观念,这种观念主导了行动所采取的方式——合作行动,社会高度复杂性和高度不确定性条件下的一切实践行动都将以合作行动的形式出现。当然,为了人的共生共在的行动也不排除对其他行动方式的采用,只要不偏离合作精神,都是允许的,所有行动都必然会接受人的共生共在的观念的规范。正是因为人的共生共在的观念具有了规范功能,从而使任何行动方式都能够转化为合作行动的一部分,至少都是在合作行动的基本背景下做出的权宜性选择,而且是能够得到合作场域的认可、支持和接纳的。

---

① [美]弗兰克·梯利:《伦理学导论》,何意译,广西师范大学出版社 2002 年版,第 4 页。

第六章　管理问题

　　社会运行和社会变化的加速化，社会的高度复杂性和高度不确定性，对我们既已拥有的社会生活和活动模式构成了极大的挑战，特别是对一切社会生活和活动赖以展开的管理造成了致命冲击。虽然每一位管理者都遭遇到了越来越多的管理困难，意识到了一场根本性的管理革命必然要发生，但关于管理变革的系统性、综合性理论探讨尚付阙如。当然，20世纪80年代以来，管理实践中的积极探索一直在行进中，在学者们的理论思考中也提出了诸多应对社会高速运行的对策性意见。但是，理论与实践中所取得的所有积极进展基本上都属于策略性层面上的成果，并没有为我们提供一种在社会运行和社会变化加速化条件下可以担负起有效行动的管理模式。在对这一问题的思考中，我们认为，关键问题是要谋求组织模式的变革，只有当我们根据社会运行和社会变化加速化、社会高度复杂性和高度不确定性的客观要求去建构起一种全新的组织模式，才能把管理领进一个新的境界。我们把这种新的组织形式称作为合作制组织，而现实中正在孕育着的一场必然会发生的管理革命，也应被理解成从官僚制组织向合作制组织转变的组织模式变革运动。

　　在工业化、城市化进程中，人们逐渐获得了效率意识。特别是进入20世纪后，在诸如进步主义运动、管理革命等推动下，随着社会科学的方法和技术不断地引入人们的生产和经济活动中，形成了效率文化，对人们的几乎所有活动都产生了支配性的影响。在政治与行政分化后，政府的社会治理活动把效率追求放在了非常突出的位置上,而且,在社会的层面上,市场经济条件下的竞争也是把效率作为组织生存的基础来看待的。在社会治理中,对效率的追求导致了效率与公平的矛盾,学者们在对这一矛盾的思考中提出了诸多对政府的批评性意见,却一直没有找到解决这一矛盾的出路。在全球化、后工业化进程中,组织模式的变革把合作制组织这一种新型的组织模式推展了出来,显现出了取代官僚制组织而成为社会生产和活动中的基本组织形式的趋势。合作制组织显然也是有效率的组织,但它不会把效率当作组织运行的目标,而是一种在合作行动中出现的自然而然的结果。

我们知道,工业社会的生产关系是建立在分工-协作基础上的,或者说,主要表现为分工-协作关系。这种生产关系导致了社会的分裂,也导致了人的自我的分裂。在组织的运行中,则导致了纵向的层级和横向的岗位边界明晰化,是把组织成员先隔离开来,然后再对他们的行为加以协调。20 世纪后期,特别是在全球化、后工业化运动展开的过程中,分工-协作模式出现了不适应人的行动要求的状况。因而,无论是在宏观的社会研究还是微观的管理研究中,都出现了对分工-协作模式的怀疑声音。但是,目前看来,这种怀疑声音是非常微弱的,更不用说提出用新型的行动以及社会关系模式去取代分工-协作模式的构想了。实际上,我们正处在人的行动以及社会关系模式变革的关键时刻,需要我们通过创新去承担起这样一项变革的任务。合作制组织的出现,意味着分工-协作模式所代表的生产关系将为一种更具有广泛适用性的合作关系所代替。

第一节　社会加速化中的管理

社会运行和社会变化的加速化始于近代早期的工业化、城市化运动,是近代社会充分展现出来的一种社会进化特征。

在漫长的农业社会的历史阶段中,社会发展是较为缓慢的,虽然也处在持续发展的进程中,但与近代以来的社会发展相比,那似乎是一个"匀速运动"的发展过程。工业革命及其资本主义体制的确立,打破了社会发展的"匀速运动",进入了一个持续加速的过程中。今天,社会运行和社会变化的加速之快,即便是在我们亲身经历过的时间段中,几年前也无法想象今天的情况。正是社会运行和社会变化的加速化,把人类社会领进了一个高度复杂性和高度不确定性的状态之中。更为重要的是,社会运行和社会变化的这种持续加速在可以想象的未来不会放缓。这必然会对人类社会一切既有的和正在建构起来的东西造成挑战,会对我们的社会生活和活动产生非常重要的影响。其中,首当其冲的,是社会生活和活动中各个方面的管理。

在人类历史上,管理自觉应当视为 20 世纪中所取得的一项最为伟大的成就。因为人类在 20 世纪中所取得的一切值得称道的成就都无疑是与管理有关的,或者说,都可以在一定的意义上看作是管理和通过管理所取得的成果。即便我们使用最为和缓的表述,也应当说,人类在 20 世纪所取得的所有社会发展成就都是管理的直接或间接成果,即使不将那些成就看作是管理的直接成果,若说它们是管理的间接成果决不过分。今天,我们对管理的依赖甚至高于其他必要的物质生活资料和生产资料。事实上,如果没有管理的支持的话,我们也无法获得必要的物质生活资料和生产资料。离开了管理,我们的社会生活的一切都将变得不可想象。正因为如此,我们认为,社会运行和社会变化的加速化首先对管理造成了冲击。这也意味着,一个如何在社会运行和社会变化加速化的条件下去实施管理的问题,已经抛给了我们,要求我们必须去思考和探讨,以求通过这一问题的解决去保证我们的社会生活和生产仍然能够得到管理的支持。

一、社会运行和社会变化的加速化

阿尔维森和维尔莫特认为,"'管理'这个术语的来源,可以追溯到意大利词语 maneggiare,意思是'驾驭马匹'。虽然看似模糊,但在对作为一个矛盾过程的管理之社会分工的写照中,这种语义上的根源是有启发性的:在这个过程中,一个人要在力求控制一个有价值,但是自主而潜在地具备抵抗力的资源,并且同时为之担负责任"①。与马匹相比,人因为具有自主性而要复杂得多。人的自主性又是在文化、政治以及自我的欲望和要求的综合作用下生成的,这些都是管理必须考虑到的因素。而且,管理本身就是发生在复

_____

① [瑞典]马茨·阿尔维森,[英]休·维尔莫特:《理解管理:一种批判性的导论》,戴黍译,中央编译出版社 2012 年版,第 42 页。

杂的社会系统之中的，如果管理者仅仅通过技术就想去降服被管理者的话，那么，无论在何种意义上都显然是不可能的。

既然"管理"一词是由驾驭马车这个词演化而来的，那么，我们必须指出，驾驶高铁与驾驭马车是不同的。其中，具有决定性影响的是速度。也就是说，现在我们所遇到的问题还不仅是"驭马"还是"驭人"的问题，而是面对着社会运行和社会变化加速化的宏观环境。由于社会运行和社会变化的速度与日俱增，把所有的管理系统都放在了高速运行的轨道上了。考虑到一切管理活动都是发生在社会系统之中的，那么，社会运行和社会变化的加速化所带来的社会高度复杂性和高度不确定性还不仅使管理的环境无法控制，而且就管理系统自身来看，也处在几乎所有要素及其互动关系都获得了高度复杂性和高度不确定性属性的状态中。这对今天的管理构成了极大的挑战，使得我们必须正视社会运行和社会变化加速化中所提出的管理变革要求。

从宏观上看，我们的社会正如罗萨所说，"根据 20 世纪末期前后所出现的与民族国家相关的经济上、法律上、政治上和社会福利国家方面的制度结构的被侵蚀；这些在'经典的现代'发展出来的，而且直到 20 世纪末期之前都被证实为令人难以置信的稳固的制度结构，在当前的时间诊断中，它的新的现实性赢得了'流动性'和'液化的'这样的比拟……流动性作为几乎没有阻力的、以迅速的速度在全球范围内扩散的人流、信息流、货币流和货物流的特征，这个特征能够迅速地蔓延到各处；但是只有很少的领土上的或政治上的变化能够向另一种方向或通过另外的渠道流动或又撤退回来，也就是说，不能实现稳定而长期的聚集状态，或者说相互之间不再有稳固的联系。因此，在被判明的现代性的动态化相对于（毫无疑问同样也可以列入现代性的）制度的停滞力量所取得的胜利中，看不到新的原理，而只是现代原本就有的加速过程和液化过程又登上了一个新台阶"①。

就像一艘远洋货轮，在适应民族国家主权观念及其法律要求的时候，也许它是有祖国的，但它从下水到最后泊入拆船厂的整个过程，都从来未见过

---

① ［德］哈尔特穆特·罗萨：《加速：现代社会中时间结构的改变》，董璐译，北京大学出版社 2015 年版，第 127—128 页。

它的祖国或注册地是什么样子,只是不断地从一地流动到另一地。在交通运输革命的时代,在海运的繁荣时期,人们的生活在很大程度上受到了交通的影响。但是,远洋货轮的这种流动性却没有引起社会学的注意,更不用说有社会理论从这种现象出发去进行思考。进一步地说,更未见到管理实践在微观系统中考虑过这种现象,去在其中寻求某些具有启发意义的因素。我们今天的社会越来越清晰地显现出了远洋货轮的这种流动性特征,而且是一种时时加速的流动,以至于我们已经不能再无视流动性的问题了。

社会运行和社会变化的加速化使得一切存在都处在流动之中,整个社会都因人流、信息流、货币流和货物流的流动而处在高速运行和高速变化之中。这就如液态的水流,所有的社会构成要素原先在空间和时间中的稳定状态都被打破了。因而,它(他)们间的关系也处在变动之中。如果管理实践不去关注这种流动性的影响,哪怕达成一些小的管理目标,都会变得非常困难。事实上,在这样一个流动的社会中,即便是管理者,也会产生对管理的怀疑,甚至会引发某种管理上的焦虑。

当我们去观察个体的人的时候,也可以看到,社会运行和社会变化的加速化"不只是改变了主体的举动,而且也改变了主体的存在,也就是主体的自我定位或自我关系,因为自我关系是通过那些和行动所建构的。我们对于'我们是谁'的意识正是我们与空间、时间和其他人、我们周围的物体和我们的行为与体验的关系所发挥的功能,并且反过来说:在我们的行为和关系中反映了我们的身份确定,它们之间是相互依赖的关系"①。在社会的稳定状态中,人是分为等级的,物也因为有着固定的位置而形成了次序,我在社会中的某个位置使我可以以我为中心而去感知到所有存在都围绕着我并层层扩展开来,社会治理所谋求的就是所有社会构成要素的各就其位。落实到管理中,也就是通过确立组织结构、协调管理关系等去获得秩序(次序)和有效地达成管理目标。其中,科层结构是管理活动赖以展开的基础性依据,管理就是通过分层化地去把组织成员安排到确定的职位和岗位之上,并在规则的辅助下,形成组织秩序和达成管理目标。

---

① [德]哈尔特穆特·罗萨:《加速:现代社会中时间结构的改变》,董璐译,北京大学出版社 2015 年版,第 173 页。

　　然而,在社会运行和社会变化加速化所带来的这个流动的社会中,一切存在都"既在又不在"某个位置上,时时都在离开其所在的位置。因而,它(他)们的关系也处在流动和不确定中。在人这里,就是身份标识的模糊化,甚至无法去识别和确认人的身份,人只有通过自己的行动去表现和证明自己所扮演的角色。这样一来,原先通过与他人以及与物之间的关系而加以定义的自我,也处在了时时变化之中,以至于我们如果再去用外在于我们的存在去定义自我的话,也许就无法认识到自我是什么样子的存在。所以,管理的基础发生了动摇。在这种情况下,也许我们只有用我们自己的知识、思想、道德和行动等去定义自我。或者说,自我就是自我所拥有的和所能做的一切,而不是由社会关系以及对诸如财产、人脉等各种外在于自我的社会因素的占有来证明和确认的,更不是由管理活动加予我们的。

　　一切管理活动都是对人以及与人相关的事的管理,由于社会运行和社会变化的加速化所引发的流动性把人变成了一种"既在又不在"的存在物,无疑置管理于一种高度复杂性和高度不确定性的状态中了。不仅管理所面对的是高度复杂性和高度不确定性对象,而且管理自身也成了高度复杂性和高度不确定性的事业。关于社会运行和社会变化加速化的原因,罗萨认为,它是资本主义生产和再生产的必然结果。"加速是不可避免的资本主义经济系统,这种经济系统是嵌入在社会的物质结构中必不可少的事物。通过以调整经济逻辑和资本变现逻辑或者说是以生产剩余价值的方式取消传统的、似乎是自然生成的生产与满足需要或者符合需求之间的关系,也就是说以'为了生产而生产'的方式消除'为了(用传统的方式确认的)需求而生产',使得动力系统得以运转,在这个动力系统里以往的满足需求的经济形式中的所有限制都被克服了。它允许生产和生产率的提高,并且因此对时间优势和时间效率的追求,必然导致要求生产独立化的不可避免的系统命令,这似乎能够同时产生相应的需求。"①

　　这是一个非常奇怪的现象,似乎生产的目的不是为了消费,而是超越了消费,生产的目的成了生产自身,消费只是等待被唤醒的和保证生产能够持

---

① [德]哈尔特穆特·罗萨:《加速:现代社会中时间结构的改变》,董璐译,北京大学出版社 2015 年版,第 191 页。

续下去的辅助系统。正是因为消费已经失去了作为生产的目的的功能,生产的动力完全受到了资本增殖需要的支配,以至于这种力量无法在消费端得到合理释放,而是在生产系统中积聚和变成了生产加速化的动力。然而,生产的加速化又直接反映在各种资源的消耗上,其中也包括时间资源的消耗。特别是对时间资源的消耗,把整个社会带动了起来,即整个社会在生产的带动下进入了加速运行之中。就时间来看,"在现代社会中的'操作性'的时间概念,在很大程度上是通过资本主义生产过程为特征的时间的具体化和商品化而产生和形成的,也就是说,通过时间变成短缺的,可以按照效率的观念进行经营管理的物品,时间被体验成线性的、没有特征的和抽象的数值就可以说明这一点。现在,资本主义企业家从他们的雇员那里买下的'时间'本身,而不再是他们的劳动所生产的产品"①。自觉的管理活动就是在这一背景下发生的。有了管理,所购买来的时间通过管理机制的整合,形成一个时间的社会系统。至于产品,只是社会时间系统运行的结果,而不能看作每个雇员个人的产品。

既然时间是以社会系统的形式出现的,在时间的开发和利用上所注入的每一份力量以及在计量方式上所作出的每一项改进,都会表现为作为这个社会时间系统拥有者的组织、机构或其他类型的社会系统运行的加速化。对于社会而言,该系统的加速化如果超出了其他的并行系统,就是社会的不平衡,就会表现为矛盾,从而予其他并行系统以压力,迫使其他系统也通过加速而实现对该系统的追赶。每一个管理系统都努力通过自身的各种各样的安排去实现对时间的高效利用,以求在竞争中获得优势地位。正是这样,进入了你追我赶的状态,并使整个社会呈现加速运行的状况。社会运行和社会变化的加速化又反过来施予管理以压力,使每一个管理系统都殚精竭虑地迎着这种压力去促使自身加速,迎接不断增长的流动性带来的挑战。

在工业社会的生成过程中,流动性已经展示出了力量,或者说,"动"比"静"显示出更多更为强大的力量。正如斯洛特戴克所说的,"如同拿破仑的军事政策,总是以运动的必要优先为其出发点,是从保持原样的港湾中驶

---

① [德]哈尔特穆特·罗萨:《加速:现代社会中时间结构的改变》,董璐译,北京大学出版社 2015 年版,第 191 页。

出，向外扩张渗透，或者人们能从中发现出一个伪装起来的船长理论。同样一个模式的反讽的变体则是马克思的性格面具理论：资本也总是能及时地催生出那种能够让它觉得恰如其分地、在特定情况下甚至是与之同流合污地代表它的人物来。作为无条件的藐视一切阻碍利润生成的事物的观念，资本自我拟人化为资本的占有者阶级以及企业家，它们能够聚集前进的能量，打破一切静止的社会关系，并冲破所有一成不变的状态"①。事实上，资本最为在意的就是流动性，每时每刻都努力为流动性加速，希望通过自身为流动性的加速而带动整个世界运转。在某种意义上，工业社会持续的加速化运行，就有资本追求流动性的一份贡献，我们甚至可以认为资本追求流动性所形成的力量是工业社会加速化的第一推动力。

如果技术的发展也在社会运行和社会变化加速化中发挥了重要作用，在很大程度上，技术的发展也是由资本的驱动之力促使其加速的。所以，如果说资本实现了对人际关系的改造，把人们带入了普遍的竞争状态中，那么可以认为，它给予社会运行和社会变化的则是直接的驱动力。随着由资本以及竞争驱动的世界进入了高速运行和变化的进程之后，也许只有在作为流动性第一推动力的资本以及竞争在新的动力面前显得失力的时候，才可能意味着人类历史真正地走进了一个新的阶段。但是，在未来的一个较长的时期内，资本和竞争都仍将持续地为社会运行和社会发展提供动力。也许有可能显示出逐渐弱化的趋势，直至最终退出历史进程，但这种理想不能代替我们对当前的管理以及社会生活现实所遭受的挑战的关注。

就自觉的管理生成于这一条件下而言，应当说已经包含了对社会流动性的回应。然而，与资本一道兴起的管理在基本思路上却一直致力于限制流动性，或者说，是通过把流动性纳入到控制范畴中之后而实现有效管理的。可是，在资本为社会运行和社会变化注入了第一推动力后，流动性已经不再仅仅反映在资本的运行上了，而是成为整个社会所具有的基本特征。虽然管理在 20 世纪的行程中已经扩大到了社会生活的每一个领域，但控制流动性的基本思路没有发生变化，而且在管理技术自身的提高以及不断引

---

① [德]彼得·斯洛特戴克：《资本的内部：全球化的哲学理论》，常晅译，社会科学文献出版社 2014 年版，第 104—105 页。

进其他工程的技术和社会的技术的过程中,也增强了控制流动性的能力。就 20 世纪的历史而言,一方面,社会运行和社会变化的加速化以及由于这种加速化带来的流动性处在不断增强的过程中;另一方面,则是因为管理的进步而实现了对流动性的有效控制和合理利用。而且,在这两个方面的互动中取得了令人惊异的社会发展成就。新近的情况却向我们提出了一个问题,那就是,这两个方面的互动会不会出现失衡?假若出现了失衡的问题,显然是管理的进步没有跟得上社会运行和社会变化加速化的步骤,已经无法实现对流动性的有效控制和合理利用了。

总体看来,如果说现代性的社会结构以及制度建构和人的生活、生产模式等都是建立在稳固的"陆地"上的,那么,我们今天的社会似乎是漂浮在海洋上的,甚至不像远洋货轮那样有着航行的目的地。我们大致能够猜测到社会前行是朝着一个不会令人乐观的方向驶去,会布满风险和危机,也无法确知将会出现什么样的结果。所以,我们只有努力去把握我们的社会在当下呈现出来的新特征。正是基于这样的要求,流动性进入了我们的视线。流动性已经确定无疑地成为我们社会的基本特征之一,但我们的思维方式、行为惯性和思想观念都是在现代化中形成的。特别是在 19 世纪末和 20 世纪初得以生成的管理,往往注重系统即组织内各要素的互动。就系统自身的变化以及与环境的互动,直到 20 世纪 50 年代才开始给予了一定的关注。即便如此,在组织设计和组织建构的理论视野中,也未对社会的高速流动作出充分的评估。更何况我们今天所遇到的问题还不仅仅是社会的流动性,而是因为社会运行和社会变化的加速化而使流动性处在不断增强的过程中。

单单是流动性这样一个向度,已经对 20 世纪所建立起来的静态的管理模式构成了巨大挑战,如果再增加一个流动性迅速增强的向度,则意味着既有管理模式所遭遇的挑战应当被理解成是一种致命的冲击。之所以我们在管理实践中尚未看到适应社会运行和社会变化加速化要求的安排,是因为人们与速度相关的意识和观念的缺乏。在既有的管理模式中,我们的一切管理活动都是依据组织做出的,是通过组织去开展管理活动的,也是对组织的管理。然而,在我们的思维中,组织则被看作是一个相对静止的实体性存在,虽然在管理的效率意识中已经包含了一定程度的速度意识,但那还是非常淡薄的。也就是说，我们并没有从速度的视角出发去思考管理的问题。当然，这与我们关于速度的感知是有关的。

我们知道，中文里的"速度"一词本身意味着一个运动中的物体在"速"上是可以"测度"的，但是，当我们说社会运行速度的时候，除非将其还原成某些指标外，在整体上则是不可测度的。社会运行和社会变化速度只是一种能够感知到的状态，而不是任何计量方法可以测定的，因而，我们关于社会的加速运行也只是一种既明确同时又模糊的感知。而且，也是需要通过同样属于感知到了的社会复杂性和不确定性的增长来加以印证的。不过，需要指出的是，尽管社会运行及其加速、社会的复杂性和不确定性都是感知中的现象，却又是确定无疑的客观事实，对我们每一个人的生活和活动都产生了影响。

我们无法运用科学手段去测量社会运行和社会变化的速度以及加速度，我们也无法准确地确定社会的复杂性和不确定性在量上的程度，但我们却不能不去据此安排我们的生活和活动。至少，在我们的行动策略中，都应将这些方面转化为必要的观念，并去寻找适当的方法。在今天，我们首先需要确立的观念就是，要把流动性本身看作是力的释放，只要不为流动性设置阻力，就不会有阻碍流动性的稳固设施，就没有必要担心稳固设施被流动性冲决的危机。顺应流动，引导流动，在流动中谋求平衡，是一个借力的过程，是能够达到良好的效果的。这应当是管理在新的社会运行和社会变化加速化的过程中确立起来的基本思路。

二、对社会加速化的回应

如果观察个人的生活和行为的话，就会发现，进入 21 世纪后，我们每个人都变得很忙，有着似乎永远处理不完的事情，总是频繁地从一地移动到另一地，每天都会接触到新的面孔，在处理每一件事情的时候都会因为没有意料到的"插入"而被打断。不过，个人的移动、生活节奏等是否呈现出了加速化，是可以运用某些指标来衡量的，甚至可以在与祖辈的比较中来作出定性的衡量，而社会运行和社会变化的加速化却不能还原为通讯、交通指标等，很难通过定量研究等去作出准确的描述，而是一种强烈的主观感受。这种感受是真实的、明确的，可以说没有人会对我们社会的加速运行持怀疑态度。可是,无论是在宏观还是微观的管理中,我们都尚未对社会运行和社会变化加速化作出系统化的和综合性的积极回应。

事实上,自20世纪80年代始,全球都进入了改革的季节,社会生活的各个方面也都因应社会运行和社会变化的加速化而不断地作出了一些调整,但这些调整更多地表现为"就事论事"的状况,积极地根据社会加速化而进行前瞻性和战略性安排的情况少之又少,甚至没有人去做基于社会运行和社会变化加速化的现实而进行主动性社会安排的工作。也就是说,我们是给予20世纪80年代以来全球性改革意识觉醒以积极评价的,因为这种改革意识的觉醒使人们能够去理性地反思既有的存在,不再把那些既成事实的建构物作为不可改变的圣物,而是愿意引进新技术去消减社会加速化带来的紧张。特别是在私人领域中,一些经济组织更愿意根据环境的变动去改变自身。但是,从已经做出的努力来看,总体上仍然属于一种消极性的回应。

现在看来,随着社会运行和社会变化加速化的现象越来越显著,也随着社会的高度复杂性和高度不确定性得到了人们的认同,我们必须去对它进行专门性的和系统化的研究,以便我们的政策制定、社会治理行动和全部管理活动都能将社会运行和社会变化的加速化作为一个重要因素考虑进来,甚至在我们的所有管理活动的开展中,都给予其重要地位。虽然社会运行和社会变化的加速化之于我们更多的还是一种主观感受,但我们对这种现象需要作出科学认识和思考,并努力将其转化为积极的社会生活实践。适应社会运行和社会变化加速化的宏观上的社会治理安排是必须付诸行动的,同时,也更需要将行动落实到微观的管理中。在某种意义上,只有当我们在所有的微观管理中都积极地回应了社会运行和社会变化加速化的挑战,并在管理创新方面取得了突破性进展,宏观意义上的社会治理才能顺畅运行。

如果考虑到社会流动性的持续增强正在打破社会构成上的宏观与微观的界限的话,那么,可能意味着"社会治理"与"组织管理"两个概念正在走向趋同,也许会出现这样一种结果,那就是,致使我们很难再去对社会治理与组织管理进行严格的区分。那样的话,关于社会运行和社会变化加速化条件下的管理问题的探讨,就应当成为关于人的社会性活动的理论建构的基本主题。罗萨在现代化的历史中把 20 世纪 80 年代以来的这个新阶段称为"晚期现代"，认为"在晚期现代社会中，大量的行为领域暂时的去规制化和去制度化，因而大大增加了制订计划上的开支，并且因此也增加了用于协调和同步化日常行为次序的时间需求。以集体共同的节奏和时间结构为代价所带来的结果是，每日的、一周的和每年的程序不再理所当然地是预先结构化的，而总是随着新现象的出现以及保持与合作伙伴的协调而不断地进行安排并行动的"①。

我们知道，管理在很大程度上是以时间协调为主要内容的。规制化和制度化条件下的行动由于可以按照计划进行，在时间上具有可预测、可计算的特征，而且社会时间与自然时间的差异也并未明显地显现出来，似乎时间的利用是直接根据自然时间做出的。在"去规制化"和"去制度化"的语境下，要求制定严格的和具有科学合理性的计划变得非常困难，甚至可以说是不可能的。因而，任何一项集体行动都需要在协调行动方面花费大量的时间。这个时候，如果还把时间看作是自然时间的话，必然会感到时间成了一种压迫力量。但是，在社会时间的视角中是能够找到时间节约方案的。比如，集体行动属于简单的还是复杂的活动，任务的个性化情况，行动者是否必须在同一时间会聚到同一场地开展行动，技术要求是怎样的……所有这些方面，都可以在合理安排中去获得远远超出自然时间数值的额外时间。

在"时间管理"的概念兴起后，特别是从新近的改革实践来看，似乎是在一种集体无意识的情况下走向了去规制化的方向，只有极少数国家是在法治建设的名义下去强化规制的。相应地，也只有少量组织是出于强化控制的要求而不愿意在去规制化方面采取行动。虽然这种逆历史潮流而动的做法短期内并未显现出危害性，但长期看来，却是非常危险的。因为对规制的强化必然会紧紧地禁锢住社会运行和社会变化加速化所形成的冲击力。一旦这种被束缚住的力量积累到一定程度，就会爆发，从而构成一次巨大的灾变。虽然私人领域在去规制化方面表现得较为复杂，但就总体趋势而言，经济组织更倾向于赋予规制以更大的灵活性。这也可以认为是私人领域中的

① ［德］哈尔特穆特·罗萨：《加速：现代社会中时间结构的改变》，董璐译，北京大学出版社 2015 年版，第 149 页。

管理活动总是领先社会的实际表现。

去规制化是与"非标准化"联系在一起的。在某种程度上,去规制化也是从非标准化开始的。关于非标准化,人们往往是在肯定性表述的意义上把非标准化称为"个性化"的。作为管理实践中的现实性操作,非标准化是因应社会的高度复杂性和高度不确定性而作出的选择。不过,学者们认为非标准化运动是从科学理论的发展中得到了启发而兴起的一场运动。20世纪物理学的发展遇到了粒子物理学的标准模型受到挑战的问题,"经过20世纪60—70年代的辛勤建构,这个模型在解释粒子物理学家在20世纪80—90年代积累起来的海量数据方面发挥了英雄般的作用。直到最近——随着中微子质量和存在暗物质和暗能量的证据发现——标准模型才开始遭遇挫折,我们至今仍不知道可以用什么新的理论来取代它"[1]。对于社会的发展而言,是否可以从粒子物理学的这种遭遇中获得启发呢? 其实,人类在全球化、后工业化运动中的诸多行动已经作出了回答。

从理论上看,在社会运行和社会变化加速化带来的高度复杂性和高度不确定性面前,作为一种思维定势的标准化遭遇了困难,因为高度复杂性和高度不确定性直接地对标准化形成冲击。我们知道,工业社会的巨大成功是源于标准化的,而且,无论在生产、生活和社会治理的领域,还是在科学活动、管理活动中,都或明确或隐蔽地拥有标准模型。事实上,法治本身就意味着某个标准模型的存在,而且法律本身就是最具权威性的标准。在微观的管理系统中,正是多元化、多样性的标准共同发挥作用,才使得管理显现出强大的功能。然而,社会运行和社会变化的加速化对标准化所构成的冲击是显而易见的,而且社会的高度复杂性和高度不确定性也意味着任何普遍性标准的确立都无法做到了。

我们不得不承认,今天我们遭遇的最大现实问题就是,在每一个行动领域和过程中,都无法确立标准模型。这一点,与粒子物理学的遭遇是非常相似的。对于科学家而言,"在粒子物理学领域,从来就没有人真的认为标准模型是最终解决方案"[2],但是,在对社会的观察中,人们却对工业社会这个

---

①②〔美〕麦克斯·布罗克曼编:《下一步是什么》,王文浩译,湖南科学技术出版社2018年版,第33页。

历史阶段中形成的依据标准生活和在假定的标准模型中行动这种定势深信不疑，不仅不敢设想终结这种状态，反而在对一切社会问题的诊断中都开出标准化的药方，我们日常听闻的最大批评声音就是关于不合乎法治事项以及微观系统中不依规而行的声讨之声。人们对标准化的热衷已经渗入骨髓，似乎没有什么因素可以促使人们改变这种偏好。然而，正是这一点妨碍了人们探索高度复杂性和高度不确定性条件下的生活和管理方式，没有把视线聚焦到标准无法确立条件下的管理如何可能的问题上。

20世纪后期以来，以个性化为表象的非标准化呈现出了加速化的趋势，不仅在日常生活的领域中，而且在管理活动中，非标准化都构成了一场潜滋暗长的运动，甚至在标准化追求中发展起来的现代性大工业，也在服务意识的引入中去努力打造个性化的产品，一些企业也在努力尝试从非标准化的生产和产品中去获得竞争优势。不过，在此我们也需要指出，个性化与非标准化又不是重合的，是不应将它们混同的，个性化决不应表现在对标准化的故意挑衅上，而应成为对更为优秀、优质和卓越的追求。所以，个性化也可能是在遵循标准的情况下做出的。标准化是工业社会为我们提供的一项社会进步成就，我们必须在此基础上去谋求对标准化的超越，而不是满足于破坏标准化，更不应在个性化的名义下去破坏标准化。如果把个性化追求理解成像"苹果"与"三星"手机充电器的接口不同，那就是对个性化的严重歪曲，就是一种"滥用个性化"的做法，或者说，属于"恶意非标准化"。在一切可以实现标准化的地方，标准化都依然是应当得到遵循的原则。只有在标准化妨碍了创造更为优秀、更为优质的服务和产品的地方，抛弃标准化才是合理的做法。

总体而言，个性化应当被理解成历史进步的标志，而不是在可以标准化的生产和服务事项上故意退回到前标准化的时代。所以，非标准化在某些领域和某些方面是必要的，但对于工业社会中形成的一些有益于人和能够为人带来方便的标准化，则是应当得到维护的。这对于管理而言，是一个需要去加以甄别和做出选择的问题。就管理自身而言，非标准化的、个性化的管理方式方法也应表现为理性选择，特别是需要在非标准化的追求中注入"管理就是服务"的理念。

斯科特等人提出了组织"功能冗余"的设想，认为功能冗余可以成为应对组织环境的复杂性和不确定性的一项较好的选择。斯科特等人说："在环境高度动荡和工作需求高度不确定情况下,功能冗余优于部件冗余。"[①]但对官僚制组织来说,特别是经济组织,往往不能接受这一点。因为支持功能冗余的资金以及其他资源消耗也许是巨大的,企业需要将这部分消耗计入成本。即便在政府那里,财政压力也迫使它不得不削减支持功能冗余的消耗。所以,这可以作为组织在高度复杂性和高度不确定性条件下应对突发事件的思路,却未能广泛地为管理者所接受和落实到管理实践中。特别是注重成本-效益核算的经济组织,往往把视线放在了一个较短时间内的收益核算上,往往不愿意去保留功能冗余。不仅如此,还时常对有可能隐藏在组织正常运行中的潜在功能冗余去进行压榨。

总的说来,在整个 20 世纪中,关于组织的功能冗余都没有成为一项管理策略对待,管理者往往会在战略管理的名义下去经营组织的部件冗余,甚至会将其作为一种看得见的成果而去证明自己在管理上的业绩。一般说来,典型化程度较高的官僚制组织更倾向于选择"部件冗余"的策略去提升自身应对突发事件的能力,而在要求对官僚制组织加以改进的建议中,则会推荐"功能冗余"的策略。单从理论上看,如果主张组织的"功能冗余",就会要求组织更多地向下、向基层放权,提升下层、基层的自治即自我管理能力,实现组织的扁平化和尽可能在基层作出"小单位"设置,鼓励组织成员通过学习而获得创新能力,特别是会倾向于设立更多灵活和多样的团队。

从 20 世纪后期以来的情况看,这种倡导组织功能冗余的意见已经成为一种主流看法。在功能冗余思路之下而作出的管理实践探索也取得了一定的进展,特别是在公共领域中,一方面通过机构改革去压缩部件冗余,另一方面又通过增强组织的灵活性以及引进新的技术而去开拓更大的功能冗余。以中国政府的机构改革为例,在"精简机构""转变职能""理顺关系"这三项目标中,精简机构显然是指向部件冗余的,而转变职能和理顺关系都属于经营功能冗余的做法。尽管如此,20 世纪 80 年代以来的公私部门的几乎所有改革,都仍然无法使组织在高度复杂性和高度不确定性条件下取得优

---

① [美]W. 理查德·斯科特、杰拉尔德·F. 戴维斯:《组织理论——理性、自然与开放系统的视角》,高俊山译,中国人民大学出版社 2015 年版,第 164 页。

异表现，以至于每一次突发事件的爆发，都因为应对上的不尽人意而引发了不同程度的恐慌，更不用说带来了各种各样的损失了。可见，作为官僚制组织改进措施的功能冗余策略远远不能满足高度复杂性和高度不确定性条件下的行动要求。

组织创新以及领导力的提升也被作为一条思路提了出来，但就创新的内容而言，一直是较为模糊的，只是一种对于管理者的原则性建议。奈特在考察工业社会经济组织的运营时看到，这类组织中的领导者——企业家——具有某种无法定义的能力，将这种能力运用在组织的人事安排上，会表现出一种"根据某人要从事的岗位，对此人作出判断，'激励'此人能高效地判断其他人或事"①。这也被认为是知人善任的能力，甚至可以造就出更多的企业家。但是，这种能力显然不是从教科书的学习中获得的，而且超出了工业社会科学的理解范围。即便在管理学的发展中产生了一门所谓"领导科学"，也是将这种能力及其物化归入领导艺术的范畴之中的。因此，奈特说道："领导力是最神秘莫测也是至关重要的个人禀赋。这种禀赋与人类的文明和有组织的生活水乳交融。这种禀赋甚至超越了我们称之为理性力的感知、关联等诸般能力。判断能力是实施承担责任之控制的关键。正是这种最本质的判断能力出现的误差，构成了竞争性组织（其他类型的组织也适用）运营的不确定性，而且也是唯一真正的不确定性。"②这种不确定性也许正是组织创新的根源。

我们知道，工业社会中的所有组织都倾向于追求常规化，可以说按照科学的理念和原则所作出的几乎所有安排都是指向常规化的，总是希望将组织的一切事务都纳入常规的轨道。除非是在组织遭遇风险和面临危机的时候，才会暂时忘却常规化的追求。所谓常规化，也就是在消除不确定性的过程中所获得的稳定性。在工业社会的这一追求常规化的基本语境和社会生态中，奈特所说的那种"领导力"显然是不合乎常规化思维的，是与常规化追求背向而行的。所以，必然会增加或助长组织的不确定性。奈特甚至将这种不确定性指认为组织运行中的"真正不确定性"。

如我们所分析的，在追求常规化的基本的和主流性的语境中，只有那些

---

①② [美]弗兰克·奈特：《风险、不确定性与利润》，郭武军、刘亮译，华夏出版社 2011 年版，第 233 页。

洋溢着进取精神的甚至有冒险冲动的组织,才会需要这种领导力。对于追求稳定和重于守成的组织而言,会表现出对这种领导力的排斥。事实上,就其基本语境、组织生态乃至社会生态来看,追求稳定和重于守成的组织是不可能让拥有这种领导力的人走上所谓领导者的岗位的。然而,在社会的高度复杂性和高度不确定性条件下,情况变得完全不同了。因为高度复杂性和高度不确定性条件下的组织都将处在风险之中,即便尚未遭遇风险,也面临着风险随时造访的可能性。这个时候,组织中荡漾的是风险意识,感受到的是复杂性和不确定性压力,以至于必须求助于奈特所说的这种领导力。如果说这种领导力是组织创新的动力源的话,所意味着的是"真正的不确定性",那么,它正好可以成为以创新和不确定性去应对复杂性和不确定性的新路向。

吉登斯从社会学的角度所看到的是,社会变迁包含在"去例行化"中。社会再生产在何种意义上实现了"去例行化",也就在同等意义上促进了社会变迁。在社会运行和社会变化加速化中,吉登斯所看到的这种情况对管理是有启发意义的。也就是说,管理必须在"去例行化"的基线上去安排所有管理事项。根据吉登斯的看法,"去例行化"一般会以三种形式出现:

"第一种可以被称作渐进性社会变迁:变迁是以社会再生产的意外后果而出现的。最典型的例子可能是语言变迁。每一次语言使用都可能导致语言改变,同时也导致语言的再生产。"[1]这种变迁是缓慢的,是在人的不知不觉中进行的,也许需要经历一个较长的时间段才恍然发觉社会已经发生了变迁。在这种形式的变迁中,"传统在时间消逝中'保证着'实践的连续性"[2]。在一个渐进的过程中,不断地进行着"某些传统实践被其他实践所取代。这并没有破坏传统的信仰和行为模式,只是用其他的传统实践取代某些传统实践"[3]。与这一种变迁不同,吉登斯认为第二种情况表现为"对现存规范的不同'解读'",正是因为存在着不同解读,引发了冲突。也就是说,"对传统的不同解读之间的冲突在某种程度上已经怀疑到传统本身,但只是用'各种传统'来取代'传统',在具有巨大变革潜能的社会运动兴起的过程

---

[1][2] [英]安东尼·吉登斯:《社会理论的核心问题》,郭忠华等译,上海译文出版社 2015 年版,第 233 页。

[3] 同上书,234 页。

中，这显然是一个根本的要素"①。这有可能成为一场巨大变革的前奏，至于是否演变成一场巨大的变革，将取决于各种力量的对比情况。第三种情况则是，"传统在这种情形中被作为一种合法化的方式而遭到否定；这种情形因此是最深刻的去例行化的潜在来源"②。一旦出现了这种情况，一场巨大的社会变革也就不可避免地要出现了。

吉登斯认为近代资本主义的出现就属于第三种情形："最能体现这种情形的是作为一种历史意识的历史性的出现：在追求社会转型的过程中积极动员各种社会形式。无论这种关系涉及的准确性质是什么，历史性的胜利毫无疑问与现代化资本主义的崛起息息相关。"③但是，这个第三种情形的社会变革已经超出了"再生产"概念能够解释的范畴，而是一种推翻了之后的重建。就此而言，已经不是去例行化的问题，或者说，原先的例行化遭到了全部拒绝和否定。

从吉登斯所分析的社会变革的三种情形看，"去例行化"是个核心概念，围绕去例行化的问题去进行思考，确实具有启发意义。也许正是因为有了这种意识，20世纪80年代开始，自觉的改革行动才成为一种风尚。如果把改革看作去例行化的积极举动的话，它实际上也开辟了一种社会发展模式，那就是，把去例行化当作一种日常性的行动追求，也许其中包含着诸多无谓的折腾，但求新思变的意识形态却呼唤出了巨大的变革能量。甚至可以认为，在把人类社会推上全球化、后工业化的快车道上去的动力之中，是包含着这一方面的。另一方面，去例行化不失为一个积极的思路。即便全球化、后工业化属于吉登斯所说的"第三种情形"的社会变革，如果希望它不像从农业社会向工业社会的转变过程中那样通过战争开辟道路的话，就需要自觉地在去例行化方面去做更多的工作。目前看来，关于改革的研究和探讨还远远不够，在某种意义上，改革的观念尚流于鼓动性的口号之上，理论探索尚付阙如。所以，在去例行化的问题上，各国都存在着反反复复的所谓"折腾"，而不是把它纳入到系统性的规划之中。而且，从世界范围来看，并未将去例行化纳入到积极回应社会运行和社会变化加速化的轨道上来。

---

①②③ ［英］安东尼·吉登斯：《社会理论的核心问题》，郭忠华等译，上海译文出版社2015年版，第234页。

　　我们之所以在探讨管理变革的问题时关注到了吉登斯的去例行化观点，是因为，虽然吉登斯所总结和概括出来的去例行化是针对社会变革而言的，但对于管理来说，面对社会运行和社会变化加速化的问题，面对环境的高度复杂性和高度不确定性状态，可以作为管理变革"抓手"的行为也许是可以在去例行化的思路中展开的。总的说来，尽管关于管理的理论探讨一直都在思考如何回应社会运行和社会变化加速化的问题，而且也提出了诸多如何应对社会的流动性、复杂性和不确定性的思路甚至具体方案，但从管理实践的要求来看，这是远远不够的。阿尔维森等人甚至认为，管理学同其他的社会科学门类一样，在社会变革的呼声越来越高的情况下，却假意举足而并不迈步。

　　阿尔维森和维尔莫特指出，"随着社会和生态问题在全球经济中日渐累积，在全球经济这艘'泰坦尼克'巨轮上，正被重视和整修的躺椅开始发出某种怪声。在此情势下，人们不是去处理这个浪费、分裂的经济体中更为根本的可防卫性和可持续性问题，而是把注意力集中于革新管理实践的标新立异的方法上——如全面质量管理和商业流程再造。人们对于既有组织实践的顽固性与低响应度所作的商业性关注与他们对假想的理性组织方式（如科层制）的虚幻效力的认识形成了共鸣。但是，人们对当代管理理论与实践的基本价值和目标的合理性所作的思考仍然很少"①。虽然我们不相信会有什么"更为根本的可防卫性和可持续性"的经济和社会模式，但阿尔维森和维尔莫特对管理学研究现状的反思性描述却是中肯的。无论在这个领域中出现了多少畅销读本，如果只是满足于提出一些新名词或针对实践贡献一些雕虫小技，都是无益的。即便是严肃和真诚地提出了建设性意见，如果耽于策略性的回应性追求，也是于事无补的。因为我们不仅面对着工业社会数百年发展中累积下来的问题，不仅因为这些问题相遇而产生的"化学反应"对我们构成威胁，而且人类社会正处在全球化、后工业化的变革之中。其中，社会运行和社会变化的加速化、社会的高度复杂性和高度不确定性，就是全球化、后工业化呈现给我们的基本的社会特征，或者说，是人类社会

---

① ［瑞典］马茨·阿尔维森，［英］休·维尔莫特：《理解管理：一种批判性的导论》，戴泰译，中央编译出版社 2012 年版，第 2—3 页。

全球化、后工业化的标志。在此条件下，我们只有从根本性变革的角度去思考问题，才能找到出路。其中，组织模式的重建，就是首要的任务。

三、寄托于组织模式变革

在一般的意义上，我们说管理是人类所特有的一项社会性活动，有了人类，也就有了管理活动。同时，管理又是对人的社会性活动的管理。然而，由于人的一切社会性活动都是以组织的形式出现的，所以，管理既是对人的社会性活动的组织过程，也是对组织的管理。人作为一种智能生物，其主动性就表现在：在面对一些依靠单个人的力量而无法应对的问题时，就会倾向于联合起来去开展共同行动，以求把个人力量集合起来，使之得到放大，甚至聚合起个人所没有的力量。一旦个人集合起来开展行动的做法成为一种稳定的模式，也就以组织的形式出现了，进而要求对组织以及组织过程进行管理。这就是人类的管理活动出现的逻辑。人类是唯一能够通过组织去开展共同行动的物种，而管理无非是组织的动态形式，或者说，管理也就是将人们组织起来的方式和路径。

人类社会的发展史表明，组织化的活动随着人类社会的进步而变得越来越普遍，特别是近代以来，应大生产以及广泛的社会分工的需要，开始了社会组织化的进程。今天，我们的社会已经是一个组织化的社会，整个社会的每一个方面都被组织了起来。正是组织构成了我们的社会，甚至可以说社会是存在于组织之中的，离开了组织，社会也就变得不可思议了。这一点在政治上的意义则是，近代早期的关于人的权利等各项构想如果离开组织的话，也都会变成空想。因为社会包含在了组织之中，一切关于人的或与人相关的设定，都无法在组织之外去寻求证明。只有在组织之中，才能实现对人的把握和理解。既然我们处在一个组织化的社会之中，管理活动也就成了人类的社会性活动的最为基本的形式。但是，管理的自觉以及管理学这门学科，并未因为人类社会有了管理活动而产生，而是在人类社会跨进了20世纪的门槛时才出现的。

管理学这门学科的出现，可以说是工业文明的一项标志性成果。人类社会的发展得益于管理，而管理学则意味着管理实现了自觉，并通过自觉的管理而推动了社会加速发展。人类社会之所以在20世纪进入一个快速发展的进程中,是与管理的自觉分不开的,特别是管理学所作出的研究和探讨,为一切组织化的社会性活动提供了科学指导。不仅是在生产、商业贸易等所构成的经济活动领域中,也不仅是在政治生活中,而且在文化、教育以及科学技术等活动中,都可以看到管理活动所提供的支持。在今天,一切社会活动都是在管理学的指导下开展的,而且人们在任何一项社会活动中也都能够自觉地运用管理学所提供的原理、方法和路径,努力实现管理的科学化。

组织是具体的历史条件下的产物,组织的工具性一面决定了它是人们在具体的条件下出于处理具体问题的需要而建构起来的,或者说,组织作为人们开展活动的集体行动方式,是把所有会影响到行动效果的因素都纳入了组织建构之中来的。所以,在社会低速运行之下产生的组织到了社会高速运行的状态中就不再具有适用性。当然,就如帕森斯所指出的,组织是一个社会系统,特别是在工业社会的组织本位主义条件下,它出于维护自身存在的要求,面对社会的变动时往往首先做出的是策略性回应。我们上述所介绍的"去规制化""非标准化""功能冗余""提升领导力""去例行化"等设想,都属于策略性的回应措施,都是建立在组织本位主义的前提下的。在我们今天所遭遇的社会运行和社会变化加速化的条件下,面对着高度复杂性和高度不确定性的世界,这些策略性的回应思路及其措施不仅无法解决那些纷涌而来的问题,反而把我们置于危机事件频发的状态。

之所以"风险社会"成为一个流行词,之所以我们经常性地面对危机事件的造访,并不是因为我们所拥有的技术手段不够,不是因为我们策略性的处事能力不足,而是因为我们赖以开展集体行动的组织模式与社会运行和社会变化加速化的历史性条件格格不入,以至于我们在管理上做出了再多的努力,也仍然处于被动局面之中。鉴于此,我们认为,唯有通过组织模式的变革,才能把管理带入一种新的境界,才能使管理适应社会运行和社会变化加速化的要求。管理无非是要去获得高效的集体行动体系,而一切行动体系都是以组织的形式出现的。显然,在不同的历史条件下,也就有着不同的集体行动方式,即有着不同的组织模式。

在工业社会中,我们所有的管理活动都是建立在官僚制的框架下的,或者说,是依官僚制为轴心而展开的。在整个工业社会中,社会运行和社会变化虽然也处在持续的加速化过程中,但在 20 世纪后期,社会运行和社会变化的加速化跃升到了一个新的量级,它对管理的挑战可以理解成对管理赖以展开的组织的挑战,意味着需要一种新的组织模式去替代官僚制组织模式。如果说官僚制组织是一种实体性的存在,那么,新的组织将以过程的形式出现。这就是一些关注组织发展动态的组织理论家们已经发现了的,"有机系统是对高度复杂性和不确定性的反应,它代表了这样的情形,'组织变成无主干的过程而不再是结构'"①。事实上,我们的社会已经进入了高度复杂性和高度不确定性状态,而且这是组织所遭遇的一种不可逆转的基本条件,意味着一切共同行动都需要在这一条件下开展。

社会的高度复杂性和高度不确定性已经成为共同行动必须接受的基本框架,作为共同行动体系的组织也唯有改变自身一途。这种改变也就是从根本上革除官僚制组织的机械性,强化组织的有机性。这样一来,所指向的,也就是合作制组织的全面出场。我们知道,整个工业社会的组织都属于控制导向的组织,所以,管理学的名言警句也就是"管理就是控制"。然而,在社会运行和社会变化加速化的条件下,出现了控制不可能的问题。这是因为,"在迅速加速的'全球'社会,同样的不确定性逐步控制了作为现代的机动性的中心维度的未来的生活伴侣和雇主,同样也支配着居住地点、政治方向和宗教方面的态度;并且也对边缘的社会维度的行为条件和背景条件的稳定性加以控制:哪些电话公司、保险公司和能源公司,哪些休闲联盟、投资者和疾病或医疗保险在'明天'仍然存在并且提供优惠的条件;同样不确定的问题包括,可以从哪些报纸、杂志、电视台、因特网提供者、搜索引擎那里得到可接受的服务(以及哪些朋友和熟人仍然住在同一座城市);哪些新的活动领域和实践活动形式将会产生,则是完全不确定的"②。不仅个人,就是任何一种社会力量,如果面对这种不确定性而实施控制,也都是枉费力气的,不会产生合目的性的结果。所以,行动策略的选择应首先将流动性计入考量之中,而管理活动的重心也就需要从控制确定性转到适应不确定性

---

① [美]W. 理查德·斯科特、杰拉尔德·F. 戴维斯:《组织理论——理性、自然与开放系统的视角》,高俊山译,中国人民大学出版社 2015 年版,第 194 页。
② [德]哈尔特穆特·罗萨:《加速:现代社会中时间结构的改变》,董璐译,北京大学出版社 2015 年版,第 134 页。

上来。

　　在社会低速运行的条件下，或者说，在社会的低度复杂性和低度不确定性条件下，经济组织的经营多样化，社会治理体系的部门多样化，都是降低风险的有效途径。在此背后，包含着一种常识性的判断，组织规模越大，承担风险的能力越强。它在某一个方面遭受了作为风险后果的损失，而在另一个方面则可能取得了更大的收益。即便在运气不好的年份，也可以维持账面平衡。这同样可以扩展到民族国家形态上来，在一些富足的、稳定的、几乎不会遭遇风险的地区，国家的人口以及地域规模愈小愈善，而在那些多灾多难的地区，总会产生规模较大的国家。在这背后，包含着农业社会已经盛行的互助原理。在社会高度复杂性和高度不确定性条件下，以组织规模的巨型化去提升抵御风险能力的思路肯定不再适用。组织规模在此条件下可能意味着承受风险的面积的大小。组织规模大，意味着会遭遇或承担更大面积的风险，反之亦然。

　　在低度复杂性和低度不确定性条件下，组织遭遇风险的概率较小。但是，规模较小的组织可能会因为一次强度并不很大的风险袭击就受到了致命的冲击，而规模较大的组织在遭受同样的风险袭击时，则表现出岿然不动的状况，而且较大规模的组织也有能力去建立风险防范机制和专业化的风险应对机构。在高度复杂性和高度不确定性条件下，情况就反过来了。规模较小的组织可能会因为其结构化程度较低而有着很高的灵活性，能够面对风险而采取较为灵活的应对策略。相反，规模较大的组织则会因为风险受力面的扩大而陷入应对失据的状态，要么顾此失彼，要么因分散力量而造成整个组织捉襟见肘。不过，我们这里描述的图景是从单个组织的角度出发看到的情况。或者说，在工业社会低度复杂性和低度不确定性条件下所建构起来的这一我们仍然处于其中的社会构图中，必然会呈现出我们上述所说的那种状况。为了避免上述状况的出现，就必须因应社会高度复杂性和高度不确定性的要求而在我们的观念中改变社会构图。这样的话，就会使得从单个组织出发去认识问题的视角失去意义。

　　我们在全球化、后工业化进程中所构想的是一个合作社会。在这个社会中，所有组织都处在一个广义的合作体系之中，通过合作行动应对风险。在这里，每个组织都是独立行动却不是独自行动，因而不会有规模扩张的冲动。同时,由于组织在人的共生共在的理念下开展合作行动,不是将组织自身的特殊利益追求放在首位,也就不再有排他性意识。因而,也就不再会受到排他性的驱动而作出扩大组织规模的选择。我们把这种组织命名为合作制组织,并认为它将成为官僚制组织的替代形式。在社会运行和社会变化加速化的条件下,在高度复杂性和高度不确定性的条件下,这种组织将会显现出其灵活应变的优势。合作制组织是在广泛的合作场域中开展行动的,组织本身专业化程度很高,并以自身的专业化而在合作场域中实现组织间的合作互动和联动。所以,合作制组织不会成长为巨型组织,或者说,合作场域决定了合作制组织不具有自我规模成长的动力。

需要指出的是,从官僚制组织到合作制组织的转变是综合性的、系统性的组织模式变革,而不是就组织某个方面所做的专项改革。当组织变革是一项专项改革行动时,其中必然包含着出于改革需要的控制,这种控制是服务于改革需要的,因而会冲击组织承担任务的各项活动,会把组织承担任务的各项资源用于改革活动。如果组织变革是包含在行动中的,关注点就不会放在改革自身,而是放在了承担任务上,因而不会挤占承担任务的各种组织资源,更不会出现与承担任务的要求相背离的改革。这是一种"行动中的变革"。虽然这种变革不会将改革成果集中呈现出来,却能够使组织承担任务的能力持续地得到提升,从而使一切为了改革而改革的做法显得没有意义。当然,对于这一问题是需要从总体历史背景来加以认识的。

在工业社会的历史背景下,组织本位主义文化决定了组织自身的存在是必须优先考虑的问题,从而生成了"只有组织的生存成为现实才能承担任务"的机械组织观。受这种组织观的影响,往往因为追求组织自身的稳定性而导致了环境变动受到忽视,同时,组织要素的变化导致的各种各样的矛盾也会积累起来,直至组织发现自己已经陷入困境的时候才会提出改革的要求。在全球化、后工业化背景下,组织的这种运行路线难以适应迅速变动的社会要求,而且高度复杂性和高度不确定性的组织环境也不允许组织等待各方面矛盾积累到一定程度时再发起一场改革,而是要求组织处在随机变动之中。就此而言,我们所说的这种"行动中的变革"是最能适应高度复杂性和高度不确定性条件下组织变革的改革模式。

合作制组织处在一个持续的建构过程中,它作为一个行动系统是不断地通过自身的调整和变换而得以建构的。这种组织建构的日常化使组织变革的理论失去了意义。这是因为,只有对于结构稳定的组织而言,才会随着问题的积累而变得不适应,从而谋求变革,而在合作制组织这里,变革已经常态化,是每日每时都在发生的组织建构过程,或者说,变革就是合作制组织存在的基本方式。所以,变革已经成了合作制组织的基本特征,以至于把组织变革作为一种特殊现象而进行专门探讨不再有意义了。也就是说,合作行动体系更多的是以一种"流态"的形式出现的,而不是可以进行静态观察的实体。合作行动体系的每一种构成要素都处在流动之中,会因为承担任务的需要而随机组合,各种关系也表现为随机性耦联的状况。合作制组织每日每时都会获得新的面目,因为它作为一个集体行动系统是在行动中得到持续不断的建构的,无论在形式上还是在合作内容上,都在行动的展开过程中发生改变,也许这种改变是极其微小的,却是持续发生的。所以,合作制组织的变革是分散在行动过程的每一个步骤之中的,而不是以一场运动的形式出现。这样一来,合作制组织中也就不再会出现新旧结构的矛盾,整个发展过程反而显得平稳,而不是以动荡的方式去诠释组织变革。

当社会运行和社会变化加速化把一个高度复杂性和高度不确定性的社会带给了我们的时候,其实也就等于告诉了我们,"我们永远都不可能提前知道将要发生的事,也不可能知道其演变规律。变化是难以应对的,因为它不是一个自然的过程,而是一个创造、发明、发现与构造的过程"①。因而,组织的行动更多地表现为一个集体学习的过程,在学习中实现相互适应和合作行动。就行动是一个学习过程而言,可以增强互动的有机性;就学习是合作行动的重要组成部分而言,本身就是解决问题和承担任务的重要方式和途径。所以,合作制组织也是一种真正的学习型组织,是超越了当下流行的那种静态的所谓"学习型组织"范畴的新型组织。正是作为一种真正的学习型组织,合作制组织能够打破管理者与普通组织成员间的界限。这实际上是,用学习机制实现了对组织的整合,把全部组织注意力都引向了对任务的承担,随时准备回应社会运行和社会变化加速化中产生出来的问题。

---

① [法]克罗齐耶、费埃德伯格:《行动者与系统——集体行动的政治学》,张月等译,上海人民出版社2007年版,第381页。

　　尽管合作制组织在运行中也会存在着一些管理事项,但管理者并不是固定的角色,合作制组织中的管理活动完全以任务和合作行动的情况而定。原则上讲,合作制组织是没有专门的管理岗位和职位设置的。即便存在着管理岗位和职位设置,也不是与具体的人稳定地联系在一起的,而是根据任务和合作行动的情况而由具有所需经验、知识和智慧的人随机填充进去。就人与管理岗位和职位的关系而言,是随机的和暂时性的。这应当是一种管理非专业化的状况,因而,管理权也就不可能因其支配性而成为个人谋取私利的工具。在社会运行和社会变化加速化的条件下,管理所要营造的集体行动体系应当充分注重其成员行为默契的价值。管理者应当把造就出这种成员间的行为默契作为管理工作的重心对待。

　　既有的经验告诉我们,人在共同行动中的默契可以通过学习和训练去达成。比如,一些大型的需要团队合作的游戏(如足球运动)就是这种达成默契的典型案例。也就是说,球员间在围绕着运球、传球等而在快速奔跑中所形成的一系列随机性的默契配合,是通过长期的学习和训练而养成的。在我们思考合作制组织的时候,这种通过学习和训练而达成的默契也许并不是一种理想的合作模式,而且,获取这种默契的训练成本也许是十分高昂的,以至于将其推广到所有的共同行动之中去会变得非常困难。就我们把合作制组织定义为社会高度复杂性和高度不确定性条件下的行动体系而言,组织承担任务和合作场景的复杂性和不确定性也远远不是在足球场中玩一场足球游戏可以相比的。在这种情况下,虽然通过大量的甚至高强度的学习和训练能够使组织成员在合作行动中拥有默契,但那种默契毕竟是属于较低层次的默契。但是,足球游戏中的递球员间的默契,对于构想合作行动,是有启发意义的。

　　在合作制组织中,组织成员的合作行动应当拥有更高水准的默契,这种默契并不单纯是通过学习和训练就可以获得的,而是取决于组织成员的感知力、理解力。是因为组织成员对合作行动的场景、过程、合作者的行为等等都有着准确的感知和理解能力,才能够在合作行动的每一个需要默契的时刻都实现默契。一旦认识到了这一点,我们就重新认识到学习和训练的重要性。但这种学习和训练应当服务于培养组织成员的各个方面的甚至综合性的感知力和理解力,而不是让他们学到某种默契的技巧。客观地说,合作制组织的开放性和流动性决定了组织成员长期合作并不是一种可以期待的和需要去加以干预的状态,但是,如果组织成员能够长期地在承担多项任务的过程中都成为合作伙伴的话,他们在合作行动中肯定能够获得更多的默契行为。特别是在先行学习的功能和效益都极其微弱的情况下,组织成员的长期合作就会更加显现出有益于默契行为生成的效果。

关于合作制组织的上述基本构想是在对官僚制组织的反思中提出的,更是针对社会运行和社会变化加速化提出的设想,目的是要考虑如何在高度复杂性和高度不确定性的背景下开展集体行动。如果我们能够沿着这一设想建构起一种全新的组织——合作制组织,也就再一次实现了管理革命。在某种意义上可以认为,在 20 世纪发生的可以追溯到泰勒的所谓"管理革命"应当准确地被命名为"管理自觉",而真正的革命是发生在社会运行和社会变化加速化达到了一个新的量级的条件下的。因为今天的管理面对的是社会的高度复杂性和高度不确定性,意味着在 19 世纪末 20 世纪初低度复杂性和低度不确定性条件下所形成的全部管理意识都因为这一条件下的变化而必须得到改变。考虑到组织对于管理的重要性,我们把管理革命的希望寄托在组织模式的变革上,这应当属于一种具有合理性的思路,但必须说这是一个初步构想。

第二节　效率观念正在改变

工业社会自一开始就是生产导向和经济发展导向的,而不是生活导向的。虽然人们一直持有生活是目的的幻觉,但在实际上,人们总是忘记这个目的。生产导向和经济发展导向也就意味着整个社会建构以及对人的要求都从属于生产和经济的发展,从而使得政治哲学关于公平、正义等激动人心的字眼显得较为虚幻。因为人们在衡量一个社会的发展水平时,更多考虑的往往是经济方面的指标,即使去定义人的生活水平,也会专注于经济方面,而人的道德、情感、思考等对人的生活是否构成影响,在人际关系的调适方面发挥什么作用,往往会受到忽略。最为重要的是,那些缺乏从事生产活动和参与经济竞争能力的人,则被看作是应受到照顾的和应被施予恩惠的人。

　　另一个怪现象是,那些专门从事政治和社会治理活动的人,却因为能够左右生产和经济发展而被给予了过高的社会地位。就这个社会的特征来看,生产导向和经济发展导向突出了效率追求,使得人们办一切事都把效率放在了首位。显而易见,如果社会是生活导向的话,那么,慢节奏、放松身心才是一种理想的状态,而生产导向和经济发展导向则让人不仅在生产和开展经济活动的时候处于紧张状态,而且在生活中也会讲求效率。不过,在 20世纪后期,人类进入了全球化、后工业化进程,工业社会那种无处不讲效率的状况正在发生改变。虽然工业社会效率文化的影响还会存在相当长的历史时期,但人们的效率观正在发生改变。特别是人们将不再把效率当作直接追求的目标,而是当作行动的结果来看待,让效率从属于价值的统驭并服务于价值目标的实现。

一、从效率追求到社会竞争

　　人们在社会生产和活动中对效率的追求是工业社会的基本特征之一。但是,根据蒂利的看法,农业生产效率的提高是城市化的动力,"只有当农业和运输变得相对高效率或强大的压力驱使人们离开土地,城市才迅速地增长起来"[1]。这就是说,是因为人们首先有了效率意识,表现出对效率的追求,才使得工业化、城市化获得了原初的动力。的确,农业生产效率的提高,一方面提供了更多的食品,促进了人口的增长;另一方面又制造了大量剩余人口,从而促进了人口向城市流动,或者说创造了城市去容纳剩余人口。

　　农业生产所依靠的是土地,在可耕种的土地面积一定的条件下,农业生产效率的提高必然会引发人口剩余,而且也带来了产品剩余。人口与产品的剩余这两项条件决定了产品交换变得必要。对于交换而言,集中地在相对稳定的集散地进行,也是交换效率的保证。因而,交换效率的要求促使城市的出现。从逻辑上看,在农业生产效率普遍提升的过程中,必然会激发出人们的效率意识。效率的获得,则依赖于良好的经营甚至管理。同时,经营和管理上的差异,造就了竞争的效果,使一部分人因其效率而获得了兼并的能力。结果,一部分淘汰出局的人也就不得不告别农业生产和投靠城市。

---

① [美]查尔斯·蒂利:《强制、资本和欧洲国家》,魏洪钟译,上海世纪出版集团 2007 年版,第 21 页。

这就是中世纪后期城市化进程的基本概貌。起初,城市所发挥的是农产品集散的功能,随着农业生产效率的不断提高,剩余人口也急剧增加,并迅速地涌进城市。这时,农产品的集散已经无法消化大量来自农村的剩余人口,因而,需要开辟新的产业,而且农业生产对效率的追求也对生产工具的改进提出了越来越高的要求。这样,城市开始有了生产,有了工业。

在某种意义上,可以认为,一个地区或国家能否实现工业化,取决于城市的转型。如果城市仅仅作为农业产品的集散地而存在,那么,这个地区就无法走上工业化的道路。因为只有城市开始有了生产,才会把农业社会中本已存在的效率意识极大地激发出来,才让城市的运转洋溢着效率的气息。在这方面,中国就是最好的例证。在中国的农业社会历史阶段中,城市有着非常古老的历史,但中国古代的城市一直未实现从农业产品集散向工业产品生产的转型。即便是存在着一些手工业生产,其规模也是极小的,更不用说社会化大生产了。西方中世纪后期的情况不同,特别是在西欧地区,随着农业人口涌入城市,手工业生产不仅在规模上迅速扩大,而且不断地在自我改造中走向了社会化大生产的道路。进而,促进了交换以及交换内容的多样化,促进了服务于社会化大生产的资本积聚,促进了市场的完善,西欧走上了资本主义的成长之路。在此过程中,是效率意识促进了城市化和改造了城市,即推动了城市的转型。同时,在城市实现了转型之后,又极大地增强了人们的效率意识,让人们把对效率的追求植入一切生活和活动之中。就此而言,中国在改革开放初期倡导所谓"深圳速度"显然是一个正确的切入点。

在资本主义的生成和成长中,城市中的社会化大生产发挥了轴心作用,而仅仅发挥农业产品集散功能的城市显然是无法扮演起引发资本主义成长的角色的。在某种意义上,城市天然地就是交易场所,就是市场。但是,只有当城市同时也获得了生产功能时,才包含着促进资本主义成长的能量。在这两种类型的城市背后,我们看到的是经济结构以及社会结构的不同。作为农业产品集散地的城市是附属于农村的,通过农业产品的交易而为农业、农民提供服务,这种城市仅仅扮演着中介的角色。一旦城市有了生产功能,不仅会对农业产品进行深度加工,而且会致力于工业产品的生产。这个时候,城市的角色也就多重化了,甚至会成为与农村开展着凭借自己优势而进行平等交易的主体。特别是当分散在农村家庭中自给自足式的手工劳动转移和集中到了城市之后,农村的自主生存能力受到了削弱,以至于形成了对城市的依赖。新的景象是,城市所生产出来的大量工业产品被输送到了农村。出于提高农业生产效率的目的,城市在工业生产方面所形成的体制和经营管理模式也被输送到了农业生产过程中来。特别是当城市中积聚起来的资本被投向农业生产过程中的时候,农村得到了彻底改造,劳动方式发生了根本性质的改变。虽然农业生产在类型上没有出现明显的变化,但生产过程以及生产目的等诸多方面都打上了工业化的印记,从而成为工业社会的构成部分,最大可能地去利用农业生产的资源,向土地要更多的农产品。所以,城市不仅开启了工业化进程,而且在实现了对农村的改造后将农村形塑成工业社会,有了效率追求的生产模式。

在工业社会中,也存在着对效率追求的反思。特别是在 20 世纪,当效率意识已经成了一种工业社会普遍拥有的文化时,人们对效率所导致的公平的丧失以及社会运行的畸形化等提出了诸多批评性的意见。在对效率的反思中,即便是经济学家,也对人异化为效率的工具这一状况作出激烈批评。如弗里德曼就指出,在片面效率观的视野中,"至少有三个理由来说明,首先,虽然经济效率——简言之,使人类的幸福总量最大化,既然这个目标几乎对于每个人来说都是重要的,所以就有必要考虑实现这一目标的最好规则;其次,有证据表明我们生活中的大部分法律制度能被解释成为产生有效率结果的工具。如果真是这样,经济学的方法可以为法律以其现在的形式存在提供一个正确的描述,因此它提供了一条理解法律的途径;最后一个原因是,找出什么样的规则会导致更有效率或更无效率的结果是经济学家所知道的事情之——当你有一只锤子的时候,其他所有的东西看起来都像是钉子"[1]。效率并不是人类生活的全部,人不应异化为效率的工具,反而,效率只是人的理想生活得以实现的途径。如果效率不能给人的生活带来应有的幸福,那么效率就是没有意义的。同样,我们还看到,阿玛蒂亚·森的理论贡献在于,他从经济学的角度证明效率目标以及从属于效率目标的工

---

[1] [德]大卫·D. 弗里德曼:《经济学语境下的法律规则》,杨欣欣译,法律出版社 2004 年版,第 201 页。

具理性在社会发展的指标体系中并不是最重要的因素,与正义、自由等相比,它反而应当被放置在从属的地位上。

如果说效率意识和效率追求在从农业社会向工业社会的转变过程中发挥了驱动作用的话,那么,市场经济条件下的竞争则对人们的效率追求形成了一种强大的压力,迫使人们必须在一切生产和经营活动中讲求效率,否则,就会被淘汰出局。其实,竞争在任何时候都不仅促进了个人行为的效率,而且也促进了社会整体的效率。正是因为有了竞争,才使得工业社会显现出了如此巨大的活力,才在这么短的时间内创造出了如此辉煌的物质文明成果。与农业文明数千年所取得的社会进步相比,工业社会在几百年的时间内一直是大踏步地向前迈进。其中,正是效率追求,把人们推上了这列愈行愈快的列车,以至于人类到了 20 世纪后期进入了高度复杂性和高度不确定性的状态。社会运行的速度之快,已经达到了人们无法驾驭、无法适应的地步。

在工业社会的发展过程中,人们对竞争行为的社会功能以及竞争的应有状态都一直进行持续不懈的思考,关于竞争的最具有代表性的研究成果就是"博弈论"。博弈论提升了竞争的理性化水平,为竞争者提供了科学合理的竞争技术,对于社会整体效率的提升而言,无疑使之实现了一次飞跃。但是,当我们看到一切竞争都将消极后果投向了环境,由社会中的未进入竞争过程中的那部分人承担,进而,整个社会的竞争所引发的消极后果又由自然界承担,这样的话,我们就会对竞争作出另一种评价了。也就是说,我们就不会仅仅看到竞争所带来的和所取得的直接成果,还会看到它层次展开的消极后果。一旦作出这样的审视,我们对博弈论在提升竞争技巧方面的贡献也就无法再报以赞赏的态度。当我们的关注点投向了人的共生共在时,即便博弈论所带来的社会效率整体提升也不是值得赞赏的科学成就。因为当博弈论在促进社会效率整体提升时,罔顾了人类赖以生存的自然界。当自然界不堪承受人类竞争对它的破坏时,一种针对整个人类的报复性回应也就可能是人类所无法承受的危机。

对于这个问题,我们一再地提起,但是,在理解效率的问题时,我们还是需要指出,竞争之所以能够赋予社会以活力,即提高生产效率和社会效益,是因为社会系统之外有一个自然系统,并默默地承受、吸纳和消化了竞争以及竞争所引发的有害后果。其实,在工业社会的历史阶段中,即在这个可以用竞争来标识的社会中,系统与环境的对应关系一直是竞争收益的秘密所在。一个小的系统之所以在内部竞争行为中获得了相对于环境中其他系统更大的活力和更多的收益,其实是把竞争垃圾抛到了环境中,让环境中的其他系统消化和吸收该系统抛弃的垃圾。当该系统与其他系统也处于竞争状态和形成竞争关系时,也同样把竞争垃圾抛弃到更大的系统之中。最终,是人类社会这个巨系统把竞争垃圾抛弃到自然中。在工业社会的数百年历史中,自然界一直是人类社会的竞争垃圾回收站。现在,这个垃圾回收站已经填满,不断地发酵,把有毒气体散播到社会之中,宣告人类已经无法再将竞争垃圾塞进这个回收站了。如果人类意识到了这一点的话,就应当终结竞争模式,并代之以合作模式。

就此而言,合作社会完全是基于现实的构想,是在人类已经没有出路的情况下提出的新构想。可以想象,在合作的社会中,人们不再追求以自我(即个体的人)为原点的收益最大化,而是把人的共生共在放在第一位。那样的话,人们仍然会有着效率意识,会在各项活动中把效率放在首位。但是,效率不是出于竞争的需要,而是为了人的共生共在。与竞争不同,合作收益是总体性的收益,超出了利己还是利他的思维所能够把握的阈限。合作社会中的人是在人的共生共在的追求下基于合作的理念开展行动的。也许在一时一事上,在某个具体的项目中,人们没有获得明显的收益,但在无论是空间的扩展还是时间的绵延中,都能取得合作收益。而且,这种收益在总体上是大于竞争收益的,是可以为人的共生共在提供强有力的支持的。

二、政府的效率追求

19 世纪末 20 世纪初,政治与行政的分化是社会治理领域中的一件大事。正是这种分化,使作为行政部门的政府可以致力于效率追求。20 世纪中期,随着科学技术成果在公共行政领域中的广泛应用,政府进入了科学化、技术化的发展进程。借助于科学技术成果,政府的高效率体现了出来,似乎让人觉得政府就是为了效率而存在的。但是,政府的效率追求很快地就受到了怀疑,各种各样的批评之声也开始出现。正如纳特等人所指出的,"对于公共组织而言,公平对待每个委托人并为其提供服务比效率更重要。

效率在私人组织中占有极其重要的位置,但随着公共性的增长,效率及其他与成本紧密关联的目标越来越不重要,公平则越来越重要"①。如果我们以公共性为尺度而把组织加以排列,就可以清楚地看到,随着组织公共性程度的加强,社会对它的公平要求也依次增强,而对它的效率要求则出现递减的趋势。

　　就政府作为公共组织而言,本来应当更多地承担公平的职能。然而,由于公平的标准是难以确定的,公众对公平的理解会出现各种各样的分歧。所以,政府官员往往倾向于选取效率目标。如果实践上的这种表现还能够经常性地受到政府官员的道德知觉所矫正的话,那么官僚制的形式合理性设置则把政府官员置于不可选择的效率目标中去了。事实上,在对现代主义公共行政的审查中,效率追求受到了越来越多的质疑。相信要不了多久,在公共行政的重建中,效率就不再会是一个基本的目标。这样一来,"由于缺乏一个效率动机,道德问题便成为行政管理者更为关切的问题;就是说,如果仅仅对效率的需求还不足以让人履行职责,那该要什么样的推动力?行政者在与他人的关系中该如何行动?"②提出这些问题,必然会把我们导向道德,即对行政体系道德属性的关注。

　　政府是按照官僚制的方式组织起来的,有着等级结构。在社会低度复杂性和低度不确定性条件下,这种等级结构使命令-服从关系得以维系,使分工-协作在每一个层级上都能够得到上一个层级的整合,因而,使得整个组织显现出行动上的高效率。然而,当社会进入了高度复杂性和高度不确定性状态时,等级结构反而成了政府反应迟钝的根源。所以,20世纪后期以来,政府的改革虽然没有将直接目标定在改变其等级结构上,但在具体的目标背后,却包含着改变其等级结构的意涵。事实上,20世纪80年代以来,在政府致力于自身改革的过程中,社会也发生了急剧的变化。特别是各种各样新的社会组织的出现,使社会结构因为这一新的因素而发生了变化,一种网络结构正处在生成过程中。如果说包括非政府组织在内的各种各样的新

① [美]保罗·C. 纳特、罗伯特·W. 巴可夫:《公共和第三部门组织的战略管理:领导手册》,陈振明等译,中国人民大学出版社2001年版,第36页。

② [美]戴维·约翰·法默尔:《公共行政的语言——官僚制、现代性和后现代性》,吴琼译,中国人民大学出版社2005年版,第309页。

社会组织正在进入社会治理过程，或者说，正在成为社会治理中的新生力量，那么，这本身也意味着社会治理体系发生了结构性的变化。

具体地说，如果原先的社会治理体系是与政府这个概念重合的话，或者，如果说政府原先垄断了社会治理的话，那么，由于新社会组织的进入，政府垄断社会治理的局面被打破，社会治理转变成了多元主体的共治。这样一来，社会治理体系也就出现了结构上的变化。进入新世纪后，社会治理的网络结构已经生成。当政府的等级结构为社会治理的网络结构所取代，也就能够对快速变化的环境作出更为快捷的反应。因为网络结构不仅把政府置于与其他社会组织的共同行动之中，也使政府组织的各个部门间、分支机构间、职能机构间以及府际交流和解决问题的效率都达到很高的水平。

在政府改革的过程中，最具显示度的是新公共管理运动。我们知道，新公共管理运动的行动纲领是克林顿政府时期的副总统戈尔提出的一份改革报告，但这份报告依然洋溢着效率导向。所以说，它并没有实现对传统公共行政的超越，只不过是一场谋求效率实现途径的改革。尽管新公共管理运动也是从属于效率追求的，却对官僚制持激烈的批评态度。也就是说，新公共管理运动与官僚制都属于同一个效率文化的框架，但在官僚制那里，效率文化被阐释得较为狭隘，是直接指向目标的。因而，也就在目标所框定的界阈中被认为是合乎道德的了，人们甚至会把效率追求本身看作是道德的。尽管在官僚制那里从来也没有作出过这样的表述，甚至是用合理性的视角排斥了道德关照，但就效率追求包含着公共利益实现的最大化而言，又是可以理解成合道德性的。

在新公共管理运动这里表现得有所不同，目标被分解为许许多多具体的指标，并把这些具体的指标安置到分散的而不是统一的行动中去，从而使政府在整体上获得一种整合后的效率而不是直接的效率，政府的行为也就更多地指向了效率实现的空间而不是效率本身。因而，效率与道德直接相联系的情况更多地反映在分散的行动而不是政府整体的层面上，让分散的行动过程以及行动者去决定是否需要道德。至于政府，所要求的是效益，效率不再成为关注的中心。当然，就新公共管理运动后来发展出了绩效管理制度而言，却仍然把效率放在了中心位置上了。应当看到，在市场经济条件下，由于市场主体利益的分化，不可能使得每一个社会群体和社会成员的利益需求都得以满足,这就要求我们从效率与公平、稳定与公平的辩证统一的关系出发,抓准最大多数人的共同利益与不同阶层的具体利益的结合点,建立规范的对话和协商机制去解决效率与公平的问题。在处理和协调各种利益矛盾时,要注重尊重和依靠群众团体、自治组织等社会力量。

社会组织和社会团体是建立现代化和谐社会的一个重要因素,他们具有比个人更强的政治经济表达能力,具有更强的协调各种矛盾的能力。所以,从 20 世纪的情况看,围绕着效率与公平的几乎所有争论都是到公共利益那里去寻求论证支点的。但是,公共利益概念的内涵是不确定的,"由于不存在一个能够毫无质疑地被公认为是'最好的看法'的公共利益概念,每个官员只是根据自身的理解来追求公共利益。结果是,有多少人思考这个问题,就几乎有多少种公共利益的概念"①。所以,官僚制组织倾向于回避谈论公共利益的问题,因为它无法找到可操作性的方案将其付诸实施。官僚制组织适应于解决一切具有确定性的问题,而且问题的确定性越是能够以明确的任务出现,就越能被用来证明官僚制组织的效率。对于一切不确定性的问题,特别是表现为概念上的不确定性的问题,官僚制组织都会表现出力不从心的窘状。

官僚制组织在解决不确定性问题方面的不适应性决定了它无法直面公共利益的问题,这也决定了一切试图在官僚制的框架下去探讨公共利益实现路径的讨论都是没有实际价值的。但是,根据我们的设想,公共利益概念在内涵上的不确定性却为合作制组织创造性地实现它提供了表演的舞台。具体地说,公共利益不从属于分析的把握,而是从属于直觉的把握,它的不确定性在不同的组织成员那里有着不同的内容。组织成员会因为个人的道德素养和经验、知识的拥有情况而对它作出不同程度的把握,组织成员个人的能力以及合作技巧也会在促进公共利益的实现问题上表现不同。公共利益所确立的认识方向和促进其实现的路径,在不同的组织成员那里却不会表现出不同。由于这个原因,合作制组织不会刻意追求公共利益实现的任何可操作性的方案。尽管合作制组织并不刻意追求任何可操作性的方案,却又能够更好地促进公共利益的实现,会显现出公共利益实现上的高效率。

---

① [美]安东尼·唐斯:《官僚制内幕》,郭小聪等译,中国人民大学出版社 2006 年版,第 108 页。

　　如果说在 20 世纪人们是把公共利益的实现寄托于制度的稳定性的，也把正义的实现寄托于程序的合理性，那么，当我们进入到 21 世纪这样一个高度复杂性和高度不确定性的时代，公共利益以及社会公平、正义等价值的实现，都更多地取决于公共部门行动者的创新行动。如果不是行动者的持续创新，稳定的制度所呈现给我们的都将是它的缺陷。同样，合理的程序所呈现给我们的也恰恰是不合理性和僵化的一面。这样一来，我们就会遇到一个问题，工业社会在社会治理方面一直要求这个领域中的行动者成为遵守规则的模范，要求他们一切都依规则而行。即使授予他们一些自由裁量权，他们也必须严格地在监督之下使用，而且在自由裁量权得到使用时也需要得到事后审查。一旦要求社会治理中的行动者用创新去维护公共利益和供给正义，其潜台词也就是可以允许他们不再拘泥于规则的约束和控制。如果这样，社会治理者的行为在何种意义上能够保证走在维护公共利益和供给正义的道路上，显然是需要找到一个支点的。正是这个原因，我们把视线转向了社会治理者的道德存在。而且，在这样做的时候，我们也是充分地考虑到了高度复杂性和高度不确定性条件下恪守规则的不可能性。

　　在高度复杂性和高度不确定性条件下，社会治理所面对的是个性化的任务，不可能有同一的、普遍的、外在性的规则供他们遵守。人们在社会治理过程中被给予的，仅仅是一些原则性的规定。特别是在正义供给方面，人们无法求得外在依据，而是需要发之于心，即根据自己的道德存在去作出判断和作出行为选择，用自己的行动去赋予社会治理体系运行的效率。而且，这个时候，效率与公平也就实现了统一。我们看到，既有的关于效率与公平问题的争论都是在现行管理制度和行为模式下进行的，如果我们希望从根本上改变效率与公平的矛盾，需要谋求制度和行为模式的根本变革。合作制度与行为模式的确立，正是以这种变革的目标而成为可以追求的。合作制组织将超越公共行政诞生以来关于效率与公平的二元追求，它把效率与公平当作前提而不是目标。

　　合作制组织将使一切合作互动行为都从效率和公平出发，而不是把效率和公平作为它必须达到的结果。尽管不把效率与公平作为目标而追求，却能够在合作制组织的运行中消除效率与公平的矛盾，使以往把效率与公平作为追求目标时出现的不平衡都整合成为有机整体。总之，效率与公平统一了起来并得到了有效的实现。合作制组织的最为根本的优势在于，"将来源各异的资源配置到一个有效的序列中，以带来超出单个组织的能力的结果"①。就某一单个组织来说，可能其能力并不显得很强，其效率并不是很高，但在合作制组织的合作行动中，却总是能够达成最佳的效果。

三、合作制组织的效率观

在现实中，存在着大量的任务不明确或效率低下的组织。在工业社会这样一个社会分工与社会竞争的环境中，一个组织如果缺乏明确任务的话，就意味着它在社会分工体系中的地位是不明确的；同样，它如果是没有效率的话，就会在社会竞争中遭遇被淘汰的命运。然而，事实却不是这样的，没有明确任务或缺乏效率的组织往往会长期存在下去，甚至会给人一种运行良好的印象。对于这一现象的理解，显然需要从制度以及文化方面入手。因为这些组织的存在是得到制度和文化的支持的，或者说，这些组织反过来满足了制度以及文化维系和持存的需要。然而，在20世纪，经历了进步主义运动和管理革命之后，这样的组织越来越少，甚至有着绝迹的迹象。到了20世纪中期，几乎没有组织不把效率放在首位。工业社会在走向自己的成熟阶段时，是把效率看得比一切都重要的状态。

在对效率追求作出进一步的客观性追问中，我们也应当将其与工业社会这个特定的历史阶段联系在一起，看作是工业社会的一项本质属性。事实上，任何一个国家或地区，在完成了工业化之后，都会感受到效率的无穷魅力，没有人能够抵御得住这种魅力的诱惑。比如，在中国社会工业化的过程中，如果不是效率的诱导，是很难设想它在短短几十年的时间内就取得那种举世瞩目的成就的。但是，关键的问题是，在什么时候应当从效率魅力的诱惑中觉醒起来，这却是一个需要在再度理性自觉中去思考的问题。中国人把人到了一定年龄称作为"不惑之年"，这个时候，人就不再容易受到某种因素的诱惑了，也许社会同样需要这个"不惑之年"的出现。后工业化的进程可能就意味着社会的"不惑之年"的到来，这个时候，效率的魅力对人也许

---

① ［美］詹姆斯·汤普森：《行动中的组织——行政理论的社会科学基础》，敬乂嘉译，上海人民出版社2007年版，第183页。

不再具有那么强大的诱惑力了。

就效率追求而言，西蒙的理论所表现出来的是一种退而求其次的情况。汤普森对此作了十分贴切的评述，他说，西蒙的理论"认为组织收集和处理信息的能力，或者预测备选项的后果的能力都是有限的。为了应付那些极其复杂的情境，组织必须发展探索、学习和决策的程序。鉴于对复杂性的全面处理总是组织力所不能及的，组织必须对需要因应的情境作出限定；按照西蒙的理论，组织必须在有限理性下决策。这个要求意味着用一个满意成就的标准来替代最大效率的标准，决策目标在于满足而非最大化"①。20世纪后期开始，之所以创新的问题引起了组织管理者以及社会治理者的广泛关注，是因为环境的压力使既有的组织模式在运行中不断出现失误，即无法按照既往的方式顺畅运行。因为社会呈现出的高度复杂性和高度不确定性而使组织原先已成定势的运行方式无法发挥其应有的功能了。或者说，在高度复杂性和高度不确定性条件下，效率追求不仅无法实现，反而时常表现出事与愿违的情况。所以，人们希望通过创新去驱动组织变革。

创新是一种行为，而组织变革则是所期望的结果。一般说来，社会变革有两种途径：一种是通过自觉的改革运动促进社会变革；另一种是在人们的不自觉中发现社会已经发生了变革。其实，社会变革都是由人的创新行为引发的，改革是在体制、政策、组织结构以及行为方式方面进行的自觉的创新性调整，而那种似乎是自然的社会变革也同样是由人的创新行为积累起来的能量推动的。总之，社会变革的最终根源都可以归结为人的创新行为。20世纪后期以来，人们所关注的是组织创新。无论是在国家机构还是企业中，都无非是要在组织体制、结构和行为方式方面进行自觉创新，以适应组织内外环境的要求。组织创新应当属于技术范畴，至少是从属于技术考量的，是从技术的角度或在技术的层面对组织的体制、结构和行为方式所进行的自觉调整，以促进组织发生变化。但是，这种创新在影响上是具有整体性的，会对组织的各个方面产生影响，而且对组织每个方面的影响都具有综合性的效应。

---

① ［美］詹姆斯·汤普森：《行动中的组织——行政理论的社会科学基础》，敬乂嘉译，上海人民出版社2007年版，第12页。

　　就此而言,它与组织中的某个方面或组织运行中的某个环节上的技术创新是不同的。技术创新是产品导向的,是围绕着组织输出的质量和效率而进行的技术更新,并不必然触动组织既有的体制、结构和行为方式,而组织创新则是直接针对这些方面作出的。比如,对于政府而言,机构调整属于组织创新的范畴,而"电子政务建设"以及"政府门户网站"的调整,则属于技术创新的范畴。当然,技术创新与组织创新又不是能够截然分开的,其一,从上述的例子可以看到,政务公开也可以被认为是政府行为方式上的创新举动,将其理解为组织创新也未尝不可,至少,可以认为这是技术创新与组织创新的交叠;其二,技术创新与组织创新是相互影响的,技术创新会推动组织创新。反过来,组织创新也会要求技术创新跟进进行,以形成对组织创新的支持。

　　在我们界定的组织创新的三个方面——体制、结构和行为方式——中,行为方式是组织创新和技术创新的交叉地带,组织创新与技术创新的互动往往会首先反映在这一地带。一般说来,组织创新应优先在这一地带有所作为,才能保证组织变革是有序的。否则,就会引起巨大的震荡,甚至增加改革目标实现的难度。这样一来,我们就可以排定一个组织变革的顺序:首先是组织行为方式的变革;然后是组织结构的调整,通常会在机构改革的名义下进行;再次,是关于组织体制上的变革,反映在对替代性制度的建立方面。需要指出的是,我们这里所揭示的组织变革步骤是针对既有组织模式作出的,在我们所构想的合作制组织中,则不存在此类问题。

　　合作制组织除了合作体制外,其他制度层面的因素并不会对组织产生支配性的影响。组织结构具有充分的弹性,会因承担任务的需要和环境的状况而随时获得一种结构,因而不存在变革的问题。所以,合作制组织在创新的问题上总是表现在行为方式上。合作制组织中的创新是一种常态现象,任务和环境的高度复杂性和高度不确定性决定了组织必须通过创新去适应承担任务的要求。这也说明,合作制组织将拥有一种组织创新的氛围,每一个组织成员都会洋溢着创新的热情。而且,每一项创新也都会引起组织的充分重视,并在承担任务的行动中受到检验。但是,既有的组织创新却构成了一种自我否定,即包含着用合作制组织替代既有组织形式的趋势。

　　当组织创新的课题取代了效率追求而成为理论关注的主题时,也就意味着我们不是把组织看作静态的社会存在形式，而是将之看作一个动态的行动体系。这个时候，就会合乎逻辑地走向对组织作为集体行动体系方面的动态特征进行自觉建构的方向，从而使组织静态的社会存在方面的特征逐渐得以消解。在这个过程的终端，就会逐渐呈现出一种全新的组织形式——合作制组织。因而，合作制组织无非是以往以及既有组织作为集体行动体系的内容得到了充分实现的组织形态。或者说，是在历史发展进程中逐渐获得和淬化了的集体行动体系。合作制组织的兴起，意味着既已存在过的各种组织中的那些从属于组织稳定的静态设置都因为失去了积极价值而逐渐消失，剩下的是服务于行动需要的动态机制。这种动态机制任何时候都以一种非平衡态的形式出现，却又赋予组织以巨大的整合能力，使行动效率更强，也更具有具体的合目的性。所以，我们在建构合作制组织的时候，应当紧紧扣住组织是集体行动体系这一点去寻求一切可能的路径。否则，就会陷入既有组织框架之中而花费大量精力去探讨那些对于合作制组织而言无关紧要的方面。

在作为行动体系的组织中，"始终关涉相对自由的行动者，是一个相对开放的过程，其间充满理论上的惊奇，在其范围内总是被一个具有影响力的主题所引导，这个主题在它所参与的游戏内部占据着一个自由领域。"①更何况合作制组织已经超越了组织成员对个人利益的斤斤计较的状态，已经在合作的主题下把组织任务的承担看得高于一切。所以，合作制组织作为集体行动系统的典型化组织形式，将以充分的开放性去吸纳和凝聚合作力量，将在任务承担的过程中不断地强化作为组织意识形态的合作和信任，并在合作中使组织利益最大化。虽然在组织的层面上已经告别了效率导向，但在其每一个成员的行动中都有着强烈的追求。而且，这种效率追求有着明确的价值导向，在每一具体事项上反映了高度复杂性和高度不确定性条件下的行动要求，而在终极目标上则是服务于人的共生共在的。

这样一来，我们也就清楚地看到，抽象地谈论组织或行动系统是无法做出优劣高下之判断的，只有确立某项标准，才可以对组织或行动系统进行评

---

① ［法］克罗齐耶、费埃德伯格：《行动者与系统——集体行动的政治学》，张月等译，上海人民出版社 2007 年版，第 99 页。

价。比如,这个标准可以是效率或公平,或者效率与公平兼顾等。也就是说,需要把组织或系统放在具体的领域中去进行审查。而且,需要从其功能上的表现推绎到结构、规则、程序等方面,才能发现组织或系统中所存在的问题。但是,这是对组织、行动系统的一种静态的研究方法,在高度复杂性和高度不确定性条件下,这种静态的研究方法将无从发现高速运转着的组织或行动系统中的问题。因而,需要直接针对组织或行动系统本身去进行审查。其中,组织或行动系统在合作上的有机性,将是最基本的关注点。

在高度复杂性和高度不确定性条件下,组织承担任务的状况会受到多种因素的影响,承担任务和解决问题过程中的效率并不能够证明其合作的有机性,因而,不能把组织或行动系统的功能实现状况作为评价的标准。总之,低度复杂性和低度不确定性条件下的组织或行动系统是可以在不考虑环境因素的情况下来加以评价的。即使考虑环境因素,也是先在环境的可控制性假设中提取若干变量,然后再将之纳入到评价体系或过程中来。然而,合作制组织不同,它是存在于高度复杂性和高度不确定性条件下的组织形式,它已经超越了决定论模式,影响其行动的因素是非常复杂的,而且每一因素以及对行动的影响都具有不确定性,因而无法为它确立某个功能性标准,唯一可供选择的做法就是直接地针对其合作的状况进行评价。总之,合作制组织把合作本身放在了优先考虑的范畴中,而不是优先考虑效率或者公平的问题。这是效率和公平的逊位而让与了合作,却是对效率与公平这样一个无解问题的超越。

合作制组织必然是贯穿着伦理精神的,它对组织成员的道德存在有着较高的要求。其实,正如彼得斯所说:"在任何组织结构中,只要员工对公共服务及实现政策目标有高度的责任感,那么他们的工作效率都会是比较高的。反之,即使有最好的结构安排,但员工对公共服务缺乏或少有责任感,那么要求他们高效率地执行公务和维护公共利益,就如缘木求鱼。"①在这一点上,合作制组织尤其如此。在某种意义上,我们甚至可以说,合作制组织能否正常地运行,都取决于组织成员对公共服务的责任意识,更不用说它在

① [美]B. 盖伊·彼得斯:《政府未来的治理模式》,吴爱明等译,中国人民大学出版社2001年版,第105页。

行动中会因应高度复杂性和高度不确定性条件下的各种需要而具有很高的效率了。因此,合作制组织必须通过自身的开放性来保证那些拥有相应道德素质的人以其成员的资格而存在。只有当组织成员成为有道德的人,效率与公平的问题才会在其行动中得到真正的解决,而且那将不是一种刻意追求,而是表现出了一种自然而然的状况。

第三节 分工-协作的困境与出路

分工-协作是一种较为古老的社会现象,但在很长的历史时期中,分工-协作都是以偶然性的行为出现的。分工-协作模式化为官僚制组织和社会体制是在工业化、城市化进程中开始的。随着官僚制组织的出现,或者说,在现代性官僚体制兴起后,便出现了韦伯所说的这种状况:"在官僚体制的统治中,准则是理性地设立的,它们求助于对抽象的合法性的意向,是建立在技术培训之上的。"[①]培训使组织成员获得理性能力,从而让人们在遵守、利用官僚制准则方面变得理性。事实上,官僚制要求组织的一切都合乎理性,但这个理性却是工具理性。所谓合乎理性,也只是一种形式合理性,或者说,合乎工具理性才是"合理性"一词的准确含义。

作为一种分工-协作体系,官僚制组织也只能是在工具理性的基础上去加以建构起来的组织形式。然而,在全球化、后工业化进程中,官僚制受到了批评,分工-协作在实践中也表现出了不能适应承担复杂性和不确定性程度较高的任务之要求,或者,表现为不能适应复杂性和不确定性环境条件下的行动要求。根据托夫勒的看法,"典型工业时代的公司具有相同的组织框架——金字塔型、铁板一块和官僚型。今天的市场、技术和消费者要求快速变化,并向公司施加各种各样的压力,因而官僚机构的划一性行将过时。探索全新组织的努力正在进行"[②]。在 20 世纪中后期,一直存在着摒弃官僚制的呼声,即要求建构新型组织模式,但在分工-协作模式是否会得以保留的问题上,却很少有人去做出系统地探讨。我们认为,虽然"官僚制"与"分工-

---

① [德]马克斯·韦伯:《经济与社会》下卷,林荣远译,商务印书馆 1997 年版,第 325 页。
② [美]阿尔温·托夫勒、海蒂·托夫勒:《创造一个新的文明——第三次浪潮的政治》,朱志焱等译,上海三联书店 1996 年版,第 36 页。

协作模式"是不能等同视之的,但官僚制组织毕竟是分工-协作模式的典型
形态。在摒弃官僚制的要求中,也应包含对分二-协作模式的认真审视。

一、分裂和分离的倾向

　　从人类历史上看,农业社会中的人们主要是由地域、血缘等自然因素联
结起来的,生产关系在社会生活中并不占主导地位。只是在工业化、城市化
的进程中,才开始逐渐地以分工-协作的形式把人们组织起来,使建立在分
工-协作基础上的生产关系成为主导性的社会关系。之所以需要通过分工-
协作的方式去把人们组织起来,是为了开展生产以及各种各样的社会活动。
其中,生产是最主要的社会活动事项。因而,生产关系也就是人的社会关系
的基本内容,而生产关系又主要是以分工-协作的形式出现的。特别是存在
于市场经济中的隐性的分工-协作,发挥了基础性的组织作用。随着整个社
会被显性的和隐性的分工-协作组织了起来,生产关系也就成了人的社会关
系中最为重要的部分,成为具有决定性的社会关系,即影响和决定着其他社
会关系的状况。以分工-协作的形式出现的,或者说,包含着分工-协作内容
的生产关系以及产生于这种生产关系中的观念,天然地具有使人分裂的属
性。甚至可以说,通过分工-协作这种外在于人的形式组织起来的生产关
系,破坏了人的社会关系的有机性,导致社会关系中处处存在着的裂痕,以
至于必须进一步求助于外在于人的制度、规则等而把人整合到社会关系
之中。

　　另一方面,以分工-协作的形式组织起来的社会及其生产关系并不真正
是人与人之间的关系,而是人的角色之间的关系。就人在社会以及组织之
中必然会扮演多种角色而言,每一个角色都无非是人的一个碎片。所以,生
产关系也就仅仅是碎片化的人之间的关系。在生产关系成为一种主导性的
社会关系的境况中,相对于人而言,碎片化的人结成的社会关系就是一种分
裂了的关系。也正是由于这个原因,使工业社会表现为一种"分裂的社会"
(霍耐特语)。不仅如此,工业社会在个人这里也同样存在着分裂的问题,而
且这种分裂也同样源于人的角色的多重化。在人成为多元角色的角色集的
时候,已经是碎片化了的人。就每一个角色都是人的一方碎片而言,人是把
他的每个碎片都投放到不同的生产、交往以及各种各样的活动过程中的。

这也直接表现为人的自我分裂，并且有可能以人的某种精神疾病的形式出现。所以，正是工业社会的生产关系，导致了这个社会以及人的分裂。

组织是显性分工-协作最为典型化的系统，所以，组织使管理的重要性凸显了出来，而且也使管理本身成为专业化的活动。在分工的意义上，必须有人专门去做任务分解的工作；在协作的意义上，需要有人专门从事协调的工作；组织承担任务和实现组织目标的整个过程，也都需要有人进行监督。所以，组织必须要有一支管理人员队伍，而且必须承担相应的管理支出。这样一来，组织也就出现了结构性分化，即组织成员分化成管理者和被管理者，并且是按照层级而把组织成员隔离开来的。表面看来，组织的层级无非是职位和岗位上的层级，组织成员只不过是职位和岗位的填充物，但客观上却造成了组织成员的层级隔离。而且，职位与岗位在平行的意义上也同样发挥着把组织成员隔离开来的作用。所以，组织的分工-协作模式实际上造成了组织成员的分裂。就分工-协作所包含的原理来看，分工本身就意味着把人分开，让人去扮演不同的角色；协作则意味着协调，通过规则、机制、行为等去对分开来的人的行为进行协调。

在把人分开来的时候，隐含着对人的隔离并使人的关系断裂了开来，而所协调的仅仅是人的行为。所以，分工与协作所构成的是一个不等式。在分工造成了分化、分离后，协作并不能实现对分工效应的完整协调，而只是协调了其中的一部分。事实上，官僚制组织的运行为了使分工-协作能够适应日益复杂化的组织任务要求，总是倾向于把各个方面的职能划分的越来越细。所以，我们总是看到，"这种官僚结构以各种各样的划分为特征：劳动的划分、专家的划分、管理层次的划分、生产者和顾客的划分，等等"①。但是，随着职能细分的不断增强，协调变得越来越困难，以至于协作效果也变得越来越差。如果说这一点在工业社会的低度复杂性和低度不确定性条件下未能被人们认识到，那么，当我们的社会呈现出高度复杂性和高度不确定性的特征时，当组织任务的复杂性和不确定性程度达到了无论怎样进行精细划分都无法满足要求的地步时，结果也就显现出官僚制组织陷入困境的状况。事实上，这是表现为分工-协作机制的失灵。

---

① ［美］林登：《无缝隙政府》，汪大海、吴群芳等译，中国人民大学出版社 2002 年版，第 21 页。

分工意味着专业化，即倾向于在分工中形成专业知识和应用专业知识。斯科特等人认为，"知识既是个人变量，也是社会变量；既受个人智力和工作经验的影响，也受所受教育、能够接触到的专家以及可以利用的普遍技术水平和组织知识的影响。不同的人或者同一个人在不同的时间里获取各种资源——包括劳动力、资本和土地——的能力也各不相同"①。总之，在个人之间，存在着知识拥有和应用上的差异，这决定了人们在角色扮演上的不同。在官僚制组织中，角色扮演上的不同又反过来强化着人的知识差异，从而使组织成员间的不平等得以固化，而且这种不平等以及由这种不平等导致的各个方面的不平等会陷入持续扩大的过程中。好在退休制度为不平等的扩大设定了界限，这实际上是用时间去限制组织成员不平等持续扩大的空间，让其在某个空间范围内由不同的人去实现轮回反复。尽管如此，组织成员知识上的差异、角色上的不平等依然会带来诸多问题，从而削弱了组织的凝聚力，使得组织成为一个机械系统，至多只能通过调整分工-协作关系而去获得行动能力。

对于官僚制组织社会功能的实现而言，是更多地取决于组织知识而不是组织成员的个人知识，组织成员个人的知识化只被要求或者被限定在适合角色扮演的要求上。一般说来，组织的分工-协作机制决定了组织成员的岗位、职务就是组织成员个人知识的功能边界，而不是传导到组织的层面，更不会转化为组织知识。所以，官僚制组织中的组织知识与个人知识是分离的。比如，我们看到，一个大学可能有世界上最强的管理学科，最大的管理学专家群，但这所大学在自身的管理上，可能会乏善可陈，因为这些管理专家的管理知识是无法转化成为这个学校的组织知识的。组织成员也许通过学习而能够把组织知识转化为个人知识，但个人知识向组织知识的转化往往是非常困难的，除非组织成员成为组织的领导者或高层管理人员，才有可能将他的部分个人知识转化为组织知识。

在一些采用决策民主化的组织中，即便组织的领导者和高层管理者也很难将个人知识转化为组织知识。在组织运行以及功能实现过程中，是组

---

① [美]W.理查德·斯科特、杰拉尔德·F.戴维斯：《组织理论——理性、自然与开放系统的视角》，高俊山译，中国人民大学出版社2015年版，第283页。

织知识而不是组织成员个人知识在发挥着直接性的作用。正是这个原因，当组织遭遇了环境和任务的不确定性问题时，组织成员个人就无法主动地去对组织作出积极贡献。这种情况就是由分工-协作模式造成的，是分工-协作约束和妨碍了知识转化，使个人知识无法转变成组织知识。也就是说，分工-协作模式在知识上也使组织与个人相隔离，虽然每一个作为组织成员的个人都置身于组织之中，按照组织的要求去做由组织指派的事，但组织的事似乎又是与个人无关的。

在分工-协作的语境下，围绕着一项行动的展开，会根据意义和重要性等方面的考量而把涉入者区分为不同类型。比如，区分为领导者、顾问或咨询专家、服务或保障人员，而直接承担任务工作的意向者才被认为是行动者。这种区分决定了整个行动系统的每一类型的构成要素都有着自己的行动目标以及对行动意义的理解。事实上，一种部门化意识往往会引发各自强调自己部门的重要性并开展资源争夺和业绩认定等方面不同主张，进而引发矛盾和冲突，以至于必须分出人员和精力去加以协调。如此往复和循环升级，也就走向了组织目标异位的方向。以中国的大学为例，管理人员担负着大学的运营并掌握着几乎全部资源，后勤人员负责着全体人员的"吃、喝、拉、撒"等几乎全部生活事项，办公室工作人员负责全部教学、科研事项的安排和调度，图书资料人员经营着知识库……唯有教授的角色扮演被放在了非常次要的位置上，似乎在很大程度上是可有可无的。也就是说，没有教授，大学照样可以运转，而其他部门的一日缺失，学校就无法运行了。这样一来，对于中国大学来说，只不过是把一群年轻人圈在一起学习而已，有无教授都没有什么关系，只是由于从西方引进了那种大学模式，而且也一时无法抛弃西方大学看重教授的观念，才在可有可无的情况下保留了教授。正是因为教授对于中国的大学是可有可无的，才使得所有教育主管部门以及大学的管理者无穷无尽地去折腾教授。这对于他们来说，是非常明智的。因为在对教授的折腾中可以使自己的业绩昭彰而又丝毫不会对大学产生不良的影响。如果不是去折腾教授而是去折腾一位食堂大师傅的话，那么，他在中午饭时就会看到效果是什么样子了。不过，也正是因为教授在中国大学中是可有可无的，决定了中国大学无法实现大学目标，无法承担起大学对于一个社会而言应当承担的职责。在某种意义上，中国的大学只是盗用了

"大学"的名称,它其实并不是大学,而是比政府部门更加典型化的官僚制组织。之所以会出现这种状况,是因为中国的大学在实现了组织体系的完整性时又建立起了科学的分工-协作机制。中国的大学与西方国家的大学的不同之处在于,西方国家的大学是一个不完整的组织体系,它需要在社会性的分工-协作机制中去获得使自身运营起来的支持因素,而中国的大学自身是一个完整的组织体系,因而使教授在分工-协作之中的角色功能下降到了可有可无的地步。这就是分工-协作在封闭系统和开放系统中又有不同表现的证明。

二、怀疑分工-协作的声音

分工-协作是一种具有普遍性的行动和生产关系模式,渗透到了工业社会的每一个角落。可以认为,整个工业社会所拥有的最为稳定的格式就是分工-协作。在科学发展中,我们看到诸多科学门类的出现,也就是出现了许许多多的学科,高等教育也是根据学科去划分所谓院、系等的,这就是社会性分工-协作的体现。然而,从现实来看,学科之间的分工往往并未引来有效的协作,反而学科隔离的现象表现得非常严重。阿伦特对哲学的自我隔离就深感忧虑,她批评道,"在哲学对整个生活领域的内涵贬黜之外,重要的是这样一种彻底的隔离:把人们只有通过共同生活和行动才能达到和实现的那些事物,与人们独居独处中所感知和关注的事物完全隔离开。而独处的人是否寻求真理并最终在对诸理念的无言沉思中获得真理,或是独处的人是否关心自己灵魂的得救,这些又都是不重要的。重要的是,一个无法弥补的鸿沟从此打开并再也没有能被弥合。这道鸿沟不是处于所谓的个人和所谓的共同体之间,而是居于独处的存在与共同生活的存在之间"①。

其实,阿伦特所说的这种哲学与现实生活的隔离是工业社会中一个普遍现象,因为有了分工-协作,整个社会处处都存在着这种隔离。是因为分工把人们隔离成了不同的人群,在逐级细化的分工中,哲学活动也被打造成了一种学科专业意义上的专业性活动,哲学家将自我放逐在都市喧嚣的人众之中,不仅与生活相隔离,也在自己与人文的和社会的各种学科之间划定

---

① [美]汉娜·阿伦特:《政治的应许》,张琳译,上海人民出版社2016年版,第86页。

了十分分明的界限。哲学家所从事的就是这种隔离状态的专业活动,并不涉及心灵救赎的问题。哲学家声称思考和探索真理,却从来也不打算采取积极认识的态度,并不以对现实的综合性了解为前提。这就是现代哲学的状况,与古代那种积极对政治的以及广泛的社会生活发表意见的哲学家是根本不同的。

阿伦特认为,在历史上,比如在荷马时期,"言说"与"行动"并不是分立的,"伟大事迹的行动者同时也一定是伟大言辞的言说者,不仅因为伟大的事迹需要伟大的言辞来伴随和解释,否则就会落入无声的遗忘之中,而且因为言说本身从一开始就被视为一种行动的方式"①。显然,言说与行动的分离是发生在近代以来的事情,特别是议会的发明,造就了一个只言说不行动的专门场所和人群。而且,在社会分工中也造就了一些专事言说的职业,如律师等。当科学发展通过学科分化而加速前行的时候,不同学科间的围墙越筑越高。"一个学科分支一旦建立起来后,其必要的和特有的专业性便会对跨学科研究形成一种障碍:各种专业词汇使得该学科外的大多数人不知所云,从其他学科借鉴来并赋予了新内涵的术语会在对外交流时引起微妙的误解。专业期刊,各种会议、新成立的院系,对新设备的投资和宣传会接踵而来,这些举措加深了对新方法的应用。所有这一切会形成一种孤立的亚文化,其交流将越来越远离更广泛的科学领域"②。因为处在分工-协作体系中,才有开不完的学术会议,让圈内的人不断地通过学术会议而去致力于沟通私人情感和建立私人关系,求得申报课题或评奖之类的方便。如果说历史上的伟大思想家们都基本上没有参加过学术会议,那么,经常出席学术会议的人至多也只能算得上"会虫",决不可能在思想史、学术史上为自己留下一笔。面对这种情况,人们希望通过跨学科研究而将不同的学科打通。实际情况却是,要么研究者只了解了两个或几个学科的皮毛而生产出不伦不类的论文;要么取得了积极的研究进展却又建构起了一门新的学科,同样为自己筑起了高高的围墙。更多的时候又产生了许多所谓跨学科的学术会议。

---

① [美]汉娜·阿伦特:《政治的应许》,张琳译,上海人民出版社2016年版,第115页。
② [美]麦克斯·布罗克曼编:《下一步是什么》,王文浩译,湖南科学技术出版社2018年版,第189页。

当社会进入了高度复杂性和高度不确定性状态后,科学的学科分化所呈现出的认识碎片化的状况致使它不仅不能为实践提供必要的支持,反而显现出了有害性。所以,在全球化、后工业化进程中,许多学者提出要对科学的学科分化做出反思,并去探讨不同学科间沟通的可能性。曾经有过一个时期,人们以为数学能够在不同学科间铺设起交通的道路。现在看来是不成功的,因为很多学科在数学介入后发生了变异,失去了学科原有的性质,而且,所取得的科学成果往往华而不实。比如,诺贝尔经济学奖每年都在颁发,但没有人预见到金融危机会发生,也没有人在金融危机发生后提出如何去加以解决的方案。也就是说,那些科学研究成果看起来具有无穷的科学魅力,而在应用中,要么不成功,要么在解决了某个问题时引发了许多更为严重的问题。工业社会的科学所实现的学科分化是从属于认识上的分工要求的,这与工业社会的精神是一致的,也反映了工业社会的总体特征。如果对这种专业化所造成的局面进行评价的话,我们也许可以这样说:每一门学科都走在了探寻真理的正确道路上,而科学在总体上却把人类一步一步地领进了有可能毁灭的境地。如果我们的这个判断是合乎实情的,那么,重新为人类的科学发展确立方向,就应该是一项在全球化、后工业化运动中承担起来的任务。

我们现在面对的是一个分裂的世界,社会的每一个层面、每一个领域、每一个角落,都存在着这种分裂。所以,科学分工所反映出来的这个问题也存在于社会治理领域中,在社会治理的分工-协作模式中,政策制定是由一些专门机构来承担的。在代表制的路径中,即便每一种社会力量的代表都进入了这个(些)机构,权力以及影响力也是不同的,更不用说是否存在着权力操纵的问题。在直接民主的路径中,公民或公众的参与会导致更为复杂的情况。比如,参与者或被认定为参与者的参与意愿是不是均质的,参与者之间的相互熟悉程度,参与者的意见在他的与政策制定机构的博弈中得到了多大程度的接受,以结果的形式出现的政策是否达成了目的或者达成了谁的目的……在这两条路径中展开的政策制定过程都是民主的,却不意味着最后确立的政策目标与社会的实际要求相一致。如果政策目标与社会的实际要求不相一致的话,那么,这个政策过程所要证明的就仅仅是民主自身,而不是通过民主去解决什么社会问题和达到什么社会目标。所以,分工

-协作模式事实上构成了对民主政治的破坏，至少是在政治活动专业化与公众参与之间打上了坚硬的楔子。因而，在人们捍卫民主和以民主的理念去开展行动的时候，却不知不觉地被分工-协作模式领进了为了虚幻的民主而反现实的道路上去了。

正如基恩所看到的，"在全面官僚主义化的条件下，自愿的结合和以实现价值为主的双方一致同意的关系日益遭到破坏并被有目的的合理组织所取代。这些组织力求通过把一切情况当作问题——这些问题随后可以通过计算得到解决——来下定义和控制的办法实现它们各自的目的"①。人们在组织中活动，因为分工-协作体制而被分配到了不同的职位和岗位上，适应职位和岗位的要求而开展角色扮演活动，所关心的是职位和岗位上的责任，而且是按照明文的或隐喻的要求行事。因而，不再有什么自愿不自愿的问题了。在这种情况下，每个人都是出于自己特定的原因而加入到组织之中，是为了实现自我的特定目的，更多的时候，是受到生存等问题的驱使而参与到了组织之中。所以，对于组织成员而言，组织的任务和目标并不是他需要关心的，至于组织的存在与发展，也要以他能否实现自我的目标为衡量标准。这样一来，组织无非是外在于他的自我目标实现之工具，这个工具能用则用，不能用的话，加以抛弃也未尝不可。由于组织与组织成员的关系是这样一种外在性的关系，以至于组织的管理者必须通过科学的手段去对一切方面都加以计算，以求实现有效的控制。对此，组织理论家们看到的往往是组织有机性的丧失。如果我们将其与环境联系在一起的话，就会看到，当这种充分理性化的组织在环境以及组织的各个方面都无法进行理性计算的时候，也就不再能够承担起组织应有的社会功能了。

斯科特等人在复述韦伯的思想时说，"官员应该将所任职位视为唯一的，或至少是首要的职业，这表明他意识到组织成员的其他职业联系会影响他们在组织中的表现。实际上，不仅这些其他的职业联系会导致参与者与其所在组织的要求发生冲突，亲戚和家庭角色也有可能成为参与者与组织

---

① ［英］约翰·基恩：《公共生活与晚期资本主义》，马音等译，社会科学文献出版社 1999 年版，第 28 页。

对其行为的期望发生冲突的基础"①。因为存在着这些冲突的可能性,所以要求组织必须确立边界。在边界内的时空中斩断其他联系,以求防止那些与职业要求不一致的因素有可能带来的冲突。在这里,边界就是一种防护设置,起到的是隔离和排斥的作用。在这种隔离与排斥的前提下,组织才能在广泛的社会分工-协作体系中找到自己的位置。当深入组织内部时,分工-协作也是以建立边界为前提的。分工本身就意味着在不同的职位和岗位之间划定边界,组织的每一个成员,都只能在边界内活动,或者说,在边界内有着明确的属于他的责任,任何越权、越位的行动,都是需要加以制止的。在平行的职位和岗位之间,协作是一种抽象的机制而不是行为,只有对于上一级而言,才会以行动的形式去诠释协作的内涵。

由于整合协作的协调成了上一级的机构和人员的职责,在实现过程中,也就会以控制的形式出现。所以,才让人看到了"管理就是控制"这样一种现象。在由上一级承担的协调功能中产生了控制导向,而控制导向又必然要求通过更多的监管措施去加以实现。所以,一个控制导向的组织必然会把大量行政资源用于监管方面。这样一来,对于一个生产性组织而言,就会挤占生产方面的资源;对于一个服务性组织来说,就会减少组织外向服务的资源投入;在政府这里,对监管的畸形化重视不仅会挤占公共服务、社会管理方面的资源,而且会把政府本身打造成一个类似于监狱一样的组织。在每个人都受到监视的情况下,虽然权力不会被滥用,但罪犯心理却得以生成。反映在人格上,要么是懦弱和缺乏责任感;要么是处在一种不断地与自己的某种犯罪冲动作斗争的状态中。这就是在分工-协作的逻辑中必然会产生的实践现象。

三、超越分工-协作模式

分工-协作作为一种行动和社会关系模式,应当属于社会学研究的范畴,但就它作为一种社会体制或组织机制而言,则是管理学必须关注的重要问题之一。就管理学这门学科而言,是诞生于西方国家的,这意味着要让西

---

① [美]W. 理查德·斯科特、杰拉尔德·F. 戴维斯:《组织理论——理性、自然与开放系统的视角》,高俊山译,中国人民大学出版社 2015 年版,第 175 页。

方学者在分工-协作模式出现了不适应性的时候去抛弃既有的观念、思想理路和学科框架的话,可能是很困难的。这正如有着发达农业文明的中国在近代历史发端的时候不愿意抛弃农业社会的生活和社会治理模式一样,即便是在变革的压力无比巨大的情况下,也谨小慎微地提出"托古改制"的构想。然而,在全球化、后工业化进程中,我们上述所谈的关于分工-协作模式所存在的问题都变得越来越严重。考虑到我们的社会已经呈现出了高度复杂性和高度不确定性,在这种情况下,分工-协作模式所遇到的不仅是不适应性的问题,而且,无论是在观念上还是行动过程中,都对人们形成了极大制约,表现为人们受到分工-协作的思维惯性和行动惯性支配的状况。这也说明,一场以废弃分工-协作模式为切入点的重建人的行动和社会关系的改革必须付诸行动。

我们看到,20世纪中期开始,关于"摒弃官僚制"的呼声一直被人们重复提起,但是,对分工-协作模式表示怀疑的声音却非常微弱。这是因为,在管理学领域中拥有话语权的专家们是不愿意怀疑更不愿意抛弃分工-协作模式的,只是在思考一些具体的社会和管理问题时,才偶尔作出了一些反思,并表达了一些怀疑性的意见。因为分工-协作模式在一定程度上代表了工业文明,如果对分工-协作模式提出怀疑的话,就意味着将会走进抛弃工业社会的几乎所有思想和理论的逻辑道路上去。在此语境下,即便我们对于宏观社会层面上的分工-协作模式(如由市场经济构成的分工-协作体制)一时无法表达怀疑,那么,在微观层面上的管理过程中,却必须正视社会高度复杂性和高度不确定性对管理带来的挑战。这在某种意义上所提出的实际上是一个重建管理学的问题,是需要有人去承担起这项使命的。

当前,管理学所面对的是一个全新的世界,首先,社会高度复杂性和高度不确定性条件下的组织应当是一个开放系统,无论是组织的边界还是组织活动的内容以及组织目标,都具有复杂性和不确定性,任何把组织作为一个封闭系统对待的做法,都不能适应高度复杂性和高度不确定性条件下的集体行动要求。其次,高度复杂性和高度不确定性条件下的管理过程不再能够以稳定的分工-协作体制去获得效率,面对复杂性和不确定性的问题或任务,组织自身应当是一个有机性的合作体系,组织之间也需要通过合作去应对复杂性和不确定性的问题。第三,原先那种决策与执行分开的做法因为社会的高度复杂性和高度不确定性而失去了靶向，从而要求高度复杂性和高度不确定性条件下的决策与执行统一在行动过程之中，行动者既是决策者也是执行者，需要根据条件和任务的变动而随机决策和执行。总之，组织及其整个管理过程都因为社会的高度复杂性和高度不确定性而发生了变化。这意味着，20世纪成长起来的管理学在所有方面都面临着挑战，需要基于社会的高度复杂性和高度不确定性而进行革命性的重建。

我们处在全球化、后工业化进程中，全球化不仅反映在经济方面，而且政治以及几乎所有社会构成要素都进入了流动性增强和人的相互依存度迅速提升的过程中，全球正在成为一个互动体系。全球化所呈现出来的所有特征都意味着人类正在走进一个全新的历史阶段，即意味着后工业社会的到来。但是，从西方国家近些年的表现来看，尽管也有少数学者提出根据后工业化的要求变革社会的主张，但维护工业社会既有体系及其做法的势力依然强大。反映在管理学中，就是学者们总是习惯于把所有新的因素纳入到既定的管理框架中来，总是在由既有的分工-协作模式所界定的思维框架中去观察和思考问题，而不是根据全球化、后工业化的要求去构想新的组织形态和重新规划管理过程。比如，在国际贸易的问题上，所谓贸易顺差、逆差等问题，都无非是从分工-协作模式中演化出来的认识和观察视角，在这种认识和观察视角中形成的观念，显然已经在全球化进程中转化为一种阻碍社会发展的保守力量。

与当前掌握了话语权的西方学者不同，中国学者尚未背负起工业社会的包袱，是能够开放地面对全球化、后工业化的挑战的。因而，面向后工业社会的科学重建这副重担，也就历史性地落在了中国学者的肩上。具体地说，虽然中国学者在改革开放以来一直致力于引进和学习"西学"，就管理学这门产生于西方的科学而言，我们在引进和学习方面也同样有着优异的表现，而且也为管理学的引进所呼唤出来的效率而自豪。但是，它作为一种文化，尚未成为迎接全球化、后工业化挑战的包袱。这决定了中国学者能够在开放性、流动性的新视角中去重新构想组织、规划管理过程和寻求新的方式方法。应当说，中国学者拥有"实事求是"的精神和"一切从实际出发"的学术品格。在某种媚外情结的支持下，虽然一些类似于"学舌鹦鹉"一样的按照西方话语去表达的学者甚显风光，但更多的学者是拥有实事求是的学术品质的。显然,我们时代最重要的"实事"就是全球化、后工业化;我们时代最根本的"实际"就是社会的高度复杂性和高度不确定性,所以,相信中国学者能够根据全球化、后工业化和社会的高度复杂性和高度不确定性的要求而承担起重建管理学和管理实践模式的使命。这样一来,从对分工-协作模式的反思入手,就能够找到一条正确的出路。

其实,对于整个人类社会来说,全球化、后工业化是一项共同遭遇的挑战。正如人类迈进工业社会时告别了农业社会的生活和活动方式,当人类通过全球化、后工业化而走进后工业社会时,也将实现根本性的社会变革。其中,管理将获得一种全新的模式,管理学将是对这种新的模式的书写和规划。正如人们常说的,"挑战也是机遇",对于尚未背负起工业文明包袱的中国学者来说,相信能够抓住这一机遇,通过管理学的重建去形塑适应后工业社会要求的管理模式。这是管理学本土建构的使命,对这项使命的承担,也将意味着中国学者能够对整个人类社会的发展作出一项重要贡献。我们的设想是,对分工-协作模式的超越是包含在合作行动模式的建构中的。这一设想是基于全球化、后工业化现实而提出的。事实上,当前正在发生的全球化、后工业化运动已经向我们展示出这样一种前景:

其一,生产在工业社会中所确立起来的那种地位以及形态将发生重大改变。得益于工业社会历史阶段中生产力水平的提升,服务于人的生存和生活的生产即便是在人口持续增长的情况下也能满足人的要求,特别是科学技术的发展仍然让生产力展现出不断提升的潜力,以至于人不再需要把主要的甚至全部的关切放在生产上,而是会分出一部分精力于社会生活的其他方面。这样一来,人的其他关系在社会关系中的地位就会得到提升,相应地,生产关系在社会关系中的地位和价值则会朝着下降的方向运行。

其二,人工智能、机器人技术的发展给我们展示一种前景,那就是人在生产过程中的诸多劳动具有可替代性。这样的话,人在很大程度上可以从生产过程中脱身而出,因而,就会自然而言地投身于社会生活的其他方面,从而结成非生产关系的社会关系。在我们看来,人对人的服务将会成为一种重要的非生产性社会活动。其实,20世纪70年代开始的服务业的兴起和成长,就反映了社会发展的客观要求,具有历史趋势的意义。如果服务业的成长所造就的服务关系在社会关系中替代了生产关系的主导地位,也就意味着社会关系的属性发生了改变。显然,从属性上看,服务关系是人与人之间的亲和关系,与生产关系使人与人分离恰恰相反。这时,生产关系促使社会分裂的进程就会出现逆转,也就是说,分裂的社会将被重新焊接起来。

其三,人的碎片化将得到纠正。工业社会中的人是以"角色集"的形式出现的,每个人都有着多重社会角色,因而,实际上也就是"碎片化的人"。在全球化、后工业化进程中,一种人的社会角色单一化的迹象已经开始显现。事实上,在社会高度复杂性和高度不确定性的条件下,人若扮演多重社会角色也是不可能的,特别是社会生活与个人生活的融合以及社会的专业化持续增强,都会造成人的角色单一化的局面。在人的角色单一化之中,包含着来源于个人存在的社会分裂力量的消解。也就是说,在作为社会分裂源头的个人那里就解决了分裂的问题。

其四,合作的有机性将改变分工-协作的外在整合。如上所说,由分工-协作组织起来的生产过程对人所实现的是外在性的整合。也可以说,以分工-协作形式组织起来的生产过程是一种机械性的机制,虽然压制了生产过程中的分裂力量和把有着裂痕的生产关系强行地捆绑了起来,却不能从根本上消除分裂,反而在社会关系的层面上使分裂再现,以至于我们不得不生活在分裂的社会之中。当分工-协作转化为合作时,不仅是社会生活和行动的整合方式的改变,而且是重新获得社会有机性的过程。或者说,在社会整合的意义上,分工-协作只能在外在形式上发挥作用,而合作则能够在实质的意义上发挥整合作用。这是因为,合作始终都能够获得人的内在动力的支持。所以,社会将因为合作而发生改变,不再表现为分裂的社会。

从组织规模以及运营成本的角度看,在低度复杂性和低度不确定性条件下,在组织分工-协作模式中生成的专门从事(内部)管理工作的这支队伍是可以被控制在较小的规模上的,尽管管理队伍在规模上有着膨胀的内驱力。一般说来,私人部门中的各类组织由于成本方面的压力,会将管理人员队伍控制在较小的规模上。然而,公共部门往往对组织的运营成本问题显得感觉迟钝,以至于容易导致冗员充斥的问题,往往是每过几年就需要开展精简机构和裁员的运动。这些都是低度复杂性和低度不确定性条件下司空见惯的现象。随着组织环境以及组织任务的复杂性和不确定性程度的提高,组织对管理的倚重就会促使管理人员队伍迅速增长,以至于在管理人员队伍的规模上陷入失控的局面。即便如此，人们也总是感到管理处在某种困境的边缘，甚至会看到管理失灵的现象。所以，20世纪后期以来，不仅在公共部门中，而且在私人部门中，组织管理人员队伍的规模都处在迅速增长的过程中。如果这种状况持续下去的话，要不了多久，存在于组织中的这种管理成本迅速增长的问题就会反映到社会中来，让整个社会都承受着组织管理成本增长的压力，甚至会压垮社会。这也就是我们谋求合作体系替代分工-协作体系的原因。

我们认为，合作制组织的一个重要的比官僚制组织优越的地方就是，它并不表现出对管理的倚重。在某种意义上，合作制组织需要管理的事项是很少的。其一，任务的整体性意味着不需要专门的人员去做对任务进行分割分解的工作；其二，合作行动的自觉性、主动性、积极性决定了诸多协调工作都可以省略；其三，合作行动的任务导向以及组织的开放性则使专门的监督变得不再必要。因此，如果能够实现合作制组织对官僚制组织的置换，整个社会节省下来的管理成本将是非常可观的，更不用说社会的高度复杂性和高度不确定性决定了官僚制组织即使无限制地提升管理成本也不可能在管理成本的增长中使组织的社会功能得到较大的提升，而且，官僚制组织的管理成本无限制的提升也是一种不可能发生的假设。另一个方面，就这个典型地表现了分工-协作模式的官僚制组织来看，只围绕着分工-协作的轴线去做出上下波动式的调整也已经失去了意义，即无法适应社会高度复杂性和高度不确定性条件下的行动要求，所以，我们必须用合作制组织这样一种全新的组织去替换官僚制组织。归根到底，无论是在社会的层面还是在组织的层面，都需要在我们这样一个全球化、后工业化时代去用"合作模式"去替代"分工-协作模式"。

尾论：主题再申述

　　我们正处在全球化、后工业化进程中，这是人类历史上的又一个转折点，是人类历史演进中的一次告别工业社会和开拓后工业社会的社会转型运动。在此过程中，我们首先需要一场启蒙后工业社会的思想运动去对后工业社会作出建设性的构想甚至规划。发生在 18 世纪的启蒙运动所启蒙的是工业社会，它缔造了伟大的工业文明，我们现在所拥有的一切工业社会的创造物，基本上都可以看作是这场启蒙运动带给我们的。但是，今天看来，这场启蒙工业社会的思想运动无论在理论上还是在转化为实践时，都暴露出了一些根本性的缺陷，它的制度主义思维、自由与平等的悖论、崇尚个体而压抑个性等，把人类领进了风险社会和危机事件频发的状态。现在，我们需要通过一场新的启蒙运动去对它作出纠正。更为重要的是，我们需要努力去思考后工业社会的建构方案以及开辟一条能够平稳地通向后工业社会的道路，使后工业社会早日到来，并真正成为人的共生共在的生活场所。

　　如果说人类历史无非是追寻良好生活形态的行进轨迹，那么在不同的历史阶段，由于各种条件的限制，是只能找到一种较好的生活形态的。忽视了当时的条件而过于偏爱理想，往往会坠入空想。其实，从人类历史上的两场伟大的启蒙运动来看，所产生的启蒙思想应当说都较为准确地认识和把握了所在时代的条件，因而，能够提出具有适用性的社会建构方案。当然，这也可以看作历史选择的结果。因为对于一场启蒙运动来说，会产生各种各样的思想和理论，会出现百花齐放、百家争鸣的景象，而历史会做出选择，会把那些最适合于当时的背景、生活条件和具有现实性的理想方案筛选出来，并成为社会建构的指导思想。

就启蒙自身而言，可以说，它并不是让我们去认识那个已经存在的世界，而是让我们在已有的和即将出现的条件下去建构人的生存模式。所以，启蒙是建构性的，所要给予我们的，是一个社会建构方案。在农业社会的启蒙运动中，即在取得了成功的中国，为什么儒家的思想放射出耀眼的光芒，那是因为它提出了适应农业社会的社会建构方案。同样，在18世纪的启蒙运动中，为什么契约主义精神成了"普照之光"（马克思语），也是因为它在社会建构中取得了巨大成功，被证明是适应于工业社会的条件的。在全球化、后工业化进程中，如果我们致力于启蒙后工业社会的事业，就需要在与工业社会的比较中去发现条件的变化，并基于新的条件去谋划后工业社会的建构方案。

一、新的启蒙的任务

也许哲学思考可以比喻成黑格尔所说的那只"密纳瓦的猫头鹰"，但启蒙的事业则要在黎明曙光到来之前就开始。在全球化、后工业化进程中，一场启蒙后工业社会的运动已经变得非常迫切。如果我们希望通向后工业社会的道路上风险少一些，如果我们希望人类不至于因为一场无法预知的危机事件的到来而毁灭，那么一场启蒙后工业社会的运动于今开始已经是我们应当承担起来的任务和必须担负起来的责任。只有我们共同努力去作出有实质意义的探索，才能使人类走向后工业社会的道路变得通畅一些。我们正处在全球化、后工业化进程中，在这个历史性的社会转型过程中，所面对的是一个不确定性的未来。在面对一个未定的新世界时，我们肯定需要一场启蒙。因为启蒙的意义在于，也许是一句话，就将建构起一个世界。比如，孔子的一句"食不厌精，脍不厌细"，激励了中华民族在饮食上的不断探索，形成了博大精深的中华美食体系；霍布斯的一句"一切人反对一切人的战争"，则促使人们寻求建立规则如运用规范的解救之道，从而生成了民主、法治体系。现在，面对一个未定的未来，我们对它的规划就显得非常重要。

我们不认为18世纪的那场启蒙具有终极性的意义，也不认为后世对它的完善工作可以永续下去。显然，一种学说、一种理论无论被建构得多么严密、多么美，都有着历史适应性的问题。任何普遍主义的幻想都是没有意义的，不可能存在着适应任何时代的学说、理论。即便是建构起了一种包罗万象的思想范式，也会因为社会的发展而走到需要将其扬弃的一天。当然，把所信奉的理论想象得无比完美，认为它具有普世性，如果这是一种信仰的话，是可以理解的。但是，如果从受过教育的知识人士口中说出，我们则会投以无比惋惜的目光。不是因为我们对他有了什么偏见，而是对我们自己过高地估计了他的智商而表示惋惜。

必须承认，18世纪启蒙运动开辟了人类历史的一个伟大时代，也是思想史上的一个高峰，因而奠定了其作为所有现代性理论源头的地位。现代理论宗派繁多，但万宗之源则在18世纪的启蒙运动那里。即使古希腊、罗马的思想，在得到了现代性阐释后，也是源于18世纪启蒙运动的。所以，我们往往会产生一种幻觉，似乎柏拉图、亚里士多德离我们很近，我们可以时常与他们对话，那其实是对他们进行了现代性阐释而创造出来的假象，是因为近几个世纪的人们对古希腊、罗马的思想进行了新的阐释而使我们感到那些思想仍然活在当代。同样，当我们走进了后工业社会后，如果我们能够根据时代的要求而对现代性的思想作出成功的新阐释的话，也会将诸多桂冠戴在我们已经熟知的那些启蒙思想家的头上。但是，那绝不是因为他们的思想具有普世性，而是后工业社会的学者们的阐释之功。关键的问题是，我们现在不应致力于对工业社会的启蒙思想进行再诠释，而是需要根据全球化、后工业化进程中的新要求，去致力于一场新的启蒙。

回顾近代以来的历史，不禁令人感叹，是因为有了18世纪的启蒙运动，才建构起了我们迄今生活于其中的工业社会。伟大的工业文明给我们呈现出来的是社会发展处处难以抑制的活力，科学技术的迅猛发展，生产力水平的不断提高，物质生活水平和交往方式的日新月异，都应归功于那场启蒙。但是，在我们时代正在发生的这场历史性的社会转型运动中回望历史时，也会看到尼采从人类历史中所领悟到的那种情况，"自亚当起始至今，人一直处在不正常的状态中……真实的生命不过是一种信仰（也就是自欺，胡思乱想）。你争我夺、战乱不休的整个生命，充满了光明和黑暗的生命，不过是一种拙劣的、错误的生命……"①特别是在我们视为工业文明的伟大成就之中，

① ［德］尼采：《权力意志——重估一切价值的尝试》，张念东等译，商务印书馆1996年版，第401页。

有着大规模杀伤性武器,可以顷刻之间毁灭人类,而且生态链的断裂、环境污染带来了人的生存危机等,都让人们承受着无尽的痛苦。这种状况是需要得到改变的。我们在全球化、后工业化运动中所要做的启蒙后工业社会的工作,就是要实现这种改变,即开拓出一个完全不同于以往的历史新阶段。或者说,在这场新的启蒙中,需要去探索彻底改变人类历史的途径;在高度复杂性和高度不确定性条件下的生活模式建构中,彻底终结"你争我夺、战乱不休"的历史,让人们通过合作去赢得人的共生共在。

斯洛特戴克认为,在工业社会的发展进程中,在资本主义构成了这个历史阶段的基本社会属性时,产生了一大批伟大的思想家和他们写下的被称作为"名著"的伟大著作,但是,"这类名著,尽管它们试图大致构建'历史'的进程,却不可避免地带有狭隘的特性;由于受到决定论的先入之见的影响,它们将无耻的线性关系的目标投射带入事件的进程当中;它们由于无法改变的欧洲中心主义思维而与殖民主义的剽窃世界媾和;它们因公开的或是遮遮掩掩的方式为幸福布道的同时,却襄助世间产生了更大程度的不幸;现在终于要有一种与之完全不同的思想产生出来,一个严谨的、多元价值的、非一统的并且首先是对自身视角的决定性有着清醒认识的关于历史事件的言说"[1]。

在全球化、后工业化进程中,肯定会有一种与18世纪启蒙思想"完全不同的思想产生出来",但是,我们不能消极地等待这种思想的产生,而是需要积极地承担起建构这种思想的责任。事实上,全球化、后工业化意味着人类历史的一个新的起点,意味着欧洲中心主义的瓦解。正如近代历史举足前行的时候需要通过一场启蒙运动去规划工业社会一样,在这个新的起点上,我们既不能怀揣着工业社会思想家们的那些"名著"走向未来,更不可能用既有欧洲狭隘的眼界去看世界,而是需要积极地根据我们时代的要求以及呈现出来的新特征去开展思想及其理论的创新,把对后工业社会的规划当作我们应当投身于其中的事业。显而易见在全球化、后工业化进程中,我们需要一场启蒙,去对后工业社会的各种可能性作出思考,提出可行的行动方

---

[1] [德]彼得·斯洛特戴克:《资本的内部:全球化的哲学理论》,常晅译,社会科学文献出版社2014年版,第4页。

案,至少,对后工业社会的轮廓去作出粗线条描述是非常必要的。这就是启蒙后工业社会的行动,需要拥有的是全球眼界,所要建构起的是全球各地区的平等交往、共生共在的世界。总之,是要从根本上终结斯洛特戴克所说的那种欧洲中心、殖民征服、虚伪布道的历史。

在 20 世纪 80 年代,吉登斯已经强烈地感受到,"我们的时代对科学和技术创新为引导的启蒙运动的成就持有彻底的怀疑,在这样一个时代里,历史意识已然不复拥有自己往昔不容置疑的绝对主宰地位"①。尽管进入新世纪后技术进步仍然每日都在刷新我们的生活,但人们总是表现出一种被迫的适应。人们丧失了历史进步的目标,以为社会发展就是达到某个生活水平。也就是说,人已经失去了创造历史的雄心壮志,而是把命运系在技术进步之上。

同样,米尔斯也揭示了这样一个值得我们注意的社会问题,沿着 18 世纪启蒙的道路,经历了理性的狂飚突进的时代,我们拥有了科学和理性,但是,"给予科学方法和科学理性在社会中的中心地位,并不意味着人们可以生活于理性之中,而不再有神话、欺诈和迷信。教育的普及或许会产生技术白痴和民族主义者的狭隘心理,而不是开启心智,独立思考。向大众广泛输导历史文化或许并不能提高他们文化理解的品味,反而会使历史文化庸俗化,并强烈压抑了人们的创新力。即使科层结构的合理性和技术水平达到了较高的程度,也并不意味着个人或社会的智力水平就高。由前者导不出后者,因为社会的、科技的或科层系统的合理性不只是所有个人运用理性的意志和能力的总和。事实上,获取这种意志和能力的机会,却似乎往往被这种合理性所扼杀。对于个人与社会,本着合理性原则组织起来的社会秩序并不一定是增进自由的手段。实际上,它们往往用于暴政与弄权,用于剥夺个体理性思考的机会与作为自由人行动的能力"②。

这就是工业社会的悖论。社会建构愈是按照理性的方案做出,个人就愈是失去理性。或者说,当个人成为理性的奴隶而遭受理性的奴役时,他的理性就被阉割掉了。这样一来,存在于理性的社会中的是失去了理性的人,

---

① [英]安东尼·吉登斯:《社会的构成:结构化理论纲要》,李康等译,中国人民大学出版社 2016 年版,第 193 页。

② [美]赖特·米尔斯:《社会学的想象力》,陈强等译,三联书店 2016 年版,第 187 页。

以至于理性的社会得不到来自于个人的支持。本来，社会的理性建构可以实现对个人的控制，即把所有的个人都纳入理性的规定、规范之中，而在个人失去了理性的情况下，社会又无法实现对其规约和控制的目的。另一方面，在个人失去了理性的情况下，社会的理性建构就会因为得不到个人理性的支持而走向理性的反面。民粹主义的兴起，充分证明了这一点。可悲的是，"人们还没有将这些趋势和疑虑明确表达为问题，当然也没有广泛承认它们为论题或感到它们是一堆困扰。事实上，当代自由与理性问题的最重要的方面，就是人们还没有认清自由与理性问题的实质，并将其明确地表述出来"①。这就是因为人们已经形成了对理性的迷信，在迷信中使自己失去了理性，因而，也就不再可能去"认清自由与理性问题的实质"了。虽然我们不能让18世纪的启蒙思想家们对这种情况负责，但人类社会却是在他们所开辟的道路上走到了今天这个地步。所以，当我们希望对自由与理性作出实质性的解读时，不能仅仅采取阅读18世纪启蒙时期文献的做法，而是需要建立在对我们时代现实的深度阅读之中，特别是阅读现实中所包含的那些指向后工业社会的篇章。

18世纪启蒙运动的一项成果就是建构起了原子化的个人，并以这种原子化的个人为前提而形成了个人主义、自我中心主义。在自我中心主义的视野中，一切都是围绕着自我旋转的，是自我的工具。自我就是标准，是作出一切判断的终极尺度。当我们说地球在运动时，是相对于我们自己作为地球人所站立在地球上的某个位置还是相对于地球外缘以及地球之外的参照系？关于这个问题的回答是非常容易的。因为这个问题立马就把我们引向了我的身体以及立足点之外，去确认某个参照物或参照系。也就是说，我们不是以我们所站在地球上的某个立足点而感知到了地球在运动，而是想象着我们所站位置之外的某个点而实现了对地球运动的观察。然而，在社会生活中，在社会观和历史观中，在18世纪所给予的人的地位上，人们却不愿意承认类似于形成"地球在运动"这种认识的方法，而是把"我"的欲望、要求、意志、观念等放在优先考虑的位置，甚至以自我为参照系、为标准。这就是开始于18世纪启蒙运动的思想建构的结果，形成了个人主义、自我中心主

---

① ［美］赖特·米尔斯：《社会学的想象力》，陈强等译，三联书店2016年版，第188页。

义的思想、文化及其观念，而且是通过制度的建构去为之提供保障的。

在某种意义上，近代以来的思想文化因为突出了自我中心主义而成了托勒密宇宙观的合理注释。考虑到自我的觉醒以及以自我为中心的观念的生成，都是 18 世纪启蒙运动的成果，恰恰是 18 世纪的启蒙运动，把托勒密的思想路线贯彻到底了，或者说，完成了托勒密思想的社会诠释。虽然康德宣称自己实现了哥白尼式的革命性变革，然而，就康德的思想属于 18 世纪启蒙思想的延伸来看，他仍然是走在 18 世纪启蒙运动前行时所走的托勒密的路线上，只不过康德把 18 世纪启蒙运动所发现的个人改写成了"主体"。所以，康德实际上不可能像他自己所说的那样，完成了从托勒密到哥白尼的革命性变革。而且，整个现代性的所有思想和理论，都没有实现这场变革，反而是一直走在不断强化自我中心主义的道路上了。如果希望实现这场变革的话，那应当是在全球化、后工业化进程中启蒙后工业社会的运动所要完成的任务。

二、在超越的追求中面向未来

18 世纪的启蒙思想就如一座水库，当水流进了引水渠之后，便分出许许多多支流，出现了许多不同的理论，而且相互辩驳。在实践上，也呈现出民族国家治理上的差异。就不同国家间在意识形态上的不同以及经常性的相互指责而言，都只能理解成"教派"之争。在基础性的方面，却是一致的。特别是由诸如"集权""民主"等概念所引发的争论和冲突，往往表现出了一种夸大差异的情况，就像信仰同一尊神的不同教派相互视为死敌一样。这是人类历史尚处于野蛮状态的一种表现。也就是说，在整个工业社会的发展史上，我们看到每一个时代都有着各种各样的思想和理论，它们之间处在争论不休的状态中。其实，它们是属于同一个思想范式的，那就是，都根源于 18 世纪的启蒙思想，是在 18 世纪启蒙思想的框架下形成的不同认识。18 世纪的启蒙是现代性思想的源头，也是几乎全部社会实践中的各种思想路线的源头。就世界范围来看，只要一个国家走在现代化的道路上，其思想与实践也就都是根源于 18 世纪启蒙思想的。

在这种情况下，如果面向人类的未来去展开思考的话，所有这些思想以及建立在这些思想基础上的行动体，就都扮演了抵制者的角色。其实，在任何一个时代，所有试图超脱既有思想范式的创新性思考，都会受到其时代的抵制。从历史上看，几乎所有具有深远影响的思想和理论都在它得以产生的时代被排挤到极其边缘的地带。因为人们是如此急切地希望收获当前的利益，对于那些有可能对未来以及当下生活深层造成影响的问题往往不愿意去想也不愿意去听，就像孩童贪玩而厌弃学习一样。虽然人类的进化达到了我们经常感到骄傲的文明程度，但在成熟的意义上，还相差甚远。所以，今天的人们头脑中所充斥的依然是急功近利的念头。

在中国，经历过几十年的对外开放和西方化的教育训练，许多人学会了或掌握了按照 18 世纪启蒙思想去思考问题的逻辑，因而，能够系统地表达自己所想，也能够审视现实而作出似乎是自己的判断。他们得益于启蒙思想，获得了声誉和优渥的生活保障，进而，他们已逐渐地找到了某种自己是思想家或学者的感觉，经常性地发表看上去很有思想的惊人之语。其实，他们无非是能够得到精心维护的"机器人"。就这种"机器人"的等级而言，可能属于 21 世纪初制造出来的那种会学习的"机器人"。即使对其等级评定再提高一些，也绝不可能属于中国 2050 年之后制造出的机器人产品。他们给人以似乎他们能思考的假相，其实那只是在受教育的过程中由"老师"输入的，他们并不知道社会发展和历史进步的新现实提出了什么新要求，而是动辄用某某理论唬中国百姓。这对于全球化、后工业化进程中的启蒙来说，是非常有害的。

事实上，我们处在全球化、后工业化进程中，我们每日遭遇的是全新的问题和以往未曾有过的新要求，仅仅不断重复地念叨 18 世纪启蒙思想家提出的那几句口号，对于回应现实要求而言，是没有意义的。所以，在全球化、后工业化进程中提出启蒙后工业社会的问题，首先要确立的任务就是要超越工业社会的思想范式。这样做肯定是非常艰难的，所受到的抵制是可以预料到的。也正是由于这个原因，恰恰证明了一场启蒙后工业社会的运动是必要的。因为，如果没有这样一场启蒙运动的话，那么，人类就会在工业社会的思想范式和实践模式之中耽得更久。即便是在遭遇了严重的社会危机之时，也会援用既有的思想和在既有的思维惯性中去寻求救赎之策。所以，超越工业社会的思想、思维方式及其实践模式，是需要一场启蒙运动去将其变成现实的。

　　就现实而言,我们所处的时代已经完全不同于近代早期的西欧,但是,在我们的社会中,占主导地位的声音,基本上都呼唤着把近代早期所发明的制度、生活和行为模式搬过来。这些声音铿锵有力,似乎不允许任何质疑。可是,在发出这种声音的"动物"那里,从来不愿意去看也不愿意去想,那个他梦寐以求的制度、生活方式、社会治理模式是在工业化、城市化进程中提出来和建构起来的,而我们今天却处在全球化、后工业化进程中。

　　在 18 世纪启蒙运动中确立了天赋人权的原则,其基本内容就是自由与平等。对此问题,我们并不想进行全面的讨论,这里仅以自由的追求为例,就可以有一个 18 世纪启蒙为我们设立的主题的概观。

　　人的自由在两种情况下应该得到尊重与承认。一种情况是突破本来不应有的束缚。比如,一些人凭借身份和地位以及其他支持系统获得了某种权力,并用这种权力压迫、支配和驱使另一些人,使得那些人丧失自由。这个时候,为了自由而采取突破束缚的行动也就诠释了自由的真正含义。这种自由是应当得到承认和尊重的。这也是 18 世纪启蒙思想家阐释的自由。另一种情况是,在关涉到自己的利益也同时事涉他人的利益时,或者说,在事涉自己所在的共同体利益的问题上,是需要采取自主行动的。人的这种行动上的自主性需要以人的自由为前提,因而,人需要拥有自由,而且这种自由也是值得承认和尊重的。但是,这种自由是狭义的自由,是被"自主"所限定的自由。在社会的高度复杂性和高度不确定性条件下,在需要通过合作行动去赢得人的共生共在的情况下,所需要的就是每一个人都拥有开展自主行动的自由。也就是说,前一种自由是 18 世纪启蒙思想家所倡导的,在那个时代,是针对封建社会的那些压迫和束缚人的因素而提出来的。但是,在工业社会的建构中又生成了诸多压迫和束缚人的自由的因素。在全球化、后工业化进程中,所需要突破的就是工业社会发展中再生的那些束缚人的自由的因素。我们这里所说的后一种自由,就是在突破和否定工业社会中的那些压迫、束缚人的自由的因素中重建的自由,是人类在高度复杂性和高度不确定性条件下不可或缺的自由。通过对自由的解读可以看到,即便是谈论自由、追求自由,也应看到有两种不同的自由。18 世纪的启蒙思想家们让我们认识到了前一种自由,那是一种纯粹自由;而对后一种被界定为"自主的自由"的认识,则是需要在启蒙后工业社会的运动中去加以解决的。

所以，在同一个概念上，启蒙工业社会的运动与启蒙后工业社会的运动所形成的认识以及所要建构的内容却是不同的。

18世纪的启蒙运动所取得的最大成就应当说是使人类获得了制度主义的思维方式，在一切领域中，都谋求制度建构的途径去解决各种各样的问题。但是，关于制度发生的现象学解释是，"正是由于个体在交往过程中创建了支撑集体行动的共同认知与理解的框架，而使得社会生活成为可能，同时这个框架也界定了社会生活的范围。行动被重复和被自我及他人赋予相似意义的过程就是所谓的'制度化'过程。制度化是一个社会现实的构造过程"①。在一定的社会、地域或行动体系中，某种相对定型的文化和人们共享的认知成果实现了向制度的转化，从而生成了制度。实际上，这也可以看作是文化以及认知方式为自身确立框架的过程。一旦实现了向制度的转化，一旦以制度的形式出现，那些文化和认识方式也就以某种稳定的模式而存在，就会显现出强大的生命力，并能够对所有拥有了它（们）和分享着它（们）的人们的行动、思维以及关系作出规范。至少，有了制度框架所确立的边界，使人的行动、思维以及关系被限定在边界之内。事实上，制度不是以抽象的形式出现的，而是以道德、法条文化中的法律和其他形式的规则或准则等加予人们的，是让人们能够在多数情况下认识到或感知到的标准、边界等，并让人能够做出对它加以遵循的选择。

关于制度生成的这种现象学的理解，更多地认定了制度生成的自然发生和演进过程，而且，大大地扩展了"制度"这一概念的内涵。易言之，由文化和认知方式演化过来的制度可以以任何一种形式出现，会让制度呈现出多元化的景象，而不像人为建构那样基于某种既定的观念、标准去把制度制作成某种类似于建筑物那样的东西。比如，当我们认识和理解工业社会的存在于社会生活各领域中的制度时，就需要从文艺复兴、启蒙运动中去发现现代性文化、认识方式的逐步形成过程，而不是去将视线放在谁在某个领域中对某项制度的建设作出了什么样的贡献。同样，对于不同国家、不同地区、不同民族既有制度的不同，也需要从其所拥有的文化、认知方式上的差

---

① [美]W. 理查德·斯科特、杰拉尔德·F. 戴维斯：《组织理论——理性、自然与开放系统的视角》，高俊山译，中国人民大学出版社 2015 年版，第 296 页。

异方面去认识和理解。这样的话,人们就不再会生成对某一制度的信仰,而会生成对各种不同制度的包容心,承认并尊重自己尚未在情感以及认知上作出认同的制度。那样的话,当前存在着的许多意识形态冲突以及理论上的争论,均可休矣。

当现象学从文化、认知方式制度化的维度中推导出制度多元化的结论时,目的是要在直接的意义上去解释正式制度与非正式制度并存的问题,去解释语法规则为什么与法律在发挥规范作用时会采取不同的方式等现象。不过,当它们这样做的时候,应当说在思想开放性的意义上是积极的。因为这不仅提示了我们在当下的现实生活中应该承认和尊重制度的多样性,而且在我们面向未来时,也能够轻易地获得这样一种理念,那就是,在社会的高度复杂性和高度不确定性条件下,制度本身不仅是一个多元化、多样性的问题,还呈现出了复杂性和不确定性的性状或样式。所以,如果说在18世纪的启蒙运动与我们当前需要去从事的新的启蒙运动之间有一个过渡带的话,那么,在20世纪后期出现的各种各样的关于制度多元化的认识所发挥的正是过渡作用。对此,我们应当给予肯定,应当在积极的意义上看到它们为启蒙后工业社会的运动所做的准备。但是,我们不能满足于它已经做出的这些准备,而是要在此前提下继续前行,真正地致力于新的启蒙的事业。

在19世纪末和20世纪初,于18世纪启蒙开拓出来的社会发展结出了科学管理的硕果。20世纪初的管理主义运动促进了公司所有权与管理权的分离。至此,启蒙思想关于国家治理结构的设计才被引入到了经济领域,完成了整个社会的资本主义化。如果说"工业社会"与"资本主义社会"这两个概念有所不同的话,那么,可以认为,在19世纪,机器在生产部门的广泛应用,规模化的制造业的兴盛,已经意味着工业社会建构了起来。也就是说,工业化、城市化的进程有了结果。

与工业社会的形成过程相比照,应当说,一个完整的资本主义社会则是在20世纪初的管理革命中才终于被建构起来。也只是在这个时候,资本才渗透到了社会生活的几乎每一个角落,才显示出对政治领域的殖民以及对所有社会构成要素的支配。虽然工业化与资本主义化都有着更早的源头,比如,如果以钟表为标志,工业化始于14世纪;如果以蒸汽机的推广应用为标志,工业化应当被认为开始于17世纪。学术界的折衷性的观点往往是把

16世纪作为工业化的起点。关于资本主义化的运动，也大致是在16世纪显现出了明显的迹象。工业化与资本主义化是紧密地联系在一起的，它们之间相互促进和相互缠绕，以至于我们无法把它们区分开来。然而，它们之间又毕竟有所不同，我们是可以模糊地感知到它们之间有着不同特征的。

如果我们把"工业社会"与"资本主义社会"看作两个概念的话，就会看到，工业社会是在19世纪定型的，而资本主义化则是在20世纪初完成的。在资本主义化完成的过程中，公司治理结构的生成是标志性的事件。也正是这一点，意味着18世纪的启蒙思想不仅在国家建构中得到了执行，而且在国家框架下的经济制度安排中得到实现。随着工业社会与资本主义社会的重合，社会发展每天都创造了奇迹，20世纪在各个领域中所创造出来的辉煌业绩，都是在工业社会与资本主义社会重合之中产生的共振效应。然而，随着这种共振变得日益剧烈，根据18世纪启蒙思想建构起来的这个建筑物开始摇晃了起来。对于生存于这个建筑物中的人们来说，所感受到的就是风险与危机。正是在此条件下，后工业社会开始向我们招手。应当说，在二战后，人们就已经意识到了这个建筑陷入了风雨飘摇的状态，开始不断地对它进行加固。然而，所有加固工程都只能显示出一时的效果，人们很快就又感受了更大、更强烈的震动。20世纪80年代开始，人类走进了全球化、后工业化进程中，虽然人们的绝大部分努力还是放在了加固这个建筑物上，但社会变革的节奏也在加快。正是认识到了这一点，我们提出了启蒙后工业社会的构想，实际上，也就是提出了超越工业社会的要求。

三、寻找人的自主性

如果说18世纪的启蒙运动实现了个人的觉醒，那么，全球化、后工业化进程中的启蒙运动将真正实现个性的觉醒。只有人的个性觉醒了，人们才知道什么是生活和应当怎样生活。正是这一点，决定了新的启蒙运动将不同于历史上的任何一次启蒙运动。历史上曾发生的启蒙也都发挥了唤醒人的功能，但其中也同时有着蒙蔽人的一面。就如尼采所批评道："思想启蒙运动，是一种必要的手段，使人变得更无主见、更无意志、更需要成邦结伙。简言之，在人们中间促进群畜的发展。这也就是过去一切伟大的统治艺术家（中国的孔夫子、罗马帝国统治者、拿破仑、教皇，当这些人同时将目光扫向世界,并且毫不掩饰地追求权力的时候),在以往统治本能的极盛时期,他们也利用过思想启蒙的原因。——或者,起码允许人有行动自由(就像文艺复兴时期的教皇那样)。民众在这一点上的自我蒙蔽,譬如在历次民主运动中,是很有研究价值的。在'进步'的幌子下,会使人变得更卑贱,使人变得更顺从统治!"①尼采这种批评显然是一种过激的表达,但是,却击中了历史上的启蒙运动,将它们阴暗的一面揭露了出来。在历史的广角镜头中,如果按照时间序列将启蒙运动分成第一和第二次,并将它们放在一起进行比较,还是能看到两次启蒙运动都在唤醒人的自觉方面取得了巨大的历史进步。这样看来,全球化、后工业化进程中的这次伟大的启蒙所实现的人的个性自觉也是合乎历史进步的逻辑的。尽管如此,当我们在启蒙中去安排社会治理时,尼采的批评意见还是要记取的,因为那可以让我们避免历史上的两次启蒙运动所包含的那些阴暗面再度出现。

在工业社会的后期,哈贝马斯已经提出:"个人与其他个人之间是平等的,但不能因此而否定他们作为个体与其他个体之间的绝对差异。对差异十分敏感的普遍主义要求每个人相互之间都平等尊重,这种尊重就是对他者的包容,而且是对他者的他性的包容,在包容过程中既不同化他者,也不利用他者。"②当社会呈现出了高度复杂性和高度不确定性的时候,当人们必须在高度复杂性和高度不确定性条件下开展共同行动的时候,对他者的包容显得尤其重要。虽然哈贝马斯把"包容"的思想视为18世纪启蒙思想家的贡献,认为民主政治正是建立在包容精神的基础上的,但是,如果看到民主政治的竞争而不是包容的实质的话,我们认为,哈贝马斯的说法又是非常勉强的。

在这一问题上,我们宁愿把"包容他者"的思想看作是哈贝马斯的贡献,而不是根据18世纪的思想能够推导出来的。或者说,哈贝马斯是在泰勒"承认政治"的启发下提出了"包容他者"的构想,又或者说,是出于矫正泰勒承认政治的偏激并要求将泰勒与现代性传统作些妥协而提出的主张。从包容思想在思想史上的意义来看,可以看到这样一条演进线索:当黑格尔对18世

---

① [德]尼采:《权力意志——重估一切价值的尝试》,张念东等译,商务印书馆1996年版,第151页。
② [德]哈贝马斯:《包容他者》,曹卫东译,上海人民出版社2002年版,第43页。

纪的启蒙思想进行哲学阐释的时候，形成了同一性追求；在同一性的哲学普世原则之下，一切个性化的存在物都被磨去了棱角，即不再承认个性；当包容的思想提出后，其实是找到了一个如何对待人的个性的解决方案，那就是应当实现对个性的包容。所以，虽然在哈贝马斯的表述中处处讨论的都是关于个人的表现形式——自我与他者，但在包容思想的背后，却隐含着超出个人的内涵，或者说，包含着为人的个性开拓出一片包容性空间的隐喻。

在探讨政治的意义时，阿伦特认为，无论是基于什么样的考虑和分析，归结到一点，就是必须回答这样一个问题："究竟是自由还是生命才是一切善好之中至高的善好，才是引导和判断一切政治行动的标准。"①在自由与生命之间，阿伦特给出的答案是"自由"。根据阿伦特的看法，"当代政治关心我们所有人赤裸裸的生存问题，这正是世界处于灾难性状态的最明显标志。这灾难连同其他灾难，威胁着要消灭政治世界。"②对此，阿伦特不以为然，因为既然每个人在灾难中的命运都是一样的，那么，也就不需要让政治去关注人的生命了。

阿伦特说："如果每件事都如其应然地进行，冒险涉及政治的任何人所承担的危险中，其个人生命是最不必担心的，因为尽管个人可能不得为社会、国家或民族的存亡而牺牲自己的生命，但是政治并没有将个人的生存视为必要。唯一处于危险之中的是自由，包括个人自由以及个人所从属群体的自由。随之遭遇威胁的是，一个稳固的世界之安全。人类群体或民族生活于其中。由人们世代劳动所建设的这个世界，为的是给一切行动和言说——真正的政治活动——提供一个可靠的永久的家园。"③只有在有了自由的情况下，人的个性才能得到显现，才能得以维持和得到尊重。没有自由，也就无所谓个性。但是，这还只是一种理论上的推导。正如我们上述所讨论的，18世纪启蒙思想家所倡导的那种"纯粹自由"并不能真正地予人以个性，只有当自由转化为人的行动的自主性时，才能让人的个性得以显现。

根据阿伦特的看法，在人类共赴危难的时候，个人的生命无足轻重；在人类面对整体灭亡的命运时，不仅是个人的生命，而且所有生命也都不再具

---

① ［美］汉娜·阿伦特：《政治的应许》，张琳译，上海人民出版社2016年版，第128页。
②③ ［美］汉娜·阿伦特：《政治的应许》，张琳译，上海人民出版社2016年版，第129页。

有考虑的价值。所以，政治需要从直接对生命的关注中超脱出来，寻求能为一切生命存在提供保障的途径——自由。阿伦特依此思路走向了对自由的强调，但在自由是个什么东西或什么状态的问题上，可以说阿伦特并未提出真正有价值的见解。

阿伦特从古希腊到现代的历史中去发现自由的样式，所形成的意见就是"言说"与"行动"的自由。既然把视线转向了言说和行动，说明阿伦特比起18世纪的启蒙思想家们大大地前进了一步。因为她在提起言说和行动的时候，已经把视线落到了实践上来，而不是像18世纪的启蒙思想家及其门生们那样去论证空洞的纯粹自由。当然，18世纪启蒙思想家在自由问题上的贡献也是不容否认的，因为他们使自由与平等的观念深入了人心，可以说，近代以来的政治也正是在这种观念的主导下运行的。然而，为了自由和平等的政治却把人类引入了当前这种所谓的"灾难性状态"。也就是说，18世纪的启蒙思想家及其后世弟子们虽然留下了汗牛充栋的关于自由的讨论和阐释，但都属于空洞的说教，而且任何希望把讨论推向深入的努力，都立马会遭遇悖论。

我们说阿伦特前进了一大步，但是，在具有实践特征的言说与行动的意义上去考虑自由的问题，需要什么样的条件以及什么样的保障措施呢？显然，如果不突破18世纪以来所形成的思维框架，就不可能找到答案。或者说，在工业社会既有的制度的、文化的、意识形态的框架和程式之中，言说与行动是不可能拥有去获得自由空间的希望的。如果言说与行动希望开拓出这种空间的话，那就需要求助于一场新的启蒙运动，而不是在18世纪启蒙思想家所确立的框架中去思考自由的问题。不过，阿伦特并未表现出这种勇气。

其实，当阿伦特不同意在生命的意义上去讨论自由的问题时，所表现出来的仅仅是一种对18世纪以来关于自由问题上的成见的反叛。或者说，经历了二战期间的大屠杀后，她看到了始于文艺复兴的那种对生命的重视并不能防止毁灭生命的行动，而是希望把对生命的重视转移到对"生命保障"的重视上来。所以，她重新思考自由的问题，希望通过这个问题的解决去为生命提供保障。但在创新的意义上，她所做的这项改变讨论问题出发点的做法其实是没有意义的。也就是说，阿伦特并未找到一个合适的讨论自由问题的出发点。可是,当我们把视线投向现实,看到了全球化、后工业化进程中的社会高度复杂性和高度不确定性,看到了风险社会和危机事件频发对人类所造成的困扰,也就清楚了,我们所面对的是人的共生共在的主题。

在社会高度复杂性和高度不确定性条件下,正是这个为了人的共生共在,首先构成了政治的主题。只有当这一项政治主题得到了破题,才能赋予人类的未来以希望。这样一来,自由就不是一个由理论来确认的问题,关于自由的目的、样式、实现方式等,也不是一个需要去进行无休止地讨论的问题,而是一个所有的言说与行动是否具有自主性的问题,即能够为了人的共生共在而自主地进行言说与行动。只有当人是自主的,自主地为了人的共生共在去开展行动,才是自由的。

人的个性以及人的自主性的获得是根源于人的道德的。根据韦尔默的理解,黑格尔关于伦理生活的整体主义思想"恰恰是在古希腊城邦特别是雅典民主的伟大时代的实际情形。因为在这里,整体的精神同时就是个人的事情,而个人,正如黑格尔指出的那样,只有通过这些相关的事情才真正成其为人"①。关于黑格尔的思想是否与古希腊城邦相契合,关于黑格尔是否从古希腊城邦经验中获得了启发或直接基于古希腊城邦去进行理论建构,是一个可以存疑的问题。而且,对整体与个体间关系的这种马克思主义解读也许就是韦尔默自己的认识,是他自己强加给黑格尔的。如果不是存在一个对古希腊城邦的现代解读的话,而是确实存在着一批真正属于古希腊城邦的文献文本的话,也许根本就不可能包含着个体主义还是整体主义的思想。可以认为,个体主义与整体主义都应当被视为现代性成果。

在现代性的视野中,黑格尔的思想与英法启蒙思想并不是对立的。黑格尔在分析市民社会时,不仅完整地接受了英法启蒙思想,而且实现了理论上的深化。可以认为,黑格尔的思想充分超越了英法启蒙思想的感性个体主义,达到了真正理性个体主义的水平,因而,也是彻底的个体主义。但是,

---

① [德]阿尔布莱希特·韦尔默:《后形而上学现代性》,应奇等编译,上海译文出版社2007年版,第196—197页。

当黑格尔思考国家建构的问题时,却因为其个体主义理论上的彻底性而转向了整体主义,究其实质,还是个体主义的,或者说可以在理论上还原为个体主义。韦尔默认为,"与黑格尔所谓'道德'形成对照,一个民族的伦理生活是与它的制度,它对世界的集体解释,它的自我理解方式,它的风格、传统和价值不可分离的。如果个人只是他们参与一种特殊的伦理生活形式,根据这种伦理生活形式理解他们自己和他们的社会关系时的样子,那么即使他们的个人关切,他们的抱负,他们的自尊感和尊严感,他们的羞耻感和内疚感在其深度结构上也必然都是由他们的社会的'客观精神'所塑造的。换句话说,这就意味着,如果自由的观念要成为一种伦理生活形式,它就必须把立足点放在社会中"①。

按照韦尔默的这种论证,似乎黑格尔因为其"客观精神"的概念而变成了整体主义者,从而不同于英法启蒙思想的个体主义。实际上,这是对黑格尔的一种误解。因为客观精神在贯注到了个体之中或为个体所内化时,是不能够把个体转化为整体的,也不能够把个体变成整体的符号和构成要素,反而有可能以个体间差异的形式出现,进而,因为差异而使社会陷入矛盾之中。我们认为,黑格尔的客观精神的奥秘就是同一性,这种同一性并不与个体相矛盾和冲突,而仅仅是压抑、排斥了人的个性。或者说,一种毁灭个性的终极性力量会源源不断地从同一性中产生出来。

在我们对工业社会现实的解读中,发现英法启蒙思想所建构起来的原子化个人(个体)并未受到来自黑格尔的否定,黑格尔在其《精神现象学》中所提供的恰恰是原子化个人生成过程的历史观意义上的论证,而在其《法哲学原理》中,则在结构-功能的意义上充分认定了个体的地位和作用。如果说后世出现了对黑格尔的国家主义、整体主义解读,或者说黑格尔的理论与法西斯主义有了一定的关联,那是不应由黑格尔来负责的,而是解读者的责任。总之,我们认为,黑格尔与英法思想家们是一致的,他们都在形塑了个体的过程中否定了个性,构思出了自由却不愿意考虑自主。这就是在他们的思想基础上所建构起来的整个工业社会的制度等模式的根本缺陷。这种

---

① [德]阿尔布莱希特·韦尔默:《后形而上学现代性》,应奇等编译,上海译文出版社 2007 年版,第196 页。

缺陷是一直存在着的,只是在社会的低度复杂性和低度不确定性条件下未显现出其危害性,随着社会呈现出了高度复杂性和高度不确定性,这种缺陷不仅暴露了出来,而且把人类导向了风险社会。所以,在启蒙后工业社会的运动中,我们首先要解决的就是这个问题。

主要参考文献

［英］阿尔布劳:《全球时代:超越现代性之外的国家和社会》,高湘泽等译,商务印书馆,2001。

［瑞典］阿尔维森,［英］休·维尔莫特:《理解管理:一种批判性的导论》,戴黍译,北京:中央编译出版社,2012。

［美］阿克塞尔罗德:《合作的进化》,吴坚忠译,上海:上海人民出版社,2007。

［美］阿伦特:《政治的应许》,张琳译,上海:上海人民出版社,2016。

［埃及］阿明:《全球化时代的资本主义——对当代社会的管理》,丁开杰译,北京:中国人民大学出版社,2013。

［德］阿佩尔:《对话与责任:向后传统道德过渡的问题》,钟汉川、安靖译,杭州:浙江大学出版社,2018。

［美］昂格尔:《知识与政治》,支振锋译,北京:中国政法大学出版社,2009。

［美］奥斯本,普拉斯特里克:《摒弃官僚制:政府再造的五项战略》,谭功荣译,北京:中国人民大学出版社,2002。

［英］鲍曼:《被围困的社会》,郇建立译,南京:江苏人民出版社,2006。

［德］鲍曼:《道德的市场》,肖君等译,北京:中国社会科学出版社,2003。

［美］贝尔宾:《超越团队》,李丽林译,北京:中信出版社,2002。

［美］贝尔雷等:《超越团队:构建合作型组织的十大原则》,王晓玲、李琳莎译,北京:华夏出版社,2005。

［美］本哈比:《民主与差异:挑战政治的边界》,黄相怀、严海兵等译,北京:中央编译出版社,2009。

［美］彼得斯:《政府未来的治理模式》,吴爱明等译,北京:中国人民大学出版社,2012。

［美］宾伯:《信息与美国民主:技术在政治权力演化中的作用》,刘钢等译,北京:科学出版社,2010。

[美]博克斯:《公民治理——引领 21 世纪的美国社区》,孙柏英等译,北京:中国人民大学出版社,2005。

[英]波普尔:《开放社会及其敌人》,陆衡等译,北京:中国社会科学出版社,1999。

[美]波斯特:《信息方式:后结构主义与社会语境》,范静晔译,北京:商务印书馆,2014。

[美]波斯特:《第二媒介时代》,范静晔译,南京:南京大学出版社,2005。

[美]布罗克曼编:《下一步是什么》,王文浩译,长沙:湖南科学技术出版社,2018。

[美]登哈特:《公共组织理论》,扶松茂等译,北京:中国人民大学出版社,2011。

[荷]迪克:《网络社会——新媒体的社会层面》,蔡静译,北京:清华大学出版社,2014。

[美]蒂利:《强制、资本和欧洲国家》,魏洪钟译,上海:上海世纪出版集团,2007。

[美]迪马吉奥主编:《组织分析的新制度主义》,姚伟译,上海:上海人民出版社,2008。

[美]法默尔:《公共行政的语言——官僚制、现代性和后现代性》,吴琼译,北京:中国人民大学出版社,2005。

[美]芳汀:《构建虚拟政府——信息技术与制度创新》,邵国松译,北京:中国人民大学出版社,2010。

[美]弗雷泽:《正义的中断——对"后社会主义"状况的批判性反思》,于海青译,上海:上海人民出版社,2009。

[美]福山:《大断裂:人类本性与社会秩序的重建》,唐磊译,桂林:广西师范大学出版社,2015。

[德]弗里德曼:《经济学语境下的法律规则》,杨欣欣译,北京:法律出版社,2004。

[法]福柯:《词与物——人文科学考古学》,莫伟民译,上海:上海三联书店,2001。

[美]福克斯、米勒:《后现代公共行政——话语指向》,楚艳红等译,北京:中国人民大学出版社,2013。

[德]盖伦:《技术时代的人类心灵——工业社会的社会心理问题》,何兆武、何冰译,上海:上海科技教育出版社,2003。

[英]葛德文:《政治正义论》,何慕李译,北京:商务印书馆,1980。

[美]哈拉尔:《新资本主义》,冯韵文等译,北京:社会科学文献出版社,1999。

[德]哈贝马斯:《包容他者》,曹卫东译,上海:上海人民出版社,2002。

[德]哈贝马斯:《合法化危机》,刘北成、曹卫东译,上海:上海人民出版社,2000。

[德]哈贝马斯:《公共领域的结构转型》,曹卫东等译,上海:学林出版社,1999。

[德]哈贝马斯:《后形而上学思想》,曹卫东等译,南京:译林出版社,2001。

[德]哈贝马斯:《交往与社会进化》,张博树译,重庆:重庆出版社,1989。

[德]哈贝马斯:《认识与兴趣》,郭官义等译,上海:学林出版社,1999。

[英]哈萨德编:《时间社会学》,朱红文等译,北京:北京师范大学出版社,2009。

[德]黑格尔:《法哲学原理》,范扬等译,北京:商务印书馆,1982。

[德]黑格尔:《哲学史演讲录》,贺麟、王太庆译.北京:商务印书馆,1997。

[美]亨廷顿:《第三波——二十世纪末的民主化浪潮》,刘军宁译,上海:三联书

店,1998。

[德]霍耐特:《分裂的社会世界》,王晓升译,北京:社会科学文献出版社,2011。

[英]吉登斯:《社会的构成:结构化理论纲要》,李康等译,北京:中国人民大学出版社,2016。

[英]吉登斯:《社会理论的核心问题》,郭忠华等译,上海:上海译文出版社,2015。

[英]吉登斯:《现代性的后果》,田禾译,南京:译林出版社,2000。

[英]基恩:《公共生活与晚期资本主义》,马音等译,北京:社会科学文献出版社,1999。

[美]金、斯蒂福斯主编:《民有政府:反政府时代的公共管理》,李学译,北京:中央编译出版社,2010。

[德]卡西尔:《启蒙哲学》,顾伟铭等译,济南:山东人民出版社,1996。

[法]卡蓝默、塔尔芒:《心系国家改革——公共管理建构模式》,胡洪庆译,上海:上海人民出版社,2004。

[美]卡斯特:《网络社会的崛起》,夏铸九等译,北京:社会科学文献出版社,2001。

[德]康德:《历史理性批判文集》,何兆武译,北京:商务印书馆,1996。

[美]科恩:《论民主》,聂崇信等译,北京:商务印书馆,1998。

[美]克尔伯格:《超越竞争文化——在相互依存的时代从针锋相对到互利共赢》,成群、雷雨田译,上海:上海社会科学院出版社,2015。

[英]柯兰、芬顿、弗里德曼:《互联网的误读》,何道宽译,北京:中国人民大学出版社,2014。

[法]克罗齐耶:《法令不能改变社会》,张月译,上海:上海人民出版社,2007。

[法]克罗齐耶、费埃德伯格:《行动者与系统——集体行动的政治学》,张月等译,上海:上海人民出版社,2007。

[美]林登:《无缝隙政府》,汪大海、吴群芳等译,北京:中国人民大学出版社,2002。

[德]罗萨:《加速:现代社会中时间结构的改变》,董璐译,北京:北京大学出版社,2015。

[德]罗萨:《新异化的诞生:社会加速批判理论大纲》,郑作彧译,上海:上海人民出版社,2018。

[美]罗森布罗姆、克拉夫丘克:《公共行政学:管理、政治和法律的途径》,张成福等校译,北京:中国人民大学出版社,2002。

[丹麦]罗斯:《指令与规范》,雷磊译,北京:中国法制出版社,2013。

[加]麦克卢汉:《理解媒介——论人的延伸》,何道宽译,北京:商务印书馆,2000。

[美]米德:《心灵、自我与社会》,赵月瑟译,上海:上海世纪出版集团,2005。

[美]米尔斯:《社会学的想象力》,陈强等译,北京:三联书店,2016。

[德]尼采:《权力意志——重估一切价值的尝试》,张念东等译,北京:商务印书馆,1996。

[美]纳斯鲍姆:《寻求有尊严的生活——正义的能力理论》,田雷译,北京:中国人民大学出版社,2016。

[美]纳斯鲍姆:《正义的前沿》,朱慧玲等译,北京:中国人民大学出版社,2016。

[美]纳特、巴可夫:《公共和第三部门组织的战略管理:领导手册》,陈振明等译,北京:中国人民大学出版社,2001。

[美]奈特:《风险、不确定性与利润》,郭武军、刘亮译,北京:华夏出版社,2011。

[美]普莱斯:《媒介与主权:全球信息革命及其对国家权力的挑战》,麻争旗译,北京:中国传媒大学出版社,2008。

[美]乔伊森:《网络行为心理学——虚拟世界与真实生活》,任衍具等译,北京:商务印书馆,2010。

[美]桑内特:《公共人的衰落》,李继宏译,上海:上海译文出版社,2008。

[印度]森:《以自由看待发展》,于真等译,北京:中国人民大学出版社,2002。

[德]舍勒:《人在宇宙中的位置》,贵阳:贵州人民出版社,1990。

[美]斯科特、戴维斯:《组织理论——理性、自然与开放系统的视角》,高俊山译,北京:中国人民大学出版社,2011。

[德]斯洛特戴克:《资本的内部:全球化的哲学理论》,常晅译,北京:社会科学文献出版社,2014。

[美]汤普森:《行动中的组织——行政理论的社会科学基础》,敬乂嘉译,上海:上海人民出版社,2007。

[美]唐斯:《官僚制内幕》,郭小聪等译,北京,中国人民大学出版社,2006。

[美]梯利:《伦理学导论》,何意译,桂林:广西师范大学出版社,2002。

[美]托夫勒:《第三次浪潮》,朱志焱等译,北京:新华出版社,1997。

[美]托夫勒:《创造一个新的文明——第三次浪潮的政治》,上海:上海三联书店,1996。

[美]托马塞洛:《人类道德自然史》,王锐俊译,北京:新华出版社,2017。

[德]韦伯:《经济与社会》,林荣远译,北京:商务印书馆,2006。

[英]韦伯斯特:《信息社会理论》,曹晋等译,北京:北京大学出版社,2011。

[德]韦尔默:《后形而上学现代性》,应奇等编译,上海:上海译文出版社。2007。

[英]威廉斯:《伦理学与哲学的限度》,陈嘉映译,北京:商务印书馆,2017。

吴维平等编译:《多维尺度下的城市主义和城市规划》,北京:中国建筑工业出版社,2011。

[美]韦斯特:《下一次浪潮:信息通信技术驱动的社会与政治创新》,廖毅敏译,上海:上海远东出版社,2012。

[美]韦斯特:《数字政府:技术与公共领域绩效》,郑钟扬译,北京:科学出版社,2010。

[美]杨:《包容与民主》,彭斌等译,南京:江苏人民出版社,2013。